Lecture Notes in Computer Science

Vol. 1: GI-Gesellschaft für Informatik e.V. 3. Jahrestagung, Hamburg, 8.–10. Oktober 1973. Herausgegeben im Auftrag der Gesellschaft für Informatik von W. Brauer. XI, 508 Seiten. 1973. DM 32,–

Vol. 2: GI-Gesellschaft für Informatik e. V. 1. Fachtagung über Automatentheorie und Formale Sprachen, Bonn, 9.–12. Juli 1973. Herausgegeben im Auftrag der Gesellschaft für Informatik von K.-H. Böhling und K. Indermark. VII, 322 Seiten. 1973. DM 26,–

Vol. 3: 5th Conference on Optimization Techniques, Part I. (Series: I.F.I.P. TC7 Optimization Conferences.) Edited by R. Conti and A. Ruberti. XIII, 565 pages. 1973. DM 38,–

Vol. 4: 5th Conference on Optimization Techniques, Part II. (Series: I.F.I.P. TC7 Optimization Conferences.) Edited by R. Conti and A. Ruberti. XIII, 389 pages. 1973. DM 28,–

Vol. 5: International Symposium on Theoretical Programming. Edited by A. Ershov and V. A. Nepomniaschy. VI, 407 pages. 1974. DM 30,–

Vol. 6: B. T. Smith, J. M. Boyle, B. S. Garbow, Y. Ikebe, V. C. Klema, and C. B. Moler, Matrix Eigensystem Routines – EISPACK Guide. X, 387 pages. 1974. DM 28,–

Vol. 7: 3. Fachtagung über Programmiersprachen, Kiel, 5.–7. März 1974. Herausgegeben von B. Schlender und W. Frielinghaus. VI, 225 Seiten. 1974. DM 20,–

Vol. 8: GI-NTG Fachtagung über Struktur und Betrieb von Rechensystemen, Braunschweig, 20.–22. März 1974. Herausgegeben im Auftrag der GI und der NTG von H.-O. Leilich. VI, 340 Seiten. 1974. DM 26,–

Vol. 9: GI-BIFOA Internationale Fachtagung: Informationszentren in Wirtschaft und Verwaltung. Köln, 17./18. Sept. 1973. Herausgegeben im Auftrag der GI und dem BIFOA von P. Schmitz. VI, 259 Seiten. 1974. DM 22,–

Vol. 10: Computing Methods in Applied Sciences and Engineering, Part 1. International Symposium, Versailles, December 17–21, 1973. Edited by R. Glowinski and J. L. Lions. X, 497 pages. 1974. DM 34,–

Vol. 11: Computing Methods in Applied Sciences and Engineering, Part 2. International Symposium, Versailles, December 17–21, 1973. Edited by R. Glowinski and J. L. Lions. X, 434 pages. 1974. DM 30,–

Lecture Notes in Computer Science

Edited by G. Goos, Karlsruhe and J. Hartmanis, Ithaca

11

Computing Methods in Applied Sciences and Engineering

Part 2

International Symposium, Versailles, December 17–21, 1973

IRIA LABORIA
Institut de Recherche d'Informatique et d'Automatique

Edited by R. Glowinski and J. L. Lions

Springer-Verlag
Berlin · Heidelberg · New York 1974

Dr. R. Glowinski
Dr. J. L. Lions

IRIA LABORIA
Domaine de Voluceau – Rocquencourt
F-78150 Le Chesnay/France

AMS Subject Classifications (1970): 65-02, 65K05, 65Lxx, 65Mxx, 65Nxx, 65P05, 76-04, 93E10, 93E25
CR Subject Classifications (1974): 3.1, 3.2, 5.1

ISBN 3-540-06769-8 Springer-Verlag Berlin · Heidelberg · New York
ISBN 0-387-06769-8 Springer-Verlag New York · Heidelberg · Berlin

Offsetdruck: Julius Beltz, Hemsbach/Bergstr.

textes des communications

Ce colloque est organisé par l'IRIA sous le patronage de l'International Federation for Information Processing.

This symposium is organised by IRIA under the sponsorship of the International Federation for Information Processing.

Organisateurs
Organizers

R. Glowinski
J.L. Lions

PREFACE

Le présent volume rassemble les travaux présentés au Colloque "International sur les Méthodes de Calcul Scientifique et Technique", organisé par l'IRIA-LABORIA * du 17 au 21 Décembre 1973, sous le patronage de l'IFIP.

Ce Colloque a réuni à Versailles près de 400 chercheurs et ingénieurs de tous les pays du monde. L'originalité des travaux présentés, la qualité de l'auditoire et des questions posées tout au long du Colloque, attestent de l'extrême intérêt scientifique et technique, qui s'attache à l'usage des ordinateurs pour le calcul scientifique.

Les organisateurs tiennent à remercier tout particulièrement :

Monsieur André DANZIN, Directeur de l'IRIA

Monsieur Michel MONPETIT, Directeur Adjoint de l'IRIA

Le Service des Relations Extérieures de l'IRIA

qui ont permis l'organisation de ce Colloque.

Nos remerciements vont, également, à tous les conférenciers et aux différents présidents de séance :

MM. J.H. ARGYRIS
A.V. BALAKRISHNAN
P. BROUSSE
J. DOUGLAS
D. FEINGOLD
B. FRAEIJS de VEUBEKE
P. MOREL
W. PRAGER
E. ROUBINE
O.C. ZIENKIEWICZ

qui ont animé d'intéressantes discussions.

R. GLOWINSKI et J.L. LIONS

---

* Institut de Recherche d'Informatique et d'Automatique
Laboratoire de Recherche de l'IRIA.

PREFACE

This book contains the lectures which have been presented during the " International Symposium on Computing Methods in Applied Sciences and Engineering " organised by IRIA - LABORIA * under the sponsorship of IFIP. (December 17,21,1973)

400 people, scientists and engineers coming from many countries attended this meeting in Versailles. The originality of the work presented, the high quality of the audience and the pertinent questions raised during the symposium show how important is, at the present time, the scientific and technical interest for the use of computers in applied science and engineering.

The organisers wish to express their gratitude to :

Monsieur André DANZIN, Director of IRIA,

Monsieur Michel MONPETIT, Deputy Director of IRIA

The IRIA Public Relations Office
who have contributed to the organisation of this Symposium.

They also address their thanks to all the speakers and to the chairmen of sessions :

MM. J.H. ARGYRIS
A.V. BALAKRISHNAN
P. BROUSSE
J. DOUGLAS
D. FEINGOLD
B. FRAEIJS de VEUBEKE
P. MOREL
W. PRAGER
E. ROUBINE
O.C. ZIENKIEWICZ

who have directed interesting discussions.

R. GLOWINSKI J.L. LIONS

---

* Institut de Recherche d'Informatique et d'Automatique
Laboratoire de Recherche de l'IRIA

TABLE DES MATIERES
TABLE OF CONTENTS

TOME II
PART II

MECANIQUES DES FLUIDES
FLUIDS MECHANICS

PROBLEMES D'ONDES
WAVES PROBLEMS

TABLE DES MATIERES
TABLE OF CONTENTS

TOME I
PART I

GENERALITES
GENERALITIES

ELEMENTS FINIS
FINITE ELEMENTS

RECENT ADVANCES IN COMPUTATIONAL FLUID DYNAMICS*

T. D. Butler
University of California
Los Alamos Scientific Laboratory
Los Alamos, New Mexico 87544
U.S.A.

I. INTRODUCTION

The use of high speed computers has opened new frontiers for the analysis and understanding of the complex processes in multi-dimensional transient fluid dynamics. Phenomena, heretofore intractable by analytical approaches or either difficult or impossible to study by experimental means, can be investigated in detail by numerical approaches. One of the most common of the numerical approaches is to approximate the non-linear partial differential equations that govern the dynamics by finite difference equations and solve them algebraically using the computer.

A number of different techniques have been devised to solve these difference equations [see, for example Harlow (1970)]. The purpose of this paper is to briefly describe two of the more successful and widely used methods: (1) the Marker and Cell (MAC) Method for incompressible flows with free surfaces, and (2) the Implicit Continuous-fluid Eulerian (ICE) Method that applies to flows that range from supersonic to the far subsonic regimes. In addition, some recent refinements and extensions to the basic methods are reviewed. However, no attempt is made in this paper to present detailed descriptions of the methods or their extensions; this is left to the references cited in the text.

Because of their general applicability, these two methods have been used to study numerous complex flow problems. For example, the MAC method, discussed in Sec. II, has been applied to such diverse problems as free surface flows under sluice gates and behind broken dams, the two-fluid non-linear Rayleigh-Taylor instability problem, the von Karman vortex street, and the run up of waves upon a beach. More recently the technique has been applied to problems in three space dimensions for investigations such as the transport of pollutants around structures, the dynamics of intense atmospheric vortices, and free-surface flows around submerged and exposed obstacles.

In Sec. III, we discuss the ICE method. Because of its ability to calculate flows of arbitrary Mach number, it has been used to analyze the dynamics resulting from intense atmospheric explosions from the early time highly compressible flow

*This work was performed under the auspices of the United States Atomic Energy Commission.

phase to the late time buoyant rise of the fireball. In addition, it is being used to study (1) the dynamics of continuous wave chemical lasers including the mixing and chemical reactions between species and the accompanying heat release, and (2) the flow patterns that result when a tritium ion beam impinges on a jet target of deuterium producing neutrons and releasing heat energy in the deuterium jet.

II. THE MARKER AND CELL METHOD

The MAC computing method [Harlow and Welch (1965)] and its simplified version referred to as SMAC [Harlow and Amsden (1970)] are well established schemes that calculate incompressible flows with or without free surfaces. The methods derive their names from the Lagrangian marker particles that move through the fixed mesh of cells and represent the flow of fluid. These techniques are quite general in their applicability to incompressible flow problems and have been widely used to analyze a variety of flow problems.

Briefly, the MAC technique solves the Navier-Stokes equations subject to the constraint that the divergence of the velocity field must vanish in any local region of the fluid. This is accomplished in MAC for each computational cell in the mesh. The pressure field is determined as a consequence of this condition by solving a Poisson-like equation. SMAC is an improvement over the original MAC because of the ease of applying the fluid boundary conditions. Of particular concern in the MAC scheme is the method of handling the pressures in fictitious cells exterior to the computing region of interest. SMAC simplifies this handling by assuring a homogeneous boundary condition for the pressure at rigid walls.

In this section, a new iteration algorithm is described that offers further ease in applying the boundary conditions and eliminates the computation of pressures in fictitious cells altogether. Hirt and Cook (1972) used this algorithm in their application of the MAC method to problems in three space dimensions. In addition, an improved treatment of the free surface boundary condition is presented.

A. Solution Procedure

The governing equations of fluid motion for incompressible flows in two-dimensional Cartesian coordinates are

$$\frac{\partial u}{\partial x} + \frac{\partial v}{\partial y} = 0 \qquad (1)$$

$$\frac{\partial u}{\partial t} + \frac{\partial u^2}{\partial x} + \frac{\partial uv}{\partial y} = -\frac{\partial \phi}{\partial x} + \frac{\partial \sigma_{xx}}{\partial x} + \frac{\partial \sigma_{xy}}{\partial y} \qquad (2)$$

$$\frac{\partial v}{\partial t} + \frac{\partial uv}{\partial x} + \frac{\partial v^2}{\partial y} = -\frac{\partial \phi}{\partial y} + \frac{\partial \sigma_{xy}}{\partial x} + \frac{\partial \sigma_{yy}}{\partial y} \qquad (3)$$

in which u and v are the velocity components in the x and y directions, respectively, and ϕ is the pressure divided by the constant density. The stress tensor terms are given by

$$\sigma_{xx} = 2\nu \frac{\partial u}{\partial x}$$

$$\sigma_{xy} = \nu \left(\frac{\partial u}{\partial y} + \frac{\partial v}{\partial x}\right) \quad (4)$$

$$\sigma_{yy} = 2\nu \frac{\partial v}{\partial y}$$

where ν is the kinematic viscosity. Equations (1) - (3) are written in conservative form for approximation by finite differences.

The grid layout, shown in Fig. 1, indicates the location of the various quantities within a computational cell. It is noted that the velocities are centered on the cell boundaries with the pressure a cell centered quantity. The diagonal components of the stress tensor are likewise cell centered values while the off-diagonal elements are computed at cell vertices. The i,j indices in this figure denote spatial position in the computing mesh.

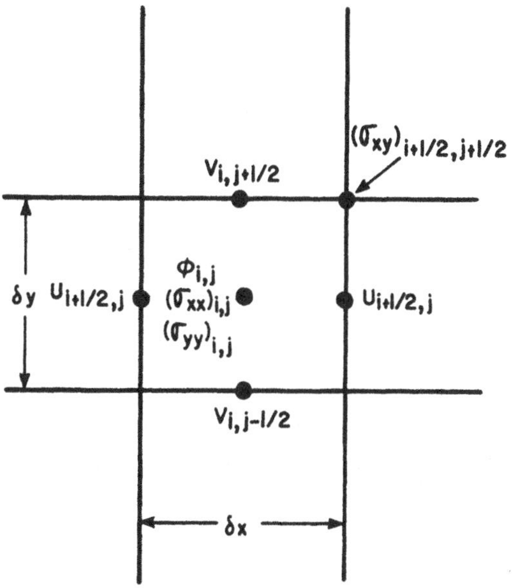

Figure 1

As a first step in the solution procedure, intermediate values of velocity, denoted by tildes, are computed for each cell. For the x-component of velocity, the tilde value on the right hand side of cell (i,j) is given by

$$\tilde{u}_{i+\frac{1}{2},j} = u^n_{i+\frac{1}{2},j} - \delta t \left\{ \frac{1}{\delta x}\left[(u^2)^n_{i+1,j} - (u^2)^n_{i,j}\right] + \frac{1}{\delta y}\left[(uv)^n_{i+\frac{1}{2},j+\frac{1}{2}} - (uv)^n_{i+\frac{1}{2},j-\frac{1}{2}}\right] \right.$$

$$+ \frac{1}{\delta x}\left[\phi^n_{i+1,j} - \phi^n_{i,j}\right] + \frac{1}{\delta x}\left[(\sigma_{xx})^n_{i,j} - (\sigma_{xx})^n_{i+1,j}\right]$$

$$\left. + \frac{1}{\delta y}\left[(\sigma_{xy})^n_{i+\frac{1}{2},j-\frac{1}{2}} - (\sigma_{xy})^n_{i+\frac{1}{2},j+\frac{1}{2}}\right]\right\} \tag{5}$$

in which δt is the time step and the time levels are indicated by the superscripts. Straightforward averages and centered differences may be used in each term.

An analogous formula is derived for the $\tilde{v}_{i,j+\frac{1}{2}}$. It should be noted, however, that no intermediate values are computed for velocities located on inflow boundaries, rigid boundaries, or velocities exterior to the computing region of interest. Thus, a normal velocity component on a rigid wall remains zero, and the velocity at an inflow boundary is unchanged from its prescribed value.

After computing the appropriate tilde components of velocity, the finite difference analogy to Eqn. (1) is not satisfied in general for every cell in the mesh. This necessitates computing modifications to the pressures and velocities using an iteration algorithm.

The desire is to find a velocity field consistent with the boundary conditions such that

$$D^{n+1}_{i,j} = 0 \tag{6}$$

where

$$D_{i,j} = \frac{1}{\delta x}(u_{i+\frac{1}{2},j} - u_{i-\frac{1}{2},j}) + \frac{1}{\delta y}(v_{i,j+\frac{1}{2}} - v_{i,j-\frac{1}{2}}) , \tag{7}$$

and the superscript in Eqn. (6) refers to the new time level n+1 for the velocity values. In practice, an iteration procedure is used, which changes the cell pressures and velocities until Eqn. (6) is satisfied within acceptable limits.

To initiate the iteration, the tilde velocities for cell (i,j) are inserted into Eqn. (7). If $D_{i,j} > 0$ as a result, there has been a mass loss in the cell; if $D_{i,j} < 0$, a mass gain. To correct the values, the pressure is changed by an amount $\delta\phi_{i,j}$ obtained from the expansion

$$D^{n+1}_{i,j} - D_{i,j} = \left(\frac{\partial D}{\partial \phi}\right)_{i,j} \delta\phi_{i,j}$$

and the requirement of Eqn. (6). Thus, we have

$$\delta\phi_{i,j} = -\frac{\omega D_{i,j}}{\left(\frac{\partial D}{\partial \phi}\right)_{i,j}} \tag{8}$$

where ω is an over-relaxation factor that has the range $1 \leqslant \omega \leqslant 2$. The denominator in Eqn. (8) is constant for every cell and is given by

$$\left(\frac{\partial D}{\partial \phi}\right)_{i,j} = 2\delta t \left[\frac{1}{\delta x^2} + \frac{1}{\delta y^2}\right] \tag{9}$$

Once $\delta\phi_{i,j}$ is determined, the quantities are updated:

$$\begin{aligned}
{}^{h+1}\phi_{i,j} &= {}^{h}\phi_{i,j} + \delta\phi_{i,j} \\
{}^{h+1}u_{i+\frac{1}{2},j} &= {}^{h}u_{i+\frac{1}{2},j} + \frac{\delta t}{\delta x}\,\delta\phi_{i,j} \\
{}^{h+1}u_{i-\frac{1}{2},j} &= {}^{h}u_{i-\frac{1}{2},j} - \frac{\delta t}{\delta x}\,\delta\phi_{i,j} \\
{}^{h+1}v_{i,j+\frac{1}{2}} &= {}^{h}v_{i,j+\frac{1}{2}} + \frac{\delta t}{\delta y}\,\delta\phi_{i,j} \\
{}^{h+1}v_{i,j-\frac{1}{2}} &= {}^{h}v_{i,j-\frac{1}{2}} - \frac{\delta t}{\delta y}\,\delta\phi_{i,j}
\end{aligned} \tag{10}$$

Here, the superscripts denote the iteration level. This is done for each cell in the mesh. These updated velocities are inserted into Eqn. (7) and the process is repeated until

$$\left| D^{n+1}_{i,j} \right| < \varepsilon \tag{11}$$

for all cells. Here ε is the criterion for iteration convergence. It is noted, however, in this process the iteration error is not cumulative from time step to time step because the residual error from the previous time level is used as a source in the new time level.

During the iteration, just as with the tilde values, no modifications are made to velocities exterior to the computing region or to those values that are located on inflow or rigid boundaries. Hence, this algorithm does not require knowledge of the pressures in fictitious cells outside the computing region.

B. Boundary Conditions

Fictitious computing cells are convenient in applying velocity boundary conditions for use in the convection and viscous stress terms in the momentum equations. At planes of symmetry and rigid walls, the tangential velocity is either continuous with a vanishing gradient in the case of a free-slip boundary or reflective with a zero value at the boundary for the no-slip condition.

A further complication for the calculations is the case of rigid walls that cross the cells diagonally. In Fig. 2 are summarized the four sets of conditions that are required, depending on the spatial location within a cell of the terms in the difference expression and the type of boundary being studied. The velocity components within the rigid wall are specified as indicated in the figure. This treatment has proven successful in recent studies of waves running upon sloping beaches [Amsden (1973)]. A further discussion of velocity conditions for boundaries that cross cell boundaries arbitrarily is found in a recent paper by Viecelli (1971).

A special algorithm has proven quite successful for the boundary condition at continuative outflow boundaries. The tangential component of velocity is assumed continuous with no special treatment required for it. For the normal component located on the outflow boundary, a change is made prior to the iteration phase of the calculation. The normal velocity gradient is made to vanish using the tilde value of the normal component velocity one cell upstream of the boundary. Thus, no tilde velocity calculation is needed on the boundary. The iteration procedure then proceeds in the usual manner and modifies all the velocity components in the cell adjacent to the outflow boundary, assuring that the continuity equation is satisfied.

Nichols and Hirt (1971) recently reported on refinements in the treatment of the MAC free surface boundary conditions. In this approach, the use of special marker particles, which follow the free surface, more accurately defines the surface position than had previously been done. These particles are used in addition or in place of the usual Lagrangian marker particles from which the method derives its name. The schematic diagram in Fig. 3 shows the surface markers within the computing region; the shaded region below the surface represents the fluid. Fictitious cells are used in this algorithm and the subscripts, S and F, refer to surface and full cells, respectively. The use of the markers permits the application of the normal and tangential stress conditions at the actual fluid surface. The pressure in the surface cell is specified as a linear interpolation between the full cell pressure and the pressure that obtains at the free surface as a result of the surface stresses. The distance d in the figure is used in the interpolation procedure and measures the length from the free surface to the center of the full cell.

PARTIAL CELL VELOCITY CONFIGURATIONS

DIFFERENCE EXPRESSIONS

$$\frac{\partial v}{\partial x} , \frac{\partial u}{\partial y} , \frac{\partial uv}{\partial x} , \frac{\partial uv}{\partial y}$$

(a) FREE-SLIP

DIFFERENCE EXPRESSIONS

$$\frac{\partial u}{\partial x} , \frac{\partial v}{\partial y} , \frac{\partial u^2}{\partial x} , \frac{\partial v^2}{\partial y}$$

(b) FREE-SLIP

(c) NO-SLIP

(d) NO-SLIP

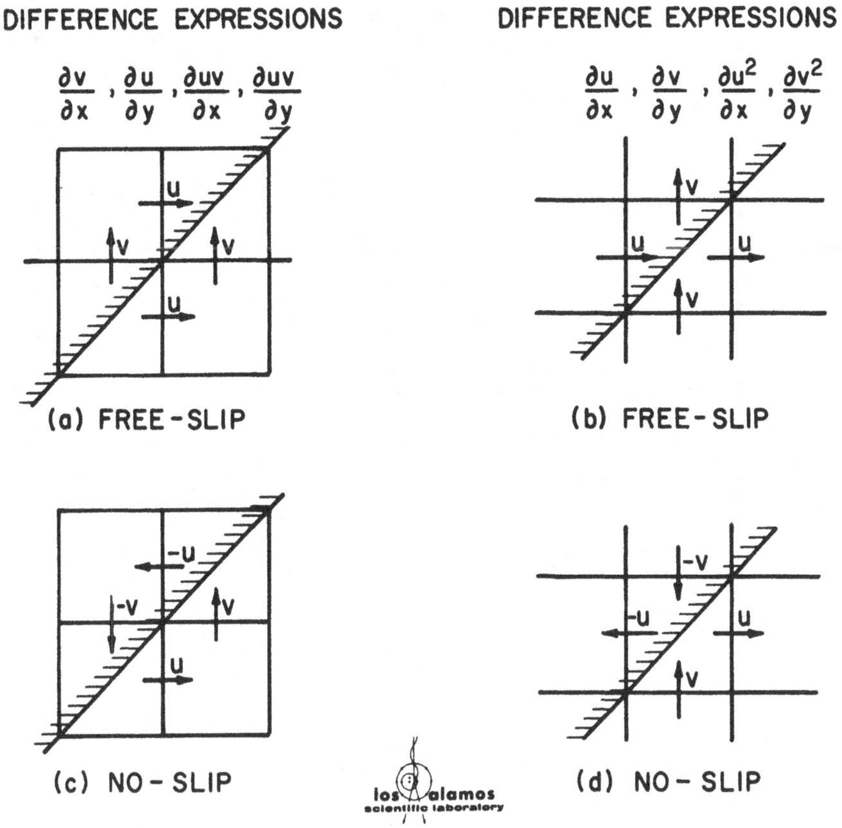

Figure 2

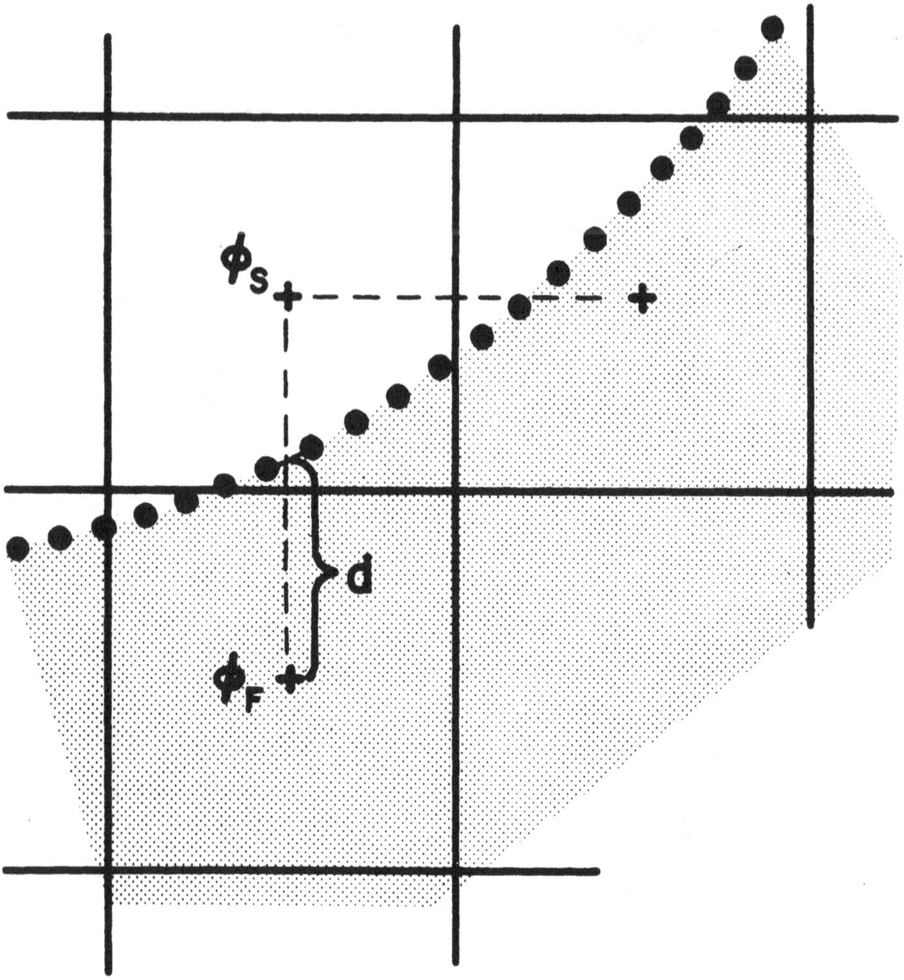

Figure 3

Figure 4 illustrates the effectiveness of this procedure by showing the fluid configuration with and without the surface markers for the problem of a fluid sloshing in a rectangular tank. A cosine-wave pressure pulse at initial time sets the fluid into oscillation. After repeated oscillations the upper frame shows ripples appearing on the free surface; these are not present in the lower frame which uses the surface markers. The ripples result from cell to cell variations in the pressure that cause fictitious accelerations to particles near the surface.

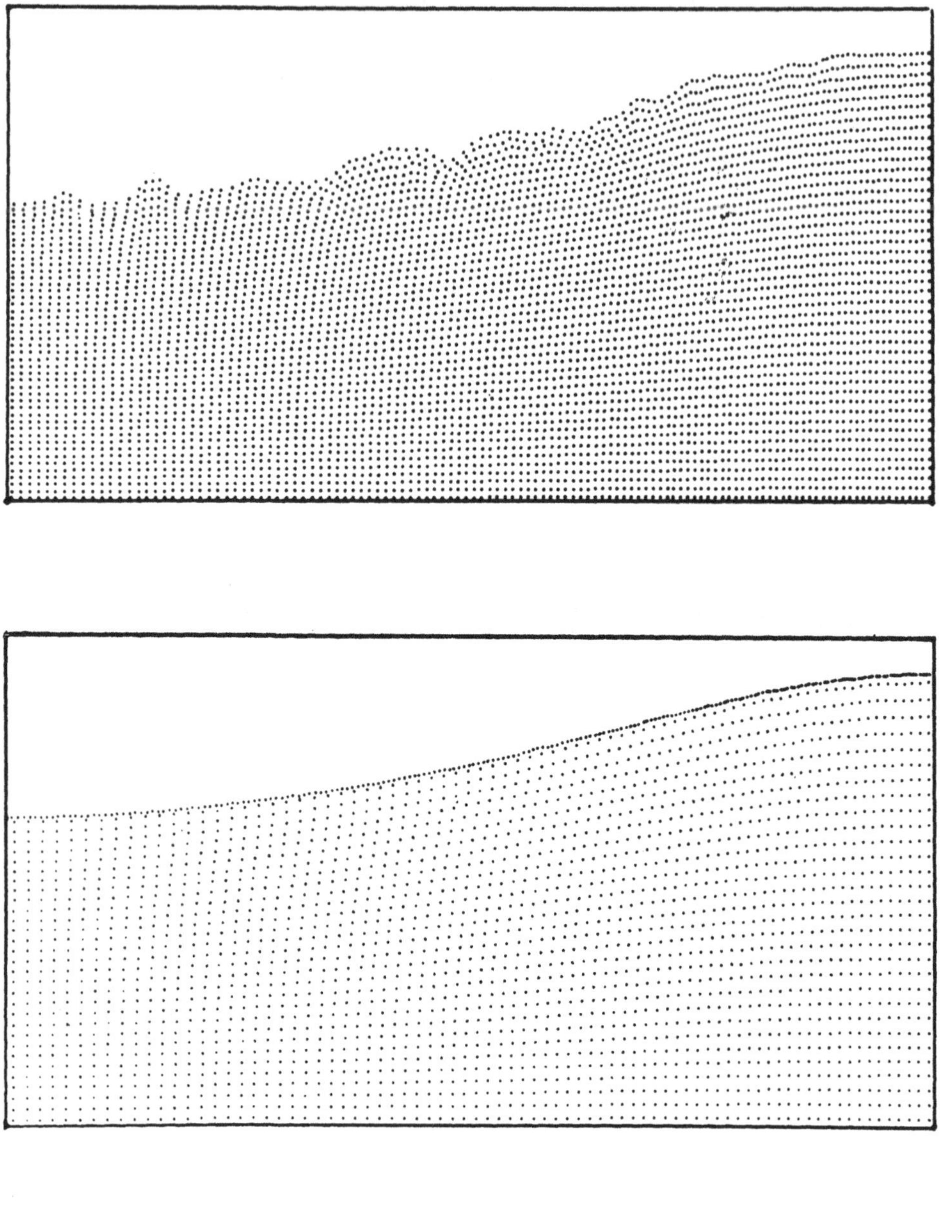

Figure 4

III. THE IMPLICIT CONTINUOUS-FLUID EULERIAN METHOD

The ICE method [Harlow and Amsden (1971)] has been developed to numerically solve multi-dimensional, transient fluid flows of arbitrary Mach number. The implicit formulation of the solution procedure broadens its applicability to flows ranging from supersonic or compressible to far subsonic or incompressible flows. In the incompressible limit, the technique reduces to the MAC method described previously.

The ICE solution procedure implicitly solves the mass and momentum equations and uses an explicit calculation for the energy equation. Harlow and Amsden (1971) determined the pressure field for the momentum equations by the solution of a Poisson equation. Here, however, we present a different method, which is a generalization of the iteration procedure described in the previous section. The advantage of such an approach is the ease of incorporating boundary conditions into the calculations, just as in the case of MAC.

Included in this discussion of the ICE method are two other recent developments. Space does not permit detailed discussion of these and only brief outlines of the developments are presented here. The first is the extension by Butler, et al.,(1973) to permit the application of ICE to multi-component, chemically reacting flows with mixing. The second is a recent investigation by Rivard, et al., (1973) to apply a truncation error canceling scheme to the difference equations used by Butler, et al. This latter technique improves the stability and accuracy of the computing method by locally sensing the diffusional truncation errors inherent in the difference approximation and minimizing their effect on the calculations. Numerical examples showing the effectiveness of this technique are presented.

A. Equations of Motion

The mass and momentum equations for transient flows in two space dimensions for rectangular coordinates are

$$\frac{\partial \rho}{\partial t} + \frac{\partial \rho u}{\partial x} + \frac{\partial \rho v}{\partial y} = 0 \tag{12}$$

$$\frac{\partial \rho u}{\partial t} + \frac{\partial \rho u^2}{\partial x} + \frac{\partial \rho uv}{\partial y} = - \frac{\partial p}{\partial x} + \frac{\partial \sigma_{xx}}{\partial x} + \frac{\partial \sigma_{xy}}{\partial y} \tag{13}$$

$$\frac{\partial \rho v}{\partial t} + \frac{\partial \rho uv}{\partial x} + \frac{\partial \rho v^2}{\partial y} = - \frac{\partial p}{\partial y} + \frac{\partial \sigma_{xy}}{\partial x} + \frac{\partial \sigma_{yy}}{\partial y} , \tag{14}$$

where ρ is the mass density, p is the pressure and the stress tensor components are given by

$$\sigma_{xx} = 2\mu \frac{\partial u}{\partial x} + \lambda \left(\frac{\partial u}{\partial x} + \frac{\partial v}{\partial y}\right)$$

$$\sigma_{xy} = \mu \left(\frac{\partial u}{\partial y} + \frac{\partial v}{\partial x}\right) \tag{15}$$

$$\sigma_{yy} = 2\mu \frac{\partial v}{\partial y} + \lambda \left(\frac{\partial u}{\partial x} + \frac{\partial v}{\partial y}\right) \quad .$$

In these latter expressions μ and λ are the first and second coefficients of viscosity, respectively.

Equations (12) - (14) are coupled to an equation for the internal energy, ρI:

$$\frac{\partial \rho I}{\partial t} + \frac{\partial \rho I u}{\partial x} + \frac{\partial \rho I v}{\partial y} = (\sigma_{xx} - p) \frac{\partial u}{\partial x} + (\sigma_{yy} - p) \frac{\partial v}{\partial y} + \sigma_{xy}\left(\frac{\partial u}{\partial y} + \frac{\partial v}{\partial x}\right) + \frac{\partial}{\partial x}\left(k \frac{\partial I}{\partial x}\right) + \frac{\partial}{\partial y}\left(k \frac{\partial I}{\partial y}\right) + \dot{q}_C + \dot{q}_D \quad , \tag{16}$$

where k is the heat conduction coefficient, and $\dot{q}_C$ and $\dot{q}_D$ are source terms to the internal energy representing chemical reactions and enthalpy diffusion resulting from multicomponent species diffusion, respectively.

These are solved together with an equation of state, in which pressure is expressed as a function of ρ and I. For a polytropic gas,

$$p = (\gamma-1)\, \rho I \tag{17}$$

where γ is the ratio of specific heats.

To enable the calculation of multi-component species in the flow field, transport equations for the species are written which include convection, diffusion, and creation or decay by chemical reactions:

$$\frac{\partial \rho_\alpha}{\partial t} + \frac{\partial \rho_\alpha u}{\partial x} + \frac{\partial \rho_\alpha v}{\partial y} = \frac{\partial}{\partial x}\left[\rho \eta_\alpha \frac{\partial (\rho_\alpha/\rho)}{\partial x}\right] + \frac{\partial}{\partial y}\left[\rho \eta_\alpha \frac{\partial (\rho_\alpha/\rho)}{\partial y}\right] + (\dot{\rho}_\alpha)_c \quad . \tag{18}$$

In this equation, the subscript α refers to the species, η_α is an effective binary diffusion coefficient for species α into the multicomponent mixture, and $(\dot{\rho}_\alpha)_c$ represents the source term from chemical reactions. The exact expression for this is discussed by Butler, et al., (1973). This equation is solved subject to the constraints that

$$\sum_{\alpha=1}^{N} \rho_\alpha = \rho \tag{19}$$

and

$$\sum_{\alpha=1}^{N} \left\{ \frac{\partial}{\partial x} \left[\rho\eta_\alpha \frac{\partial(\rho_\alpha/\rho)}{\partial x} \right] + \frac{\partial}{\partial y} \left[\rho\eta_\alpha \frac{\partial(\rho_\alpha/\rho)}{\partial y} \right] \right\} = 0 \; , \tag{20}$$

where N is the total number of species.

B. Solution Procedure

The finite difference approximations to these equations are similar to those in the previous section. The momentum components ρu and ρv are located on cell boundaries, just as in the MAC case for u and v. Cell centered quantities are ρ, p, and I, together with the variable coefficients μ, λ, and k. The stress tensor components are located at the positions indicated in Fig. 1.

For the total mass density equation, we write

$$\rho_{i,j}^{n+1} = \tilde{\rho}_{i,j} + \theta\, \delta t \left\{ \frac{1}{\delta x} \left[(\rho u)_{i-\frac{1}{2},j}^{n+1} - (\rho u)_{i+\frac{1}{2},j}^{n+1} \right] + \frac{1}{\delta y} \left[(\rho v)_{i,j-\frac{1}{2}}^{n+1} - (\rho v)_{i,j+\frac{1}{2}}^{n+1} \right] \right\} \tag{21}$$

in which $\tilde{\rho}_{i,j}$ is determined from quantities at time level n:

$$\begin{aligned} \tilde{\rho}_{i,j} = \rho_{i,j}^{n} + \delta t \Bigg\{ (1-\theta) \bigg\{ & \frac{1}{\delta x} \left[(\rho u)_{i-\frac{1}{2},j}^{n} - (\rho u)_{i+\frac{1}{2},j}^{n} \right] \\ & + \frac{1}{\delta y} \left[(\rho v)_{i,j-\frac{1}{2}}^{n} - (\rho v)_{i,j+\frac{1}{2}}^{n} \right] \bigg\} \\ & + \frac{1}{\delta x^2} \left[\tau_{i+\frac{1}{2},j} \left(\rho_{i+1,j}^{n} - \rho_{i,j}^{n} \right) - \tau_{i-\frac{1}{2},j} \left(\rho_{i,j}^{n} - \rho_{i-1,j}^{n} \right) \right] \\ & + \frac{1}{\delta y^2} \left[\tau_{i,j+\frac{1}{2}} \left(\rho_{i,j+1}^{n} - \rho_{i,j}^{n} \right) - \tau_{i,j-\frac{1}{2}} \left(\rho_{i,j}^{n} - \rho_{i,j-1}^{n} \right) \right] \Bigg\} \; . \end{aligned} \tag{22}$$

In these equations, θ is a parameter used to vary the relative time centering of the convection terms. It ranges in value from zero for a purely explicit calculation to unity for a completely time advanced treatment of the convection terms. The value, θ=.5, is usually chosen for most compressible flow calculations because this choice eliminates first order time errors that arise in the difference approximation.

The diffusion terms in Eqn. (22) are added to assure stability of the numerical calculations and yet minimize the effects of the lowest order truncation errors inherent in the finite difference equations. These errors may result in either excessive numerical diffusion or insufficient diffusion to stabilize the calculations. The form of the necessary diffusion terms was suggested by Hirt (1968) after examining the stability properties of the non-linear equations.

With θ=.5, the expressions for these diffusion coefficients are

$$\tau_{i+\frac{1}{2},j} = (1 + \xi) \frac{\delta x}{8} \Delta u \qquad \text{if } \Delta u \geq 0$$

or (23)

$$\tau_{i+\frac{1}{2},j} = (1 - \xi) \frac{\delta x}{8} \Delta u \qquad \text{if } \Delta u < 0 \quad ,$$

where $\Delta u = u^n_{i+3/2,j} - u^n_{i-\frac{1}{2},j}$.

The value of ξ ranges $0 < \xi < 1$ with many problems requiring $\xi \leq .2$. Analogous expressions to those in Eqn. (23) are used for the other coefficients in Eqn. (22).

This procedure of variable coefficients of diffusion has proven very successful in a wide variety of problems tested. It has obvious advantages over the scheme originally proposed for ICE because it automatically supplies the necessary diffusion for stability and applies it only in regions where needed. The value of ξ is usually held fixed and is greater than zero to allow sufficient smoothing to overcome truncation errors of higher order that were neglected in the error analysis.

Similar expressions to Eqns. (22) and (23) have been derived for each of the ICE difference equations. The report by Rivard, et al., (1973) presents them in detail, and we shall not repeat them here. However, the calculational examples at the end show their effect over using usual artificial viscosity stabilizing methods.

The finite difference approximation to Eqn. (13) is

$$(\rho u)^{n+1}_{i+\frac{1}{2},j} = (\widetilde{\rho u})_{i+\frac{1}{2},j} + \frac{\delta t}{\delta x} \left[\overline{p}_{i,j} - \overline{p}_{i+1,j} \right] \tag{24}$$

where the tilde value is computed from quantities at time level n and the $\overline{p}$ values are found by iteration in satisfying the mass equation. The intermediate momentum component is written

$$\begin{aligned}(\widetilde{\rho u})_{i+\frac{1}{2},j} = (\rho u)^n_{i+\frac{1}{2},j} + \delta t \Bigg\{ \frac{1}{\delta x} \Big[p^n_{i,j} - p^n_{i+1,j} + (\rho u^2)_{i,j} - (\rho u^2)_{i+1,j} \\ + (\sigma_{xx})_{i+1,j} - (\sigma_{xx})_{i,j} \Big] + \frac{1}{\delta y} \Big[(\rho uv)_{i+\frac{1}{2},j-\frac{1}{2}} - (\rho uv)_{i+\frac{1}{2},j+\frac{1}{2}} \\ + (\sigma_{xy})_{i+\frac{1}{2},j+\frac{1}{2}} - (\sigma_{xy})_{i+\frac{1}{2},j-\frac{1}{2}} \Big] \Bigg\}\end{aligned} \tag{25}$$

neglecting the truncation error cancellation terms. The terms on the right hand side are computed using straightforward averages and centered differences of the quantities at time level n. Difference equations similar to Eqns. (24) and (25) are found for $(\rho v)^{n+1}_{i,j+\frac{1}{2}}$ in solving Eqn. (14).

New values of total mass density and momenta for the time step are found in the same way as described in Eqns. (6) - (11). In this case, however, we define

$$D_{i,j} = \rho_{i,j} - \tilde{\rho}_{i,j} + \theta\,\delta t \left\{ \frac{1}{\delta x}\left[(\rho u)_{i+\frac{1}{2},j} - (\rho u)_{i-\frac{1}{2},j}\right] + \frac{1}{\delta y}\left[(\rho v)_{i,j+\frac{1}{2}} - (\rho v)_{i,j-\frac{1}{2}}\right]\right\} \tag{26}$$

and

$$\delta\bar{p}_{i,j} = -\frac{\omega D_{i,j}}{\left(\frac{\partial D}{\partial \bar{p}}\right)_{i,j}} \quad . \tag{27}$$

The denominator is evaluated as

$$\left(\frac{\partial D}{\partial \bar{p}}\right)_{i,j} = \frac{1}{(c^2)_{i,j}} + 2\theta\delta t^2\left(\frac{1}{\delta x^2} + \frac{1}{\delta y^2}\right)$$

in which $(c^2)_{i,j}$ is the square of the sound speed determined from the equation of state using the definition

$$\left(\frac{\partial p}{\partial \rho}\right) = c^2 \ .$$

Once $\delta\bar{p}_{i,j}$ is determined the quantities are updated as in Eqn. (10):

$$
\begin{aligned}
{}^{h+1}\bar{p}_{i,j} &= {}^{h}\bar{p}_{i,j} + \delta\bar{p}_{i,j} \\
{}^{h+1}\rho_{i,j} &= {}^{h}\rho_{i,j} + \frac{\delta\bar{p}_{i,j}}{(c^2)_{i,j}} \\
{}^{h+1}(\rho u)_{i+\frac{1}{2},j} &= {}^{h}(\rho u)_{i+\frac{1}{2},j} + \frac{\delta t}{\delta x}\,\delta\bar{p}_{i,j} \\
{}^{h+1}(\rho u)_{i-\frac{1}{2},j} &= {}^{h}(\rho u)_{i-\frac{1}{2},j} - \frac{\delta t}{\delta x}\,\delta\bar{p}_{i,j} \\
{}^{h+1}(\rho v)_{i,j+\frac{1}{2}} &= {}^{h}(\rho v)_{i,j+\frac{1}{2}} + \frac{\delta t}{\delta y}\,\delta\bar{p}_{i,j} \\
{}^{h+1}(\rho v)_{i,j-\frac{1}{2}} &= {}^{h}(\rho v)_{i,j-\frac{1}{2}} - \frac{\delta t}{\delta y}\,\delta\bar{p}_{i,j}
\end{aligned}
\tag{28}
$$

The superscripts denote the iteration levels. These updated quantities are substituted into Eqn. (26) and the process is repeated in all computing cells until

$$\left| D_{i,j}^{n+1} \right| < \varepsilon \quad .$$

With the completion of the iteration procedure, new velocities are determined from the momenta and densities:

$$u_{i+\frac{1}{2},j}^{n+1} = \frac{(\rho u)_{i+\frac{1}{2},j}^{n+1}}{.5\left(\rho_{i,j}^{n+1} + \rho_{i+1,j}^{n+1}\right)}$$

$$v_{i,j+\frac{1}{2}}^{n+1} = \frac{(\rho v)_{i,j+\frac{1}{2}}^{n+1}}{.5\left(\rho_{i,j}^{n+1} + \rho_{i,j+1}^{n+1}\right)} \quad . \tag{29}$$

These updated values of velocity and pressure are used in the explicit calculation for the internal energy:

$$\begin{aligned}(\rho I)_{i,j}^{n+1} = (\rho I)_{i,j}^{n} + \delta t \Bigg\{ & \frac{1}{\delta x}\left[(\rho I u)_{i-\frac{1}{2},j} - (\rho I u)_{i+\frac{1}{2},j} + (\sigma_{xx} - \overline{p})_{i,j}\left(u_{i+\frac{1}{2},j}^{n+1} - u_{i-\frac{1}{2},j}^{n+1}\right)\right] \\ & + \frac{1}{\delta y}\left[(\rho I v)_{i,j-\frac{1}{2}} - (\rho I v)_{i,j+\frac{1}{2}} + (\sigma_{yy} - \overline{p})_{i,j}\left(v_{i,j+\frac{1}{2}}^{n+1} - v_{i,j-\frac{1}{2}}^{n+1}\right)\right] \\ & + (\sigma_{xy})_{i,j}\left[\frac{1}{\delta y}\left(u_{i,j+\frac{1}{2}}^{n+1} - u_{i,j-\frac{1}{2}}^{n+1}\right) + \frac{1}{\delta x}\left(v_{i+\frac{1}{2},j}^{n+1} - v_{i-\frac{1}{2},j}^{n+1}\right)\right] \\ & + \frac{1}{\delta x^2}\left[k_{i+\frac{1}{2},j}\left(I_{i+1,j}^{n} - I_{i,j}^{n}\right) - k_{i-\frac{1}{2},j}\left(I_{i,j}^{n} - I_{i-1,j}^{n}\right)\right] \\ & + \frac{1}{\delta y^2}\left[k_{i,j+\frac{1}{2}}\left(I_{i,j+1}^{n} - I_{i,j}^{n}\right) - k_{i,j-\frac{1}{2}}\left(I_{i,j}^{n} - I_{i,j-1}^{n}\right)\right] \\ & + (\dot{q}_c)_{i,j} + (\dot{q}_D)_{i,j} \Bigg\}\end{aligned} \tag{30}$$

in which the convection terms are formed by straightforward averages of the internal energy at time level n and the new velocities.

Explicit calculations are also made to determine the new species densities. The difference approximation to Eqn. (18) is given by

$$
\begin{aligned}
(\rho_\alpha)^{n+1}_{i,j} = (\rho_\alpha)^{n}_{i,j} &+ \delta t \left\{ \frac{1}{\delta x} \left[(\rho_\alpha u)_{i-\frac{1}{2},j} - (\rho_\alpha u)_{i+\frac{1}{2},j} \right] + \frac{1}{\delta y} \left[(\rho_\alpha v)_{i,j-\frac{1}{2}} - (\rho_\alpha v)_{i,j+\frac{1}{2}} \right] \right. \\
&+ \frac{1}{\delta x^2} \left\{ (\rho \eta_\alpha)_{i+\frac{1}{2},j} \left[(\rho_\alpha/\rho)_{i+1,j} - (\rho_\alpha/\rho)_{i,j} \right] \right. \\
&\left. - (\rho \eta_\alpha)_{i-\frac{1}{2},j} \left[(\rho_\alpha/\rho)_{i,j} - (\rho_\alpha/\rho)_{i-1,j} \right] \right\} \\
&+ \frac{1}{\delta y^2} \left\{ (\rho \eta_\alpha)_{i,j+\frac{1}{2}} \left[(\rho_\alpha/\rho)_{i,j+1} - (\rho_\alpha/\rho)_{i,j} \right] \right. \\
&- (\rho \eta_\alpha)_{i,j-\frac{1}{2}} \left[(\rho_\alpha/\rho)_{i,j} - (\rho_\alpha/\rho)_{i,j-1} \right] \\
&\left. + \left[(\dot{\rho}_\alpha)_c \right]_{i,j} \right\} .
\end{aligned}
\tag{31}
$$

The convection terms again are formed using species densities at time level n and the new velocities. In order to ensure strict mass conservation, N-1 species transport equations are solved with the Nth species determined using Eqn. (19):

$$
(\rho_N)^{n+1}_{i,j} = \rho^{n+1}_{i,j} - \sum_{\alpha=1}^{N-1} (\rho_\alpha)^{n+1}_{i,j} .
\tag{32}
$$

A special algorithm has been developed to impose the constraint of Eqn. (20). The essence of the algorithm is to simultaneously consider the diffusion terms for each species in Eqn. (31) and ensure that no net mass transport is accomplished during the time step by the diffusional process. This is achieved by monitoring the diffusional fluxes across each boundary of the computing cell and limiting the amount of diffusion such that Eqn. (20) is satisfied.

C. Example Calculations

An often used treatment to assure numerical stability of the calculations is to use fictitiously large values of the viscosity coefficients, μ and λ, to overcome the effects of truncation errors resulting from the difference approximations. Harlow and Amsden (1971) state the choices for μ and λ in such an approach are given by:

$$
\mu, \lambda \gtrsim 3/2 \; \rho \, u^2_{max} \, \delta t + \rho_{max} \left(\frac{\partial u}{\partial x} \right)_{max} \delta x^2
\tag{33}
$$

where the subscripts refer to the maximum values for the velocity, density and velocity gradients in the computing mesh. This choice, while ensuring numerical stability, may produce large inaccuracies in the calculational results because of excessive numerical diffusion. This is especially true when the flow is directed primarily in one coordinate direction, such as in the case of flow down a uniform channel.

Consider the flow configuration shown schematically in Fig. 5. A perfect gas, with specific heat ratio $\gamma = 1.4$, enters on the left with a velocity profile symmetric about the centerline of the channel. The horizontal velocity grades linearly from a magnitude $u = 1.0$ at the adiabatic, free-slip channel walls to $u = 0.2$ at the centerline. The flow is everywhere supersonic with a uniform temperature across the channel, and the flow Mach number based on the velocity at the walls is $M = 10.0$. The right boundary of the computing region is a continuative outflow boundary. With this configuration for an inviscid fluid, the exact solution of this idealized problem has no x-dependence at steady state with the inflow velocity profile reproduced at any axial location downstream of the inflow boundary.

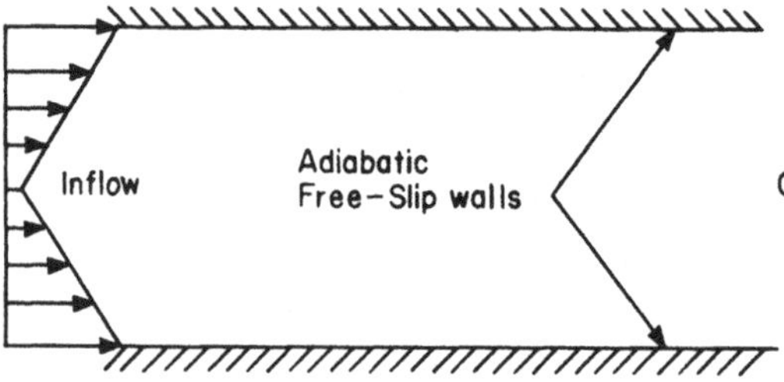

Figure 5

The results of two different calculations of this problem are summarized in Fig. 6.

6(a)

6(b)

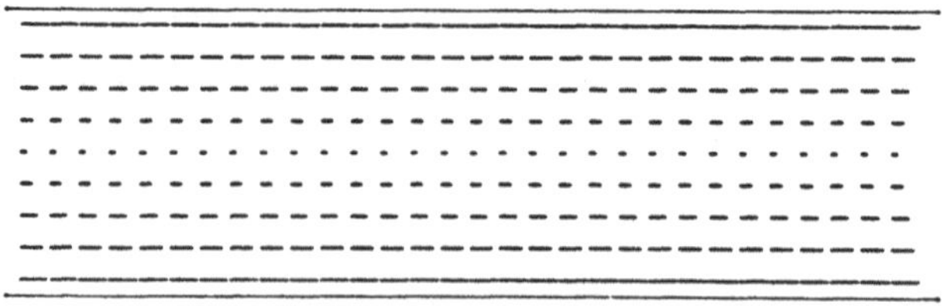

Figure 6

Both calculations started with identical initial conditions of a uniform velocity $u = 1.0$ in all cells except those at the left boundary. These are plots of the velocity vectors in each cell after the flow has achieved steady state. Fig. 6(a) shows the velocities computed using the criteria for μ and λ given in Eqn. (33), which are essentially the minimum values for stability. In this case, the centerline velocity is accelerated down the length of the channel and the wall velocities drop in magnitude until an almost uniform velocity profile is produced at the outflow boundary, a consequence of the fictitious viscosity acting in the transverse direction.

The calculation shown in Fig. 6(b) is that using the truncation error cancellation method of Rivard, et al., (1973) to achieve stability. Excellent agreement is noted in this case with the velocity field at each axial location corresponding to the inflow profile to within less than 0.2% error.

As a more comprehensive example problem, we consider the flow in a continuous wave chemical laser. The flow configuration is that shown schematically in Fig. 7.

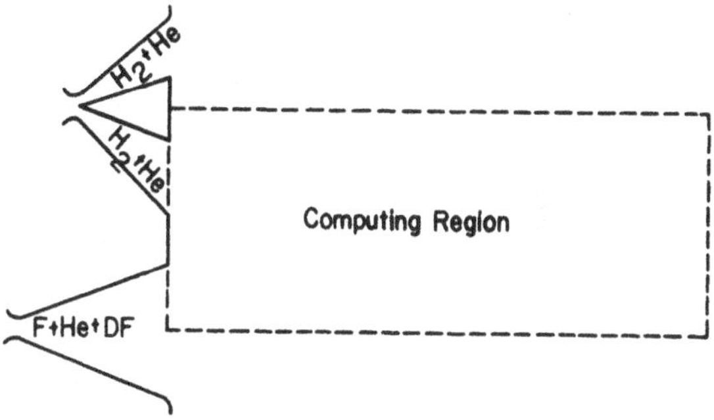

Figure 7

A series of two-dimensional slit nozzles flowing a mixture of F, He, and DF are alternately interspersed with split nozzles admitting H_2 and He. Downstream of each pair of nozzles, the H_2 and F mix and react exothermically to produce vibrationally excited HF molecules, which serve as the lasing medium. The computing mesh extends from the nozzle exit plane downstream to a continuative outflow boundary with symmetry boundaries at the top and bottom. The vertical span for the mesh extends from the centerline of the hydrogen stream to the centerline of the fluorine stream. The Mach number of the flow exiting the lower nozzle is $M = 3.5$ and for the upper nozzle, $M = 3.7$.

Figure 8(a) shows the steady state velocity vectors from the calculations using μ and λ obtained from Eqn. (33), and Fig. 8(b) shows the results using the truncation error cancellation method.

8(a)

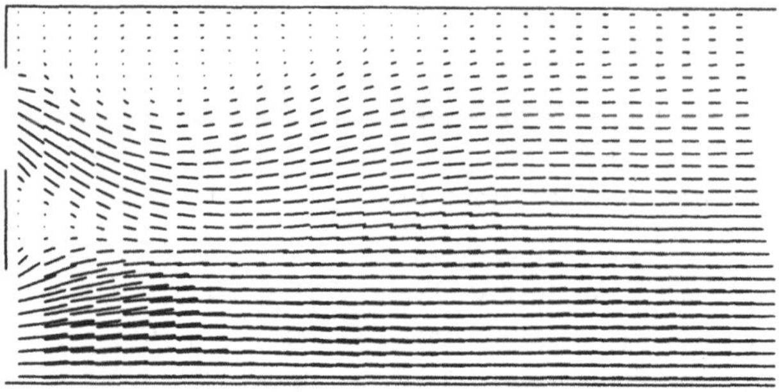

8(b)

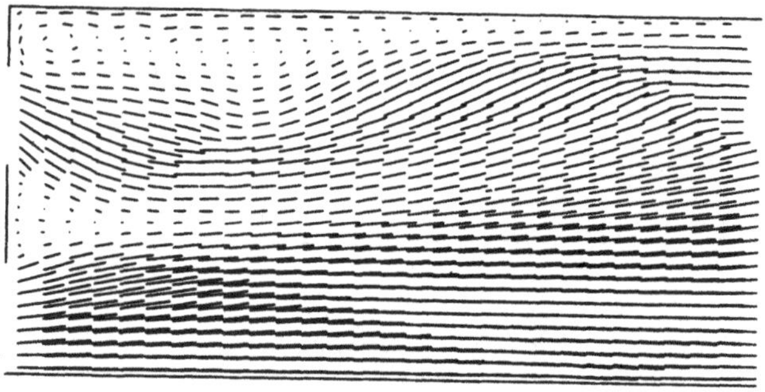

Figure 8

In (a), the inflow velocity profiles are rapidly smoothed downstream because of the excessive kinetic energy dissipation brought about by the artificially high values of viscosity necessary for stability. Such is not the case in (b). In addition, the recirculation region in the upper left corner of the mesh is much more pronounced in (b) and a shock caused by the collision of the H_2 stream with the upper symmetry boundary is seen in (b) but is not present in (a) because of the large kinetic energy dissipation.

IV. REFERENCES

Amsden, A. A., "Numerical Calculation of Surface Waves: A Modified ZUNI Code with Surface Particles and Partial Cells," Los Alamos Scientific Laboratory Report LA-5146 (1973).

Butler, T. D., Farmer, O. A., and Rivard, W. C., "A Numerical Technique for Transient, Chemically Reactive Flows of Arbitrary Mach Number," Los Alamos Scientific Laboratory Report to be published (1973).

Harlow, F. H. and Welch, J. E., Phys. Fluids 8, 2182 (1965).

Harlow, F. H., "Numerical Methods for Fluid Dynamics - An Annotated Bibliography," Los Alamos Scientific Laboratory Report LA-4281 (1969).

Harlow, F. H., and Amsden, A. A., J. Comp. Phys. 6, 322 (1970).

Harlow, F. H., and Amsden, A. A., J. Comp. Phys. 8, 197 (1971).

Hirt, C. W., J. Comp. Phys. 2, 339 (1968).

Hirt, C. W. and Cook, J. L., J. Comp. Phys. 10, 324 (1972).

Nichols, B. D. and Hirt, C. W., J. Comp. Phys. 8, 434 (1971).

Rivard, W. C., Butler, T. D., Farmer, O. A., and O'Rourke, P. J., "A Method for Increased Accuracy in Eulerian Fluid Dynamics Calculations," Los Alamos Scientific Laboratory Report LA-5426-MS (1973).

Viecelli, J. A., J. Comp. Phys. 8, 119 (1971).

METHODES ET TECHNIQUES D'INTEGRATION NUMERIQUE ADAPTEES A L'ETUDE DES ECOULEMENTS PLANETAIRES

Robert Sadourny

Laboratoire de Météorologie dynamique
Centre national de la Recherche scientifique
Paris

I. INTRODUCTION

L'écoulement atmosphérique est un écoulement turbulent, à régime quasi-stationnaire. On dispose aujourd'hui d'un certain nombre de mesures, effectuées de diverses manières dans l'atmosphère réelle, permettant d'évaluer la répartition spectrale de l'énergie cinétique (WIIN-NIELSEN (1967), MOREL etNECCO (1973)). On a pu mettre en évidence que, dans un domaine spectral allant des ondes planétaires aux ondes d'échelle 200 km environ, le spectre d'énergie suit une loi voisine de k^{-3}. En première approximation, l'écoulement de grande échelle peut être considéré comme horizontal et non divergent, obéissant par conséquent aux lois statistiques de la turbulence bidimensionnelle. La répartition spectrale en k^{-3} correspond à la loi bien connue de KOLMOGOROV-OBUKHOV. Elle dépend étroitement de l'existence d'un invariant quadratique: l'enstrophie, intégrale spatiale du carré du rotationnel, pour les équations inviscides. Dans un domaine spectral inertiel, c'est à dire sans sources ni dissipation, l'enstrophie est simplement transférée des grandes vers les petites échelles. L'état d'équilibre statistique est caractérisé par un taux de transfert uniforme, qui impose à lui seul la forme du spectre. La théorie de KOLMOGOROV apparaît aujourd'hui amplement confirmée. Récemment,l'intégration temporelle de modèles stochastiques de la turbulence bidimensionnelle à très grand nombre de Reynolds (ANDRE,LESIEUR et POUQUET (1973)) a permis de mettre en évidence l'apparition d'un état de régime en k^{-3}, à transfert d'enstrophie constant vers les échelles les plus courtes. Il est certain que l'application de cette théorie à l'atmosphère ne peut se faire que de façon approchée. CHARNEY (1971) a toutefois développé une théorie analogue dans le cas d'un écoulement tridimensionnel quasi-géostrophique, analogue à l'écoulement atmosphérique à grande échelle.

Le domaine spectral dont nous parlons est le domaine qui correspond justement aux modèles numériques actuels de circulation générale. En effet, étant donné le grand nombre de paramètres physiques intervenant dans la description de l'état de l'atmosphère, et, d'autre part, la longueur de certains calculs (en particulier, l'inclusion des échanges radiatifs dans les sources d'énergie), le degré de développement actuel des calculateurs limite la résolution à une centaine de kilomètres environ. Dans ces conditions, si l'on veut représenter de façon convaincante l'atmosphère réelle, il importe d'accorder une attention particulière aux mécanismes de transfert. Des progrès importants dans ce sens ont été accomplis dans les années soixante. Le premier, ARAKAWA (1966) a introduit l'enstrophie comme invariant formel au niveau des équations tronquées, obtenant ainsi un bilan plus réaliste des interactions non linéaires. Simultanément, l'introduction par SMAGORINSKY d'une pseudo-viscosité non linéaire peut être considérée comme la première tentative de paramétrisation des interactions entre les modes effectivement représentés par le modèle, et les modes situés au-delà de la troncature.

Il est clair que les modèles tronqués sans dissipation d'enstrophie, même dans le cas de schémas d'ARAKAWA, représentent très imparfaitement les mécanismes de transfert, dans la mesure où ceux-ci sont bloqués à la troncature. Leurs états d'équilibre statistique propres seront fondamentalement différents de celui de l'atmosphère, puisque non régis par un transfert uniforme d'enstrophie. On peut d'ailleurs, étant donné un modèle inviscide tronqué, calculer théoriquement ses états d'équilibre statistique (au moyen des méthodes classiques de la mécanique statistique à nombre fini de degrés de liberté), vérifier numériquement la tendance vers ces états d'équilibre (ergodisme), et constater qu'il ne s'agit pas de spectres en k^{-3}. On peut consulter à ce sujet: ORSZAG et FOX (1973), BASDEVANT (1973). Pour retrouver un état de régime analogue à celui de l'atmosphère réelle, il convient par conséquent d'ajouter au modèle inviscide une dissipation représentant le transfert réel d'enstrophie à la troncature. La clé de ce problème est une théorie statistique des interactions entre les mouvements explicites du modèle et les mouvements d'échelle plus petite. Cette théorie doit faire appel à un certain nombre d'hypothèses simplificatrices. Entre autres, il est naturel d'admettre l'isotropie et l'homogénéité statistique des mouvements d'échelle inférieure à une centaine de kilomètres. Cette hypothèse est physiquement bien fondée. Toutefois, les modes dont on représente ainsi l'influence sont définis dans le modèle comme tous les modes externes par rapport à la troncature. Il importe donc, si l'on veut une paramétrisation cohérente, de définir celle-ci de la façon la plus homogène et la plus isotrope possible sur la totalité de la sphère.

Les transferts d'enstrophie, ou, plus généralement, les interactions non linéaires, ne sont pas les seuls processus nécessitant une évaluation statistique des phénomènes de petite échelle au niveau des équations tronquées. En effet, il existe dans l'atmosphère des sources d'énergie extrêmement importantes à des échelles inférieures à 100 km. Par exemple, les phénomènes de convection associés à la présence de cumulus, et les échanges énergétiques correspondants ont une influence considérable sur l'écoulement de plus grande échelle, par dégagement de chaleur latente, effet radiatif et induction de subsidence à grande échelle. Il est bien sûr hors de question de représenter individuellement chaque cumulus, et les effets qu'il provoque, dans un modèle de circulation générale. Les météorologistes ont ainsi été amenés à se poser le problème de la paramétrisabilité de ces phénomènes. La première théorie statistique véritablement satisfaisante est due à ARAKAWA(1973). L'occurrence et l'influence des cumulus sont paramétrisés en fonction des variables physiques à plus grande échelle, moyennant certaines hypothèses, dont des hypothèses de structure sur la répartition nuageuse probable. On se donne ainsi une répartition spectrale des nuages, dépendant d'un simple paramètre scalaire λ, assimilable à un facteur d'échelle. Ces hypothèses d'homogénéité et d'isotropie statistiques de la répartition nuageuse sont inséparables d'une résolution homogène et isotrope de l'écoulement de grande échelle.

Si l'on considère le problème sous cet angle, l'utilisation (très fréquente jusqu'à ce jour) de réseaux réguliers en coordonnées sphériques (longitude-latitude) n'est pas vraiment appropriée. La résolution est-ouest devient de plus en plus fine à mesure que l'on se rapproche des pôles, l'élongation des mailles dans le sens nord-sud, de plus en plus accentuée, et les modèles de paramétrisation, de moins en moins satisfaisants. On sait par ailleurs que, sur ces réseaux, le pas temporel, lié aux conditions de stabilité pour les ondes de gravité, est très faible eu égard à la résolution effective dans les latitudes moyennes. (Ce dernier inconvénient peut être éliminé toutefois, si l'on procède à un filtrage systématique des ondes courtes au voisinage des pôles.) Des modèles spectraux, basés sur le développement des fonctions scalaires en séries tronquées d'harmoniques sphériques, ont été développés récemment, en particulier par ELIASSEN et al.(1970). Néanmoins, de tels modèles ne sont pas particulièrement adaptés à la représentation des sources physiques d'énergie, ni des phénomènes de petite échelle. D'une façon générale, l'utilisation de coordonnés sphériques est peu compatible avec une discrétisation quasi-uniforme sur la sphère. Par exemple, sur un réseau quasi-uniforme, les accroissements en longitude ne tendent pas uniformément vers zéro quand le module géométrique du réseau tend vers zéro. Ceci conduit, dans le cas d'équations aux différences, à des défauts de consistance aux pôles. Les conséquences pratiques sont, entre autres, une distorsion des ondes, indépendante de la résolution. Nous proposerons ici l'abandon des coordonnées sphériques, au profit d'une représentation plus adaptée à une discrétisation quasi-homogène, quasi-isotrope , de l'écoulement.

II. REPRESENTATION POLYEDRALE

Nous prendrons pour exemple une forme très simplifiée des équations du problème, à savoir les équations qui gouvernent l'écoulement d'une eau peu profonde, de densité uniforme, à surface libre. La méthode utilisée se généralise naturellement aux équations complètes d'une atmosphère en équilibre hydrostatique. Si l'on désigne par $\vec{V}$ le vecteur vitesse horizontal,et par Φ le géopotentiel de la surface libre, les équations sont les suivantes:

$$(1) \quad \begin{cases} \dfrac{\partial \vec{V}}{\partial t} + (f + \mathrm{rot}\vec{V})\ \vec{k} \times \vec{V} + \overrightarrow{\mathrm{grad}}(\Phi + \frac{1}{2}V^2) = 0 \\[2ex] \dfrac{\partial \Phi}{\partial t} + \mathrm{div}(\Phi \vec{V}) = 0 \end{cases}$$

f représente ici le rotationnel d'entraînement dû à la rotation de la planète, $\vec{k}$ le vecteur unitaire normal à la sphère. Les opérateurs sont les opérateurs de dérivation sphériques. L'écoulement étant bidimensionnel, les rotationnels sont assimilés à des scalaires.

On considère un polyèdre régulier P, que l'on suppose concentrique à la sphère S. Dans la pratique, P sera un cube, ou de préférence un icosaèdre. On désignera par π la projection de P sur S à partir de leur centre commun. Dans la projection π, chacune des faces P_n de P s'applique sur un polygone sphérique S_n. L'ensemble des polygones S_n reconstitue la sphère S. Dans chaque face P_n, on se donne un repère orthonormé $(\vec{e}_1, \vec{e}_2)_n$, et le système de coordonnées correspondant, $(x^1, x^2)_n$. Ces coordonnées constituent un système de coordonnées curvilignes dans S_n. La métrique locale est définie par le tenseur symétrique:

$$g_{ij} = \frac{\partial \vec{M}}{\partial x^i} \cdot \frac{\partial \vec{M}}{\partial x^j}$$

où M est un point de S_n. On définit également le facteur d'aire:

$$g = \left| \text{dét}\ (g_{ij}) \right|^{\frac{1}{2}}$$

On désigne par P_{nm} l'intersection de P_n et de P_m, par S_{nm} l'intersection de S_n et de S_m, par N le nombre des faces du polyèdre P.

Dans ces conditions, un champ scalaire ϕ de classe C_1 sur la sphère S est défini par N champs $\phi(x^1,x^2)$ de classe C_1 sur P_n, moyennant, comme conditions aux limites, la continuité de ϕ et de $\overrightarrow{\text{grad}}\phi$ sur les frontières P_{nm}. De façon analogue, un champ de vecteurs $\vec{V}$ de classe C_1 sur S est défini par 2N champs de composantes covariantes $u_i(x^1,x^2)$, ou contravariantes $u^i(x^1,x^2)$, de classe C_1 sur P_n, moyennant la continuité de $\vec{V}$, $\text{rot}\vec{V}$, $\text{div}\vec{V}$ sur les frontières P_{nm}.

Si l'on se place dans une face S_n, les équations (1) s'écrivent:

$$\frac{\partial u_i}{\partial t} + \varepsilon_{ij} u^j \left(gf + \varepsilon_{kl} \frac{\partial u_l}{\partial x^k}\right) + \frac{\partial}{\partial x^i}\left(\phi + \frac{1}{2} u_k u^k\right) = 0$$

(2)

$$\frac{\partial \phi}{\partial t} + \frac{\partial}{\partial x^j}\left(g \phi u^j\right) = 0$$

où ε_{ij} est le tenseur antisymétrique:

$$\begin{pmatrix} \varepsilon_{11} & \varepsilon_{12} \\ \varepsilon_{21} & \varepsilon_{22} \end{pmatrix} = \begin{pmatrix} 0 & -1 \\ 1 & 0 \end{pmatrix}$$

Sur les arêtes S_{nm}, les conditions aux limites indiquées plus haut entraînent naturellement que les équations (2) exprimées dans S_n et dans S_m coïncident.

L'énergie du système est définie par:

$$E = \int_S (\phi^2 + \phi V^2) \, dS$$

et sa masse, par:

$$M = \int_S \phi \, dS$$

Le fait que ϕ soit une variable positive ne pose pas de problème dans les intégrations numériques, car elle varie relativement peu devant sa valeur moyenne.

La variable dépendante du problème est le vecteur fonction de l'espace-temps:

$$X = \begin{pmatrix} \vec{V} \\ \phi \end{pmatrix}$$

Il est commode d'introduire, d'une part, le produit scalaire:

$$(X,X') = \int_S (\vec{V}.\vec{V}' + \phi\phi') \, dS$$

et, d'autre part, l'opérateur de dérivation D, défini par:

$$DX = \begin{pmatrix} \overrightarrow{\text{grad}}\,\phi \\ \text{div } V \end{pmatrix}$$

L'opérateur D possède la propriété d'être antihermitien par rapport au produit scalaire. La conservation de la masse et celle de l'énergie se déduisent directement de cette propriété.

Par exemple, la conservation de l'énergie se déduit de

$$(3) \qquad (Y,DY) = 0$$

avec

$$Y = \begin{pmatrix} V \\ \phi+\frac{1}{2}V^2 \end{pmatrix}$$

Dans la représentation polyédrale, on définit un produit scalaire partiel dans chaque polygone sphérique:

$$(X,X')_n = \int_{S_n} (V.V' + \phi\phi') \, dS$$

Une fois la sommation exprimée dans le système de coordonnées correspondant, on obtient

$$(4) \qquad (X,DX)_n = \sum_m \oint_{P_{nm}} g\phi \begin{vmatrix} u^1 & u^2 \\ dc^1 & dc^2 \end{vmatrix}_{(n)}$$

dc étant l'élément de courbe sur S_{nm}, orientée positivement autour du polygone S_n. Sur l'arête P_{nm}, les conditions aux limites déjà données entraînent:

$$\begin{vmatrix} u^1 & u^2 \\ dc^1 & dc^2 \end{vmatrix}_{(n)} = - \begin{vmatrix} u^1 & u^2 \\ dc^1 & dc^2 \end{vmatrix}_{(m)}$$

de sorte que les relations (4) équivalent à dire que l'opérateur D est antihermitien.

On définit un réseau R à peu près homogène sur la sphère en discrétisant de façon identique chaque face P_n du polyèdre suivant un réseau régulier R_n, et en projetant l'ensemble sur la sphère. A cause des conditions aux limites, on aura à considérer les intersections des divers réseaux R_n, qui constituent des réseaux réguliers partiels R_{nm} sur les arêtes P_{nm}. Dans le cas de l'icosaèdre, le réseau résultant définit une troncature à peu près homogène (les distances entre points voisins ont une variation de l'ordre du dixième autour de leur valeur moyenne), et à peu près isotrope (la presque totalité des points possède six voisins immédiats, à l'exception des sommets du polyèdre, qui n'en possède que cinq; on connaît les très bonnes propriétés d'isotropie des réseaux triangulaires réguliers).(figure 1)

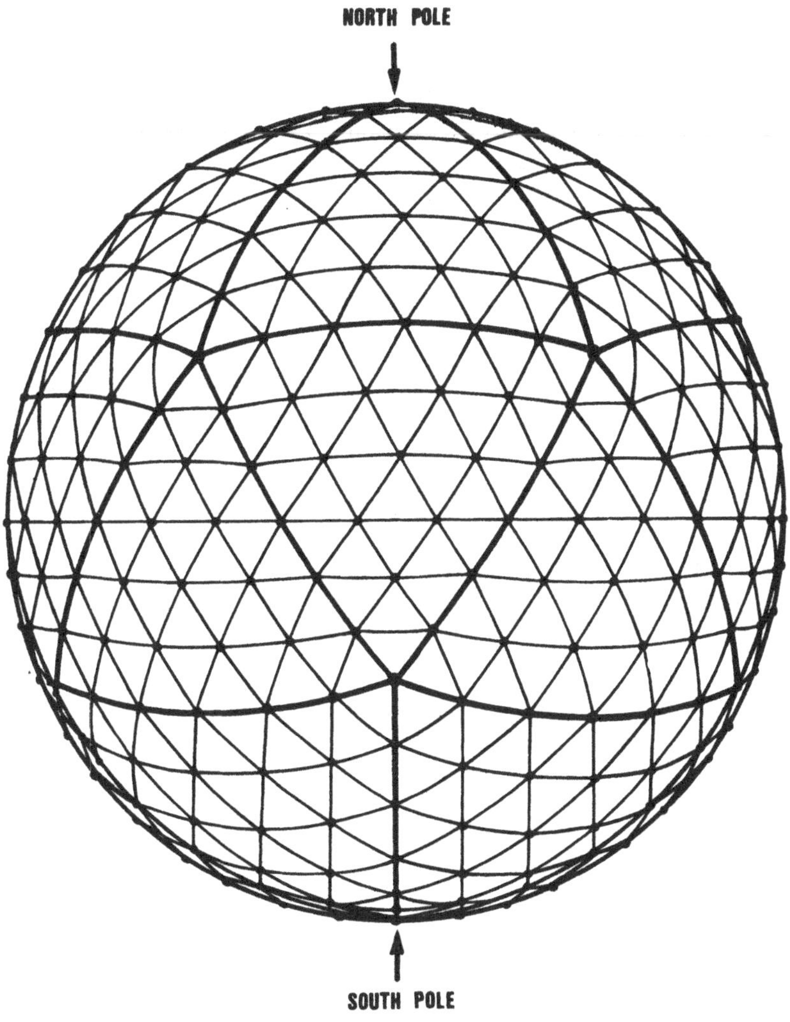

FIGURE 1.

On se propose de définir des formes discrétisées des équations (1) possédant des propriétés de conservation analogues.La dérivée par rapport au temps ne sera pas discrétisée. La masse et l'énergie du système discret seront définies de la façon suivante.

$$E' = \frac{s}{2} \sum_{R} (\phi^2 + \phi V^2)\, gl$$

$$M' = s \sum_{R} gl$$

s étant l'aire de la maille des réseaux R_n, divisée par le nombre de sommets de la maille, et l le nombre de mailles par point sur le réseau R. Ce dernier est uniforme, sauf aux sommets du polyèdre. On introduit également le produit scalaire:

$$\langle X,X' \rangle = s \sum_{R} (V.V' + \phi\phi')\, gl$$

les fonctions X, X' étant désormais discrètes. Il s'agit donc de définir une discrétisation D' de D, vérifiant la propriété:

$$(5) \qquad \langle X, D'X \rangle = 0$$

Si l'on se place à l'intérieur d'une face P_n, on définit le produit scalaire partiel:

$$\langle X,X' \rangle_n = s \sum_{R_n} (V.V' + \phi\phi')\, gl_n$$

où l_n est le nombre de mailles par point dans le réseau R_n. Il diffère de sa valeur normale l sur les frontières P_{nm}. On a dans ces conditions

$$\langle X,X' \rangle = \sum_{n} \langle X,X' \rangle_n$$

Pour assurer la propriété (5), il suffit de définir une discrétisation D'_n de D sur R_n, telle que l'on ait la relation (analogue à (4))

$$(6) \qquad \langle X,D'_n X \rangle_n = \sum_{m} B_{nm} \left(g\phi , \begin{vmatrix} u^1 & u^2 \\ c^1 & c^2 \end{vmatrix}_{(n)} \right)$$

B_{nm} étant, pour les fonctions discrètes définies sur R_{nm}, une forme bilinéaire, telle que:

$$(7) \qquad B_{nm} = B_{mn}$$

et c^1, c^2 les composantes d'une discrétisation de dc. L'opérateur D' est ensuite défini de la façon suivante:

(a) en dehors des réseaux R_{nm}, en prenant $D'=D'_n$.

(b) aux points des réseaux R_{nm}, en prenant D' égal à la moyenne des opérateurs D'_n, affectés des poids l_n, pour tous les réseaux R_n auxquels appartient le point.

Dans ces conditions, (6) et (7) entraînent bien la propriété (5).

Dans la mesure où toutes les arêtes jouent un rôle équivalent, il est naturel d'imposer aux B_{nm} d'être toutes égales à une forme bilinéaire unique B, condition qui entraîne (7). Il suffit pour cela que D'_n soit invariant dans les automorphismes (rotations et symétries propres) T_n de R_n.

$$(8) \qquad T_n \, D'_n \, T_n^{-1} = D'_n$$

Dans la pratique, il suffit de partir d'un opérateur de dérivation discrétisé homogène et isotrope sur le réseau R_n étendu à l'infini, et de le fermer sur les frontières R_{nm} en faisant intervenir uniquement les points frontière: les conditions (6) et (8) seront automatiquement vérifiées, les équations discrétisées conserveront la masse et l'énergie. Le schéma le plus simple dans le cas du cube est basé sur l'opérateur centré à trois points, et l'on prend dans chaque face les vecteurs de base parallèles aux directions principales du réseau R_n. Dans le cas de l'icosaèdre, les directions principales de R_n sont dirigées suivant trois vecteurs unitaires $\vec{a}_1$, $\vec{a}_2$, $\vec{a}_3$, avec $\vec{a}_1 + \vec{a}_2 + \vec{a}_3 = 0$. Le schéma le plus simple est obtenu en considérant les opérateurs centrés à trois points d_1, d_2, d_3 dans les trois directions $\vec{a}_1$, $\vec{a}_2$, $\vec{a}_3$, et en définissant l'opérateur de dérivation dans la direction $\vec{e}_i$ de la façon suivante:

$$\frac{\delta}{\delta x^i} = \frac{2}{3} \sum_{j=1}^{3} \vec{e}_i \cdot \vec{a}_j \, d_j$$

Les méthodes que nous avons développées ont pour défaut principal une perte de précision le long des frontières internes. Par exemple, les schémas centrés les plus simples, qui sont du second ordre en général, deviennent du premier ordre aux points des réseaux R_{nm}. On peut prévoir que ces erreurs de troncature isolées vont engendrer des perturbations des solutions à une échelle voisine de celle de la maille.

Ceci ne se produit pas dans le cas d'un écoulement purement rotationnel. En effet, la conservation simultanée des deux invariants quadratiques (énergie et enstrophie) empêche alors toute apparition artificielle d'énergie au voisinage de la troncature. Par conséquent, les solutions sont stables par rapport aux sources d'erreur sur les frontières. Au contraire, dans le cas d'un écoulement avec divergence, tel que celui décrit par les équations (1), il apparaît des perturbation à l'échelle de la grille, qui s'accumulent peu à peu.

Jour 0

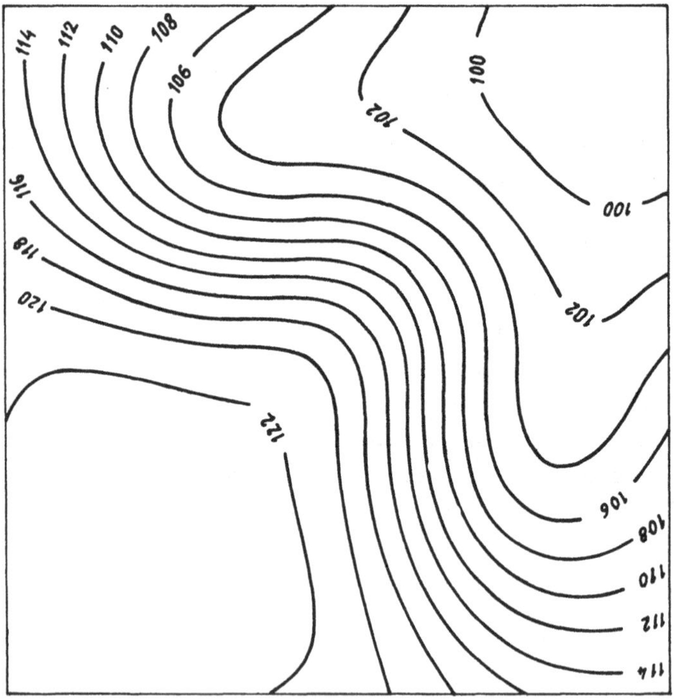

FIGURE 2

Par exemple, on considère un écoulement à divergence faible, du type des ondes de ROSSBY, que l'on intègre numériquement sur un réseau cubique. Le champ initial du géopotentiel est représenté sur la figure 2., en projection sur une face du cube. Le champ initial des vitesses est déduit de ϕ par les deux conditions:

$$\mathrm{div}\ V = 0$$

$$\frac{\partial}{\partial t}\ \mathrm{div}\ V = 0$$

Après une intégration de 4 jours, utilisant le schéma le plus simple donné plus haut, les perturbations de petite échelle se sont accumulées. (figure 3). Elles finiront par affecter tout le spectre des mouvements au bout d'un temps plus ou moins long, par le jeu des interactions non linéaires.

Jour 4

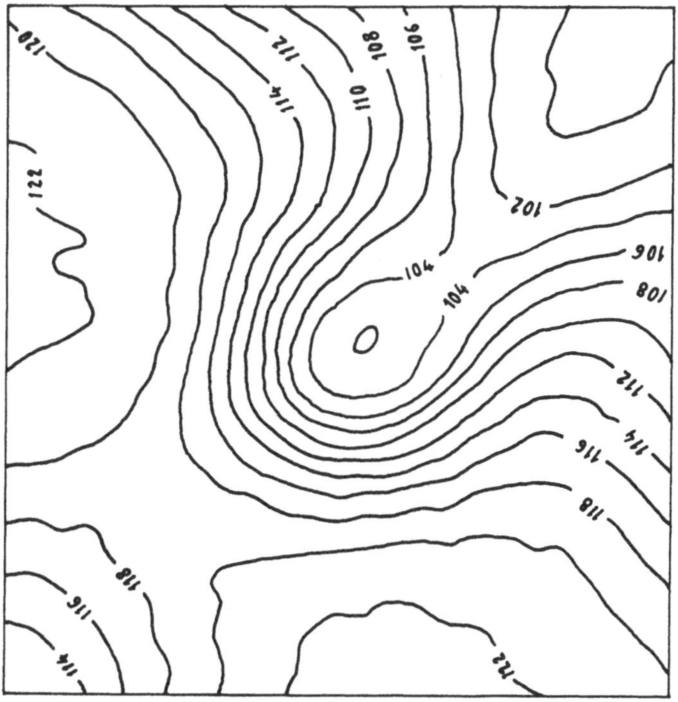

FIGURE 3

Un moyen simple d'éliminer les perturbations dues aux frontières consiste à remarquer que les perturbations apparaissent par l'intermédiaire de la composante irrotationnelle du vent, la composante rotationnelle étant, comme on l'a dit, relativement stable. Le problème se ramène donc à un filtrage des ondes de gravité à l'échelle de la maille du réseau. Par exemple, on peut rajouter un terme dissipatif de la forme $\nu \, \overrightarrow{\text{grad}} \, \text{div} \, \vec{V}$ au second membre de l'équation du mouvement. On peut voir sur la figure 4 le résultat d'une intégration numérique utilisant cette technique, où le bruit à petite échelle a totalement disparu.

Jour 4

FIGURE 4

III. CONCLUSION

La représentation polyédrale est à ce jour la seule tentative de représentation à peu près homogène et isotrope des écoulements sphériques. Toutefois, sous sa forme actuelle, la nécessité d'un filtrage de la divergence à petite échelle est un handicap assez lourd. Il y a, dans l'atmosphère réelle, des sources d'énergie dont l'impact sur la circulation générale se fait par l'intermédiaire d'une création locale de divergence. Physiquement, filtrer la divergence à l'échelle de la grille signifie donc une perte nette en résolution. Par ailleurs, la technique de filtrage donnée plus haut n'est pas suffisamment sélective dans le domaine spectral. Il reste à développer des méthodes , aux différences ou autres, plus précises sur les frontières.

REFERENCES

ARAKAWA,A. "Computational design for long term numerical integration of the equations of fluid motion." Part I. J. Computational Physics, Vol.1, N°1, August 1966.

ARAKAWA,A."Parameterization of cumulus convection." University of California, Los Angeles, 1973.

ANDRE,J.C., M. LESIEUR, A. POUQUET "High Reynolds number simulation of two-dimensional turbulence using a stochastic model." Observatoire de Nice, June 1973, en préparation pour publication.

BASDEVANT,C. "Propriétés ergodiques des écoulements bidimensionnels inviscides tronqués, à divergence nulle." Laboratoire de Météorologie Dynamique, 1973.

CHARNEY,J.G. "Geostrophic turbulence." Journal of Atmospheric Sciences, 28, September 1971, 1087-1095.

ELIASSEN,E., B. MACHENHAUER and E. RASMUSSEN "On a sumerical method for integration of the hydrodynamical equations with a spectral representation of the horizontal fields."Dept. of Meteorology, Copenhagen University, 1970.

MOREL,P. and G. NECCO "Scale dependence of the 200 mb divergence inferred from EOLE data". Journal of Atmospheric Sciences, 30, N°5, July 1973, 909-921.

FOX,D.G. and S.H. ORSZAG "Inviscid dynamics of two-dimensional turbulence." Physics of Fluids, Vol.16, n°2, February 1973.

WIIN-NIELSEN,A. "On the annual variation and spectral distribution of atmospheric energy". Tellus n°19, 540-559, 1967.

FLOW COMPUTATIONS WITH ACCURATE SPACE DERIVATIVE METHODS

Jenö Gazdag

International Business Machines Corporation
Palo Alto Scientific Center
2670 Hanover Street
Palo Alto, California, USA 94304

Abstract

This paper is concerned with the numerical solution of partial differential equations describing fluid flow problems in real space and in phase space. One important goal is to show conclusively that the Accurate Space Derivative methods can be used with success for solving such problems numerically. We describe a method for the numerical solution of the Korteweg-de Vries-Burgers equation. We show numerically that the solution of this equation evolves asymptotically into a steady shock wave with monotonic and oscillatory profile. We present numerical solutions of the Vlasov-Poisson system of equations which describes the motion of an ideal incompressible fluid in phase space. These problems are related to longitudinal oscillations in two- and three-dimensional phase space.

I. INTRODUCTION

Partial differential equations describing fluid flow problems have been solved successfully by: (1) transform methods, in which the variables are expressed in terms of orthogonal polynomials; and (2) finite difference methods. The former approach proved to be very accurate in Fluid Mechanics [23] and in Plasma Physics [1] for problems with simple boundaries. Although finite difference methods are well suited to solving realistic problems with complex boundaries, [5, 10, 26] they seldom achieve more than a rather modest accuracy in practice [26, p. 24]. The significantly larger error terms in finite difference methods are due to the approximation of the space derivatives by some finite difference expressions. Space differencing errors can be reduced substantially by the accurate computation of the space derivative terms. A numerical method based on this principle can be expected to possess similar accuracy as the corresponding transform method if similar time differencing methods are employed. Indeed, it was found by Orszag[25] that the pseudospectral (collocation) approximation[24] and the spectral (Galerkin) approximation[23] give similar errors. In the pseudospectral approximation the space derivatives are computed by Fourier methods[24] and "leapfrog" (or midpoint rule) time differencing is used to march forward in time.

Recently the author reported on higher order (in time) numerical schemes[12,13] based on the Accurate Space Derivative (ASD) method. In this approach to time differencing we start from a Taylor series in t, following in principle Lax and Wendroff [26, p. 302]. The time derivatives are then substituted by expressions containing only space derivative terms. The numerical evaluation of the space derivative terms is based on the use of finite Fourier series. In this respect our method is similar to the pseudospectral approximation.[24,25]

The role of the finite Fourier transform techniques in the ASD methods is limited to the efficient computation of the space derivative terms. In the case of non-rectangular coordinate systems other types of orthogonal polynomials may prove to be more convenient than finite Fourier series. Nevertheless, the application of the ASD methods over such a computational grid appears to be entirely feasible, so long as the space derivatives are evaluated at the grid points by making use of all the information that can be supported by the computational grid. It is, therefore, incorrect to regard the ASD method as a spectral method. The fast Fourier transform algorithm is merely a tool, i.e., a "black box," for the procedure of differentiation.

The ASD methods have been applied successfully to one-dimensional problems.[12-15] In this paper we study numerical solutions to nonlinear differential equations with one, two, and three space variables. In Section II we discuss a numerical method for the Korteweg-de Vries-Burgers (KdVB)[18] equation. This type of equation occurs in some classes of nonlinear dispersive systems with dissipation. We show numerically that the solution of the KdVB equation evolves asymptotically into a steady shock wave with monotonic or oscillatory profile. Sections III and IV are devoted to the numerical simulation of the Vlasov-Poisson system of equations, which describes the behavior of collisionless fully ionized plasmas. The electron velocity distribution function is commonly referred to as "phase space" fluid, since the Vlasov equation describes the flow of an ideal incompressible fluid in phase space.[3,22] In Section III, we present results on linear and nonlinear Landau damping of electrostatic oscillations in unmagnetized plasma. In Section IV we consider electrostatic waves in a magneto-plasma. These simulations require one space variable, x, and two velocity variables v_x and v_y. Here we show results related to perpendicularly propagating cyclotron harmonic waves.

II. NUMERICAL SOLUTION OF THE KORTEWEG-DE VRIES-BURGERS EQUATION

In this section we consider the Korteweg-de Vries-Burgers equation[18]

$$\frac{\partial u}{\partial t} + 2u \frac{\partial u}{\partial x} - \nu \frac{\partial^2 u}{\partial x^2} + \mu \frac{\partial^3 u}{\partial x^3} = 0, \tag{1}$$

where ν is the coefficient of diffusivity and μ is the dispersive parameter. This type of equation occurs in some classes of nonlinear dispersive systems with dissipation. The steady state version of Eq. (1) has been used by Grad and Hu[17] to describe a weak shock profile in plasmas. Propagation of waves on an elastic tube filled with viscous fluid is also described by the KdVB equation in a particular limit.[18] In more recent studies[19] it has been found that the surface profile above a fully developed Poiseuille channel flow is also described approximately by the KdVB equation.

Our problem is defined by fixing the upstream and downstream boundary conditions that must be satisfied by Eq. (1) at all time, $t \geqq 0$. These are

$$\lim_{x \to -\infty} u(x,t) = u_\infty^-, \quad \lim_{x \to +\infty} u(x,t) = u_\infty^+, \quad u_\infty^- > u_\infty^+. \tag{2}$$

For simplicity, we choose $u_\infty^- = 1$, and $u_\infty^+ = 0$.

The steady-state solutions of the KdVB equation have been studied in some detail by Johnson.[19,20] For nonzero dissipation, $\nu \neq 0$, the steady-state solution is of the following two types: (a) a monotonic shock wave if $\nu^2 \geqq 4\mu$; or (b) a shock wave oscillatory upstream and monotonic downstream when $\nu^2 < 4\mu$. One of the goals of this study is to show numerically that for any initial data satisfying (2), e.g.,

$$u(x,0) = \begin{cases} 1, & x < x_0 \\ 0, & x > x_0 \end{cases} \tag{3}$$

the solution of Eq. (1) evolves asymptotically into the steady shock wave with the predicted monotonic or oscillatory profile.

The initial value problem stated in Eqs. (1) and (3) is solved by the Accurate Space Derivative (ASD) method[12] of order three. By this method, $u(x,t+\Delta t)$ is computed from $u(x,t)$ by means of the following expression

$$u(t+\Delta t) = u(t) + \frac{\partial u(t)}{\partial t} \Delta t + \frac{\partial^2 u(t)}{\partial t^2} \frac{\Delta t^2}{2} + \frac{\partial^3 u(t)}{\partial t^3} \frac{\Delta t^3}{3!} \tag{4}$$

The time derivatives in Eq. (4) are computed from Eq. (1) by successive differentiation as follows;

$$\frac{\partial u}{\partial t} = -2u \frac{\partial u}{\partial x} + \nu \frac{\partial^2 u}{\partial x^2} - \mu \frac{\partial^3 u}{\partial x^3} \tag{5}$$

$$\frac{\partial^2 u}{\partial t^2} = -2 \frac{\partial u}{\partial t}\frac{\partial u}{\partial x} - 2u \frac{\partial}{\partial x}\left(\frac{\partial u}{\partial t}\right) + \nu \frac{\partial^2}{\partial x^2}\left(\frac{\partial u}{\partial t}\right) - \mu \frac{\partial^3}{\partial x^3}\left(\frac{\partial u}{\partial t}\right) \tag{6}$$

$$\frac{\partial^3 u}{\partial t^3} = -2 \frac{\partial^2 u}{\partial t^2}\frac{\partial u}{\partial x} - 4 \frac{\partial u}{\partial t}\frac{\partial}{\partial x}\left(\frac{\partial u}{\partial t}\right) - 2u \frac{\partial}{\partial x}\left(\frac{\partial^2 u}{\partial t^2}\right) + \nu \frac{\partial^2}{\partial x^2}\left(\frac{\partial^2 u}{\partial t^2}\right) - \mu \frac{\partial^3}{\partial x^3}\left(\frac{\partial^2 u}{\partial t^2}\right) \tag{7}$$

The x derivative terms in Eqs. (5-7) are computed by Fourier methods. Let U(k,t) be the finite Fourier transform of u(x,t) defined over the computational domain D. The ℓth order derivative of u(x,t) is given by

$$\frac{\partial^\ell u}{\partial x^\ell} = \sum_k (ik)^\ell \, U(k,t) \exp(ikx) \tag{8}$$

where $i = (-1)^{1/2}$ and the summation in (8) is carried out for all wave numbers k which can be represented over the computational mesh without ambiguity. This method of computing the space derivatives gives results which are substantially more accurate than those obtained from finite difference expressions.

In order to satisfy the conditions expressed in Eq. (2), the principle domain

$$D = \{x; \quad 0 \le x \le L\} \tag{9}$$

is partitioned into two subdomains

$$D = D_0 + D_1$$

as shown in Figure 1. Here D_1 is the true computational domain over which new u values are computed. The values of u over D_0 are fixed and are being kept constant throughout the entire computation. The unique purpose of D_0 is to provide a smooth transition between the two end points of D_1 and to assure periodicity over D. This configuration permits the computation of the space derivatives of u by the Fourier method outlined above.

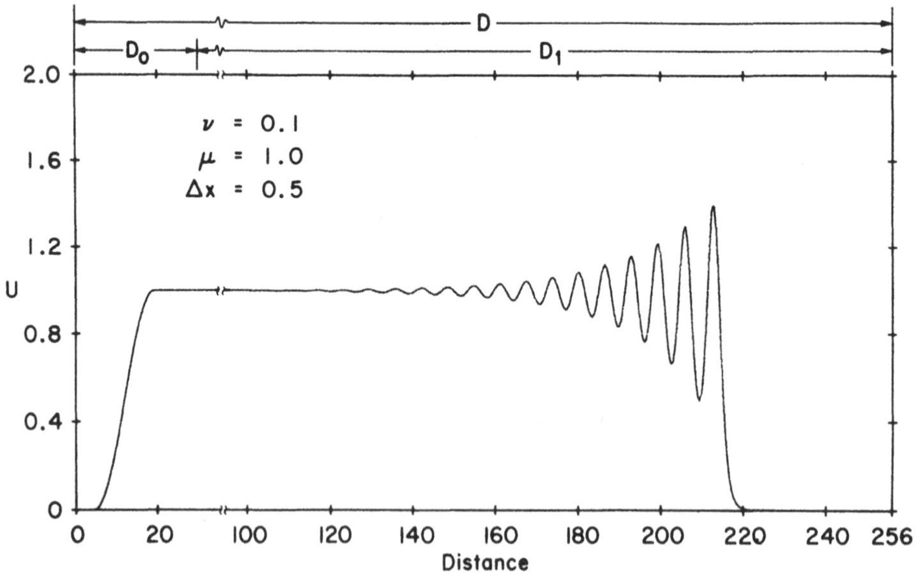

Figure 1. An oscillatory wave solution of the Korteweg-de Vries-Burgers equation at t = 65.

Our numerical results confirm that for any initial condition satisfying Eq. (2) the solution of Eq. (1) evolves asymptotically into a steady state shock wave with the predicted monotonic or oscillatory profile.[18] The dispersion parameter was set $\mu = 1$ in all cases with $u_\infty^- = 1$ and $u_\infty^+ = 0$. Under these conditions the theoretical speed of propagation is unity, i.e., $c = 1$. Figure 1 shows an oscillatory profile, $\nu = 0.1$, as it evolved from a step function, Eq. (3), after 65 time units. The computations were done with time step $\Delta t = 0.005$. The speed of propagation of this wave at this point is $c = 0.994$. In Figure 2 we show the profiles of a mildly oscillatory case, $\nu = 0.5$, at different times. The speed of propagation of this wave at $t = 50$ is $c = 0.997$. The evolution of a monotonic shock wave is shown in Figure 3. Note that the initial conditions are somewhat different from a step function in that $u(x,0) = 1.2$ for $160 \leq x < 200$. The speed of wave propagation in this case (ν=6) was $c = 0.998$. The space and time increments were $\Delta x = 2$ and $\Delta t = 0.02$.

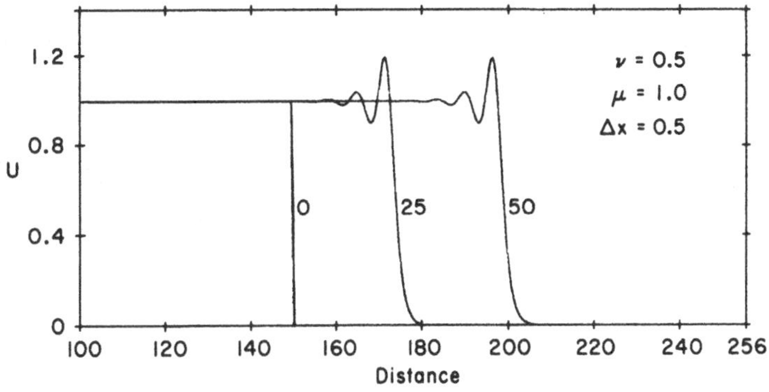

Figure 2. Evolution of a mildly oscillatory wave solution of the KdVB equation. The time separation between plots is 25 time units; the numbers on the curves are values of time.

These numerical results demonstrate the feasibility of the ASD method for the numerical solution of nonlinear partial differential equations with other than periodic boundary conditions. It should be noted that the coefficients μ and ν need not be constants. The numerical method outlined above can be applied to problems whose coefficients are functions of x, i.e., $\mu = \mu(x)$ and $\nu = \nu(x)$. We found considerably better agreement between exact and computed speeds of the wave propagation for the Burgers equation[12] than for the KdVB equation. The most probable cause for this is the presence of the third derivative term whose computation may result in more round-off errors.

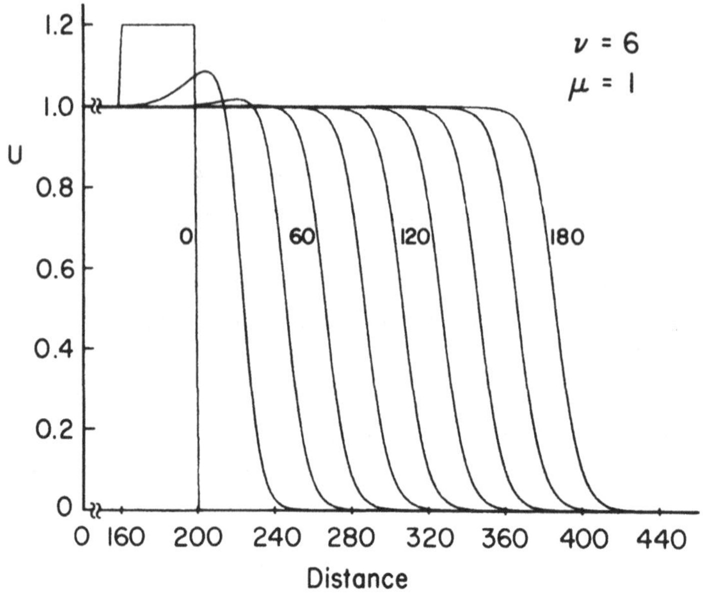

Figure 3. Evolution of a monotonic wave solution of the KdVB equation. Time separation between plots is 20 time units; the numbers on the curves are values of time.

III. ELECTROSTATIC OSCILLATIONS IN UNMAGNETIZED PLASMAS

The system of equations under consideration consists of the Vlasov equation for the electron distribution f(x,v,t),

$$\frac{\partial f}{\partial t} + v\,\frac{\partial f}{\partial x} - E\,\frac{\partial f}{\partial v} = 0 \tag{10}$$

and the Poisson equation for the electric field E(x,t)

$$\frac{\partial E}{\partial x} = 1 - \int f\,dv \tag{11}$$

These equations are written in dimensionless units.[1] The basic unit of time t and velocity v are the reciprocal of the plasma frequency $(\omega_p)^{-1}$ and the mean thermal velocity v_t. Length x is measured in units of the Debye length. The equilibrium electron distribution in all our computations is Maxwellian, i.e.,

$$f_0(v) = (2\pi)^{-\frac{1}{2}} \exp(-\tfrac{1}{2}\,v^2) \tag{12}$$

and the initial condition for the electron distribution is

$$f(x,v,o) = f_0(v)\ (1 + \alpha \cos k\,x) \tag{13}$$

where k is the wavenumber and α is the initial perturbation amplitude. The initial electric field amplitude is

$$E_0 = \frac{\alpha}{k} \; . \tag{14}$$

One can linearize Eq. (10) by holding $\frac{\partial f}{\partial v}$ constant $\left(\text{i.e., replacing } \frac{\partial f}{\partial v} \text{ by } \frac{\partial f_0}{\partial v}\right)$.[1,27] This procedure gives the well known result that the amplitude of the wave damps as $\exp(\gamma t)$ where the Landau damping coefficient is determined by the wavenumber k.[9] On the other hand, if we linearize Eq. (10) by holding the amplitude of the wave constant (i.e., replacing $E(t)\cos(kx - \omega t)$ by $E_0 \cos(kx - \omega t)$), we find that the distribution function is strongly modified in the resonant region. The time scale for this modification is the oscillation period for the resonant electron in a trough of the wave

$$\tau = \omega_B^{-1} = \alpha^{-\frac{1}{2}} \tag{15}$$

where ω_B is the bounce frequency.[7,9,27] According to this analysis, which is valid when $|\gamma\tau| << 1$ and also when $E_0 << 1$, the electric field damps according to the linear Landau theory for times less than τ. For times greater than the bounce time τ there is an oscillatory modulation of $E(t)$ with period of the order of τ.

According to a recent numerical study[7] using the Fourier-Hermite method[1] the critical value $\gamma\tau \approx 0.5$ separates the oscillatory ($\gamma\tau < 0.5$) from the monotonically damped behavior ($\gamma\tau > 0.5$) of the electric field. However, the numerical simulation of the oscillatory behavior for one complete cycle (or longer) of the modulating frequency proved to be computationally unfeasible with the Fourier-Hermite method. We shall present in this paper results obtained by the ASD method in which the above described oscillatory behavior is clearly observable.

The numerical method used for the solution of the Vlasov-Poisson system of equations is a third order ASD method, which is similar to the one described for the KdVB equation. The electron distribution function is advanced by approximating $f(x,v,t+\Delta t)$ from $f(x,v,t)$ by means of the expression

$$f(x,v,t+\Delta t) = \sum_{\ell=0}^{3} \frac{\partial^{\ell} f(x,v,t)}{\partial t^{\ell}} \frac{(\Delta t)^{\ell}}{\ell!} \tag{16}$$

The time derivatives in Eq. (16) are obtained from Eq. (10) by means of successive differentiation, i.e.,

$$\frac{\partial f}{\partial t} = - v \frac{\partial f}{\partial x} + E \frac{\partial f}{\partial v} \tag{17}$$

$$\frac{\partial^2 f}{\partial t^2} = - v \frac{\partial}{\partial x} \left(\frac{\partial f}{\partial t}\right) + E \frac{\partial}{\partial v} \left(\frac{\partial f}{\partial t}\right) + \frac{\partial E}{\partial t} \left(\frac{\partial f}{\partial v}\right) \tag{18}$$

$$\frac{\partial^3 f}{\partial t^3} = - v \frac{\partial}{\partial x} \left(\frac{\partial^2 f}{\partial t^2}\right) + E \frac{\partial}{\partial v} \left(\frac{\partial^2 f}{\partial t^2}\right) + 2 \frac{\partial E}{\partial t} \frac{\partial}{\partial v} \left(\frac{\partial f}{\partial t}\right) + \frac{\partial^2 E}{\partial t^2} \frac{\partial f}{\partial v} \tag{19}$$

The derivatives with respect to x and v are computed by using finite Fourier transform methods.[12] The electric field $E(x,t)$ and its derivatives with respect to t are obtained from $f(x,v,t)$ and its time derivatives, Eqs. (17) and (18). This we do by using standard Poisson solver techniques.[1,5,22]

In the first example considered here the amplitude of the perturbation is very small, $\alpha = 0.001$. In this case $\gamma\tau = 4.85$ and the electric field undergoes exponential damping until $t \cong 55$ as shown in Figure 4. After a short transition region an approximate recurrence of the initial state can be observed at $t \cong 75$. This apparent explosive growth of the electric field was sometimes mistaken for beaming instability, a physical phenomenon.[21] It was shown recently that the reason behind this phenomenon is entirely numerical, which is related to the velocity resolution of the numerical procedure.[8] The above computation was performed by using an 8×64 grid to represent the (x,v) phase plane with time step $\Delta t = 0.05$. When the same computer experiment was repeated over an 8×256 grid, oscillation frequency and damping rate obtained from the numerical output averaged over the peaks from $t = 4.7$ to $t = 26.9$ were $\omega = 1.417$ and $-\gamma = 0.1537$, respectively. The exact values obtained from Landau's dispersion equation are $\omega = 1.416$ and $-\gamma = 0.1534$.

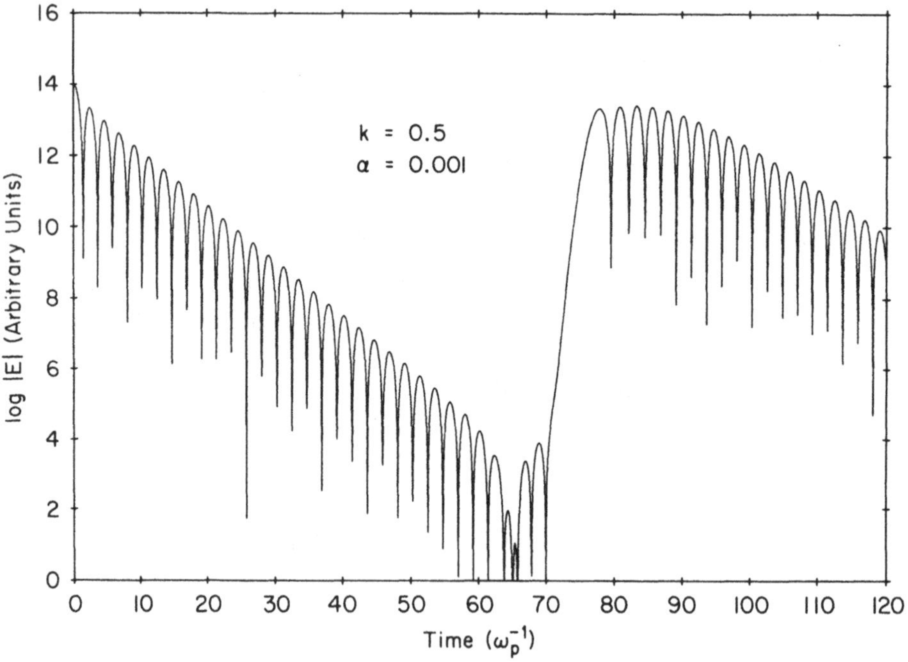

Figure 4. The numerical solution of the Vlasov equation for Maxwellian distribution shows the classical linear Landau damping. The explosive growth at $t = 70$ is the recurrence of the initial state due to aliasing effects in velocity space.

In Figure 5 we show the results of a nonlinear problem characterized by the parameter values $k = 0.5$, $\alpha = 0.1$. For this case $\gamma\tau = 0.485$. We compared these results with those obtained from the Fourier-Hermite method. We found a three significant figure agreement in the peak values of the electric field obtained from these two methods up to t = 35. There is a minimum value of the wave amplitude at t ≈ 56 after which a slight growth can be observed, indicating that the value $\gamma\tau$ = 0.485 is close to the critical value. In the Fourier-Hermite code we used 1200 Hermite terms and three Fourier terms. In the ASD method we used a 16 × 128 grid which assures about twice the resolution in both x as well as in v. The third order ASD method was found 2.35 times faster. Thus for comparable space and velocity resolution in this range the third order ASD method appears to be an order of magnitude faster than the Fourier-Hermite method.

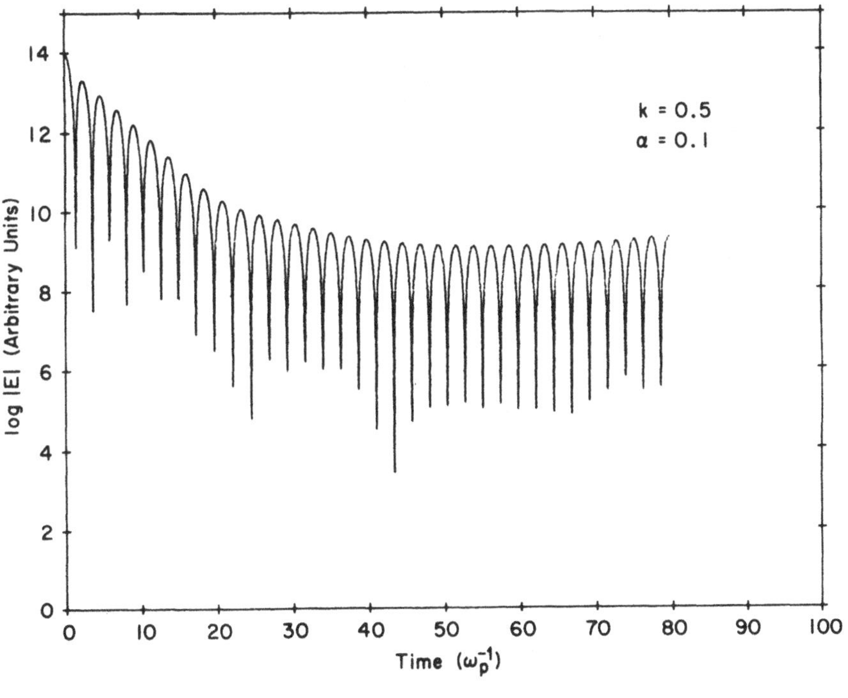

Figure 5. Electric field versus time for a nonlinear wave.

In Figure 6 we show the results of a strongly nonlinear problem. The parameter values are k = 0.5, α = 0.3, and $\gamma\tau$ ≈ 0.343. The oscillatory behavior of the modulating envelope over these oscillations is observable showing a good qualitative agreement with theoretical predictions.

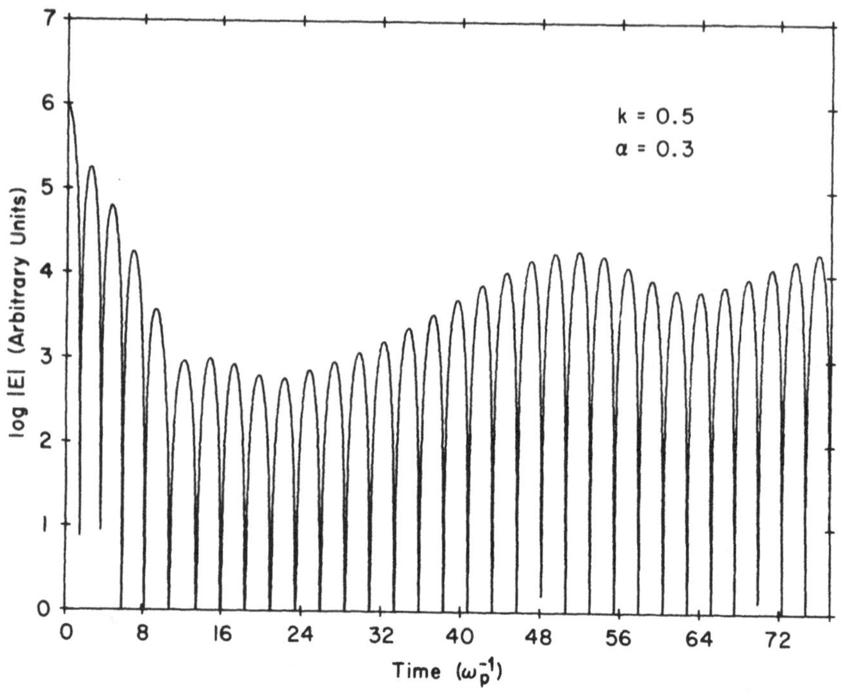

Figure 6. Electric field for a strongly nonlinear wave.

IV. ELECTROSTATIC OSCILLATIONS IN A MAXWELLIAN MAGNETO-PLASMA

In this section, we shall consider longitudinal electrostatic waves in a warm magneto-plasma. We assume an infinite collisionless Maxwellian plasma with an externally applied uniform magnetic field B. There is no damping for waves propagating at right angles to the magnetic field. These waves, first predicted by Bernstein,[4] are restricted to passbands associated with the harmonics of the electron cyclotron frequency ω_c.[2] For this reason they have been referred to as Cyclotron Harmonic Waves (CHW). Computer simulations of these waves were carried out by using particle methods.[11,16] Particle simulation models are subject to fluctuations which interfere with externally excited small amplitude perturbations. For this reason the particle models permitted only the observation of the undriven Bernstein modes obtained from the fluctuations of the computer plasma.[11,16] Here we shall consider electrostatic oscillations excited by means of small amplitude perturbations similar to those in the previous section.

If we assume that B is directed along the z axis and all quantities to be functions only of the spatial dimension x, and the velocity dimensions v_x, v_y, the Vlasov-Poisson system can be written in dimensionless variables as

$$\frac{\partial f}{\partial t} + v_x \frac{\partial f}{\partial x} - E \frac{\partial f}{\partial v_x} + \omega_c \left(v_y \frac{f}{\partial v_x} - v_x \frac{\partial f}{\partial v_y} \right) \tag{20}$$

$$\frac{\partial E}{\partial x} = 1 - \int f \, dv_x \, dv_y \tag{21}$$

where ω_c is the cyclotron frequency.

The numerical method followed here is the same (3rd order ASD) as in the previous section generalized to include three phase space variables. The equilibrium distribution function used is

$$f_0(v_x,v_y) = (2\pi)^{-1} \exp\left(-\frac{1}{2}(v_x^2 + v_y^2)\right) \tag{22}$$

and the initial condition for the electron distribution is

$$f(x,v_x,v_y,0) = f_0(v_x,v_y)\ (1 + \alpha \cos k\ x) \tag{23}$$

where k is the wavenumber of the longest wave and the perturbation amplitude was set $\alpha = 0.001$.

The time behavior of the electric field amplitude is characterized by steady, undamped oscillations. These oscillations are not monochromatic, and therefore, the E vs. time plots are not very informative. After accumulating the E values (i.e., its first spatial Fourier coefficient) over 4096 time steps, the Fourier transform of the time sequence was found and the spectrum was computed. The spectrum of a representative spatial mode is shown in Figure 7. The position of peaks indicates frequencies at which cyclotron harmonic waves can propagate. We compared these values with those predicted by small amplitude perturbation theory,[2,11] and found that they agreed within 1% expressed in units of ω_c.

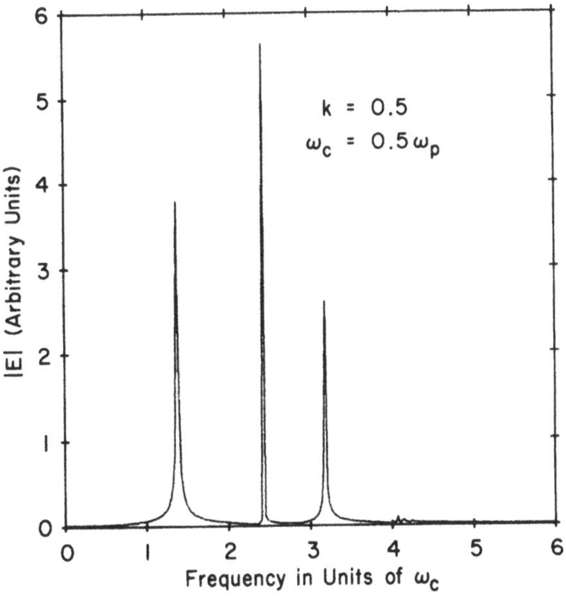

Figure 7. Spectrum of longitudinal oscillations in a magneto-plasma.

V. CONCLUSIONS

In this paper we demonstrated that ASD methods can be applied with success to fluid flow type problems, i.e., problems in which the convective term plays a dominant role. Our results from the numerical study of the KdVB equation suggest that the method is well suited to nonlinear partial differential equations with shock-like solutions. From these results it is also clear that periodic boundary conditions are not prerequisites for these methods. The only purpose of the finite Fourier transform algorithm is to compute the space derivatives efficiently. It is quite conceivable to think of situations in which other (than Fourier) techniques are preferable.

According to our experience, the ASD method in plasma computations proved to be superior to the Fourier-Hermite method[1] or to finite difference methods.[5] The computation of strongly nonlinear problems (e.g., the one shown in Figure 6)* with the third order ASD method requires about one tenth of the CPU time required by the other numerical methods in order to attain similar overall accuracy.

ACKNOWLEDGMENT

The author wishes to express his thanks to José Canosa for many valuable suggestions.

REFERENCES

1. Armstrong, T.P., Harding, R.C., Knorr, G., and Montgomery, D. Methods in Computational Physics, 9, pp. 30-84, Academic Press, New York (1970).

2. Bekefi, G. Radiation Processes in Plasmas, p. 238, Wiley, New York (1966).

3. Berk, H.L., and Roberts, K.V. Methods in Computational Physics, 9, pp. 87-134, Academic Press, New York (1970).

4. Bernstein, I.B. Phys. Rev., 109, p. 10, (1958).

5. Canosa, J., Gazdag, J., Fromm, J.E., and Armstrong, B.H. Phys. Fluids, 15, p. 2299 (1972).

6. Canosa, J., and Gazdag, J. Proceedings of the Sixth Conference on Numerical Simulation of Plasmas, Berkeley, California, p. C9, July 16-18, 1973.

7. Canosa, J., and Gazdag, J. Asymptotic Behavior of Nonlinear Vlasov Plasmas, submitted to Phys. Fluids.

8. Canosa, J., Gazdag, J., and Fromm, J.E. The Recurrence of the Initial State in the Numerical Solution of the Vlasov Equation, submitted to J. Comp. Phys.

---

*The experimental computer programs were developed for research purposes only and are not available outside IBM.

9. Davidson, R.C. Methods in Nonlinear Plasma Theory, Academic Press (1972), Chapter 4.

10. Fromm, J.E. IBM J. Res. Dev. 15, p. 186 (1971).

11. Gazdag, J. Proc. Fourth Conference on Numerical Simulation of Plasmas, Washington, D.C., p. 665, Nov. 2,3, 1970.

12. Gazdag, J. Numerical Convective Schemes Based on Accurate Space Derivatives, to be published in J. Comp. Phys.

13. Gazdag, J. Proceedings of the 1973 Summer Computer Simulation Conference, Montreal, pp. 40-45, July 17-19, 1973.

14. Gazdag, J., and Canosa, J. Numerical Solution of Fisher's Equation, to be published in the J. of Applied Probability.

15. Gazdag, J., and Canosa, J. Proceedings of the Sixth Conference on Numerical Simulation of Plasmas, Berkeley, California, p. C8, July 16-18, 1973.

16. Gitomer, S.J. Phys. Fluids 14, p. 2234 (1971).

17. Grad, H., and Hu, P.N. Phys. Fluids 10, p. 2596 (1967).

18. Jeffrey, A., and Kakutani, T. SIAM Review 14, p. 582 (1972).

19. Johnson, R.S. Phys. Fluids 15, p. 1693 (1972).

20. Johnson, R.S. J. Fluid Mech. 42, p. 49 (1970).

21. Lewis, H.R. Phys. Fluids 15, p. 103 (1972).

22. Morse, R.L. Methods in Computational Physics, 9, pp. 213-239, Academic Press, New York (1970).

23. Orszag, S.A. J. Fluid Mech. 49, p. 75, Part 1 (1971).

24. Orszag, S.A. Stud. in Appl. Math. 50, p. 293 (1971).

25. Orszag, S.A. Stud. in Appl. Math. 51, p. 253 (1972).

26. Richtmeyer, R.D., and Morton, K.W. Difference Methods for Initial-Value Problems, Interscience Publishers, Second Edition (1967).

27. Sagdeev, R.Z., and Galeev, A.A. Nonlinear Plasma Theory, (Revised and Edited by T.M. O'Neil and D.L. Book), W.A. Benjamin, Inc., Chapter II (1969).

NUMERICAL SIMULATION OF THE TAYLOR-GREEN VORTEX

Steven A. Orszag
Department of Mathematics
Massachusetts Institute of Technology
Cambridge, Massachusetts, 02139 U.S.A.

INTRODUCTION

In a classic paper, Taylor and Green (1937) considered the dynamical evolution of a model three-dimensional vortex field in order to clarify the dynamics of turbulence. The Taylor-Green vortex illustrates in a relatively simple flow the basic turbulence decay mechanisms of the production of small eddies and the enhancement of dissipation by the stretching of vortex lines. It has also proved exceedingly useful for testing numerical and perturbation methods, as discussed later in this paper.

In the Taylor-Green vortex, the initial physical-space velocity field is

$$v_1(x_1,x_2,x_3) = \cos x_1 \sin x_2 \cos x_3 \qquad (1a)$$

$$v_2(x_1,x_2,x_3) = -\sin x_1 \cos x_2 \cos x_3 \qquad (1b)$$

$$v_3(x_1,x_2,x_3) = 0 \; , \qquad (1c)$$

where we have shifted the origin of x_3 by $\frac{1}{2}\pi$ from the initial conditions chosen by Taylor and Green for convenience in developing a numerical method (see below). The initial vorticity field $\vec{\omega} = \vec{\nabla} \times \vec{v}$ is

$$\omega_1(x_1,x_2,x_3) = -\sin x_1 \cos x_2 \sin x_3 \qquad (2a)$$

$$\omega_2(x_1,x_2,x_3) = -\cos x_1 \sin x_2 \sin x_3 \qquad (2b)$$

$$\omega_3(x_1,x_2,x_3) = -2\cos x_1 \cos x_2 \cos x_3 \qquad (2c)$$

Although the streamlines of the initial velocity field (1) are the planar curves $\cos x_1 \cos x_2 = \text{const}$ in the planes $x_3 = \text{const}$, the flow that develops from (1) is three-dimensional. The initial vortex lines are the curves $\sin x_1/\sin x_2 = \text{const}$, $\sin^2 x_1 \cos x_3 = \text{const}$ so they are twisted and may induce a velocity field to stretch themselves. In fact, since $\vec{\omega}\cdot\vec{\nabla}\vec{v}$ is initially nonzero such stretching does take place. Also, since the initial value of $(\vec{v} \times \vec{\omega})_3$ is nonzero, a nonzero component v_3 develops after the initial instant and the field becomes truly three dimensional. The Taylor-Green vortex is perhaps the simplest example of self-induced vortex stretching by a three-dimensional velocity field.

The dynamical problem is to solve the Navier-Stokes equations for incompressible flow

$$\frac{\partial\vec{v}(\vec{x},t)}{\partial t} + \vec{v}(\vec{x},t)\cdot\vec{\nabla}\vec{v}(\vec{x},t) = -\vec{\nabla}p(\vec{x},t) + \frac{1}{R}\nabla^2\vec{v}(\vec{x},t) \tag{3}$$

$$\vec{\nabla}\cdot\vec{v}(\vec{x},t) = 0 , \tag{4}$$

where $p(\vec{x},t)$ is the pressure (normalized by the density) and R is the Reynolds number, subject to the (incompressible) initial conditions (1). The boundary conditions on $\vec{v}(\vec{x},t)$ are implicitly taken to be periodic, $\vec{v}(\vec{x}+2\pi\vec{n},t) = \vec{v}(\vec{x},t)$ where $\vec{n}$ has integral components, because these are maintained in time evolution by (3), (4). The pressure field in (3) is effectively a 'Lagrange multiplier' that ensures compliance with the incompressibility constraint (4); the pressure may be eliminated from (3) by taking its divergence and applying (4).

Taylor and Green (1937) investigated the evolution of their vortex by developing a perturbation solution to (3), (4) in powers of the time t. They found that the mean-square vorticity $\Omega(t) = \overline{\omega^2}$, where the overbar indicates an average over a periodicity cube, is given by

$$\Omega(t) = \frac{3}{4}\Big[1 - \frac{6t}{R} + \Big(\frac{5}{48} + \frac{18}{R^2}\Big)t^2 - \Big(\frac{5}{3} + \frac{36}{R^2}\Big)\frac{t^3}{R} + \Big(\frac{50}{99.64} + \frac{1835}{9.16R^2} + \frac{54}{R^4}\Big)t^4 + \dots\Big] \tag{5}$$

The dynamical significance of $\Omega(t)$ is that, with periodic boundary conditions, $\Omega(t)$ is related to the rate of kinetic energy decay $\varepsilon(t)$ by $\varepsilon(t) = -\frac{d}{dt}\frac{1}{2}\overline{v^2} = \frac{1}{R}\Omega(t)$. It is clear that finite-order truncations of the series (5) cannot remain valid as $t \to \infty$ (since $\Omega \to 0$ as $t \to \infty$). Examination of (5) suggests that, as $R \to \infty$, the perturbation series in powers of t diverges for $t \gtrsim 3$.

Goldstein (1940) investigated the evolution of the Taylor-Green vortex by developing a perturbation series in powers of the Reynolds number R. He found

$$\Omega(t) = \frac{3}{4}[e^{-6t/R} - \frac{R^2}{384}(e^{-6t/R} - 20e^{-12t/R} + 35e^{-14t/R} - 16e^{-16t/R})$$

$$+ R^4(\frac{4105}{635830272}e^{-6t/R} + \ldots) + \ldots] \qquad (6)$$

Notice that (6) is a more inclusive series than (5) in the sense that each term of (6) is a resummation of an infinite number of partial terms of (5); on the other hand, each term of (5) derives from only a finite number of terms of (6). Also, notice that finite order truncations of (6) do not have the secular behavior exhibited by truncations of (5) as $t \to \infty$. However, examination of the displayed terms of (6) suggests that for $t/R \gtrsim 1$, perturbation series in powers of R diverges for $R \gtrsim 20$.

Neither perturbation series in powers of t nor R can describe the evolution of the flow field for large t or R. In this paper, we study the Taylor-Green vortex by numerical solution of the Navier-Stokes equations. In addition to the fundamental fluid dynamical interest in the development of the Taylor-Green vortex, the flow is a most convenient one on which to debug and perform tests of sophisticated three-dimensional numerical hydrodynamics simulation codes. The present results were obtained by a very efficient and accurate method that is highly specialized to the Taylor-Green vortex and so not generalizable to a wide variety of flows. Nevertheless, the present results have proved most useful in validation tests of a variety of more general simulation codes (Orszag and Patterson 1972).

NUMERICAL METHOD

The Navier-Stokes equations (3), (4) are solved by finite differences in t (using a second-order Adams-Bashforth scheme on the advective terms and Crank-Nicolson implicit differencing on the viscous terms) and a spectral (Fourier expansion) method in space. Because of spatial periodicity, the velocity field is expansible as

$$\vec{v}(\vec{x},t) = \sum \vec{u}(\vec{k},t)e^{i\vec{k}\cdot\vec{x}} \tag{7}$$

where $\vec{k}$ has integral components. The flow that develops from the initial conditions (1) has several symmetries and invariances that may be used to reduce the number of independent components in (7). These symmetries and invariances are

$$\vec{v}(\vec{x}) = -\vec{v}(-\vec{x}) \tag{8a}$$

$$v_i(x_1,x_2,x_3) = r_i v_i(x_1,x_2,-x_3) \tag{8b}$$

$$v_2(x_1,x_2,x_3) = v_1(x_2,-x_1,x_3), \quad v_3(x_1,x_2,x_3) = v_3(x_2,-x_1,x_3) \tag{8c}$$

$$v_i(x_1,x_2,x_3) = t_i v_i(x_1 + \pi, \pi - x_2, x_3 + \pi) \tag{8d}$$

where repeated latin indices are not summed, $r_1 = r_2 = t_1 = t_3 = 1$, $r_3 = t_2 = -1$, and

$$\vec{u}(\vec{k}) = 0 \tag{8e}$$

unless $k_1 \equiv k_2 \equiv k_3 \pmod 2$. These relations are not all independent. For example, (8c), which states invariance of the flow under 90° rotations about the x_3-axis, applied twice gives $v_3(-x_1,-x_2,x_3) = v_3(x_1,x_2,x_3)$ which also follows from (8a) and (8b). The properties (8) imply that the velocity field of the Taylor-Green vortex is representable as

$$\begin{Bmatrix} v_1(x_1,x_2,x_3) \\ v_2(x_1,x_2,x_3) \\ v_3(x_1,x_2,x_3) \end{Bmatrix}$$

$$= \sum_{m=0}^{\infty} \sum_{n=0}^{\infty} \sum_{p=0}^{\infty} \left\{ \begin{matrix} a^{(1)}_{mnp} \cos[(2m+1)x_1]\sin[(2n+1)x_2)\cos[(2p+1)x_3] \\ a^{(2)}_{mnp} \sin[(2m+1)x_1]\cos[(2n+1)x_2]\cos[(2p+1)x_3] \\ a^{(3)}_{mnp} \sin[(2m+1)x_1]\sin[(2n+1)x_2]\sin[(2p+1)x_3] \end{matrix} \right.$$

$$\left. \begin{matrix} b^{(1)}_{mnp} \sin[2mx_1]\cos[2nx_2]\cos[2px_3] \\ + \; b^{(2)}_{mnp} \cos[2mx_1]\sin[2nx_2]\cos[2px_3] \\ b^{(3)}_{mnp} \cos[2mx_1]\cos[2nx_2]\sin[2px_3] \end{matrix} \right\} \tag{9}$$

In order to obtain a finite approximation to $\vec{v}$, we truncate the series (7) to the region $-K < k_\alpha < K$, $\alpha = 1,2,3$ denoted by $||\vec{k}|| < K$, and apply the Galerkin procedure to get the equations (Orszag 1971)

$$\left[\frac{\partial}{\partial t} + \frac{k^2}{R}\right]u_\alpha(\vec{k},t) = -ik_\beta\left(\delta_{\alpha\gamma} - \frac{k_\alpha k_\gamma}{k^2}\right) \sum_{\substack{\vec{p}+\vec{q}=\vec{k} \\ ||\vec{p}||,||\vec{q}||<K}} u_\beta(\vec{p},t)u_\gamma(\vec{q},t) \tag{10}$$

where repeated Greek indices are summed and the pressure has been eliminated by means of the incompressibility constraint.

An efficient algorithm for computing the right-hand side of (10) has been devised (Orszag 1971). It involves 12 real or conjugate symmetric discrete Fourier transforms on $K \times K \times K$ points; the Fourier transforms are performed by the fast Fourier transform algorithm in order $K^3 \log_2 K$ arithmetic operations. This transform method for the Taylor-Green vortex makes essential use of all the symmetries (8); without (8), the most efficient transform method for evaluation of the right-hand side of (10), which is the pseudospectral method (Orszag 1971), would require 9 real or conjugate-symmetric discrete Fourier transforms on $2K \times 2K \times 2K$ points or roughly a factor 6 more work than involved in the Taylor-Green vortex. Another advantage of the spectral method just described for the Taylor-Green vortex is that it allows great reductions in the amount of computer storage necessary with a given spectral cutoff or spatial resolution $\Delta x = \pi/K$. In fact, the property (8e) alone gives a factor four reduction in the necessary storage space. Details on all the transform methods mentioned above are given elsewhere (Orszag 1971).

The spectral method discussed here has several important advantages over more conventional finite difference techniques (Orszag and Israeli 1974). For the Taylor-Green vortex, the spectral results are infinite-order accurate, i.e. errors go to zero faster than any finite power of $1/K$ as $K \to \infty$, in contrast to the finite order accuracy of difference schemes. The rapid convergence of the spectral results translates into more accurate simulations at finite resolution. In the 5-10% error range, spectral simulations require roughly a factor two less resolution in each space direction than finite-difference approximations or a factor eight fewer degrees of freedom [even without the symmetries (8)] in three dimensions. At higher accuracy, the advantages of spectral schemes are more pronounced. With $K = 16$ or 32,768 Fourier modes to represent each component of the velocity field, the present spectral method requires 0.6s per time step on a CDC 7600 computer.

RESULTS

In Fig. 1, we plot the evolution of $\Omega(t)$ at $R = 200$ determined by perturbation series in t truncated at t^5 (curve 1), perturbation series in R truncated at R^4 (curve 2), and numerical simulation with spectral cutoff $K = 16$ (curve 3). In the absence of the nonlinear terms of the Navier-Stokes equations $\Omega(t) \leq \Omega(0)$, so that the enhancement of mean square vorticity observed in Fig. 1 is a measure of the strength of the nonlinearity. In Fig. 2, a similar plot is made for $R = 300$. Additional tests and comparisons between runs of varying spatial resolution indicate that the numerical simulation results should be accurate to within 2% at $R = 200$ and 5% at $R = 300$. An indication of the magnitude of the Reynolds number R is given by the relation $R_\lambda = .372\, R$ at $t = 0$, where R_λ is the Reynolds number based on the Taylor microscale (Batchelor 1953). Thus, at $R = 200$, $R_\lambda = 74$ at $t = 0$ and $R_\lambda = 26$ at $t = 6$, while at $R = 300$, $R_\lambda = 112$ at $t = 0$ and $R_\lambda = 37$ at $t = 6$. These values of R_λ should be compared with laboratory wind-tunnel experiments on grid-generated turbulence which are generally performed in the range $R_\lambda = 25\text{-}50$.

It is apparent from Figs. 1 and 2 that perturbation expansion in powers of t is at least as good as that in powers of R at these Reynolds numbers, despite the more inclusive nature of the R expansion. Nevertheless, both expansions are woefully inadequate to describe either the large t behavior or even the variation of the maximum of $\Omega(t)$ with Reynolds number.

The variation of $\Omega(t)$ with Reynolds number relates indirectly to the effect of Reynolds number on large scale structures in the flow since $\varepsilon(t) = \frac{1}{R}\,\Omega(t)$. If $\Omega(t)$ is asymptotically proportional to R (for t beyond some initial relaxation period) then $\varepsilon(t)$ is Reynolds number independent. Some support for this behavior is given by the results shown in Fig. 3. Here $\varepsilon(t)$ is plotted as a function of t for $R = 100\text{-}400$, the simulation with $R = 400$ being only moderately accurate.

It appears that, as $R \to \infty$, $\varepsilon(t)$ approaches a finite limiting function $\varepsilon_*(t)$ [probably with the property that $\varepsilon_*(t) = 0$ for

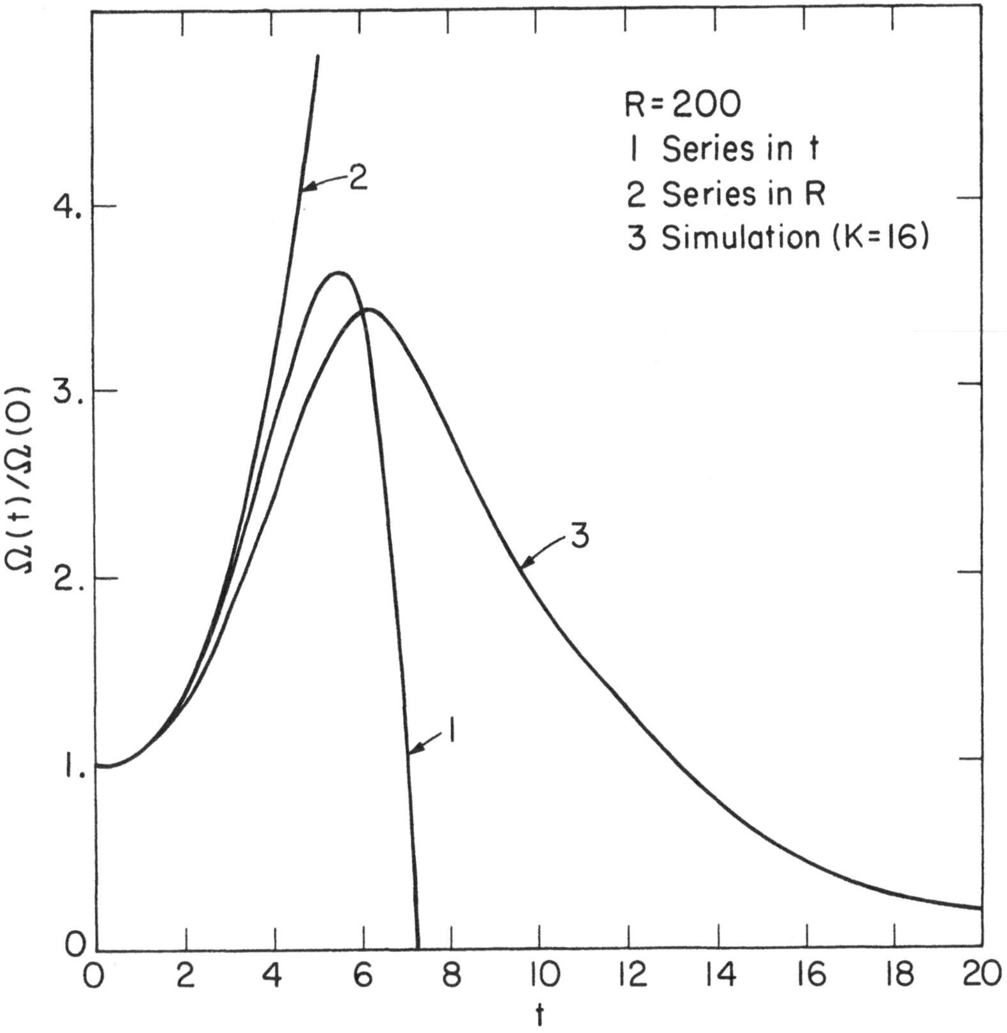

Fig. 1 Enhancement of mean-square vorticity $\Omega(t)/\Omega(0)$ versus t at $R = 200$.

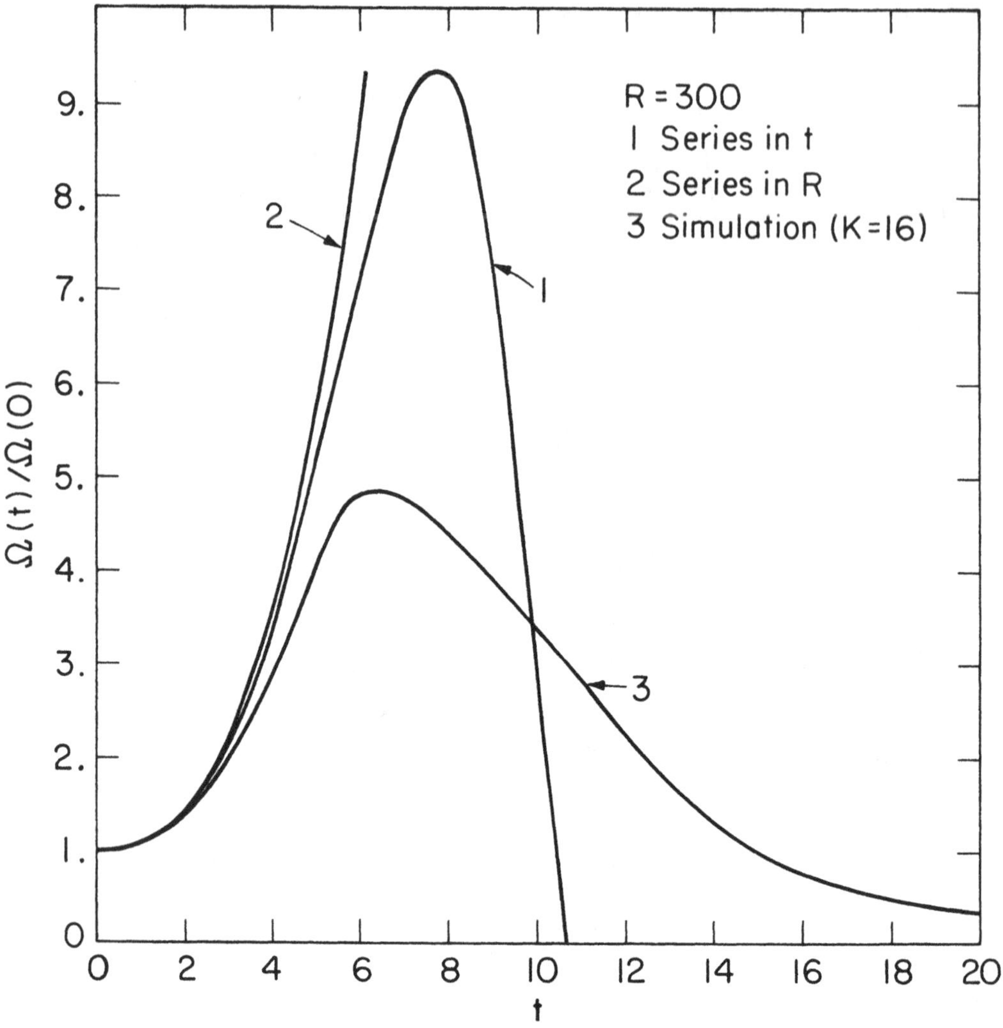

Fig. 2 Enhancement of mean-square vorticity $\Omega(t)/\Omega(0)$ versus t at $R = 300$.

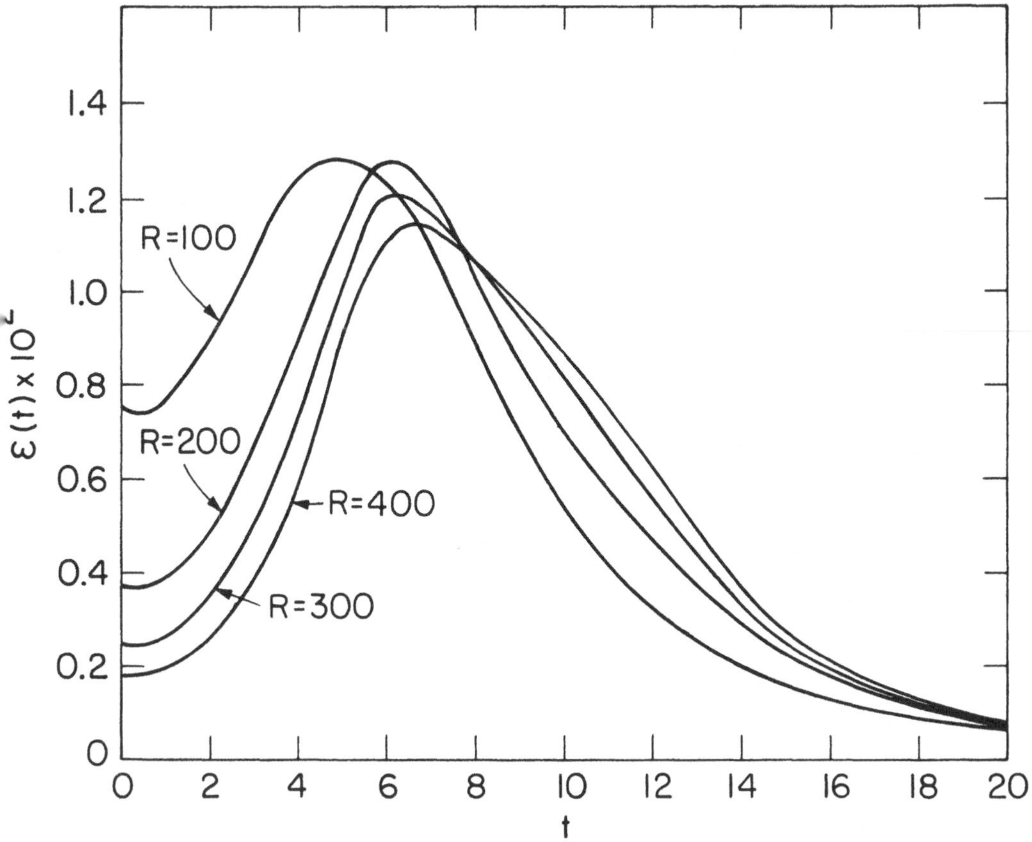

Fig. 3 Rate of energy dissipation $\varepsilon(t)$ versus t for $R = 100, 200, 300, 400$.

$t < t_*$, [where t_* is the time at which $\Omega(t)$ becomes infinite at $R = \infty$]. This result is extremely important as it demonstrates a large scale feature of the flow that is asymptotically Reynolds number independent. If all large scale features of turbulent flows are Reynolds number independent then it is possible to simulate large scale flow features of very high Reynolds number turbulence when the Reynolds number of the simulation (and, hence, the required resolution) is quite modest (cf. Orszag and Israeli 1974).

In Figs. 4 and 5, we show contour plots of v_1 and v_3, respectively, at $t = 3.5$, $R = 100$. These plots illustrate the character of the flow that develops from the initial conditions (1).

In Fig. 6, we show the evolution at $R = 200$ of

$$D3/D1 = \sum k^2 |u_3(\vec{k})|^2 / \sum k^2 |u_1(\vec{k})|^2 \qquad (11a)$$

$$E3/E1 = \sum |u_3(k)|^2 / \sum |u_1(k)|^2 , \qquad (11b)$$

which are, respectively, measures of the anisotropy of energy dissipation and energy. It is apparent that energy dissipation approaches a state of near isotropy for $t = 4\text{-}16$, while the kinetic energy itself is always far from isotropy. This result is consistent with ideas of turbulence theory on local equilibrium of small-scale eddies. As first proposed by Kolmogorov (Batchelor 1953), small eddies [which dominate dissipation because of the factors k^2 in (11a)] should approach isotropy and equilibrium in a time much shorter than the overall decay time of the turbulence. On the other hand, large eddies [which dominate the kinetic energy] evolve in the same time scale as the overall decay proceeds and no strong tendency to isotropy should be observed.

Finally, we remark that, as $t \to \infty$, the flow decays to a form proportional to the initial conditions (1) which is very anisotropic. At late times, R_λ is very small and viscous dissipation dominates the nonlinear terms in (3) so that the modes in (9) with the

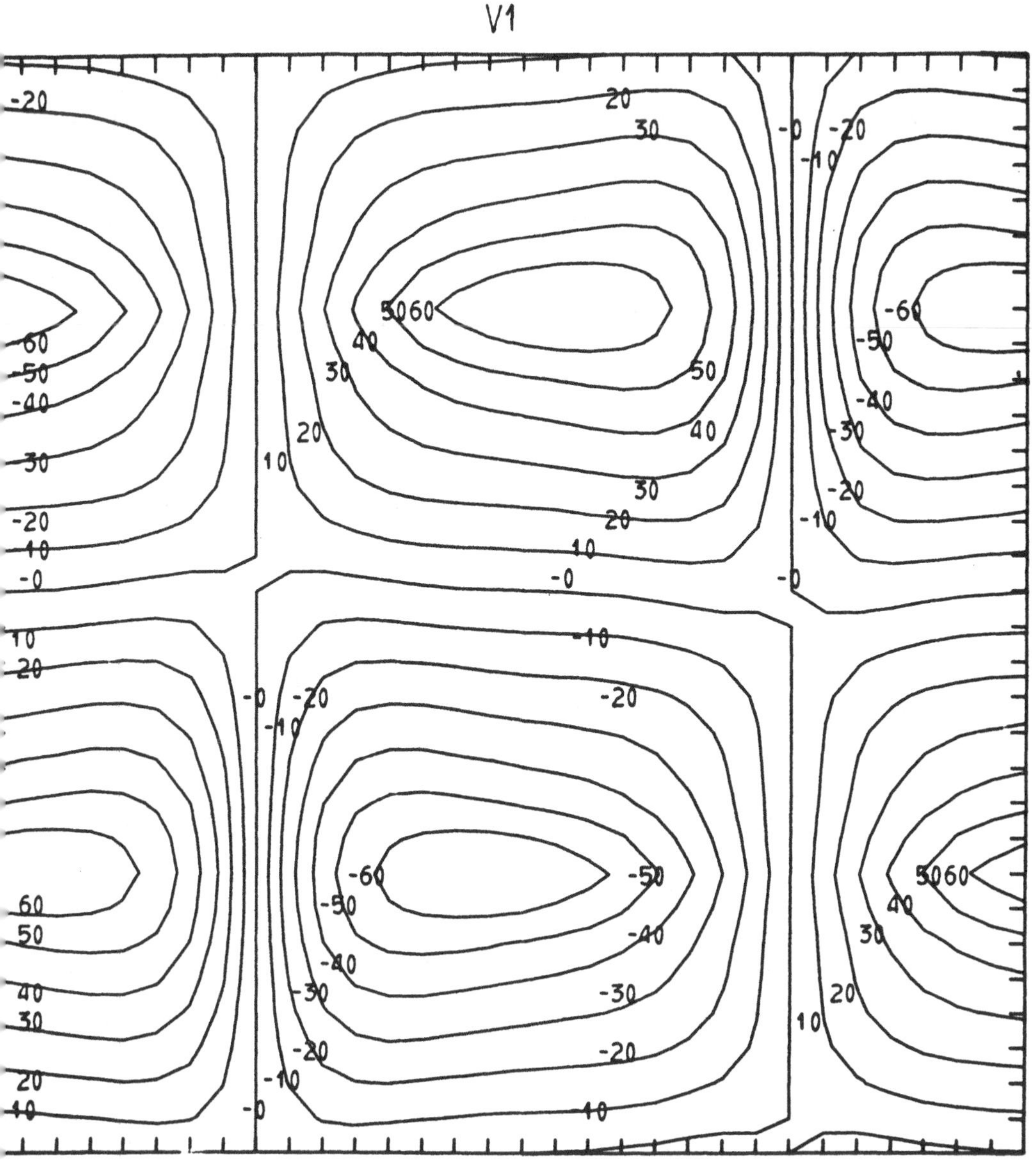

Fig. 4 Contour plot of v_1 at $t = 3.5$, $R = 100$ in the plane $x_3 = \pi/4$. The contour labels are $100v_1$.

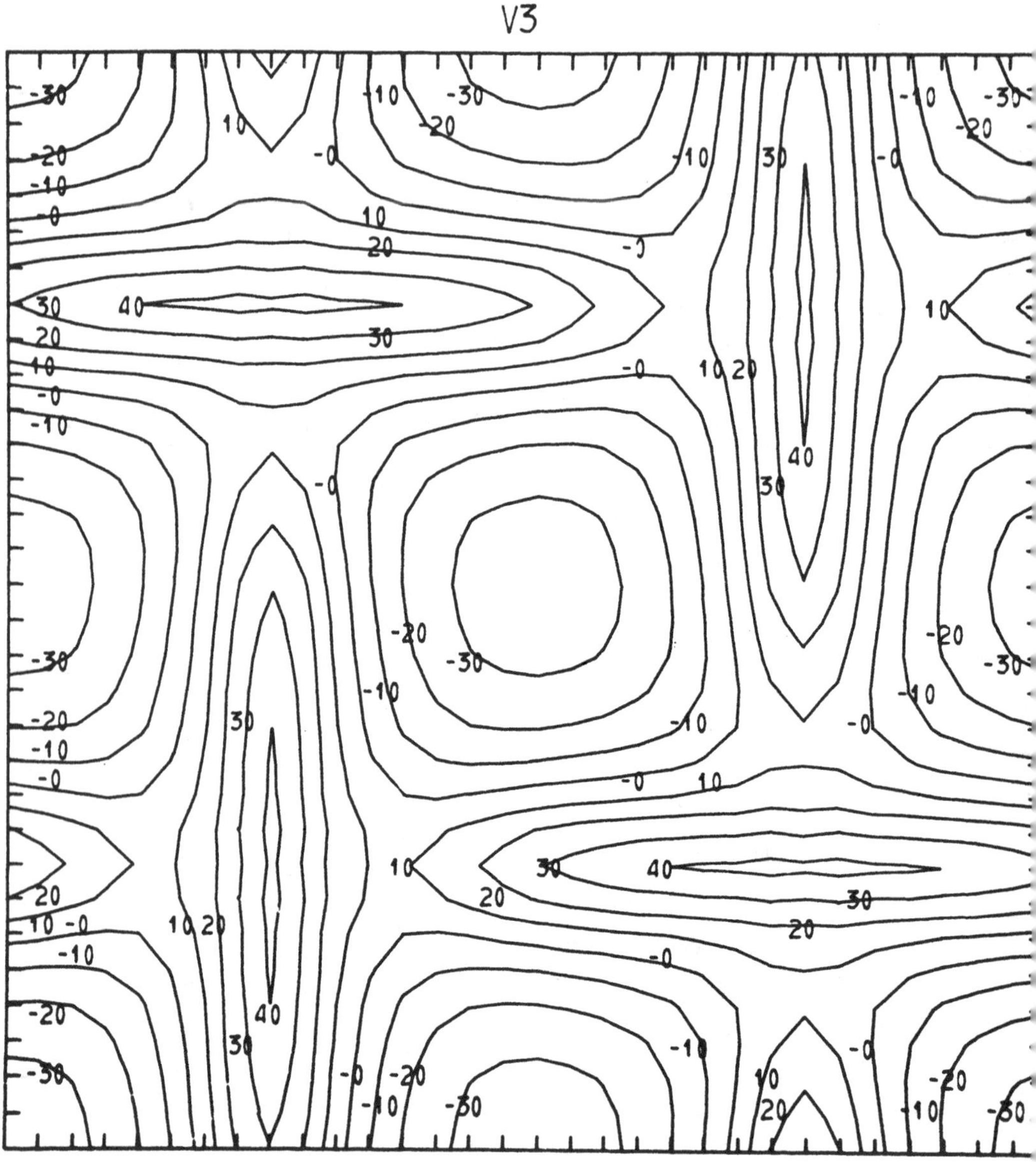

Fig. 5 Contour plot of v_3 at $t = 3.5$, $R = 100$ in the plane $x_3 = \pi/4$. The contour labels are $100v_3$.

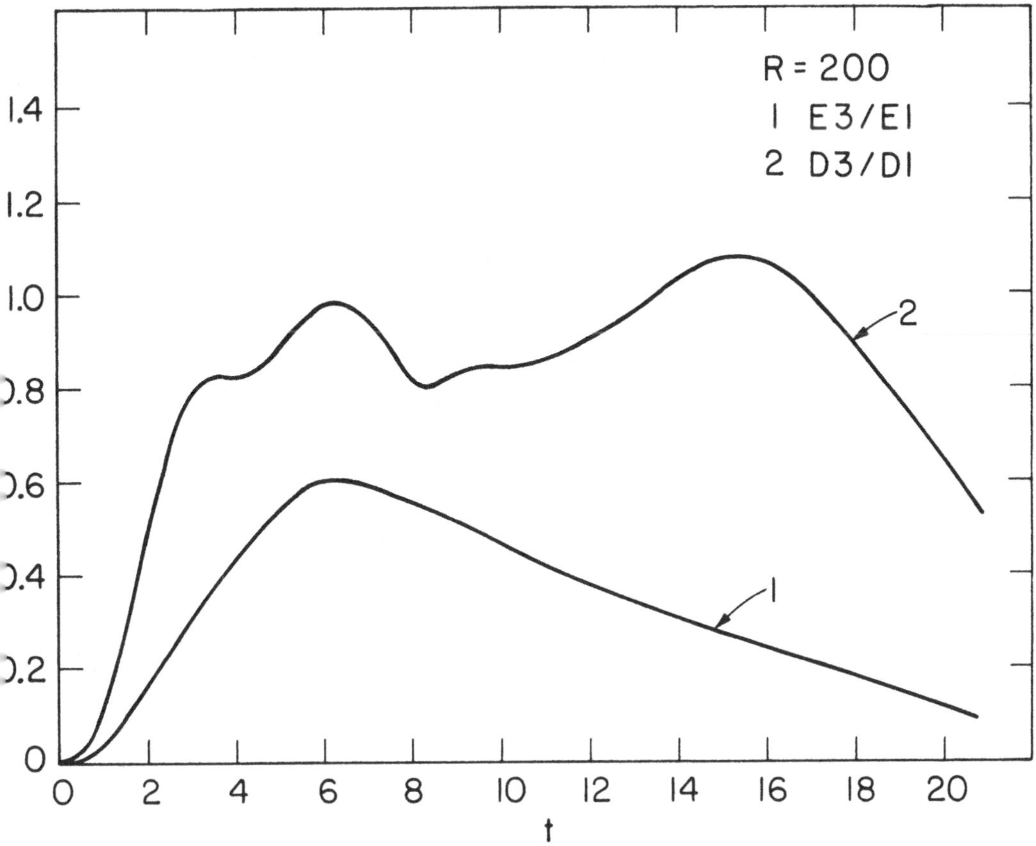

Fig. 6. Anisotropy ratios of kinetic energy and dissipation versus t at R = 200.

smallest wavenumber, and hence smallest rate of viscous dissipation, dominate the flow. The smallest wavevectors allowed to have nonzero amplitude by the selection rules (8) are $\vec{k} = (\pm 1, \pm 1, \pm 1)$. The symmetry condition (8c) applied to the terms due to these $\vec{k}$ in the expansions (9) implies that $\vec{v}$ is proportional to its initial value (1) as $t \to \infty$. The net effect of nonlinearity in the Navier-Stokes equations is to speed the decay of (1); in the absence of nonlinearity; $\vec{v}$ would be forever proportional to (1) with amplitude $e^{-3t/R}$ [giving the R^0 term in the Reynolds expansion (6)].

This work was supported by the Atmospheric Sciences Section, National Science Foundation under Grant GA-38797. The computations were performed on the CDC 7600 computer at the National Center for Atmospheric Research, Boulder, Colorado. The author would like to thank Mr. T. Wright for his expert assistance with these computations.

REFERENCES

Batchelor, G. K., The Theory of Homogeneous Turbulence (Cambridge University Press, 1953).

Goldstein, S., Phil. Mag. 30, 85-102 (1940).

Orszag, S. A., Stud. in Appl. Math. 50, 293-327 (1971).

Orszag, S. A. and Israeli, M., Ann. Rev. Fluid Mechanics 6, xxx (1974).

Orszag, S. A. and Patterson, G. S., Phys. Rev. Letters 28, 76-79 (1972).

Taylor, G. I. and Green, A. E. Proc. Roy. Soc. A 158, 499-521 (1937).

PROBLEMES ET METHODES NUMERIQUES EN PHYSIQUE DES PLASMAS A TRES HAUTE TEMPERATURE

par

MERCIER*, J.C. ADAM**, SOUBBARAMAYER* et J.L. SOULE*

* Association EURATOM-CEA, Section de la Théorie des gaz ionisés, Centre d'Etude Nucléaires BP. N°6. 92-Fontenay aux Roses (France).

** Physique théorique des plasmas, Ecole Polytechnique, 17 rue Descartes, (Paris Vème).

INTRODUCTION

Les études sur les plasmas sont extrêmement nombreuses et concernent des domaines très divers : Astrophysique, Fusion thermonucléaire Contrôlée, problèmes de l'espace, générateurs magnétohydrodynamiques, chimie des plasmas etc... Il ne peut être question de les présenter toutes ici, même si l'on se limite aux plasmas très chauds (température de l'ordre de quelques dizaines de millions de degrés). Aussi avons nous choisi d'exposer un certain aspect du problème : Celui lié aux plasmas de très hautes températures que l'on désire obtenir en fusion thermonucléaire Contrôlée. Autour de ce thème nous allons essayer de décrire les équations et les méthodes utilisées (de plus en plus numériques) pour obtenir les renseignements nécessaires à la compréhension, la fabrication et l'entretien de ces plasmas.

QUELQUES ELEMENTS DE LA FUSION THERMONUCLEAIRE CONTROLEE /1/

La fusion thermonucléaire repose sur la réaction bien connue entre certains isotopes de l'hydrogène au cours de laquelle une fraction de masse des éléments en collision est convertie en énergie. Par exemple, la réaction entre le deutérium et le tritium donne naissance à l'hélium 4, un neutron et un dégagement d'énergie de 17,6 MeV suivant la formule

$$D + T \longrightarrow 2H_e^4 + n + 17{,}6 \text{ MeV}$$

Ce type de réaction peut donc être utilisé pour la production d'énergie et plusieurs laboratoires dans le monde travaillent pour maitriser cette réaction. Le problème consiste à élever la température de l'hydrogène suffisamment haut pour vaincre la barrière de répulsion électrostatique Coulombienne, c'est-à-dire quelques centaines de millions de degrés. Une telle haute température doit ensuite être maintenue suffisamment longtemps pour que la réaction de fusion ait une forte probabilité de se produire.

Une méthode pour résoudre ce problème est d'opérer avec de l'hydrogène à l'état de "plasma" (gaz totalement ionisé) et de "confiner" ce plasma par un champ magnétique. Un plasma est dit "confiné" quand il est isolé de toute paroi matérielle par l'action d'un champ magnétique. Les particules chargées ont un mouvement tel que leurs trajectoires ne rencontrent aucune paroi matérielle. Le plasma ainsi confiné doit être chauffé jusqu'à la température d'ignition et maintenu chaud suffisamment longtemps. De plus la densité du plasma doit être assez élevée pour obtenir un nombre appréciable de réactions de fusion par unité de temps. Le calcul montre que l'objectif à atteindre est un plasma de température de 10 KeV, de densité n_e confiné pendant un temps τ_E tel que

$$n_e \tau_E \geqslant 10^{14} \text{ cm}^{-3}.\text{ s}$$

Un des appareils de confinement le plus prometteur semble être actuellement le TOKOMAK dont le principe est trés simple (Fig. 1)

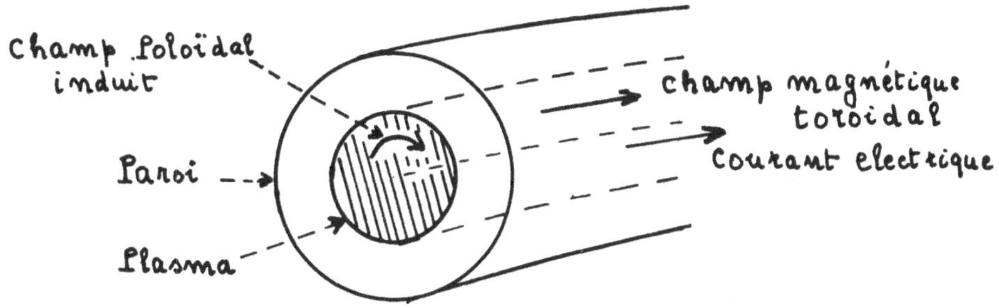

Fig. 1 : SECTION D'UN TOKOMAK

Un tore est initialement rempli d'hydrogène. Un courant électrique est induit dans le gaz, en utilisant l'anneau de gaz comme le circuit secondaire d'un transformateur. Ce courant joue trois rôles : la création du plasma par ionisation du gaz initial, le chauffage du plasma par effet JOULE et le confinement du plasma par l'action du champ magnétique poloïdal induit par le courant. Pour raison de stabilité, le plasma est aussi soumis à un champ magnétique longitudinal très fort (quelques dizaines de kilogauss) créé par un enroulement convenable de bobines autour du tore.

POSITION DE QUELQUES PROBLEMES

L'étude d'un plasma confiné comme précédemment soulève un certain nombre de problèmes tels que l'équilibre, la stabilité vis-à-vis de différents types de perturbations, la méthode pour réaliser une forme donnée de la section du plasma, l'évolution spatio temporelle du plasma etc... Le traitement mathématique exact de tous ces problèmes étant hors de question, chacun de ces problèmes exige une étude particulière et conduit selon les cas à utiliser des modèles mathématiquement différents, en particulier selon l'échelle de temps des phénomènes mis en jeu et le degré de finesse nécessaire dans la description du plasma. Malgré les simplifications souvent très importantes que l'on est amené à faire, il est nécessaire de plus en plus de recourir aux méthodes numériques pour prendre le relai des méthodes analytiques.

Cet exposé sera ainsi subdivisé en 2 parties traitant de deux approches très différentes du milieu plasma : dans la première nous utiliserons une représentation fluide du plasma, utilisant plus ou moins des résultats d'une étude plus microscopique. Dans la deuxième partie, le plasma est vu sous son aspect particules chargées en mouvement dans des champs électriques et magnétiques. Cet aspect a déjà été très développé analytiquement. Nous présenterons ici les méthodes numériques qui se développent actuellement.

Les problèmes qui sont ainsi abordés ne sont pas spécifiques aux plasmas de fusion, mais contribueront à éclaircir les questions de micro-instabilités et de turbulence dans les plasmas et ainsi à mieux connaître les coefficients de transport qui jouent un grand rôle dans la qualité des plasmas à haute température.

I - ETUDES LIEES A L'ASPECT MACROSCOPIQUE DES PLASMAS. /2/

A) Equilibre et stabilité

Le système d'équations utilisé dans ce cas est appelé système magnétohydrodynamique à 1 fluide à pression scalaire . Sans le justifier ici, notons qu'il est adapté aux mouvements rapides du plasma (étude de la stabilité) que l'on suppose adiabatiques. Ce système s'écrit :

$$
(I)\quad \begin{cases}
(1) & \rho \dfrac{d\vec{V}}{dt} = - \mathrm{grad}\, p + \vec{J} \times \vec{B} \\
(2) & \vec{E} + \vec{V} \times \vec{B} = \eta \vec{J} \\
(3) & \dfrac{\partial \rho}{\partial t} = - \mathrm{div}\, \rho V \\
(4) & \dfrac{d}{dt} \left(p \rho^{-\gamma} \right) = 0 \\
(5) & \mathrm{div}\, \vec{B} = 0 \quad (6)\ \vec{\mathrm{rot}}\ \vec{B} = \vec{J} \\
(7) & \vec{\mathrm{rot}}\, \vec{E} = - \dfrac{\partial \vec{B}}{\partial t}
\end{cases}
$$

(1) étant l'équation du mouvement (2) la loi d'Ohm généralisée (3) l'équation de continuité (4) la condition d'adiabaticité (5) (6) et (7) les équations de Maxwell.

ρ est la densité massique, V la vitesse du fluide, p la pression, $\vec{B}$ et $\vec{E}$ les champ magnétiques et électriques, $\vec{J}$ la densité de courant, γ rapport des chaleurs spécifiques et η la résistivité.

Dans le cas de l'équilibre, le système à étudier s'écrit simplement

$$
(I')\quad \begin{cases}
\vec{J} \times \vec{B} = \mathrm{grad}\, p \\
\mathrm{div}\, \vec{B} = 0 \\
\vec{J} = \vec{\mathrm{rot}}\, \vec{B}
\end{cases}
$$

Une première difficulté s'éléve : on n'a pu démontrer mathématiquement l'existence d'une solution de type torique de ce système, excepté en symétrie de révolution, qui est justement une des caractéristiques des appareils TOKOMAK.

Les solutions cherchées sont des surfaces à pression constante en forme de tore emboitée ; ces surfaces sont appelées surfaces magnétiques car, comme il est visible sur ce système les lignes magnétiques (et les lignes de courant) sont situées sur ces surfaces. En général, ces lignes remplissent toute la surface mais entre ces surfaces existent des surfaces où les lignes magnétiques se referment après un nombre fini de grands tours et de petits tours autour du tore : ces surfaces jouent un grand rôle dans la stabilité de ces équilibres.

En symétrie de révolution, la solution générale de div $\vec{B} = 0$ s'écrit :

$$(8)\quad \vec{B} = f\,\frac{\vec{e}_\varphi}{\rho} + \frac{\vec{e}_\varphi}{\rho} \times \overrightarrow{\text{grad}}\, F$$

$$(9)\quad \vec{J} = \overrightarrow{\text{rot}}\,\vec{B} = \mathcal{L} F\,\frac{\vec{e}_\varphi}{\rho} - \frac{\vec{e}_\varphi}{\rho} \times \text{grad}\, f$$

$$(10)\quad \mathcal{L} \equiv \frac{\partial^2}{\partial \rho^2} + \frac{\partial^2}{\partial z^2} - \frac{1}{\rho}\frac{\partial}{\partial \rho} \equiv \rho^2\, \text{div}\left(\frac{1}{\rho^2}\,\text{grad}\, F\right)$$

f et F sont des fonctions arbitraires de ρ et z, l'équation (1') implique p et f soit des fonction de F :

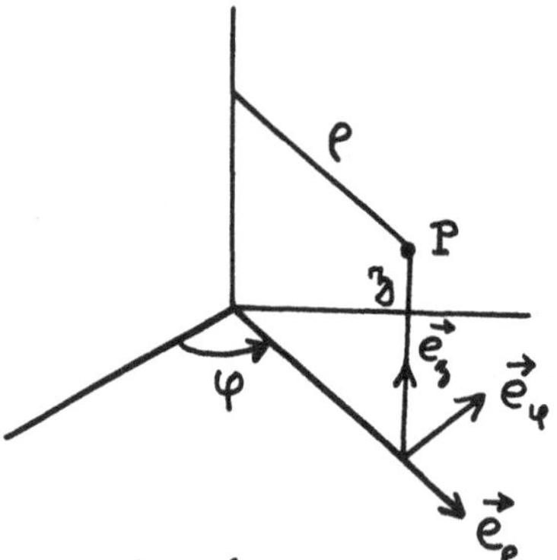

FIG- 2

$$(11)\quad \begin{cases} p = p(F) \\ f = f(F) \end{cases}$$

et la fonction F est déterminée alors par l'équation :

$$(12)\quad \mathcal{L} F = -\frac{1}{2}\frac{df^2}{dF} - \rho^2 \frac{dp}{dF}$$

équation de type elliptique définie lorsque les expressions (11) sont connues. Elles sont en fait connues après l'étude de l'évolution du plasma dans le temps jusqu'à l'état d'équilibre (problème que nous envisageons ensuite). Cependant on peut chercher à définir les caractères généraux des équilibres possibles pour des classes générales de fonction $p(F)$ et $f(F)$, par exemple $p \equiv aF^2 + bF + c$; $f^2 = \alpha F^2 + \beta F + \gamma$ expressions qui rendent (12) linéaire. Ces études ont été développées tant analytiquement que numériquement. Dans le cas linéaire, on relie les constantes (a,b...) à des quantités physiques caractéristiques de l'équilibre telles que le courant longitudinal I qui circule et la quantité

$$\beta = \left\langle \frac{2p}{B^2} \right\rangle = \frac{\text{Pression Cinétique}}{\text{Pression magnétique}}$$

Les autres paramètres permettent de représenter diverses répartition de pression ou de densité de courant dans la section du plasma. Toutes ces études montrent que, pour une frontière de plasma fixée, la répartition des surfaces magnétiques est d'autant plus déformée que β est élevée. (Fig. (3)).

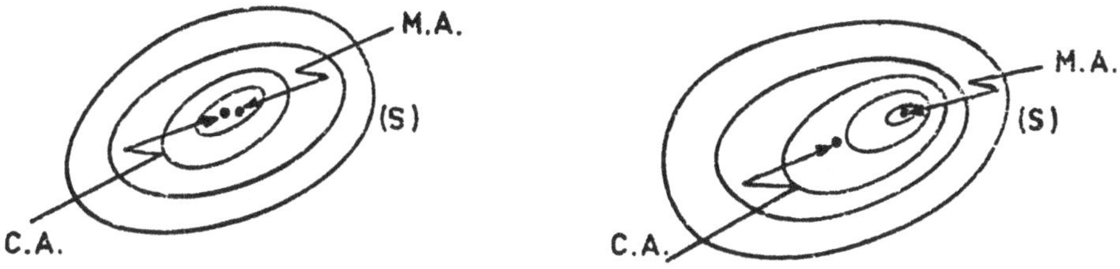

Figure 3

M.A : Axe magnétique C.A. : Axe central

Ces déformations quand elles sont trop intenses finissent soit par changer la topologie du plasma, soit par confiner pratiquement l'ensemble du plasma dans une région restreinte de la surface totale ; ces déformations extrêmes ne sont pas acceptables et l'on est conduit à définir un β maximum, qui dépendra de la répartition des courants, de la pression mais aussi de la section du plasma.

Comme la recherche d'un fort β est d'une importance extrême pour la réussite des appareils de fusion thermonucléaire, on comprendra l'intérêt de rechercher parmi les équilibres possibles ceux qui permettent les β les plus forts.

Il existe plusieurs codes numériques, résolvant l'équation d'équilibre (12) en se fixant la forme extérieure du plasma et permettant une recherche systématique des équilibres souhaitables.

Ces déformations peuvent aussi avoir des effets importants, en bien ou en mal, sur la stabilité de ces équilibres, ce qui nous amène à étudier cet aspect fondamental de la physique des plasmas.

STABILITE DES PLASMAS A RESISTIVITE NULLE

Les plasmas de fusion sont à haute température, donc la résistivité (en $T^{-3/2}$) est très faible. Une première approximation consiste à poser $\eta = 0$. (M.H.D. idéale). Le cas $\eta \neq 0$ conduit à d'autres types d'instabilités, moins dangereux, que l'on n'envisagera par ici. A cette approximation, l'étude de la stabilité est en général abordée à l'aide du principe d'énergie. On envisage des petites perturbations autour d'un état d'équilibre et après avoir linéarisé le système, on étudie l'évolution dans le temps de ces perturbations. Soit $\vec{\xi}(r)$ le champ de déformation du plasma. L'équation des petits mouvements peut être écrite :

$$N\ddot{\vec{\xi}} + U\vec{\xi} = 0$$

N et U sont des opérateurs symétriques. (N défini positif). Introduisons la fonctionnelle suivante, qui représente l'énergie potentielle du système :

$$\delta W = \langle \vec{\xi} \cdot U\vec{\xi} \rangle = \int_\tau (\vec{\xi} \cdot U\vec{\xi})\, d\tau$$

on démontre (4)(5) que la condition nécessaire et suffisante de stabilité est que

$$\delta W > 0$$

pour toutes les perturbations $\vec{\xi}$ compatibles avec les conditions aux limites du plasma. On obtient l'expression suivante pour δW.

$$(13)\quad \delta W = \frac{1}{2}\int d\tau \left\{ \vec{Q}^2 - \vec{J} \cdot \vec{Q} \times \vec{\xi} + \gamma p (\mathrm{div}\, \xi)^2 + (\mathrm{div}\, \xi)\, \vec{\xi} \cdot \mathrm{grad}\, p \right\}$$

$\vec{n}$ est le vecteur unité normal aux surfaces magnétique (la surface extérieure du plasma est une surface magnétique). $\vec{Q} = \mathrm{rot}\,(\vec{\xi} \times \vec{B})$ est la perturbation du champ magnétique. Cette expression suppose que la frontière du plasma reste immobile. Comme nous aurons à envisager des plasmas, loin de paroi matérielle, il faut traiter de façon générale un problème à 2 milieux - plasma et vide- certaines perturbations comportent une déformation de la frontière du plasma et une variation du champ électromagnétique dans le vide. Nous verrons par la suite comment le problème d'équilibre peut être traité. Notons ici que le principe d'énergie s'étend à ce cas. On doit ajouter un terme δW_{vide} qui s'obtient en calculant la perturbation du champ magnétique dans le vide : posons :

$$\vec{Q} = \text{rot}\ \vec{A}$$

$\vec{Q}$ est donné par la solution du problème suivant :

$$\text{rot}\left(\text{rot}\ (\vec{A})\right) = 0 \qquad \text{dans le vide}$$

$$\vec{n} \times \vec{A} = -(\vec{n}\cdot\vec{\xi})\cdot\vec{B} \qquad \text{sur l'interface}$$

$$\vec{n} \times \vec{A} = 0 \qquad \text{sur la frontière extérieure.}$$

Précisons que les propriétés électriques de cette frontière extérieure sont supposées telles qu'elle est imperméable aux perturbations mais peut ne pas intervenir dans le problème de l'équilibre plasma-vide. On définira dans ce cas une frontière extérieure qui peut ne pas coïncider avec celle définie pour le problème de stabilité.

$$(14) \qquad \delta W = \delta W_{plasma} + \delta W_{Vide} > 0$$

$$\delta W_{Vide} = \frac{1}{2} \int_{Vide} d\tau\ \vec{Q}^2$$

PERTURBATIONS LOCALISEES ET NON LOCALISES.

Minimiser ce δW est un problème difficile, non entièrement résolu. On est conduit à distinguer les perturbations localisées et les non localisées. Les perturbations localisées sont des perturbations qui sont limitées au voisinage immédiat des surfaces magnétiques, ayant des gradients locaux très importants. Ces perturbations sont souvent stables, mais dans le cas des plasmas, les perturbations localisées au voisinage des surfaces avec lignes magnétiques fermées conduisent à un critère dit localisé très sévère. Ce critère exige pour la stabilité de ces modes que

(15) $$\oint f\,dl > 0$$ sur toutes lignes magnétiques fermées. /6/ /7/

f étant une fonction des propriétés locales de l'équilibre. On cherchera donc à calculer ce critère numériquement pour chaque équilibre envisagé. Ce critère dépend fortement des propriétés de l'équilibre telles que forme de la section torique, intensité et répartition de la densité de courant, valeur de la quantité β. Ce travail nous permet en particulier de connaitre les limitations en β que ce type d'instabilité impose et ainsi nous oriente vers les configurations interessantes.

La difficulté dans l'évaluation numérique de ces critères tient à la très grande précision nécessaire dans le calcul des surfaces magnétiques. Au voisinage du centre de la configuration, en général domaine le plus instable pour ces perturbations, des développements facilitent le calcul du critère. /8/

Pour les perturbations non localisées, il n'est pas possible d'établir un critère général de stabilité faisant appel explicitement et uniquement aux grandeurs caractérisant l'équilibre. Il devient donc nécessaire dans chaque cas de déterminer si la forme quadratique δW est ou non définie positive. Ceci n'est possible analytiquement que dans des cas très particuliers, et il est généralement nécessaire de recourir au calcul numérique.

Précisons que par "non localisées" nous entendons en fait "régulières", c'est-à-dire à variation lente. Il en résulte que les perturbations localisées et les perturbations non localisées n'épuisent pas toutes les perturbations possibles.

Pour les applications au TOKOMAK, nous avons particularisé le problème comme suit. Tenant compte de la symétrie axiale de l'équilibre, on peut décomposer la perturbation selon ses harmoniques azimutales, qui se trouvent entièrement découplées dans δW. L'harmonique zéro (perturbation axisymétrique) jouera un rôle un peu particulier. Nous avons supposé petits les rapports $\frac{a}{R}$ et $\frac{B_m}{B_T}$ (a:dimension caractéristique de la section du tore, R: grand rayon du tore ; B_m : champ méridien poloïdal; B_T: champ toroïdal). En fait, pour que le problème ait un sens à la limite, il faut faire tendre ensemble vers zéro ces deux rapports. Nous avons supposé d'autre part que B_T est constant (équilibres à faible pression). Nous ne traitons que les harmoniques basses. Dans ces conditions, on peut montrer d'une part qu'on peut remplacer le tore par un cylindre (périodique), d'autre part que les perturbations non localisées les plus instables sont celles dont la composante selon l'axe du cylindre est nulle et qui vérifient div $\vec{\xi} = 0$. (Il s'ensuit que la composante de $\vec{Q}$ dans la même direction est aussi nulle).

Soient x et y des coordonnées transversales méridiennes et z la coordonnée longitudinale. Il est commode d'introduire un potentiel u :

$$(16) \qquad \vec{\xi} = \vec{\text{rot}}\,(u\,\vec{e}_z) = \vec{\text{grad}}\,u \times \vec{e}_z \qquad\qquad (\rightarrow \text{div}\,\vec{\xi} = 0)$$

Dans le plasma, il en résulte que $\vec{Q}$ dérive du potentiel ψ_p:

$$\vec{Q} = \vec{\text{rot}}\,(\psi_p\,\vec{e}_z)$$

$$\psi_p = \vec{B}\cdot\vec{\text{grad}}\,u = \vec{B}_m\cdot\vec{\text{grad}}_m\,u + B_z\frac{\partial u}{\partial z}$$

Dans le vide $\vec{Q}$ dérive du potentiel ψ_v défini par :

$$\left(\frac{\partial^2}{\partial x^2} + \frac{\partial^2}{\partial y^2}\right)\psi_v = 0$$

avec

$$\psi_v = \psi_p \qquad \text{sur l'interface}$$

$$\psi_v = 0 \qquad \text{sur la frontière extérieure}$$

δW se réduit à :

$$\delta W = \frac{1}{2}\int_p d\tau\,(\vec{\text{grad}}_m\,\psi_p)^2 + \frac{1}{2}\int_p d\tau\,j_z\cdot\vec{\text{grad}}_m\,u \times \vec{\text{grad}}_m\,\psi_p + \frac{1}{2}\int_v d\tau\,(\text{grad}_m\,\psi_v)^2$$

Dans le cas ou j_z s'annule au bord du plasma, une intégration par parties permet de réécrire le second terme sous la forme :

$$-\frac{1}{2}\int_p d\tau\,\frac{dj_z}{dF}\,\psi_p\,\vec{B}_m\cdot\vec{\text{grad}}_m\,u = -\frac{1}{2}\int d\tau\,\frac{dj_z}{dF}\left[\left(\vec{B}_m\cdot\vec{\text{grad}}_m\,u + \frac{1}{2}B_z\frac{\partial u}{\partial z}\right)^2 - \frac{1}{4}B_z^2\left(\frac{\partial u}{\partial z}\right)^2\right]$$

où F est le potentiel d'équilibre : $\vec{B}_m = \vec{\mathrm{rot}}\,(F\vec{e}_z)$

En définitive nous obtenons δW sous la forme d'une différence de deux formes quadratiques symétriques et définies positives :

$$\delta W = \delta W_1 - \delta W_2$$

$$\delta W_1 = \frac{1}{2}\int_p d\tau\,(\vec{\mathrm{grad}}_m\,\Psi_p)^2 + \frac{1}{2}\int_p d\tau\,\frac{1}{4}B_z^2\left(\frac{\partial u}{\partial z}\right)^2 + \frac{1}{2}\int_p d\tau\,(\vec{\mathrm{grad}}_m\,\Psi_V)^2$$

$$\delta W_2 = \frac{1}{2}\int_p d\tau\,\left(\vec{B}_m\cdot \mathrm{grad}_m\,u + \frac{1}{2}B_z\frac{\partial u}{\partial z}\right)^2$$

Enfin, l'élimination de la variable z s'effectue, comme nous l'avons déjà indiqué, par décomposition harmonique. Autrement dit, nous prendrons u sous la forme :

$$(17)\qquad u = V(x,y)\cos kz + W(x,y)\sin kz$$

Ψ_p et Ψ_V auront des formes analogues.

L'intégration en z pourra alors être effectuée. Les expressions obtenues ne dépendent que de la distribution du champ d'équilibre transverse, plus un paramètre unique kB_z. Il est intéressant de normaliser celui-ci en posant :

$$(18)\qquad q = kB_z\,\frac{1}{2\pi}\int\frac{dl}{B_m}$$

où l'intégrale est effectuée autour de la frontière du plasma. Le "facteur de sécurité" q représente alors le rapport entre le pas des lignes magnétiques et la longueur du tore.

La méthode qui a été utilisée consiste à chercher si le rapport $\delta W_1/\delta W_2$ peut ou non devenir inférieur à un. Pour cela on détermine son minimum. Dans l'approximation algébrique obtenue par discrétisation, cela revient à calculer la plus petite valeur propre d'une matrice A par rappport à une matrice B, A et B étant symétriques et définies positives, autrement dit à calculer la plus grande valeur propre de $A^{-1}B$. La méthode de la puissance a été mise en oeuvre, en procédant par la surrelaxation par bloc pour tenir compte de la structure de A, qui est tridiagonale par bloc.

Des irrégularités numériques tendent à se produire au voisinage des surfaces magnétiques résonantes où les lignes magnétiques se referment sur une période. Nous avons éliminé les solutions parasites en rajoutant à δW_1 un terme de régularisation contenant le carré de la dérivée normale de u. Cette étude bidimensionnelle a été entreprise pour prévoir ce que deviennent les instabilités non localisées lorsque la section du plasma cesse d'être à peu près circulaire, comme c'est le cas dans les TOKOMAK usuels. En effet, dans l'hypothèse circulaire on se ramène à un problème unidimensionnel par une seconde décomposition harmonique angulaire, et on peut déterminer assez aisément les domaines d'instabilité des différents "modes".

Dans les exemples que nous avons étudiés (section elliptique, profil de courant d'allure parabolique, enveloppe elliptique confocale) nous avons trouvé que pour une même distance relative de l'enveloppe, ces domaines d'instabilité restaient sensiblement les mêmes lorsqu'on les exprimait en q. [5] Ce résultat est pratiquement intéressant, car il permet de prévoir une limitation du courant électrique moins sévère dans un plasma elliptique que dans un plasma circulaire. La considération de l'harmonique zéro introduit cependant une difficulté nouvelle, à savoir la nécessité de stabiliser les déplacements du plasma dans le sens du grand axe de la section, et ceci en plaçant une enveloppe conductrice suffisamment proche.

EVOLUTION SPATIO TEMPORELLE D'UN PLASMA CONFINE DANS UN TOKOMAK

1 - Equation de base

Pour cette étude nous considérons le plasma comme un mélange de deux fluides (électrons et ions) et nous nous proposons de décrire son évolution spatio temporelle avec un modèle macroscopique. Il s'agit d'un problème de transport de masse et d'énergie régi par trois causes :

1°) Les sources d'énergie et de masse. Le courant électrique induit chauffe par effet JOULE les électrons. Ceux-ci transmettent une partie de cette énergie aux ions par collision COULOMBIENNE. Par ailleurs, un flux de gaz neutre venant de la paroi pénètre plus ou moins profondément dans le plasma et s'ionise par collision avec les électrons, créant ainsi une source locale de masse.

2°) Les pertes d'énergie et de masse. Ces pertes sont soit de surface (convections thermiques et fuite des particules par diffusion) soit volumiques (radiations, intéraction avec les gaz neutres froids).

3°) Les coefficients de transport. Ce sont principalement la diffusion des particules, les conductivités thermiques des électrons et des ions et la résistivité électrique.

Une revue de travaux sur ce sujet est indiquée dans [10,11]. La plupart de ces travaux traitent le problème en approximation cylindrique et se ramènent à la résolution d'un système de 4 équations aux dérivées partielles décrivant en fonction des variables radiale r et temporelle t l'évolution de 4 quantités caractérisant l'état du plasma n densité des électrons, T_e température des électrons, T_i température des ions et J la densité du courant électrique. Un type d'un tel système de base est donné ci-dessous.

$$\text{II}\quad\left\{\begin{array}{ll}(19) & \dfrac{\partial n}{\partial t} + \dfrac{1}{r}\dfrac{\partial}{\partial r}(r\,n\,V) = S_1 \\ (20) & \dfrac{\partial}{\partial t}\left(\dfrac{3}{2}\,n\,T_e\right) = -\dfrac{1}{r}\dfrac{\partial}{\partial r}\left[r\left(\dfrac{5}{2}\,T_e\,n\,V + Q_e\right)\right] + \eta J^2 - \alpha(T_e - T_i) + S_2 \\ (21) & \dfrac{\partial}{\partial t}\left(\dfrac{3}{2}\,n\,T_i\right) = -\dfrac{1}{r}\dfrac{\partial}{\partial r}\left[r\left(\dfrac{5}{2}\,T_i\,n\,V + Q_i\right)\right] + \alpha(T_e - T_i) + S_3 \\ (22) & \dfrac{\partial J}{\partial t} = \dfrac{1}{r}\dfrac{\partial}{\partial r}\left[r\,\dfrac{\partial}{\partial r}(\eta J)\right]\end{array}\right.$$

Ce système est fermé en donnant les expressions du flux des particules (nv) des flux de chaleur Q_e, Q_i, des termes sources ou puits S_1, S_2, S_3 ainsi que les expressions de la résistivité η et du coefficient α de transfert d'énergie des électrons aux ions. Divers calculs ont été faits pour évaluer ces expresssions à partir d'une théorie microscopique. Une approche très simple est de considérer pour les flux nV, Q_e et Q_i des expressions du type FOURRIER

$$(23)\quad nV = -D\,\mathrm{grad}\,n \; ; \quad Q_e = -K_e\,\mathrm{grad}\,T_e \; ; \quad Q_i = -K_i\,\mathrm{grad}\,T_i$$

où les coefficients D, K_e et K_i peuvent être calculés d'après une théorie microscopique, ou mesurés expérimentalement ou encore donnés phénoménologiquement. Quant aux termes sources ou puits S_1, S_2, S_3 il sont par exemple calculés par une analyse de l'intéraction des gaz neutres froids (ou énergétiques) et des impuretés avec le plasma. Dans ces termes sont également inclus les pertes par radiations et les effets des éventuels chauffages complémentaires. Le système (II) est complété par la donnée des conditions initiales et des conditions aux limites appropriées. Un exemple de telles conditions est donné ci-dessous :

$$(24)\quad \begin{cases} t = 0 & n(r,0) \quad T_e(r,0) \quad T_i(r,0) \quad J(r,0) \text{ donnés} \\ r = 0 & \dfrac{\partial n}{\partial r} = 0 \quad \dfrac{\partial T_e}{\partial r} = 0 \quad \dfrac{\partial T_i}{\partial r} = 0 \quad \dfrac{\partial J}{\partial r} = 0 \\ r = a & n = 0 \quad T_e = 0 \quad T_i = 0 \quad \displaystyle\int_0^a 2\pi r J\,dr = I(t) \text{ donné} \end{cases}$$

Des conditions aux limites plus générales du type mixte DIRICHLET-NEUMAN peuvent également être considérées.

<u>Remarque</u> : On peut montrer que le système se déduit d'un système M.H.D général dont un cas particulier a été utilisé pour l'étude de l'équilibre et de la stabilité. La différence essentielle entre ce système général et le système utilisé aux paragraphes ci-dessus réside dans les éléments suivants :

. L'évolution considérée ici est un phénomène beaucoup plus lent,

. Les phénomènes dissipatifs sont pris en compte

. Il s'agit d'un schéma à 2 fluides.

Le système (II) a été traité numériquement sur une IBM 360/91 par BOUJOT et al [12] en utilisant les techniques de visualisation des résultats. Le détail de ce programme est indiqué au paragraphe suivant.

2 - Méthode numérique et programme conversationnel

Nous utilisons la méthode de décomposition liée aux techniques de pas fractionnaires. En notant G le vecteur de composantes n, J, T_e, T_i le système peut s'écrire

$$\frac{dG}{dt} + AG = F \tag{25}$$

où A est une matrice dont les coefficients sont des opérateurs différentiels non linéaires. Un organigramme est donné sur la figure N°4

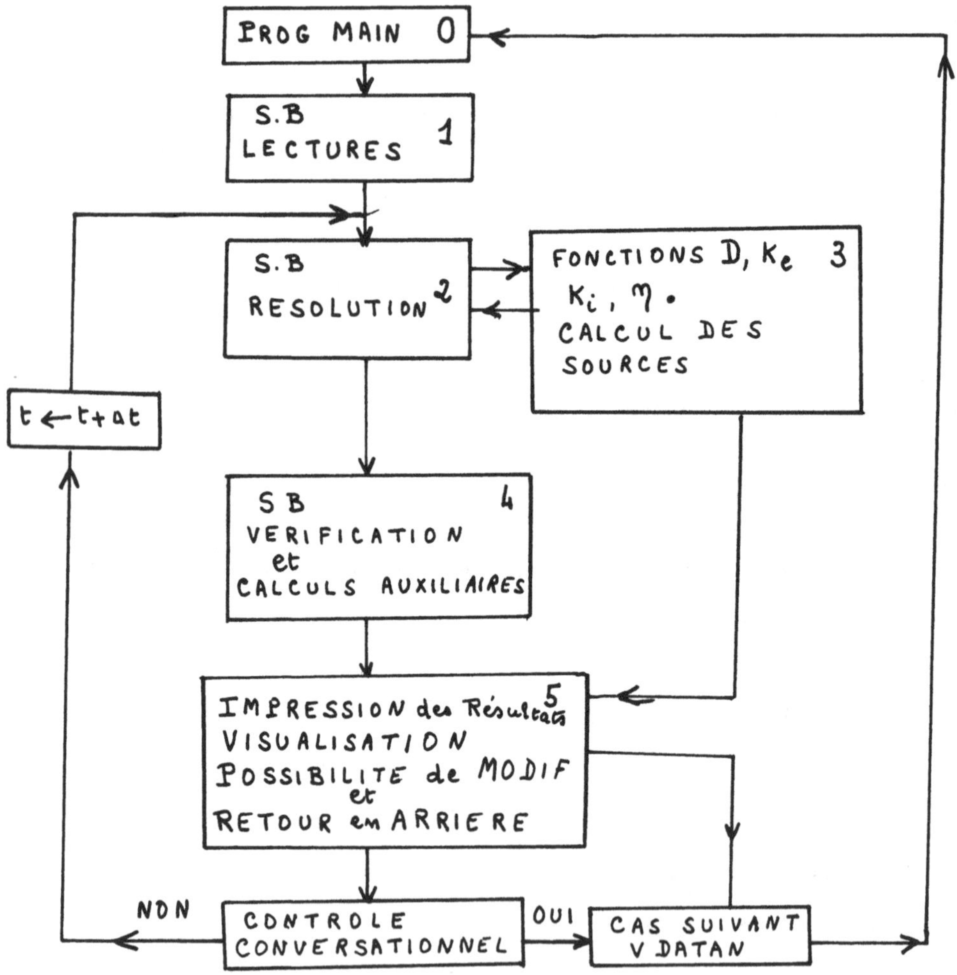

Fig 4

Ce programme conversationnel est réalisé sous forme modulaire. En particulier, l'introduction de nouvelles sources ou de formes fonctionnelle pour les coefficients de transport est une opération simple.

PROGRAMME MAIN

Effectue la gestion du programme et les rangements nécessaires pour les retours et la visualisation.

LECTURE

Toutes les constantes physiques définissant le problème sont lues : les dimensions géométriques, le champ toroïdal, la masse initiale les conditions aux limites etc... Les profils initiaux et le profil de la décharge I(t) sont également lus. Les formes fonctionnelles pour les coefficients de transport D, K_e, K_i, η sont choisies.

RESOLUTION

Le système est intégré par une méthode globalement explicite. Chaque equation est traitée implicitement après linéarisation. Après analyse des grandeurs adimentionnelles la méthode de décomposition permet d'avoir différents pas d'intégration dans le temps pour chaque équation, la stabilité du système étant assurée. Ceci apporte un gain non négligeable de temps machine. La simulation de l'évolution d'une décharge de 500 millisecondes de durée, prend un temps machine, sur l'IBM 360-91 d'environ 30 à 50 secondes. Ce temps est plus élevé (2 à 3 minutes) si l'on simule l'introduction des neutres froids. A ce jour nous avons réalisé plus de 1000 simulations.

VERIFICATION ET CALCUL DES QUANTITES SUBSIDIAIRES

A chaque sortie de résultats, il est utile de s'assurer que la solution obtenue par l'intégration numérique vérifie certains invariants du système :

A cette fin nous calculons l'énergie totale du système, le champ magnétique induit etc...

Quand ces conditions sont satisfaites, on calcule également des quantités subsidaires : densité moyenne, températures moyennes, temps de confinement , inductance, etc...

SORTIES

Après impression sur listing des résultats et éventuellement impression sur microfilm des courbes apparaissant sur l'écran de visualisation (IBM 2250), le contrôle du programme est transféré à l'utilisateur : il peut alors changer éventuellement les données pour poursuivre l'intégration, ou revenir à l'instant précédent pour refaire l'intégration avec des données modifiées. Les différentes options possibles sont schématisées sur la Fig 5

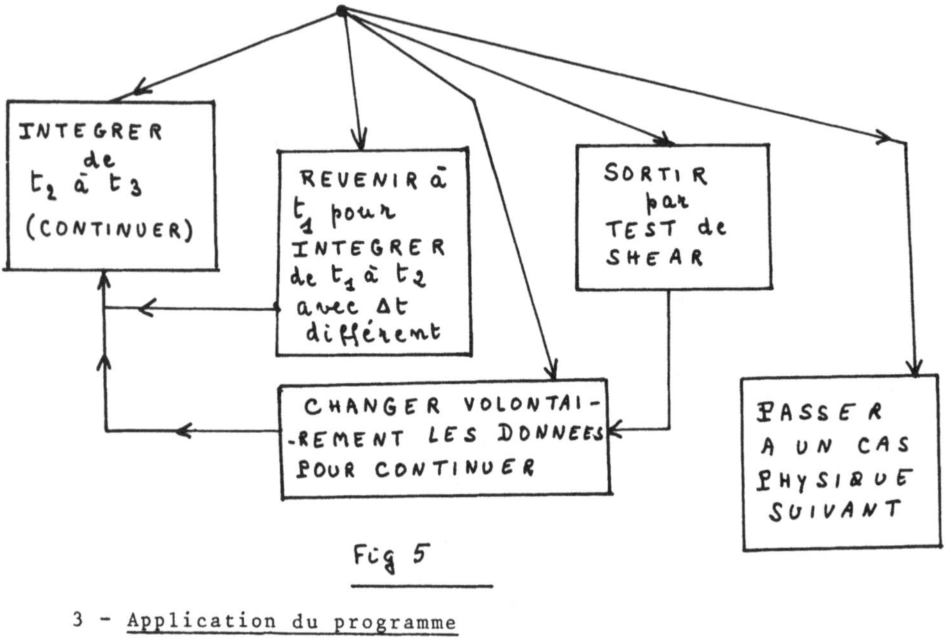

Fig 5

3 - Application du programme

L'aspect conversationnel donne à notre programme une grande flexibilité. Nous utilisons ce programme pour l'interprétation des résultats expérimentaux ou pour faire des calculs d'extrapolation des ma chines futures. Il faut noter qu'il est particulièrement bien adapté pour le premier but. Nous donnons ci-dessous un exemple d'interprétation des résultats expérimentaux.

Un des buts importants des expériences sur le TOKOMAK est d'étudier les propriétés physiques (notamment les coefficients de transport) des plasmas très chauds confinés dans ce type d'appareils. Au cours d'une décharge, diverses quantités sont mesurées : le champ électrique, les profils radiaux à divers instants de la densité électronique, de la température électronique, de la température ionique etc... Pour interpréter ces mesures, nous simulons la décharge en utilisant le modèle numérique et nous ajustons les coefficients de transports pour que les résultats des calculs soient en bon accord avec les résultats des mesures. Un exemple de cette simulation est donné sur la Fig 6. où l'on compare les résultats des calculs aux résultats expérimentaux obtenus sur le TOKOMAK de Fontenay aux Roses [13] qui est actuellement la machine la plus performante. Ces expériences de simulation nous ont conduit aux conclusions suivantes :

- La résistivité électrique est 5 à 10 fois plus forte que celle prévue théoriquement par SPITZER. Ceci peut être expliqué par la présence des impuretés.

- La conductivité thermique des ions prévue par la théorie n'est pas jusqu'à présent en contradiction avec les résultats expérimentaux.

- En revanche, la diffusion des particules et la conductivité thermique des électrons s'écartent notablement des expressions théoriques usuelles. En comparant également avec les résultats expérimentaux obtenus en d'autres laboratoires (MOSCOU, PRINCETON, OAK-RIDGE, JAPON) nous avons proposé des expressions empiriques pour ces deux coefficients qui vérifient bien les résultats connus à ce jour.

Signalons pour terminer que le modèle est utilisé pour prévoir les performances d'une machine future qui réaliserait l'ignition.

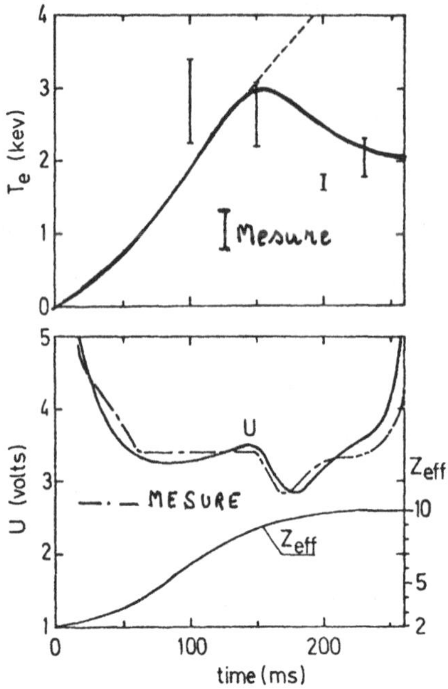

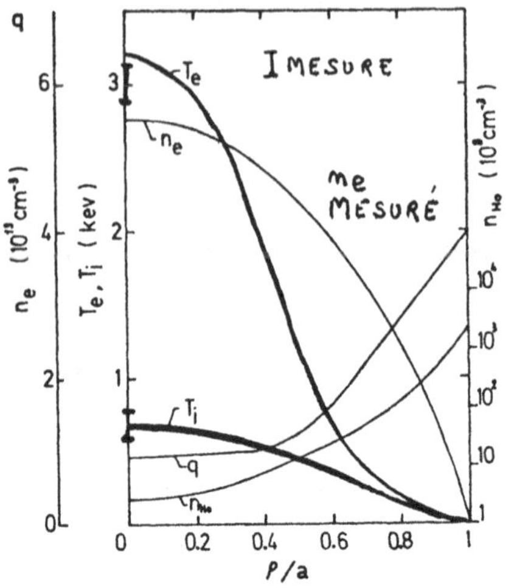

Fig 6 Comparaison entre les calculs et les mesures sur TFR de $U(t)$ $T_e(0,t)$ $n_e(\rho, t=150\,ms)$

EQUILIBRE D'UN PLASMA DANS UNE ENCEINTE TORIQUE

Les études précédentes d'équilibre, de stabilité et d'évolution te porelle d'un plasma limité par une surface magnétique conduisent aux choix d'une configuration possédant les caractères désirés.

Cette configuration doit maintenant être obtenue loin de toutes parois matérielles. Le champ magnétique dans le vide est bien défini par les équations de Maxwell

$$\begin{cases} \operatorname{div} \vec{B} = 0 \\ \operatorname{rot} \vec{B} = 0 \end{cases}$$

et la donnée du champ magnétique sur la surface Γ_1 du plasma. Ce champ magnétique intérieur posséde des singularités et sa détermination est un problème difficile. Si l'on connaissait les surfaces magnétiques (qui existent dans le cas de symétrie de révolution),on réaliserait l'équilibre désirée en en matérialisant une, située avant la première singularité, avec une paroi de conductivité infinie. En fait c'est ce que l'on réalise actuellement avec les coques en métal. Comme leur conductivité n'est pas infinie, le champ pénétrera dans la coque et son effet disparaitra avec le temps conduisant à la disparition de la configuration désirée.

Nous nous proposons alors de réaliser cette configuration au moins de manière approximative en plaçant des courants d'intensité I_i autour du plasma l'ensemble étant entouré d'une enceinte éloignée pouvant ou non être une coque conductrice.

Le problème est d'abord traité avec une coque conductrice (Γ_0), mais on cherchera des dispositions de courant diminuant ou même annulant les courants dans cette paroi conductrice de telle sorte qu'elle ne joue pas de rôle important et n'influe pas sur la configuration de plasma cherché.

On place les courants I_i aux points $(\rho_i z_i)$ entre plasma et enceinte

$$(26) \quad \vec{j}_v = \sum_i I_i \, \delta(\rho - \rho_i)\, \delta(z - z_i)\, \vec{e}_\rho$$

Utilisant la solution (8) de div B = 0, l'équation à résoudre

$$(27) \quad \mathrm{rot}\, \vec{B} = \vec{j}$$

devient

$$(28) \quad f = \text{Constant}$$

$$(29) \quad \mathcal{L} F = \sum_i \rho\, I_i \, \delta(\rho - \rho_i)\, \delta(z - z_i)$$

La première équation est satisfaite par un champ magnétique longitudinal, aisément réalisable avec un bobinage solénoïdal extérieur.

Pour résoudre la seconde, on posera

$$(30) \quad F_{\Gamma_0} = 0$$

$$(31) \quad F_{\Gamma_1} = \gamma$$

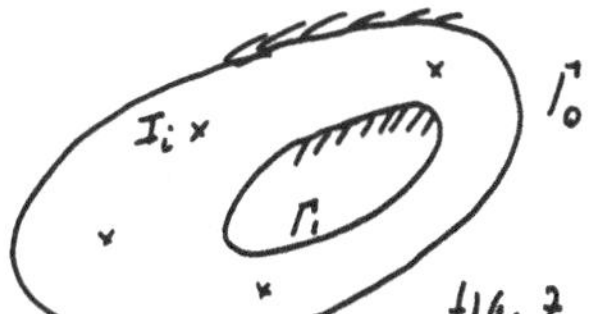

fig. 7

et on essayera de satisfaire le mieux possible, à l'aide des valeurs I_i des courants extérieurs et de leurs positions, à l'équation

$$(32) \quad \frac{1}{\rho} \frac{\partial F}{\partial n}\bigg|_{S_1} = B_{m_\rho}(\rho)$$

B_m étant le champ méridien, tangent à la section normale du plasma. Cette fonction est donnée par l'étude précédente de la configuration du plasma et est la seule quantité à connaitre pour résoudre le problème extérieur. Elle est exprimée en fonction de l'abscisse curviligne l de cette section.

Une condition supplémentaire peut-être d'annuler (au moins partiellement) les courants qui circulent dans la coque conductrice (Γ_0). Ces courants sont des courants de surface (si la paroi est infiniment conductrice ce que l'on suppose ici). Ils sont donnés par :

$$(33) \qquad \mathcal{J}_{\Gamma_0} = \frac{1}{\rho} \left. \frac{\partial F}{\partial n} \right|_{\Gamma_0}$$

Le courant total qui circule dans la coque est égal à la somme algébrique des courants circulants dans le plasma et dans les conducteurs I_i.

Schématiquement la méthode utilisée pour résoudre ce problème consiste à définir une suite complete de fonction $W_{n_{\Gamma_1}}(l)$ périodiques sur la section du plasma sur laquelle on développe le champ $B_{m_{\Gamma_1}}(l)$ donné.

$$(34) \qquad B_{m_{\Gamma_1}}(l) = \frac{1}{\rho} \left. \frac{\partial F}{\partial n} \right|_{\Gamma_1} = \sum a_n W_{n_{\Gamma_1}}(l)$$

soit

$$a_n = \oint \frac{W_{n\Gamma_1}}{\rho} \frac{\partial F}{\partial n} \, dl$$

avec la norme

$$\oint W_{n\Gamma_1} \, dl = 1$$

Définissons maintenant $W_n(\rho, z)$ par

$$(35) \qquad \mathcal{L} W_n = 0$$

avec

$$W_n = 0 \text{ sur } \Gamma_0$$
$$W_n = W_{n\Gamma_1}(l) \text{ sur } \Gamma_1$$

En utilisant la relation de type Green pour l'opérateur $\mathcal{L}$

$$(36) \qquad \iiint_V (W \mathcal{L} U - U \mathcal{L} W) \frac{dV}{\rho^2} = \iint_{\Gamma_0 + \Gamma_1} \left(W \frac{\partial U}{\partial n} - U \frac{\partial W}{\partial n} \right) \frac{d\sigma}{\rho^2}$$

Avec $U = F$ et $W = W_n$,
On obtient :

$$(37)\quad \sum_i I_i \, W_n(\rho_i, z_i) + \gamma \int_{\Gamma_1} \frac{d\rho}{\rho} \frac{\partial W_n}{\partial n} = a_n$$

On cherche alors à résoudre au mieux ce système infini d'équations avec comme inconnus γ et I_i, le nombre de courant étant limité et leur position choisie pour à la fois avoir une somme $\sum |I_i|$ minimum et, si possible, les courants dans la coque très faibles.

Un tel programme a été mis au point par MM. BOUJOT et MORERA de la C.I.S.I et est actuellement en fonctionnement. Une communication à ce même colloque étant réservée à l'exposé mathématique du problème de controle correspondant ( ) , je me contenterai ici de présenter les résultats obtenus sur un cas typique d'appareil à plasma à sections non circulaires. La fig. (8) montre les intensité des courants nécessaires selon la position des conducteurs pour obtenir une bonne approximation du problème posé. Les 3 cas correspondent à des courants très différents dans la coque extérieure.

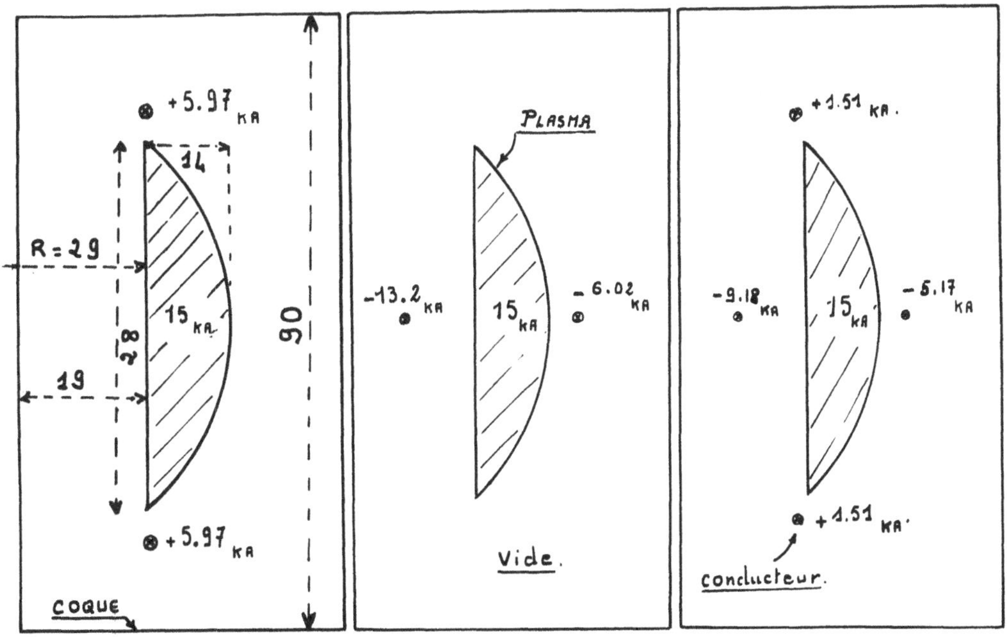

FIG. 8

B - SIMULATIONS NUMERIQUES DES PLASMAS DECRITS PAR L'EQUATION DE VLASOV.

I-Introduction

L'objet du présent chapitre est la description des méthodes applicables aux problèmes qui nécessitent une description microscopique du plasma.

Dans toute la suite nous entendrons par description microscopique l'étude de l'évolution de la fonction de distribution à une particule f(x,v,t) des ions et des électrons constituant le plasma. Compte tenu de l'immensité du sujet nous nous limiterons au plasma très idéalisé décrit dans le cadre des hypothèses et approximations suivantes :

1) Le plasma sera supposé infini ce qui sera habituellement simulé numériquement par des conditions de périodicité.

2) Les ions positifs (présents dans tout véritable plasma qui est toujours macroscopiquement neutre) sont supposés immobiles et distribués uniformément.

3) Les électrons sont supposés infiniment finement divisés, ce qui signifie qu'on se place dans le cadre d'une approximation de type milieu continue. Le rapport charge sur masse est constant et est égal au rapport e/m du plasma réel. On néglige en outre tout effet collisionnel. Les hypothèses précédentes constituent l'approximation habituelle des plasmas "de Vlasov".

4) Le plasma est soumis à un champ magnétique suffisamment fort pour rendre le mouvement des particules sensiblement unidimensionnel. De même toutes les perturbations de l'équilibre sont supposées unidimensionnelles.

5) On se limite aux intéractions électrostatiques.

Dans ce cadre très restrictif la description mathématique du plasma se réduit à un ensemble de deux équations couplées (écrites en variables sans dimension)

L'équation de Vlasov à une dimension :

$$\frac{\partial f}{\partial t} + v \frac{\partial f}{\partial x} - E \frac{\partial f}{\partial v} = 0 \qquad (1)$$

l'équation de Poisson à une dimension

$$\frac{\partial E}{\partial x} = 1 - \int_{-\infty}^{+\infty} f(v)\, dv \qquad (2)$$

Dans le cas général d'un plasma pluri-dimensionnel et d'interactions électromagnétiques il "suffit" de remplacer les scalaires par des vecteurs et l'équation de Poisson par le système complet des équations de Maxwell et $\vec{E}$ par $\vec{E} + \vec{v} \wedge \vec{B}$ dans l'équation de Vlasov.

L'étude du système (1)(2) a fait l'objet d'une grande partie des travaux théoriques effectués dans le cadre de l'approche microscopique de l'étude des propriétés des plasmas chauds. Pratiquement les théoriciens ont été obligés de se limiter au cadre de théories linéaires ou quasilinéaires. Aucune méthode analytique n'a encore permis de s'attaquer avec succès à l'étude générale de la turbulence faible et à fortiori de la turbulence forte.

Le système précédent s'est malheureusement avéré presque aussi délicat à traiter numériquement qu'analytiquement. Il s'en suit un grand nombre d'approches différentes pour tenter de le résoudre que nous ne pouvons envisager de décrire en détails. Nous essaierons de dégager les caractéristiques des trois classes de techniques existantes. L'étude des deux premières sera volontairement succinte afin de pouvoir décrire plus en détails la dernière qui nous semble potentiellement plus riche.

Nous commencerons par souligner une propriété importante et génante du système (1)(2). Une des caractéristiques des solutions de l'équation est leur tendance à acquérir une structure de plus en plus fine dans l'espace des phases (x,v) quand t croit. Ce phénomène apparaît clairement même si on supprime le terme d'intéraction $E \frac{\partial f}{\partial v}$ dans l'équation (1).

La solution de l'équation

$$\frac{\partial f}{\partial t} + v\frac{\partial f}{\partial x} = 0$$

peut en effet s'écrire :

$$f(x,v,t) = f(x-vt, v, 0)$$

ce qui montre que les dérivées par rapport aux vitesses croissent indéfiniment avec t. L'introduction du terme d'interaction complique encore le phénomène en introduisant des structures dûes au piégeage des particules dans le potentiel de l'onde.

Soulignons pour terminer que l'évolution de f_o décrite par le système (1)(2) est réversible et qu'il peut être interprété comme l'équation d'évolution d'un fluide incompressible dans l'espace (x,v). Cette dernière propriété vient du fait que f obéit à l'équation de Liouville.

Trois types d'approches ont été utilisées pour tenter de résoudre le système (1)(2).

II - Approche eulérienne

II.1 - Description

En raison de la tendance des solutions de l'équation de Vlasov à acquérir des structures très fines dans l'espace des phases, les méthodes directes d'intégration ont eu assez peu de succès. Ceci reste vrai même si on simplifie le problème en admettant que lorsque la structure devient suffisamment fine pour que son échelle caractéristique devienne beaucoup plus petite que les échelles caractéristiques des grandeurs physiques intéressantes, on peut abandonner sa description complète et passer à une fonction de distribution lissée définie en moyennant f(x,v,t).

Bien qu'il soit en principe possible de choisir la moyenne de manière à conserver les n premiers moments des fonctions de distribution avec n quelconque le fait de se limiter habituellement à la conservation de l'impulsion et de l'énergie fait perdre la réversibilité dans le temps et la conservation de la densité dans l'espace des phases.

Ce type de lissage peut aussi être nécessaire dans les techniques de résolution du système (1)(2) par "transformée de f".

La philosophie de ces méthodes est une tentative pour passer de l'écriture de l'équation de Vlasov dans le système de coordonnées (x,v) à un système de coordonnées tel qu'il n'apparaisse pas de termes oscillant à une fréquence croissant avec t une deuxième "contrainte" étant si possible de ramener les dérivées partielles à des opérations algébriques. Deux types de transformation ont été utilisées.

1) Double transformée de Fourrier, la fonction de distribution étant dans ce cas décomposée à la fois en série de Fourier en position et en vitesse.

2) Transformation de Fourier Hermite dans lesquelles la fonction de distribution est décomposée en série de Fourier dans l'espace des x et en polynomes d'Hermites en v.

II.2 - Décomposition en double transformée de Fourier

On écrit les fonctions de distribution sous forme d'une somme d'harmoniques définis par

$$F_n(q,t) = \int_{-\infty}^{+\infty} \exp(iqv)\,dv \int_0^L f(x,v,t)\exp(-2\pi i n)\,dx$$

n est le numéro du mode dans l'espace de configuration, q la transformée de v. Le champ électrique s'exprime de même sous forme d'une somme d'harmoniques E_n

$$E_n = \int_0^L E(x,t)\exp(-2\pi i n)\,dx$$

Le système Vlasov-Poisson se ramène alors à :

$$\frac{\partial F_n}{\partial t} + 2\pi n \frac{\partial F_n}{\partial q} = \frac{q}{2\pi} C_n(q,t) \tag{3}$$

$$E_n = \frac{i}{2\pi n} F_n(q=0) \tag{4}$$

$$C_n(q,t) = -2\pi i \sum_{m=-nmax}^{nmax} E_m(t) F_{n-m}(q,t) \tag{5}$$

l'équation (3) s'intègre en suivant les caractéristiques qui sont des droites de pente $2\pi n$ dans le plan (q,t).

II.3 - Décomposition de type Fourier Hermite

On écrit les fonctions de distribution sous la forme

$$f(x,v,t) = \sum_{n=-\infty}^{+\infty} \exp(ink_0 x) \sum_{m=0}^{\infty} \exp\left(-\frac{v^2}{2}\right) H_m(v) Z_{m,n}(t)$$

$$H_m(v) = \frac{(-1)^m}{2\pi^{1/2}} \frac{\exp(v^2/2)}{(m!)^{1/2}} \frac{d^m}{dv^m} \exp\left(-\frac{v^2}{2}\right)$$

En utilisant les relations d'orthogonalité et de récurrence des polynomes d'Hermite on est alors en mesure de ramener le système (1)(2) à un système algébrique non linéaire du type

$$\frac{d}{dt} Z_{m,n} = G_{m,n} Z \qquad Z = \{Z_{m,n}\} \tag{6}$$

G_{mn} opérateur matriciel algébrique non linéaire. Le système (6) peut être résolu sans trop de difficultés à l'aide d'algorithmes standards du type Runge Kutta on Predicteur Correcteur. A l'actif de cette méthode il convient de souligner que bien que nécessitant un nombre élevé de termes du développement en polynome d'Hermite elle permet la résolution de problème décrit par l'équation de Vlasov complétée par un second membre décrivant les collisions.

III - Le modèle du Water Bag"

III.1 - Description

Nous avons déjà mentionné que le point de départ de cette approche était le fait que l'équation de Vlasov décrivait le mouvement d'un fluide incompressible dans un espace à 2N dimensions. Elle exprime en outre que la fonction f(x,v,t) est constante le long des trajectoires des particules définies par

$$\frac{d}{d\tau} x(\tau) = v(\tau) \qquad \frac{d}{d\tau} v(\tau) = -E(x(\tau),\tau)$$

Dans le cas où N=1 il est facile de représenter graphiquement les fonctions de distribution par des contours f(x,v)=Cte dans l'espace des phases bidimensionnel

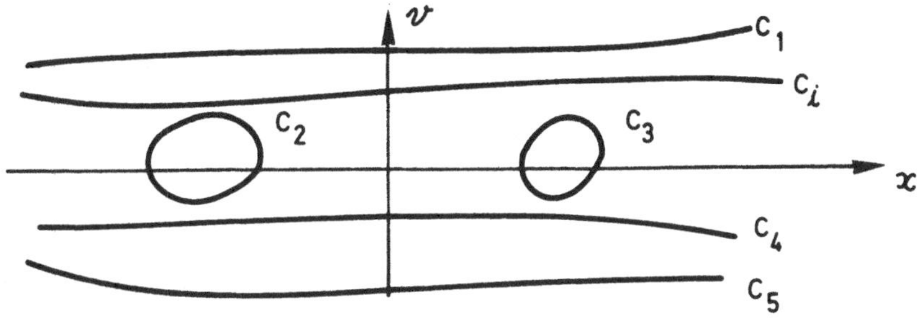

Les contours C_i évoluent avec le fluide en conservant leur topologie (ils ne peuvent se croiser ou se couper). La surface comprise entre deux contours est un invariant du mouvement et chaque point du contour obéit aux équations du mouvement d'une particule.

En suivant l'évolution de chaque contour on est capable de déterminer la densité de charge $\int_{-\infty}^{+\infty} f dv$ de sorte qu'on sait calculer E à partir de (2) . En utilisant alors les équations du mouvement on est alors capable de déterminer une nouvelle configuration à t+dt.

Cette méthode est particulièrement intéressante si la fonction de distribution est rigoureusement définie à l'aide d'un nombre fini de courbes. C'est le cas des fonctions de distribution constituées d'une suite finie de marches d'escalier c'est-à-dire de régions où f est constante séparées par des frontières ou f est discontinue. On montre qu'il est possible d'approximer les fonctions de distribution réelles par de telles fonctions.

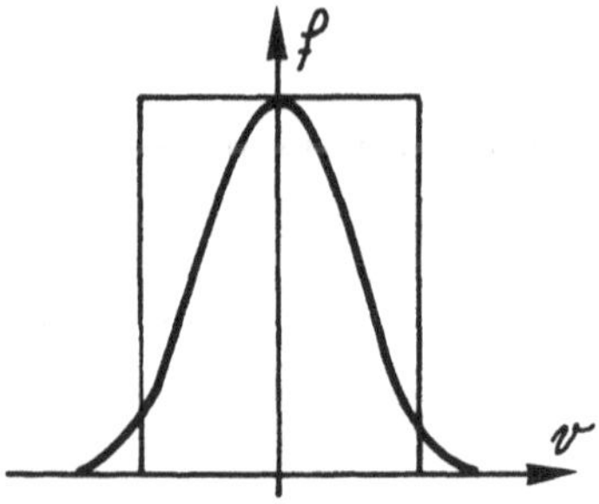

Approximation d'une Maxwellienne par une marche unique.

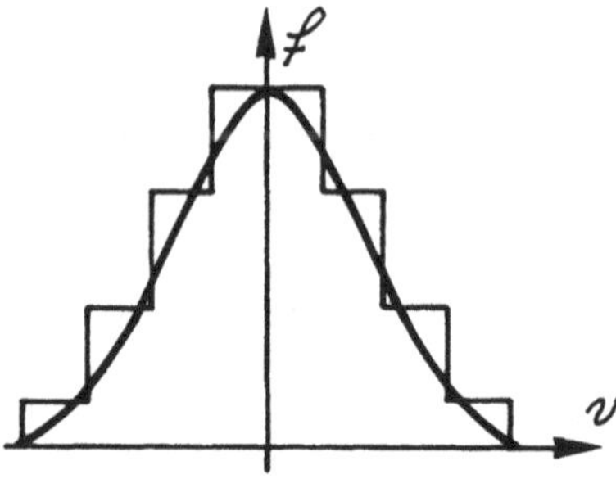

Approximation d'une maxwellienne par une suite de marche.

III.2 - La méthode numérique

Les contours sont définis par une chaine de points lagrangiens liés entre eux par des segments de droite. Ils doivent être suffisamment rapprochés pour pouvoir approximer correctement par une somme sur les trapèzes la surface invariante comprise entre les contours. Il est intéressant de faire appel à une structure de liste afin de pouvoir ajouter ou supprimer des points si les segments sur un contour s'étirent ou se contractent de trop au cours des calculs. Le champ électrique est déterminé par la forme intégrale de l'équation de Poisson.

$$E(x_{m+1}-x_m) = \left[\int_{x^m}^{x_{m+1}} dx \int_{-\infty}^{+\infty} f(v)\,dv - \Delta x\right]$$

$$= \sum_j \Delta f_j \; S(x_{m+1}, x_m) - \Delta x$$

Δf_j est la discontinuité due à la traversée du $j^{\text{ème}}$ contour

$S(x_{m+1}, x_m)$ est la surface (avec son signe) comprise entre les points x_{m+1} et x_m $(x_{m+1} > x_m)$. Les points x_m déterminent une grille eulérienne fixe et divisent l'espace en bandes verticales d'égales épaisseur Δx.

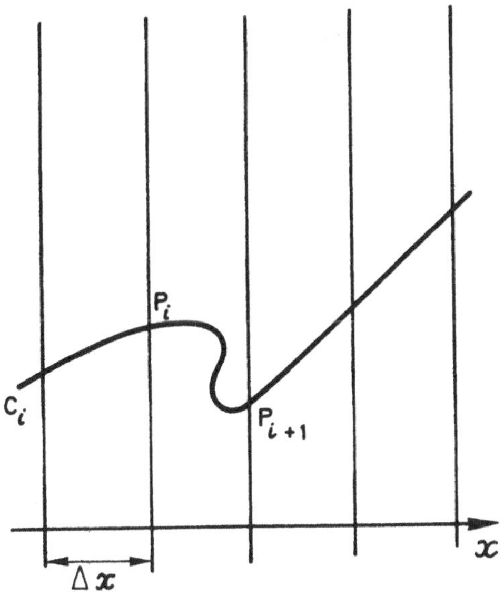

Quand le champ électrique a été obtenu en chaque point eulérien il est interpolé linéairement pour chaque P_i situé entre 2 points eulériens.

On fait alors évoluer les contours à partir d'une méthode centrée d'ordre 2 utilisant l'accélération à $t = n\Delta t$ pour faire évoluer la vitesse entre $(n - \frac{1}{2})$ t et $(n+\frac{1}{2})$ t suivant l'algorithme : (pour le ième point lagrangien).

Ce schéma explicite n'est utilisable que parce que la densité de charge nécessaire pour calculer E au temps t ne dépend que des positions et non des vitesses.

Le principal inconvénient de la méthode est le nombre fini de contour que l'on peut traiter d'autant que comme pour l'intégration directe de l'équation de Vlasov on se heurte au développement de structures fines qui obligent à simplifier périodiquement les contours.

IV - Approche Lagrangienne

IV.1 - Introduction

L'approche que nous abordons ici est notablement différente de celles dont nous avons parlé jusqu'ici. Le point de départ qui nous rattache aux classes précédentes et en particulier au waterbag est le fait que les caractéristiques de l'équation de Vlasov sont

$$\frac{d\vec{x}}{dt} = \vec{v} \qquad \frac{d\vec{v}}{dt} = \vec{E}$$

c'est-à-dire les équations du mouvement d'une particule. On abandonne alors complétement l'aspect statistique pour adopter un point de vue purement dynamique. On se donne un nombre N de particules ayant une fonction de distribution initiale représentant f(x,v,o) et on les fait évoluer grace aux équations du mouvement couplées aux équations de Maxwell. L'état dynamique complet du système est connu à chaque instant et les quantités moyennes intéressantes comme la densité ou la fonction de distribution peuvent être calculées quand on le désire. Ce modèle est particulièrement intéressant par la souplesse, sa facilité relative de programmation et celle de modifier les conditions initiales ou extérieures. Les points lagrangiens étant indépendants le développement de structures fines ne pose aucun problème, la limite de résolution étant uniquement fixé par le nombre de particules en jeu. Enfin c'est actuellement le seul modèle qui ait été généralisé à plusieurs dimensions.

IV.2 - Description du modèle

Tel que nous l'avons décrit dans l'introduction de ce paragraphe l'approche lagrangienne semble particulièrement séduisante. Malheureusement quand on tente de l'appliquer pratiquement on se heurte immédiatement à des problèmes pratiques d'encombrement mémoire et de temps machine qui limitent considérablement le nombre de particules que l'on peut envisager de suivre. Afin de bien situer les problèmes il est utile de commencer par préciser le cycle normal d'une simulation numérique de ce type sous la forme la plus simple.

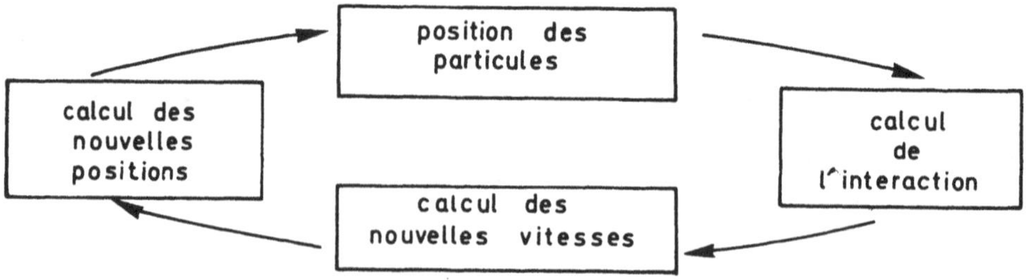

Le schéma ci-dessus résume le cycle fondamental : ayant la position des particules on calcule leur interaction mutuelle d'où l'on déduit une accélération qu'on utilise pour faire évoluer les vitesses puis des nouvelles vitesses on déduit de nouvelles positions. L'algorithme utilisé est le même que pour faire évoluer les particules lagrangienne du water bag seul le calcul du champ d'intéraction est différent. Le calcul direct de ce champ est une étape excessivement coûteuse qui rend ce calcul impossible en pratique. Le champ crée sur la $i^{\text{ème}}$ particule par toutes les autres est en effet donné par

$$E_i = \sum_{\substack{j=1 \\ j\neq i}}^{N} \frac{q_i \, \vec{r}_{ij}}{\varepsilon_0 |r_{ij}|^2}$$

Si le nombre de dimensions est plus grand que 1 le calcul précédent nécessite sensiblement 10 N opérations (où N est le nombre de particules en jeu). Pour trouver le champ sur N particules il faut donc sensiblement $10N^2$ opérations. Dans le cas d'un ordinateur effectuant une opération arithmétique par μs, le calcul direct de l'interaction nécessite pour :

N = 100	0.1 seconde
N = 1000	10 secondes
N = 10^4	15 minutes
N = 10^5	1 jour

Une simulation nécessitant environ 1000 pas de temps, il est clair qu'on ne peut envisager sérieusement de suivre plus de 1000 particules par cette méthode. Ce nombre est beaucoup trop petit pour simuler correctement le comportement d'un plasma réel, il faut donc abandonner le calcul direct de l'interaction. On reprend donc un point de vue eulérien pour le calcul des champs d'interaction : l'espace de configuration (x) est divisé en mailles et on calcule la densité de charge dans chaque maille. L'équation de Poisson permet alors de calculer le potentiel au centre de chaque maille et par interpolation le champ au point où se trouve chaque particule. On peut alors montrer que le temps de calcul ne croit plus que comme N_G x NLog N où N_G est le nombre de points de la grille. L'artifice précédent permet de suivre quelques 10^5 particules (le maximum absolue concevable actuellement étant de 10^6 Ce chiffre reste très faible devant le nombre de particules en jeu dans un véritable plasma qui est de l'ordre de 10^{10} à 10^{15}. Le paragraphe qui suit sera consacré à l'étude des conséquences de cette réducti du nombre de particules.

IV.3 Conséquences de l'utilisation d'un nombre réduit de particule

La réduction de la densité des particules entraine une augmentation considérable du "grain" de l'espace. Pour conserver les grandeurs physiques fondamentales il faut en effet multiplier la charge par un facteur d'échelle et la masse par le même facteur pour ne pas changer les équations du mouvement. On constitue en quelques sorte des agglomérats de particules ou superparticules qui représentent un grand nombre de particules élémentaires. Il en résulte qu'on est très loin de l'approximation du milieu continu supposée par l'équation de Vlasov. Les fluctuations du champ d'intéraction sont considérablement amplifiée par rapport au plasma réel ce qui risque de masquer les phénomènes fins qu'on se propose d'étudier.

Comment tourner la difficulté ? c'est ici que s'introduit l'aspect plus spécifiquement plasma de ces simulations qui sont aussi utilisées en mécanique des fluides. Le comportement d'un plasma est régi par des forces coulombiennes à longue portée qui dans le domaine des paramètres qui nous intéressent en font un milieu essentiellement collectif. L'important dans une simulation est donc de respecter ces interactions à longue distance, les interactions à courte distance sont beaucoup moins importantes car elles sont naturellement lissées par le milieu . Comme ce sont précisément les collisions proches (c'est-à-dire avec de grandes déviations) qui sont amplifiées dans les plasmas numériques, il suffit de trouver un moyen pour les lisser.

La solution adoptée à en fait été fournie pour les plasma réels par Vlasov dès 1950 pour justifier l'approximation milieu continu. Il introduisit alors le concept de particules de dimensions finies. Il s'agit d'un être fictif obtenu en "solidifiant" un ensemble de particules contenu dans un volume caractéristique. Les solides ainsi obtenu sont indéformables mais peuvent se traverser librement lors d'une interaction. La façon la plus simple de concevoir ce type de particule est de "solidifier" une sphère de "Debye". La longueur de Debye est la longueur caractéristique à l'échelle de laquelle un plasma est susceptible de ne pas être rigoureusement neutre. A des distances plus importantes il s'introduit des effets d'écran qui permettent à l'agitation thermique de restaurer la neutralité. Ce sont précisément ces effets d'écran qui minimisent le rôle des collision proches.

IV.4 - Physique des particules de dimension finie.

Les conséquences de la dimension finie des particules sur les propriétés linéaires du plasma peuvent être étudiées analytiquement en remplaçant les termes de charge ponctuelle q $\delta(x)$ par des termes $qS(x)$ où $S(x)$ est un facteur de forme. Il est aisé de constater que le but de lissage est atteint. La théorie électrostatique élémentaire montre d'ailleurs que la force d'intéraction de 2 sphéres chargées tend vers zéro quand la distance qui les sépare tend vers zéro alors qu'elle diverge pour des particules ponctuelles.

L'effet de lissage est d'autant plus marqué que le rayon des particules est plus grand au prix bien évidemment d'une perte de résolution des phénomènes. Chaque fois que cela est possible, il est intéressant de conserver l'image de la sphère de Debye qui de toute façon constitue une limite physique et de travailler avec des particules de rayon effectif de l'ordre de λ_D.

Les facteurs de forme utilisés en pratique sont carrés ou gaussiens suivant les méthodes numériques utilisées par ailleurs. Plus précisément lorsqu'on travaille directement dans l'espace de configuration on utilise des facteurs de forme carrés, tandis que lorsqu'on travaille dans l'espace réciproque (défini par la transformée de Fourier de l'espace de configuration) on utilise des facteurs gaussiens.

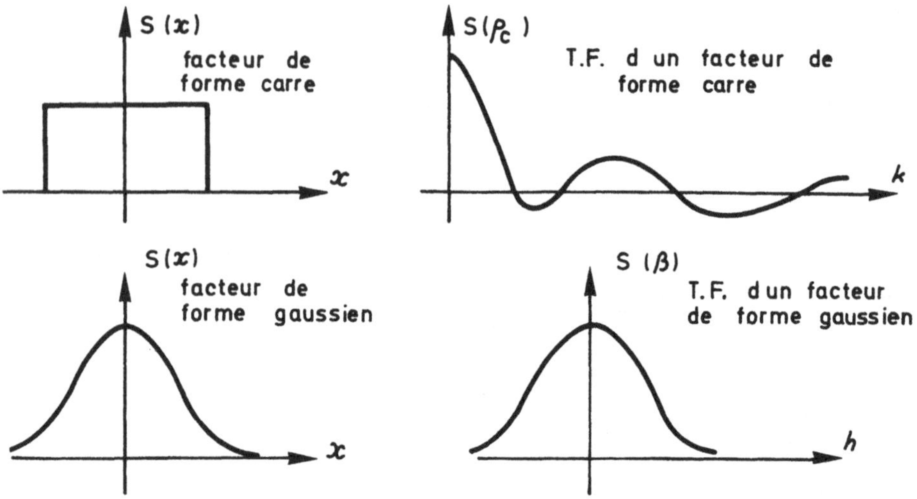

Les zéro qui apparaissent dans la transformée de Fourier de facteurs carrés bien que gênants s'ils se produisent pour des k trop petits (particule trop étendue) car ils correspondent à une absence d'intéraction pour les nombres d'ondes en cause, ne sont pas catastrophiques car les modes correspondants sont (d'après l'étude de la relation de dispersion) infiniment amortis.

Quand on utilise l'espace réciproque l'introduction des facteurs de forme gaussien se fait simplement en introduisant une coupure exponentielle des grands nombre d'onde. Le rôle de tissage des fluctuations à courte longueur d'onde apparaît donc clairement dans cette image.

IV.5 - Rôle du maillage spatial

L'introduction du maillage enlérien pour le calcul du champ électrique à deux types de conséquences. Tout d'abord il correspond à un lissage supplémentaire du au fait qu'on supprime automatiquement les longueurs d'onde plus petites que la grille. La discrétisation due à la grille enlérienne peut être plus ou moins "bruyante". Dans les simulations les plus simples on calcule la densité de charge dans chaque maille en déterminant la maille la plus proche de la position du centre de chaque particules. C'est l'approximation NGP (Nearest Grid Point) de la littérature anglosaxonne. Deux particules infiniment voisines peuvent ainsi contribuer à la charge de 2 mailles différentes, ce qui rend le processus très bruyant. Les simulations plus "évoluées" utilisent pleinement le concept de particules de dimensions finies : ayant déterminé la position du centre d'une particule on répartit la charge affectée à cette particule proportionnellement à la "surface" de chaque fraction de particule dans les cellules voisines.

NGP

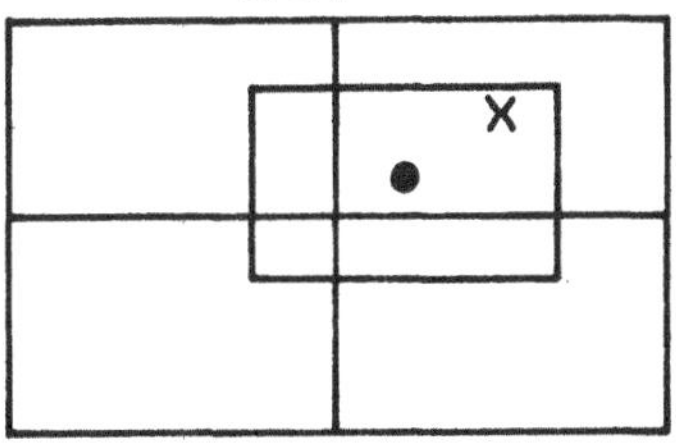

La totalité de la charge est affectée à la cellule indiquée d'une croix.

PIC ou CIC

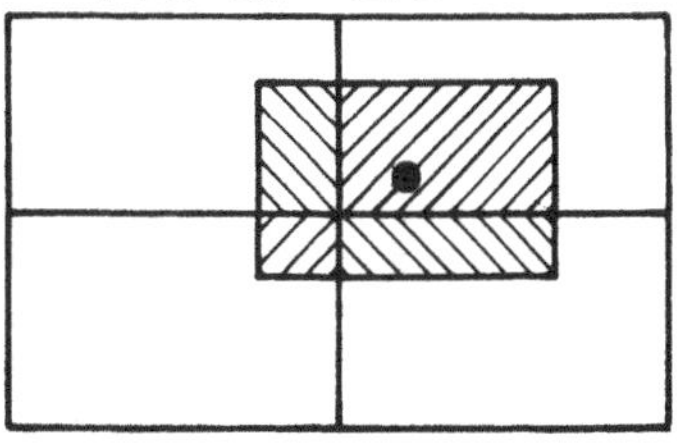

La charge est repartie proportionnellement aux aires hachurées dans les 4 cellules.

Cette technique réduit notablement le bruit de fond des simulations. Elle est connue sous le nom de PIC ou CIC (Particule In Cell ou Cloud In Cell) et est due initialement à Harlow en mécanique des fluides.

Le fait que deux particules voisines peuvent contribuer soit à la charge d'une cellule soit à celle de 2 nous amène au deuxième type d'effet introduit par la grille. L'espace cesse d'être uniforme, il devient périodique.

Il y a perte de l'invariance par translation d'un système homogène. La force d'interaction ne dépend plus seulement de la distance qui sépare deux particules mais aussi de la position des particules par rapport à la grille. Elle devient périodique en Δx (Δx largeur de la maille). La situation physique est très semblable à celle d'un gaz de Fermions dans un réseau cristallin.

On démontre comme en physique du solide que l'effet de la grille est de coupler les nombres d'onde qui diffèrent de multiple entrés de nombre d'onde de la grille. Dans le cas des problèmes de simulation des plasmas il apparaît une complication supplémentaire qui est que dans certaines conditions de couplage (qui correspondent à des mailles grandes devant la distance de Debye le plasma numérique devient instable alors que le plasma réel ne l'est pas. Il y a donc une limite supérieure à la taille des mailles utilisables.

L'optimum consiste vraisemblablement à travailler avec des particules de l'ordre de la longueur de Debye et une maille de la même taille. Ceci est facilement réalisable avec les modèles unidimensionnels mais beaucoup plus délicat pour les modèles à 2 ou 3 dimensions. Des raffinements sont donc encore nécessaire pour réduire le bruit sans introduire de phénomènes parasites.

IV.6 - Raffinements et problèmes liés à l'initialisation

Les positions initiales et les vitesses peuvent être choisies soit aléatoirement soit de façon ordonnée pour simuler les conditions initiales réelles d'un plasma expérimental.

Dans une initialisation aléatoire les positions initiales sont choisies de manière à représenter la densité initiale et les vitesses sont choisies au hasard avec des probabilités correspondant à la fonction de distribution initiale. Ce processus d'initialisation est simple et conceptuellement proche des conditions physiques réelles. Cependant par suite du nombre réduit de particules on excite un large spectre de fréquence à niveau relativement élevé ce qui peut-être gênant si par exemple on cherche à étudier le comportement d'une onde de faible amplitude.

Quand toutes les particules représentant une espèce donnée sont identiques il faut beaucoup de particules pour représenter les valeurs plus faibles. La nature discrète du plasma numérique est par conséquent particulièrement évidente dans les régions de l'espace des phases où la "densité en phase" est faible (par exemple la queue de la fonction de distribution). Pour palier à cet inconvénient on peut utiliser des particules pondérées conservant le même rapport charge sur masse mais ayant des charges et masses différentes ce qui permet d'améliorer la représentation du plasma dans les zones à faible densité en phase.

Pour initialiser les calculs dans ce cas l'espace des phases est recouvert d'un maillage x, v. Une particule est alors disposée en chaque point de la grille avec une masse et charge proportionnelle à la valeur locale de la densité en phase initiale. Cette technique d'initialisation n'introduit aucune fluctuations aléatoires et permet de rester parfaitement maître des perturbations initiales. Il convient néanmoins de souligner que les particules forment alors un ensemble multifaisceaux qu'on sait être instable mais si le nombre de faisceau est suffisant le temps de développement des instabilités est très grand devant le temps caractéristique des phénomènes qu'on se propose d'étudier.

V. Conclusions

Malgré le caractère nécessairement succint de l'exposé nous avons tenté de mettre en évidence les traits dominants des principales approches de résolution du système couplé Vlasov Poisson. La place nous manque ici pour décrire les applications de ces méthodes.

L'étude des modèles unidimensionnels de la turbulence faible à fait l'objet de nombreuses expériences numériques et permis de retrouver les résultats prévus qualitativement par la théorie. Beaucoup de microinstabilités prévus théoriquement, jamais observées expérimentalement ont pu être mises en évidence au cours de simulations numériques. Dans le domaine de la turbulence forte l'étude du développement de l'instabilité double faisceau totalement inaccessible à la théorie a été faite de façon détaillée. Les modèles unidimensionnels sont malheureusement trop restrictifs pour l'étude des plasmas confinés. En particulier l'étude des coefficients de transport nécessite des modèles bi ou tri dimensionnels les premiers résultats encourageants commencent à apparaître dans la littérature. Les modèles unidimensionnels connaissent un regain d'intérêt avec l'étude des plasmas crées par laser qui constituent peut être une autre voie vers la fusion thermonucléaire. Dans ce domaine fortement linéaire les simulations numériques jouent un rôle d'autant plus fondamental que les expériences durent quelques microsecondes ce qui rend toute mesure fine impossible.

Nous n'avons indiqué aucune référence car une bibliographie exhaustive nécessiterait un nombre de pages équivalent à celui de cet article. L'unique référence [3] contient la date bibliographique.

- REFERENCES -

Références générales.-

/1/ Congrés du Centenaire de la Société Française de Physique- Vittel 1973 - Colloque de Physique des Plasmas - Journal de Physique (à paraître).

/2/ The magnetohydrodynamic approach to the problem of plasma confinement in closed magnetic configurations - C.Mercier and H.Luc - 1970 - International School of Plasma Physics - Varenna, Como, Italy (à paraître).

/3/ Methods in Computationnal Physics - Vol.9, Academic Press (1970).

Références particulières.-

/4/ I.B.Bernstein , E.A.Frieman, M.D.Kruskal, R.M.Kruskal - Proc.Roy.Soc. - A.244 (1958) 17.

/5/ G.Laval, C.Mercier, R.Pellat - Nuclear Fusion 5 (1965) 156.

/6/ C.Mercier, Nuclear Fusion Suppl., part 2. (1962) 801.

/7/ C.Mercier - Sixth European Conference on Controlled Fusion and Plasma Physics - Moscou 1973 - Vol.I, p.75.

/8/ F.Grelot, J.Weisse - Sixth European Conference on Controlled Fusion and Plasma Physics - Moscou 1973 - Vol.I, p.79.

/9/ G.Laval, R.Pellat - Tokomaks with non-circular cross-section - Sixth European Conference on Controlled Fusion and Plasma Physics Moscou 1973.

/10/ C.Mercier et Soubbaramayer - Numerical model for plasma evolution in Tokomak devices- Fith European Conference on Controlled Fusion and Plasma Physics, Grenoble 1972 - Vol.II, p.157/169.

/11/ D.F.Düchs - Review of computer simulations of discharges - Third International Symposium on toroidal plasma confinement, Garching 1973 - B.10.

/12/ J.P.Boujot, G.Meurant, J.P.Saussais - Le problème TOKOMAK. Rapport CEA.N.1546 (1972).

/13/ P.Rebut et al. - First results on TFR - Sixth European Conference on Controlled Fusion and Plasma Physics, Moscou 1973.

COLLOQUE INTERNATIONAL SUR LES METHODES DE CALCUL SCIENTIFIQUE ET TECHNIQUE

PROBLEMES DE CONTROLE OPTIMAL EN PHYSIQUE DES PLASMAS

Détermination d'un équilibre dans un Tokomak

par

J.P. BOUJOT, J.P. MORERA, R. TEMAM*

17 - 21 décembre 1973

IRIA

Compagnie Internationale de Services en Informatique (C.I.S.I.)
Commissariat à l'Energie Atomique - SACLAY

*Aussi Institut de Recherche en Informatique et Automatique (I.R.I.A.)

INTRODUCTION

Le Tokomak est une des machines les plus prometteuses actuellement envisagée pour réaliser la fusion contrôlée. Il se compose schématiquement d'une coque toroïdale contenant un plasma que l'on cherche à chauffer intensément sans introduire d'instabilités. Il semble que la forme de la section droite du plasma ait précisément une très grande importance en ce qui concerne la stabilité de l'anneau de plasma et son chauffage. Il semble acquis qu'une forme elliptique est plus avantageuse qu'une section circulaire.

Un problème important se trouve donc être l'étude de dispositifs permettant de donner au plasma une configuration préalablement choisie.

Claude Mercier et Soubbaramayer du Commissariat à l'Energie Atomique[1] proposent poûr celà d'introduire dans la cavité entre le plasma et la coque[2], des conducteurs électriques : il faut choisir les courants de décharge tel que le plasma soit en équilibre dans la configuration souhaitée.

Notre objet est d'exprimer ce problème, comme un problème de commande optimale que nous formulerons et étudierons dans la suite. L'étude que nous présentons a été menée en étroite collaboration avec le S.T.G.I., en particulier Claude Mercier et Soubbaramayer qui ont joué un rôle déterminant dans la formulation du problème.

Dans le premier paragraphe nous décrivons brièvement :

. Le Tokomak

. Les équations régissant le dispositif (on a choisi un modèle linéaire stationnaire)

. Le problème physique lui-même.

Les deuxième et troisième paragraphes contiennent la formulation et l'étude de différents problèmes de contrôle optimal. La dernière partie contient une description succinte des méthodes numériques de résolution. L'étude numérique systématique des problèmes de contrôle fera l'objet d'une publication ultérieure.

<u>On notera que ce travail étant destiné à être lu (autant que possible) par des physiciens et des mathématiciens, on a cru bon de développer certains détails, classiques pour le spécialiste.</u>

---

(1) Section Théorique des Gaz Ionisés - Département de Fusion Contrôlée
C.E.A - EURATOM - Fontenay-aux-Roses 92

(2) Il y a le vide entre le plasma et la coque

1 - DESCRIPTION DU PROBLEME

I - LE DISPOSITIF

Un plasma confiné est en équilibre dans une machine de type TOKOMAK [1] .

COUPE DU TOKOMAK de FONTENAY-AUX-ROSES.

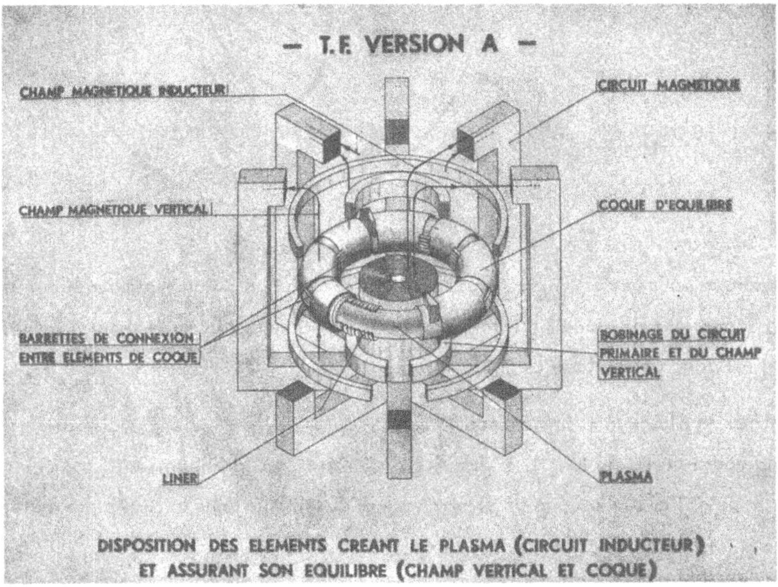

DISPOSITION DES ELEMENTS CREANT LE PLASMA (CIRCUIT INDUCTEUR) ET ASSURANT SON EQUILIBRE (CHAMP VERTICAL ET COQUE)

Dans cette configuration, lorsque le plasma est confiné, les lignes magnétiques s'enroulent sur sa surface. En effet, le champ magnétique créé par le courant induit circulant le long du plasma en suivant un grand cercle, a une composante normale à la surface, nulle.

Les premiers résultats expérimentaux [2] , [3] , laissent supposer que la forme de la section droite du plasma est un facteur important du chauffage ohmique. En particulier, pour la même surface de la section droite, on remarque, numériquement, que l'on peut faire passer un courant deux fois plus intense dans une forme elliptique que dans une forme circulaire.

Le but est donc de rechercher les conditions sous lesquelles à l'équilibre le plasma a une section droite de forme donnée.

FORMULATION PRATIQUE PROPOSEE pour résoudre ce problème

. On se fixe la forme du plasma à l'équilibre

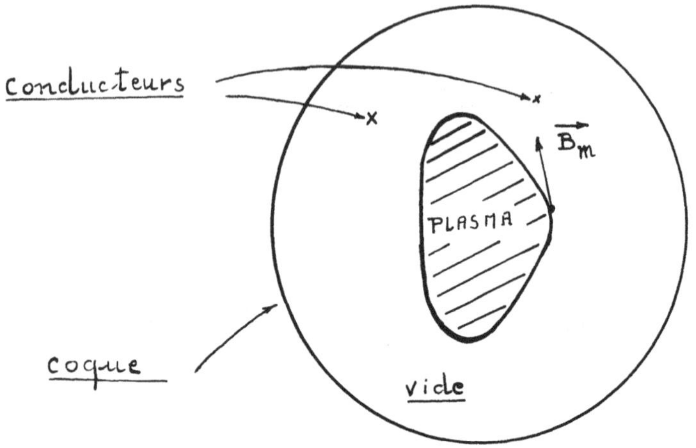

. On suppose que pour cet équilibre, on connaît la répartition du champ magnétique $\vec{B}$ meridien, créé par la décharge électrique à l'intérieur du plasma. $\vec{B}$ méridien est tangent à la surface du plasma (qui est donc une surface magnétique).

. Pour confiner le plasma à l'intérieur de la coque sous vide, on cherche à disposer les conducteurs le long de grands cercles du tore et à calculer l'intensité du courant passant : ces courants doivent créer dans la cavité coque-plasma un champ magnétique induit dont la résultante avec le champ magnétique $\vec{B}_m$ est la plus petite possible, en module.

Pour cela, nous avons à notre disposition trois paramètres :

1°) - Le nombre de conducteurs N_c

2°) - L'intensité du courant dans chacun des conducteurs, I_c

3°) - La position des conducteurs dans la coque

Nous serons amenés à introduire une contrainte supplémentaire d'ordre technologique.

$\sum_{i=1}^{Nc} |I_{c_i}|$ doit être nettement inférieure à l'intensité totale I_{total} du courant de décharge à travers le plasma.

Remarque

On ne fait aucune hypothèse sur la surface de la section droite des conducteurs.

II - LES EQUATIONS DE MAXWELL

La répartition d'un champ magnétique créé par un courant est donnée par les équations de Maxwell :

(I.1) $$\vec{Rot}\ \vec{B} = \mu_0 \vec{J}$$

(I.2) $$\mathcal{D}iv\ \vec{B} = 0$$

Etant donnée la symétrie du système, nous utiliserons des coordonnées cylindriques (ρ , φ , z) où z est porté par l'axe de révolution du tore. On note ($\vec{e_\rho}$, $\vec{e_\varphi}$, $\vec{e_z}$) le trièdre orthonormé usuel en un point donné de l'espace.

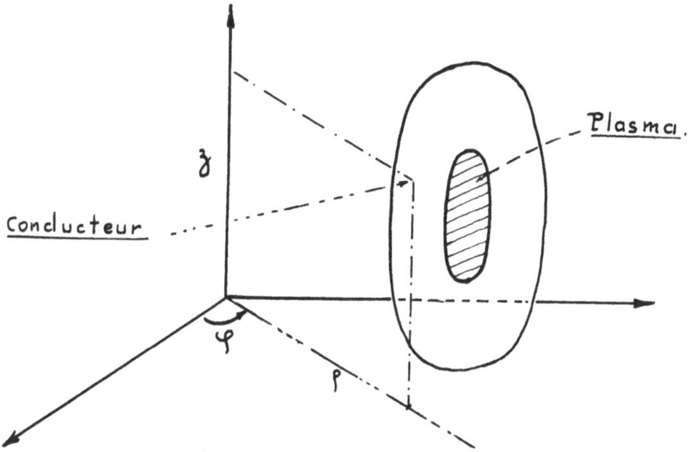

Les conducteurs étant placés le long de grands cercles, $\vec{B}$ est indépendant de la variable φ.

L'équation (I-2) s'écrit alors :

$$\mathrm{div}\ \vec{B} = \frac{1}{\rho}\frac{\partial}{\partial \rho}(\rho B_\rho) + \frac{\partial}{\partial z} B_z = 0$$

Si nous posons :

$$B_z = -\frac{1}{\rho}\frac{\partial F}{\partial \rho}$$

$$B_\rho = \frac{1}{\rho}\frac{\partial F}{\partial z}$$

l'équation $\operatorname{div}\vec{B} = 0$ est identiquement vérifiée.

Supposons comme en [4] que $B_\varphi = \dfrac{f(\rho, z)}{\rho}$ et écrivons $\vec{B}$ sous la forme :

(1.3) $$\vec{B} = \frac{f}{\rho}\vec{e_\varphi} + \frac{\vec{e_\varphi}}{\rho} \wedge \operatorname{grad} F$$

La quantité $\dfrac{\vec{e_\varphi}}{\rho} \wedge \operatorname{grad} F$ est le champ méridien.

<u>Remarques</u>

. Si l'on prend le rotationnel de $\vec{B}$, comme $\operatorname{rot}.\operatorname{grad} f = 0$, seule reste la composante suivant $\vec{e_\varphi}$, donc :

$$\vec{\mathrm{Rot}}\,\vec{B} = \vec{e_\varphi}\left\{\frac{\partial B_\rho}{\partial z} - \frac{\partial B_z}{\partial \rho}\right\} = \mu_0 \vec{J}$$

. Nous avons indiqué que les conducteurs se trouvaient le long de grands cercles du tore, d'où :

$$\vec{J} = \vec{e_\varphi} . J(\rho, z)$$

Alors l'équation (1.1) s'écrit :

(1.4) $$\frac{\partial B_\rho}{\partial z} - \frac{\partial B_z}{\partial \rho} = \mu_0 . J(\rho, z)$$

. Si nous remplaçons B_ρ et B_z par leurs valeurs fonction de F, nous obtenons l'équation :

(1.5) $$\frac{1}{\rho}\frac{\partial^2 F}{\partial z^2} + \frac{\partial}{\partial \rho}\left(\frac{1}{\rho} \cdot \frac{\partial F}{\partial \rho}\right) = \mu_0 . J(\rho, z)$$

. grad F représente le vecteur gradient de F dans l'espace R^3 ; ses coordonnées dans le trièdre local $(\vec{e}_\rho, \vec{e}_\varphi, \vec{e}_z)$ s'écrivent classiquement : $\left(\frac{\partial F}{\partial \rho} \;,\; 0 \;,\; \frac{\partial F}{\partial z} \right)$

La signification de l'opérateur divergence est similaire, et on rappelle que :

$$\operatorname{div}\left(A_\rho \vec{e}_\rho + A_\varphi \vec{e}_\varphi + A_z \vec{e}_z\right) = \frac{1}{\rho}\cdot\frac{\partial}{\partial \rho}\left(\rho A_\rho\right) + \frac{1}{\rho}\cdot\frac{\partial}{\partial \varphi}\left(A_\varphi\right) + \frac{\partial A_z}{\partial z}$$

Ainsi,

$$\operatorname{div}\left(\frac{1}{\rho^2}\operatorname{grad} F\right) = \frac{1}{\rho}\left\{ \frac{\partial}{\partial \rho}\left(\frac{1}{\rho}\frac{\partial F}{\partial \rho}\right) + \frac{\partial}{\partial z}\left(\frac{1}{\rho}\frac{\partial F}{\partial z}\right)\right\}$$

et l'équation (I.5) s'écrit :

$$\rho \operatorname{div}\left(\frac{1}{\rho^2}\operatorname{grad} F\right) = \mu_0 J(\rho, z) \qquad (I.6)$$

Sachant que :

$$B_z = -\frac{1}{\rho}\cdot\frac{\partial F}{\partial \rho}$$

$$B_\rho = \frac{1}{\rho}\frac{\partial F}{\partial z}$$

III - LES CONDITIONS AUX LIMITES

Notations :

Ω est l'ouvert constitué par la couronne entre le plasma et la coque

Γ_1 le bord du plasma

Γ_0 la coque

Ω_1 le plasma .

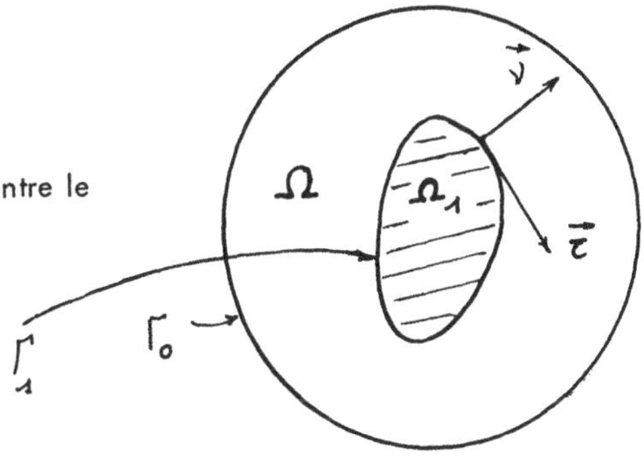

Le but du constructeur est d'avoir sur Γ_1 et Γ_0, $\vec{B}_{conducteur} \cdot \vec{\nu} = 0$

et sur Γ_1 $|\vec{B}_{conducteur}|$ voisin de $|\vec{B}_{méridien}|$.

ν étant la normale à la frontière Γ_0 ou Γ_1.

Sachant que $\vec{\nu} . \vec{e_\varphi} = 0$, nous obtenons :

$$\vec{B}.\vec{\nu} = \left(\vec{e_\varphi} . \frac{f}{\rho} + \vec{e_\varphi} . \frac{1}{\rho} \wedge \text{grad}\, F \right) . \vec{\nu}$$

$$= \left(\vec{e_\varphi} . \frac{1}{\rho} \wedge \text{grad}\, F \right) . \vec{\nu}$$

$$= \left(\frac{\vec{e_\varphi}}{\rho} \wedge \vec{\nu} \right) . \text{grad}\, F = \frac{\vec{\tau}}{\rho} . \text{grad}\, F$$

donc $\vec{B} . \vec{\nu} = 0$ si la dérivée tangentielle $\frac{\partial F}{\partial \nu} = \vec{\tau}.\text{grad} F$ est nulle.

La condition aux limites se traduit par :

<u>F est constant sur chacune des frontières Γ_0 et Γ_1</u> -

La fonction F étant définie à une constante additive près, nous la prenons nulle sur Γ_0 et nous notons γ sa valeur sur Γ_1 -

Soit :

$$(1.7) \quad \begin{cases} F = 0 & \text{sur } \Gamma_0 \\ F = \gamma & \text{sur } \Gamma_1 \end{cases}$$

<u>γ est une inconnue du problème.</u>

IV - EN RESUME

. En chaque point s de Γ_1 associons le trièdre défini classiquement par $(\vec{\nu}, \vec{\tau}, \vec{b})$.

Dans ce repère, grad F a pour composantes : $\left(\frac{\partial F}{\partial \nu}, \frac{\partial F}{\partial \tau}, \frac{\partial F}{\partial b} \right)$

De la définition de $\vec{B}$ donnée en (I.3) nous déduisons le champ magnétique sur Γ_1 créé par le courant dans les I_c conducteurs soit :

$$(I.8) \quad B(J)_{conducteur}\Big|_{\Gamma_1} = \frac{1}{\rho} \frac{\partial F}{\partial \nu} \Big|_{\Gamma_1} -$$

. L'objectif est de construire un champ magnétique $\overrightarrow{B}_{conducteur}$ porté par la tangente $\vec{\tau}$ en chaque point de la frontière Γ_1, et égal à $\overrightarrow{B}_{méridien}$ donné.

Le problème que l'on a à résoudre se pose donc ainsi :

Dans l'ouvert connexe Ω ci-contre calculer la fonction d'état F solution de :

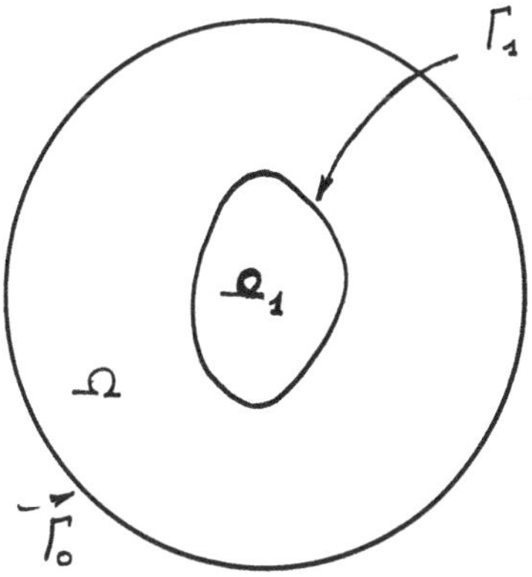

$$(1.9)\quad \begin{cases} \rho \,\mathrm{div}\left(\frac{1}{\rho^2}\,\mathrm{grad}\, F\right) = \mu_0 J & \text{dans } \Omega \\ F = 0 & \text{sur } \Gamma_0 \\ F = \gamma & \text{sur } \Gamma_1 \end{cases}$$

tel que $\quad -\frac{1}{\rho}\,\overrightarrow{\frac{\partial F}{\partial \nu}}\Big|_{\Gamma_1} = \overrightarrow{B}_{méridien}.$

Nous allons exprimer ce problème sous la forme d'un problème de contrôle :

Un ensemble de conducteurs étant fixés dans Ω, rechercher le contrôle J (J : intensité du courant) tel que F, solution (1.9), minimise la fonction coût, c'est à dire vérifie les contraintes suivantes :

$$(1.10)\quad \begin{cases} \left|\overrightarrow{B}_{méridien} - \overrightarrow{B}_{conducteur}\right| = \left|\overrightarrow{B}_{mer.} - \frac{1}{\rho}\,\overrightarrow{\frac{\partial F}{\partial \nu}}\right|_{\Gamma_1} \\ \qquad \text{nul ou le plus petit possible} \\ \int_{\Omega} |J|\, d\omega, \quad \text{courant total} \leqslant I_{max} \text{ défini précédemment.} \end{cases}$$

Remarque 1

On peut présenter le problème ci-dessus sous une forme équivalente, parfois numériquement plus commode.

Nous pouvons permuter la condition aux limites sur Γ_1 et la première contrainte. Alors le problème s'exprime comme suit :

Chercher J, tel que F, solution de :

$$
(I.11) \qquad \left\{
\begin{array}{ll}
\rho \, \mathrm{div} \left(\frac{1}{\rho^2} \, \mathrm{grad}\, F \right) = \mu_0 J & \text{dans } \Omega . \\
\frac{1}{\rho} \frac{\partial F}{\partial \nu} = B(J)_{\text{conducteur}} = B_{\text{méridien}} & \text{sur } \Gamma_1 . \\
F = 0 & \text{sur } \Gamma_0 .
\end{array}
\right.
$$

Vérifie les conditions suivantes :

$$
(I.12) \qquad \left\{
\begin{array}{l}
F \text{ est constant sur } \Gamma_1 \text{ et égal à } \gamma . \\
\int_\Omega |J| \, d\omega \leq I_{max} .
\end{array}
\right.
$$

Remarque II

De la façon dont est défini le courant J dans les problèmes ci-dessus, on constate que les conducteurs occupent tout l'espace compris entre le plasma et la coque.

Si l'on est amené à éliminer des conducteurs dans une zone, cela ne change rien mathématiquement au problème. Il suffit d'imposer que le courant est nul dans cette zone.

II - FORMULATION DE PROBLEMES DE CONTROLE

1 - ETUDE DES EQUATIONS DU SYSTEME

Les équations régissant l'état du système sont essentiellement les équations (I.9) dont nous nous proposons de préciser le sens et la formulation.

Une section droite du tore est rapportée aux axes $O\rho$, Oz , où Oz désigne l'axe du tore.

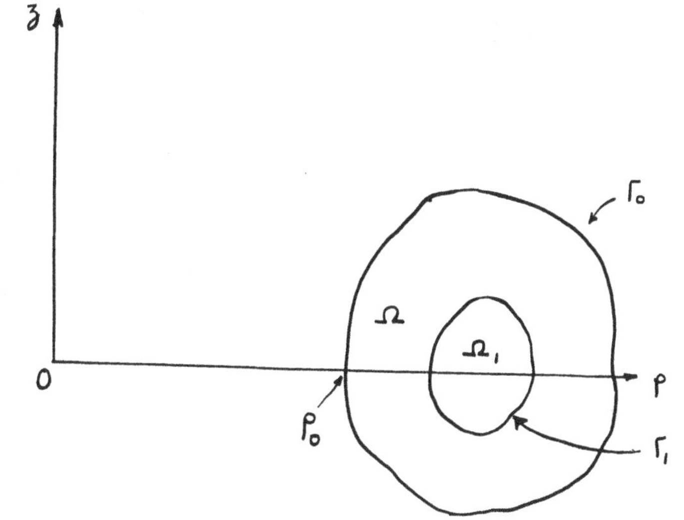

Le plasma occupe le domaine (connexe) Ω_1 de frontière Γ_1, la coque a pour frontière Γ_0, et le domaine Ω compris entre Γ_0 et Γ_1 est vide à l'exception des conducteurs électriques dont l'implantation nous intéresse particulièrement. On observera donc que :

$$\rho_1 \geqslant \rho \geqslant \rho_0 > 0 \qquad \text{dans } \overline{\Omega} \cup \overline{\Omega}_1 \tag{II.1}$$

Les équations d'état (I.9) sont en fait à compléter par la condition suivante qui exprime que la circulation de $\vec{B}$ le long de Γ_1 est égale à l'intensité totale I du courant dans le plasma (I est connu $= \int_{\Gamma_1} |B_m| d\ell$) : (1)

$$\int_{\Gamma_1} \vec{B}_{vide} \cdot \vec{\tau}\, d\ell = \int_{\Gamma_1} \vec{B}_{plasma} \cdot \vec{\tau}\, d\ell = \int_{\Omega_1} \mu_0 J_p \, dx = I$$

soit en terme de F :

(II.2) $$\int_{\Gamma_1} \frac{1}{\rho} \frac{\partial F}{\partial \nu} \, d\ell = I .$$

Pour donner une formulation variationnelle de (I.9) (II.2) on introduit l'espace de Sobolev :

$$H^1(\Omega) = \left\{ v \in L^2(\Omega) , \ \frac{\partial v}{\partial \rho} , \frac{\partial v}{\partial z} \in L^2(\Omega) \right\}$$

qui est de Hilbert pour le produit scalaire :

(II.3) $$((u, v)) = (u, v) + \left(\frac{\partial u}{\partial \rho} , \frac{\partial v}{\partial \rho} \right) + \left(\frac{\partial u}{\partial z} , \frac{\partial v}{\partial z} \right) ,$$

où $$(f, g) = \int_\Omega f(\rho, z) \cdot g(\rho, z) \cdot d\rho \cdot dz .$$

On considère le sous espace V de $H^1(\Omega)$ formé des fonctions nulles sur Γ_0 et qui sont constantes sur Γ_1 (au sens des théorèmes de trace, cf. Lions-Magenes [1]) ; V est fermé dans $H^1(\Omega)$, c'est un sous espace hilbertien de $H^1(\Omega)$.

On définit aussi sur V le produit scalaire :

(II.4) $$[\![u, v]\!] = \int_\Omega \operatorname{grad} u . \operatorname{grad} v \, \frac{d\rho . dz}{\rho} ,$$

où $$\operatorname{grad} u = \nabla u = \left\{ \frac{\partial u}{\partial \rho} , \frac{\partial u}{\partial z} \right\}$$

On vérifie que $[\![\, , \,]\!]$ est un produit scalaire continu sur V. Par ailleurs en vertu de (II.1) et de l'inégalité de Poincaré,

$$[\![u]\!]^2 \geqslant \frac{1}{\rho_1} \int_\Omega |\operatorname{grad} u|^2 d\rho . dz \geqslant \frac{C(\Omega)}{\rho_0} \int_\Omega u^2 \, d\rho \, dz .$$

Ainsi (II.4) est un produit scalaire hilbertien sur V et la norme associée $[\![\ ,\ ]\!]$ est équivalente à la norme $\|\cdot\|$ -

Soit G∈V ; multipliant (I.10) par G et intégrant sur Ω on trouve :

(II.5) $$-\int_{\Omega}\frac{1}{\rho}\,\mathrm{grad}\,F.\,\mathrm{grad}\,G\,d\rho.dz + \int_{\Gamma_1}\frac{1}{\rho}\frac{\partial F}{\partial \nu}.\,G\,d\ell = \mu_0\int_{\Omega} J.G.d\rho.dz.$$

Utilisant (II.2) on voit alors que F est solution de (I.10) (II.2) si et seulement si F∈V et vérifie :

(II.6) $$[\![F,G]\!] = -\mu_0\int_{\Omega} J.G.d\rho.dz + I.\int_{\Gamma_1} G\,d\ell.$$

Utilisant le lemme de Lax Milgram, on voit alors que <u>pour tout</u> J <u>donné dans</u> $L^2(\Omega)$ <u>il existe un</u> F <u>unique dans</u> V, F = F (J) <u>qui soit solution de</u> (II.5) (ou (I.10) (II.4)).

Nous rappelons la terminologie usuelle en contrôle optimal,

. J est <u>le contrôle</u>

. F = F (J) solution de (II.5) est la fonction décrivant <u>l'état</u> du système.

II - FORMULATION DES DIFFERENTS PROBLEMES DE CONTROLE

Rappelons que le but poursuivi est la recherche de courants J répartis dans Ω, tels que la dépense de courant ne soit pas excessive et que, autant que possible :

(II.7) $$\frac{1}{\rho}.\frac{\partial F}{\partial \nu} = B_m \quad (\text{donné}) \text{ sur } \Gamma_1.$$

On peut mesurer le coût du courant soit par son intensité totale, $\int_{\Omega}|J|\,d\rho.dz$ soit par son énergie $\int_{\Omega} J^2 d\rho\,dz$. Nous optons évidemment pour la seconde expression mathématiquement préférable. Nous posons alors les problèmes suivants :

<u>Problème de Contrôle</u> $(\mathcal{P}_\lambda)$ Méthode de pénalisation.

Soit $\lambda > 0$ fixé. On cherche $J\in L^2(\Omega)$ qui réalise le minimum de :

(II.8) $$\frac{1}{\lambda}\int_{\Gamma_1}\left(\frac{1}{\rho}\frac{\partial F}{\partial \nu} - B_m\right)^2 d\ell + \int_{\Omega} J^2\,d\rho\,dz.$$

où $F = F(J)$.

Problème de Contrôle ($\mathcal{P}_0$)

On cherche $J \in L^2(\Omega)$, qui réalise le minimum de :

(II.9) $$\int_\Omega J^2 \, d\rho \, dz \quad ,$$

parmi toutes les fonctions J telles que :

(II.10) $$\frac{1}{\rho} \frac{\partial F(J)}{\partial \nu} = \mathcal{B}_m \qquad \text{sur } \Gamma_1 .$$

On a les résultats suivants :

Théorème II.1

(i) Pour tout $\lambda > 0$ fixé, le problème P_λ possède une solution unique définie par le contrôle $\overline{J_\lambda}$ et l'état $\overline{F_\lambda}$

(ii) Le problème ($\mathcal{P}_0$) possède une solution unique (contrôle $\overline{J_0}$, état $\overline{F_0}$)

(iii) Lorsque $\lambda \to 0$,

$$\overline{J_\lambda} \to \overline{J_0} \text{ dans } L^2(\Omega) \; ; \; \overline{F_\lambda} \to \overline{F_0} \text{ dans } H^1(\Omega).$$

Démonstration

(i) Par application des théorèmes de régularité pour les problèmes elliptiques (cf. Agmon-Douglis-Niremberg [1] , Lions-Magenes [1]), on voit que l'application affine.

(II.11) $$J \longrightarrow F = F(J)$$

est continue de $L^2(\Omega)$ dans $H^2(\Omega)$. Par application des théorèmes de traces, l'application

$$F \longrightarrow \frac{1}{\rho} \frac{\partial F}{\partial \nu} \Big|_{\Gamma_1}$$

est continue de $H^2(\Omega)$ dans $H^{1/2}(\Gamma_1)$ et donc $L^2(\Gamma_1)$. L'application

(II.12) $$J \longrightarrow \frac{1}{\rho} \frac{\partial F}{\partial \nu} \Big|_{\Gamma_1}$$

est donc continue de $L^2(\Omega)$ dans $L^2(\Gamma_1)$.

Il en résulte aisément que la fonction coût en (II.8) est convexe continue en J ; elle est aussi strictement convexe, et tend vers $+\infty$ lorsque $|J|_{L^2(\Omega)} \to \infty$: Elle atteint donc son minimum sur $L^2(\Omega)$ en un point unique, $\overline{J}_\lambda$. (cf. J.L. Lions [3]). On note $\overline{F}_\lambda$ la solution correspondante de (II.5).

(ii) L'ensemble des contrôles admissibles pour $(\mathcal{P}_0)$ est l'ensemble des $J \in L^2(\Omega)$ tels que (II.10) soit vérifié : cet ensemble n'est pas vide. En effet il existe des fonctions F dans $H^2(\Omega)$ telles que :

$$F|_{\Gamma_1} = 1 \quad ; \qquad \frac{\partial F}{\partial \nu}\Big|_{\Gamma_1} = \rho B_m .$$

Cette fonction F vérifie la condition

$$\int_{\Gamma_1} \frac{1}{\rho} \frac{\partial F}{\partial \nu}\, d\ell = I ,$$

d'après la définition de I (cf. note[(1)] p.10). Soit à présent θ une fonction $\mathcal{C}^\infty$ sur $\overline{\Omega}$, égale à 1 dans un voisinage de Γ_1 et à 0 dans un voisinage de Γ_0. On vérifie aisément que θF est un état admissible et que :

$$J = \frac{1}{\mu_0} \operatorname{div} \frac{1}{\rho} \operatorname{grad} (\theta F) .$$

est un contrôle admissible pour $(\mathcal{P}_0)$[(1)]

L'ensemble des contrôles admissibles est convexe fermé d'après (II.12). On démontre comme en (i) l'existence et l'unicité d'un contrôle optimal ici noté $\overline{J}_0$ (cf. Lions [3]) ; $\overline{F}_0$ est la solution de (II.5) pour $J = \overline{J}_0$.

(iii) Par définition de $\overline{J}_\lambda$,

$$\text{(II.13)} \quad \frac{1}{\lambda} \int_{\Gamma_1} \left(\frac{1}{\rho} \cdot \frac{\partial F_\lambda}{\partial \nu} - B_m \right)^2 d\ell + \int_\Omega (\overline{J}_\lambda)^2 d\rho\, dz \leq \int_\Omega |\overline{J}_0|^2 d\rho\, dz$$

Cela montre que la suite $\overline{J}_\lambda$ est bornée dans $L^2(\Omega)$ lorsque $\lambda \to 0$, et que :

$$\text{(II.14)} \qquad \int_{\Gamma_1} \left(\frac{1}{\rho} \frac{\partial F_\lambda}{\partial \nu} - B_m \right)^2 d\ell \leq c\, \lambda$$

---

(1) L'existence de contrôles admissibles pour $(\mathcal{P}_0)$ résulte aussi de (iii)

Il existe donc une suite $\lambda_i \to 0$, telle que $\overline{J}_{\lambda_i} \to J_*$ dans $L^2(\Omega)$ faible ; d'après (II.11), (II.12)

$$\overline{F}_{\lambda_i} \longrightarrow F(J_*)$$

dans $H^2(\Omega)$ faible, et

$$\frac{1}{\rho} \cdot \frac{\partial \overline{F}_{\lambda_i}}{\partial \nu} \longrightarrow \frac{1}{\rho} \cdot \frac{\partial F(J_*)}{\partial \nu}$$

dans $L^2(\Gamma_1)$ faible. D'après (II.14),

$$\frac{1}{\rho} \cdot \frac{\partial F(J_*)}{\partial \nu} = B_m ,$$

ce qui montre que J_* est un contrôle admissible pour (P_o). Par ailleurs, d'après (II.13) :

(II.15) $$\int_\Omega (J_*)^2 \, d\rho \, dz \leq \liminf_{\lambda_i \to 0} \int_\Omega (\overline{J}_{\lambda_i})^2 \, d\rho \, dz$$

$$\leq \limsup_{\lambda_i \to 0} \int_\Omega (J_{\lambda_i})^2 \, d\rho \, dz \leq \int_\Omega (\overline{J}_o)^2 \, d\rho \, dz$$

Ainsi J_* est contrôle optimale pour (P_o) et par l'unicité, $J_* = \overline{J}_o$. On vérifie encore que la suite $\overline{J}_\lambda$ tout entière converge vers $\overline{J}_o$ dans $L^2(\Omega)$ faible (raisonner par l'absurde). Utilisant encore (II.15) (avec $J_* = \overline{J}_o$), on voit que :

$$\int_\Omega (\overline{J}_\lambda)^2 \, d\rho . dz \longrightarrow \int_\Omega (\overline{J}_o)^2 \, d\rho \, dz$$

ce qui montre que :

$$\overline{J}_\lambda \longrightarrow \overline{J}_o \quad \text{dans } L^2(\Omega) \text{ fort.}$$

Ensuite (II.11) donne :

$$\overline{F}_\lambda \longrightarrow \overline{F}_o \quad \text{dans } H^2(\Omega) \text{ fort.}$$

La démonstration du théorème est achevée. ■

Remarque II.1

Le contrôle optimal peut-être caractérisé par les relations usuelles d'extrémalité faisant intervenir l'état et l'état adjoint ; cf. Boujot-Morera-Temam [4] où l'on trouvera l'étude numérique des problèmes de contrôle précédents.

III - AUTRE PROBLEMES DE CONTROLE
LA METHODE DES MOINDRES CARRES

Nous voulons développer ici une approche différente du problème qui est moins classique du point de vue de la théorie du contrôle, mais qui permet de mettre l'accent sur certaines quantités utiles en physique.

L'étude qui suit est limitée au cas où les courants circulent dans des conducteurs ponctuels dont le nombre $\mathcal{N}_c$ et la position (ρ_i, z_i), $i = 1, \ldots \mathcal{N}_c$, sont fixés à priori.

I - UN AUTRE CHOIX DES EQUATIONS D'ETAT

Comme il a été indiqué à la fin de la section I, on peut supposer que : $\frac{1}{\rho}\frac{\partial F}{\partial \nu} = B_m$. est exactement vérifiée sur Γ_1 et chercher à réaliser au mieux ou exactement la condition F = constante sur Γ_1.

Pour préciser (I.11), on introduit l'espace :

$$\text{(III.1)} \qquad \mathcal{W} = \{ v \in H^1(\Omega) \mid v = 0 \quad \text{sur} \quad \Gamma_0 \},$$

qui est un sous espace hilbertien de $H^1(\Omega)$, et qui est aussi de Hilbert pour le produit scalaire $[\![\cdot]\!]$.

Remplaçant F par Φ, on voit que le problème (I.11) est équivalent au problème variationel.

(III.1) Trouver $\Phi = \Phi(J)$ dans W tel que

$$[\![\Phi, \Psi]\!] = -\int_\Omega \mu_0 J . \Psi \, d\rho . dz + \int_{\Gamma_1} B_m . \Psi \, d\ell \ , \ \forall \Psi \in \mathcal{W}$$

L'existence et l'unicité de Φ découle donc du lemme de Lax-Milgram.

Dans cette nouvelle approche J et Φ (J) constituent le contrôle et l'état associé ; (I.11) et (III.2) constituent les équations d'état.

II - UTILISATION D'UN DEVELOPPEMENT EN SERIE DE FOURIER

On considère une suite de fonctions W_n définies sur la frontière Γ_1, qui sont linéairement indépendantes et dont les combinaisons linéaires finies sont denses dans $L^2(\Gamma_1)$. On prendra par exemple dans les applications les fonctions :

(III.3) $$w_n = w_n(s) = \cos 2n\pi \frac{s}{L} \quad , \quad n = 0, 1, \ldots$$

où s désigne l'abscisse curviligne sur Γ_1, et L la longueur totale de Γ_1.

Pour tout n, on appelle v_n la solution du problème mixte.

(III.4) $$\begin{cases} \rho \operatorname{div}\left(\frac{1}{\rho^2} \operatorname{grad} v_n\right) = 0 & \text{dans } \Omega, \\ v_n = 0 & \text{sur } \Gamma_0, \\ \frac{1}{\rho} \frac{\partial v_n}{\partial \nu} = w_n & \text{sur } \Gamma_1. \end{cases}$$

Le problème (III.4) est équivalent au problème variationnel (III.2) dans lequel J = 0 et $B_m = w_n$:

(III.5) Trouver $v_n \in W$ tel que

$$[\![v_n, v]\!] = \int_{\Gamma_1} w_n \cdot v \, d\ell \quad , \quad \forall v \in W$$

L'existence et l'unicité de v_n découle encore du lemme de Lax Milgram.

On appelle φ_n la trace sur Γ_1 de v_n. On a le :

Lemme III.1

(i) L'espace fermé engendré par les fonctions v_n, est l'orthogonal de $H_0^1(\Omega)$ dans W muni du produit scalaire $[\![\, , \,]\!]$.

(ii) Les fonctions $\varphi_n = v_n \mid \Gamma_1$ sont linéairement indépendantes et forment une partie totale de $L^2(\Gamma_1)$.

Démonstration

(i) Considérons une fonction v de W telle que :

$$[\![v, v_n]\!] = 0 \quad , \quad \forall n$$

Alors, d'après (IV.3),

$$\int_{\Gamma_1} w_n \cdot v \, d\ell = 0 \quad \forall n.$$

d'après la définition des w_n, v est nul sur Γ_1 et comme $v = 0$ sur Γ_0, on a bien $v \in H^1_0(\Omega)$

(ii) Supposons que $\sum_{n=1}^{m} \lambda_n \cdot \varphi_n = 0$. Alors la fonction $v^* = \sum_{n=1}^{m} \lambda_n \cdot v_n$ vérifie d'après (III.2).

(III.6)
$$\begin{cases} \operatorname{div}\left(\frac{1}{\rho^2} \operatorname{grad} v^*\right) = 0, \\ v^* = 0 \quad \text{sur } \Gamma_0 \text{ et } \Gamma_1. \end{cases}$$

ce qui entraine que $v^* \equiv 0$, et

$$\frac{1}{\rho} \cdot \frac{\partial v^*}{\partial \nu}\Big|_{\Gamma_1} = \sum_{n=1}^{m} \frac{\lambda_n}{\rho} \cdot \frac{\partial v_n}{\partial \nu}\Big|_{\Gamma_1} = \sum_{n=1}^{m} \lambda_n v_n = 0$$

Comme les w_n sont indépendants, $\lambda_1 = \dots = \lambda_m = 0$, et les φ_n sont donc aussi indépendants.

Il résulte enfin du point (i) que les combinaisons linéaires des φ_n sont denses dans $H^{1/2}(\Gamma_1)$ (= espace des traces sur Γ_1 des fonctions de W), et elles sont donc denses dans $L^2(\Gamma_1)$. ■

Faisons à présent $\Psi = v_n$ dans (III.2), et $v = \Phi$ dans (III.5). Il vient

(III.7)
$$[\![\Phi, v_n]\!] = -\int_{\Omega} \mu_0 J v_n \, d\rho . dz + \int_{\Gamma_1} B_m . v_n \, d\ell .$$

(III.8)
$$[\![v_n, \Phi]\!] = \int_{\Gamma_1} w_n . \Phi \, d\ell = \int_{\Gamma_1} \Phi . w_n \, d\ell .$$

Si la fonction Φ est constante sur Γ_1 (comme on le souhaite), $\Phi \equiv \gamma$ sur Γ_1, alors la dernière relation s'écrit :

(III.9) $$[\![v_n . \Phi]\!] = \gamma \int_{\Gamma_1} w_n \, d\ell$$

Par comparaison de (III.7) et (III.9) on tire :

(III.10) $$\int_{\Gamma_1} B_m \cdot v_n \, d\ell - \gamma \int_{\Gamma_1} w_n \, d\ell = \mu_0 \int_{\Omega} J \, v_n \, d\omega \, , \quad \forall n .$$

Supposons réciproquement qu'il existe un nombre réel γ tel que les conditions (III.10) soient vérifiées pour tout n. Alors utilisant (III.7) et (III.8) on voit que :

$$\int_{\Gamma_1} \Phi \, w_n \, d\ell = \int_{\Gamma_1} \gamma \, w_n \, d\ell \, , \quad \forall n .$$

En raison des propriétés des w_n cela implique :

(III.11) $$\Phi \,\big|_{\Gamma_1} = \gamma$$

Ainsi les relations (III.10) sont, au sens précédent équivalentes à (III.11).

III - CAS D'UN NOMBRE FINI DE CONDUCTEURS

On suppose comme indiqué au début de cette section que le courant J est réparti entre N_c conducteurs ponctuels placés en des points (ρ_i, z_i) fixés. L'inconnue (le contrôle) est l'intensité I_α parcourant le $\alpha^{\text{ième}}$ conducteur, $\alpha = 1, \ldots . N_c$;

La fonction Φ peut encore être définie mais plus sous la forme variationnelle (III.2). On utilise à nouveau (I.11) qui devient :

(III.12) $$\begin{cases} \rho \, \mathrm{div} \left(\dfrac{1}{\rho^2} \, \mathrm{grad} \, \Phi \right) = \mu_0 \displaystyle\sum_{\alpha=1}^{N_c} I_\alpha \, \delta(\rho - \rho_\alpha) \cdot \delta(z - z_\alpha) \quad \text{dans } \Omega , \\ \dfrac{1}{\rho} \dfrac{\partial \Phi}{\partial \nu} = B_m \cdot \quad \text{sur } \Gamma_1 \\ \Phi = 0 . \quad \text{sur } \Gamma_0 \end{cases}$$

L'existence et l'unicité de Φ résulte par exemple de Lions-Magenes [1] ; Φ est analytique dans Ω en dehors des points (ρ_α , z_α).

Si nous supposons les fonctions w_n continues sur Γ_1, les fonctions v_n seront continues sur Ω , et les relations (III.10) seront valables.

La condition $\Phi = \gamma$ sur Γ_1 sera réalisée si et seulement si

$$\text{(III.13)} \quad \int_{\Gamma_1} B_m \cdot v_n \cdot d\ell - \gamma \int_{\Gamma_1} v_n \, d\ell = \mu_0 \sum_{\alpha=1}^{N_c} I_\alpha \, v_n(\rho_\alpha, z_\alpha), \ \forall n$$

Ainsi les relations (III.13) se présentent comme un système linéaire infini pour les $N_c + 1$ inconnues que sont $\gamma, I_1, \ldots, I_{N_c}$.

On peut se limiter aux N premières relations (III.13), ce qui signifie que l'on remplace (III.11) par :

$$\text{(III.14)} \qquad \int_{\Gamma_1} (\Phi - \gamma)\, w_n \, d\ell = 0 \ , \quad n = 1, \ldots N$$

Les équations (III.13) pour $n = 1, \ldots,$ N, constituent un système linéaire surabondant pour les inconnues $\gamma, I_1, \ldots, I_{N_c}$ ($N > N_c + 1$) et on propose de résoudre le système par une méthode de moindre carrés. Cela revient à minimiser la fonctionnelle :

$$\text{(III.15)} \quad \sum_{n=1}^{N} \left\{ \int_{\Gamma_1} B_m v_n \, d\ell - \gamma \int_{\Gamma_1} w_n \, d\ell - \mu_0 \sum_{\alpha=1}^{N_c} I_\alpha v_n(\rho_\alpha, z_\alpha) \right\}^2$$

Il s'agit donc d'un problème de contrôle optimal beaucoup plus rudimentaire que les problèmes envisagés dans la section II. Toutefois le problème considéré ici fournit des informations très utiles sur les harmoniques de la solution optimale. ■

IV - RESOLUTION NUMERIQUE

ORIENTATION

Nous signalons ici la résolution numérique du problème de contrôle décrit dans III.

Pour résoudre la suite des N problèmes.

$$\left\{\begin{array}{ll} \operatorname{div}\left(\frac{1}{\rho^2}\operatorname{grad} F\right) = 0 & \text{dans } \Omega \\ F\,|_{\Gamma_0} = 0 & \\ \frac{1}{\rho}\frac{\partial F}{\partial \nu} = w_n\,|_{\Gamma_1}\ , \quad w_n = \cos 2\pi n \frac{\rho}{L}\ , \quad n = 0, \dots N-1 & \end{array}\right.$$

Nous avons utilisé un programme d'éléments finis dû à Terrine et Meurant

Nous donnons quelques exemples pour une configuration droite donnée et une décharge fixée dans le plasma.

Sur chaque page nous avons :

. Le schéma indiquant la position des conducteurs,

. La courbe de B méridien,

. Les différentes approximations de B méridien,

. La valeur des intensités dans chacun des conducteurs.

L'étude numérique des problèmes de contrôle décrits en II fera l'objet d'un travail ultérieur.

Toutefois, de nombreuses techniques numériques développées ci-après (implémentation de la méthode des éléments finis, calcul numérique de certaines intégrales de surface, ...) constituent déjà une partie significative des travaux numériques ultérieurs.

QUELQUES RESULTATS NUMERIQUES

On donne les caractéristiques de l'expérience numérique simulée :

Le Tokomak est un tore de grand rayon $R = 130$ cm

Le plasma a une section droite elliptique

Cette ellipse a pour caractéristiques $a = 18$ cm

$b = 10$ cm

La décharge électrique dans le plasma

est de -100 kilo Ampères

La répartition du champ méridien (donné) a été calculée dans cette ellipse suivant une formule établie par MASCHKE.

Le $\vec{B}$ méridien est représenté sur les courbes suivantes. L'origine sur la frontière Γ_1 a été choisie comme indiqué dans le schéma ci-dessous :

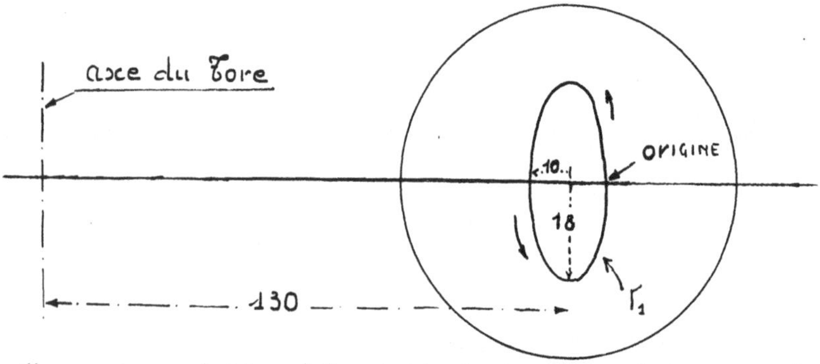

Sur chaque feuille nous donnons la triangulation choisie, la place des conducteurs, avec leurs numéros. $\vec{Bm}$ est calculé avec quatre fonctions de bases.

Pour chaque conducteur, la valeur de l'intensité est en kilo Ampère.

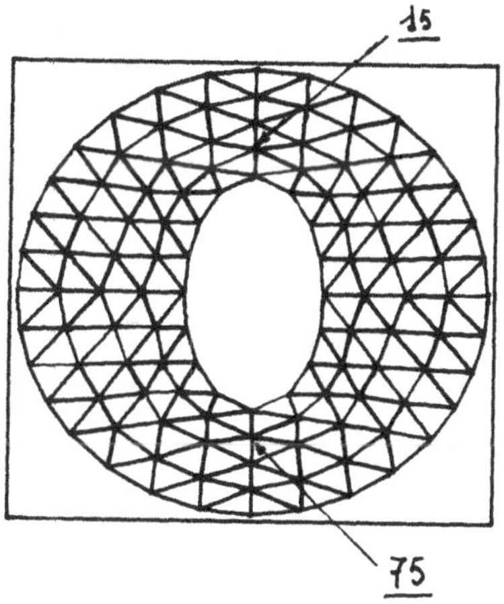

Valeur des intensités dans les conducteurs considérés :

$I_{15} = - 14$ K.AMP

$I_{75} = - 14$ K.AMP

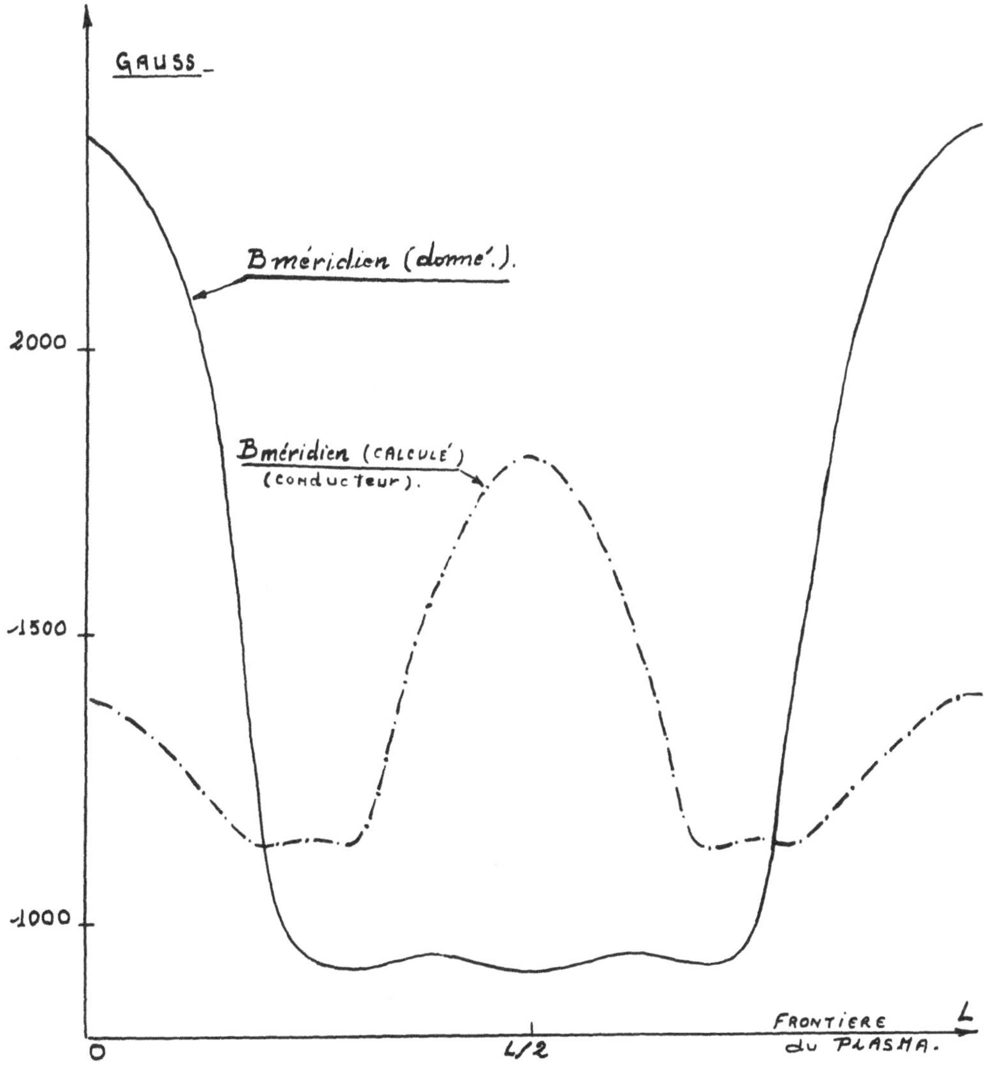

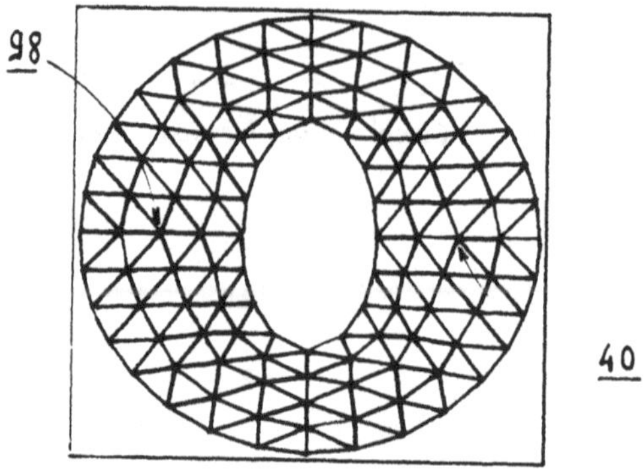

Valeur des Intensités dans les conducteurs.

$I_{40} = 74$ K. AMP.

$I_{98} = -3.7$ K. AMP.

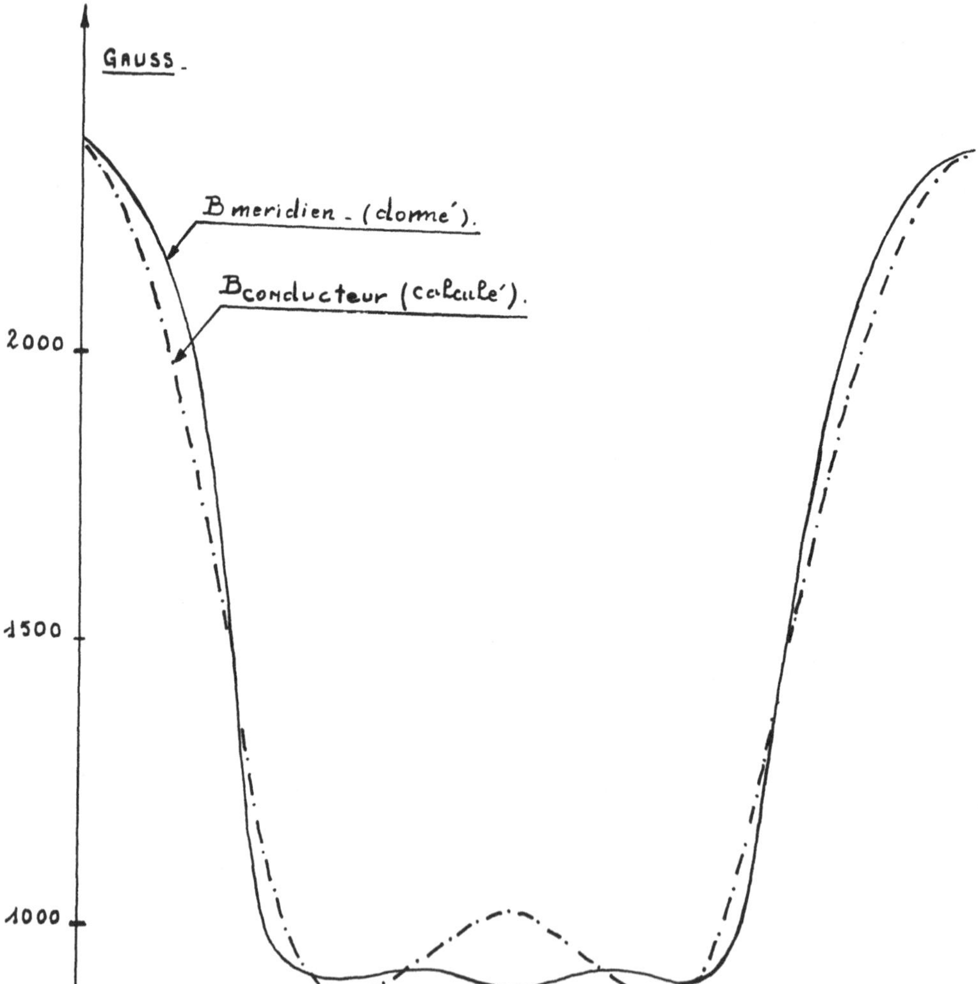

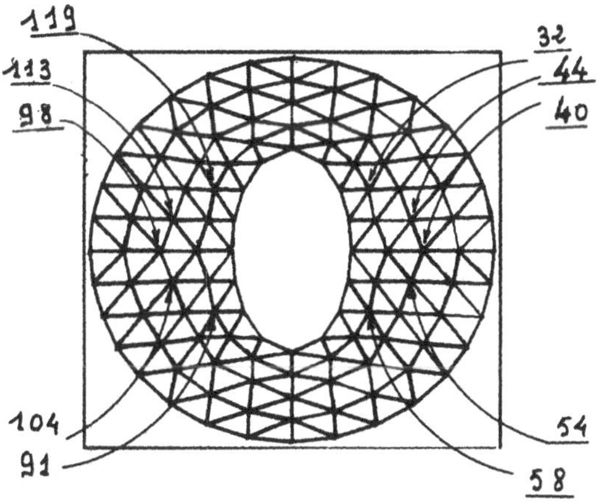

Valeur de intensités dans les conducteurs, en kiloampères -

$I_{98} = 0.37$ $\quad I_{40} = 22.7$

$I_{113} = 3.45$ $\quad I_{104} = 3.45$

$I_{119} = -1.55$ $\quad I_{91} = -1.55$

$I_{32} = 11.$ $\quad I_{58} = 11.$

$I_{44} = 25.4$ $\quad I_{54} = 25.4.$

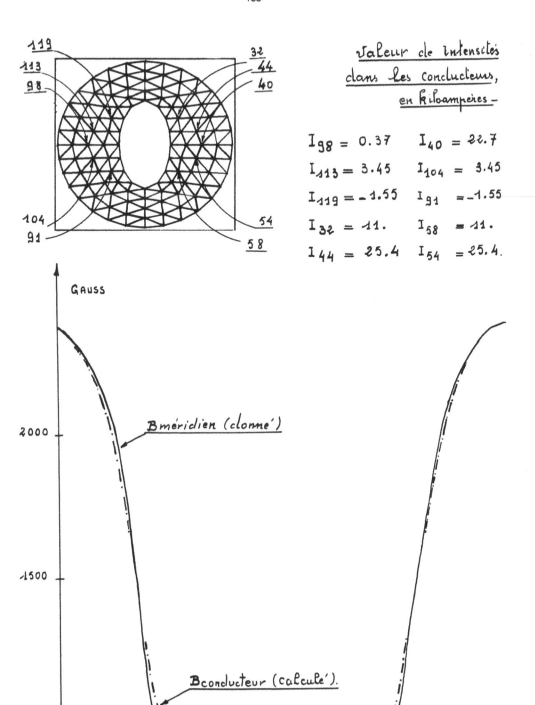

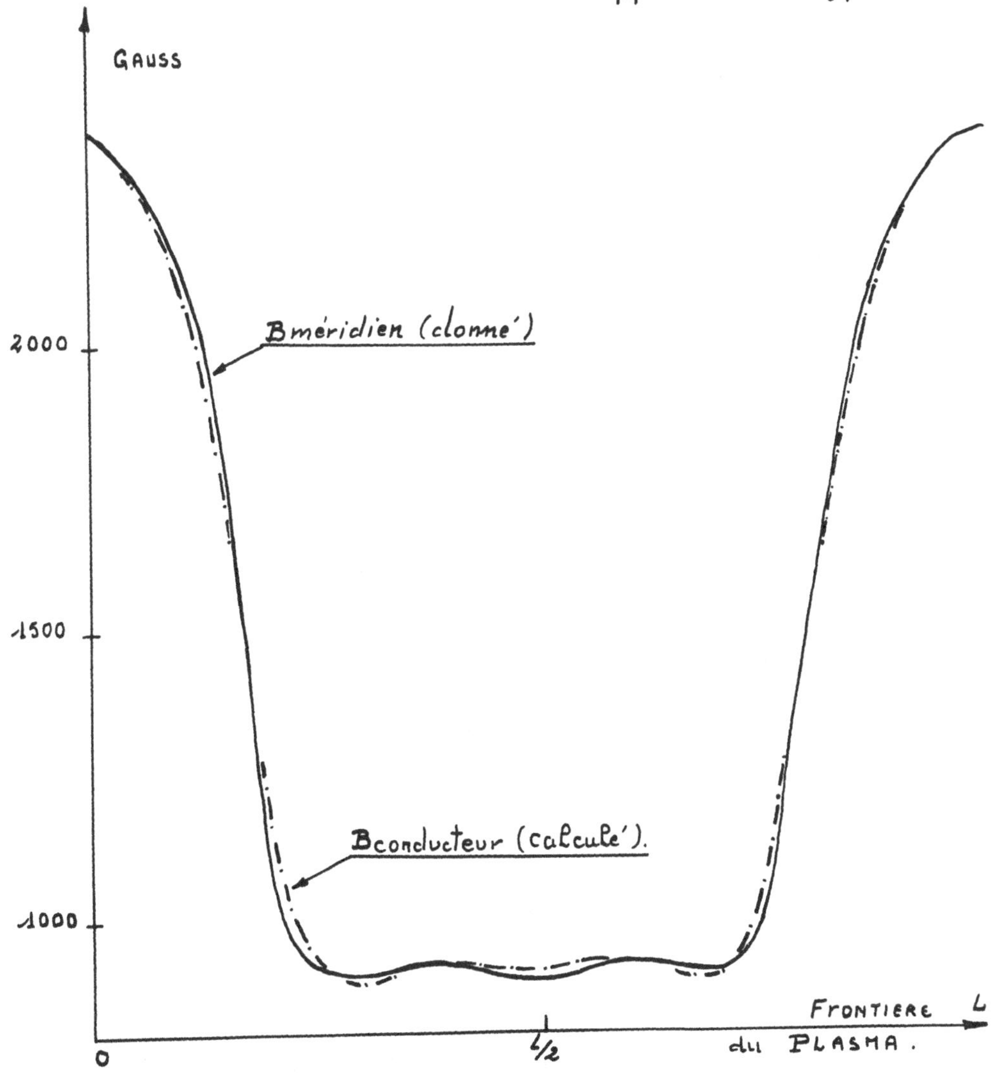

BIBLIOGRAPHIE

I.

[1] L.A. ARTSIMOVICH
TOKOMAK Devices
Nuclear Fusion, 12 (1972), p. 215-252

[2] G. LAVAL, H. LUC, E.K. MASCHKE, C. MERCIER, R. PELLAT
Equilibre stabilisé et diffusion d'un plasma torique à section transversale non circulaire.
Fourth Conference on plasma physics and controlled nuclear fusion research
(MADISON 1971), IAEA Vienne 1971, Vol. 1. 2 p. 507

[3] A.V. BORTNIKOV et al
The first experimental results in finger ring TOKOMAK
Sixth European Conference on controlled fusion and plasma Physics, MOSCOU 1973

II.

[1] J.L. LIONS, E. MAGENES
Problèmes aux limites non homogènes, DUNOD

[2] AGMON, DOUGLIS, NIRENBERG
Estimate near the boundary for solution of elliptic partial differential equations
Comm. pure applied Math. (12) 1959

[3] J.L. LIONS
Contrôle optimal de systèmes gouvernés par des équations aux dérivées partielles,
DUNOD

[4] Article à paraître
avec C. MERCIER et SOUBBARAMAYER

PROBLEMES DE STABILITE NUMERIQUE POSES PAR LES SYSTEMES HYPERBOLIQUES AVEC CONDITIONS AUX LIMITES

J.J. SMOLDEREN

Directeur de l'Institut von Karman

Professeur à l'Université de Liège

1. Introduction

Un certain nombre de questions importantes de mécanique des fluides font intervenir des équations et systèmes aux dérivées partielles de type hyperbolique. Citons, en particulier, les écoulements instationnaires de fluides compressibles non visqueux, et les écoulements supersoniques stationnaires. Il faut signaler aussi que le traitement numérique de problèmes stationnaires complexes nécessite souvent une approche évolutive, naturelle ou artificielle, dans laquelle l'état stationnaire est obtenu comme limite d'une évolution instationnaire à partir de conditions initiales choisies plus ou moins arbitrairement. En l'absence d'effets dissipatifs, une telle approche conduit également à des systèmes différentiels hyperboliques.

La plupart des problèmes hyperboliques rencontrés en mécanique des fluides font intervenir des conditions aux limites imposées aux frontières du champ d'écoulement. Par exemple, la condition d'annullation de la composante normale de la vitesse, imposée en chaque point d'une paroi solide.

Dans le cas des écoulements supersoniques stationnaires, il est généralement possible d'identifier des conditions d'entrée ou d'amont, qui jouent le même rôle que les conditions initiales de problèmes instationnaires, et des conditions latérales, souvent imposées sur des lignes de courant, qui peuvent être assimilées aux conditions aux limites de ces problèmes.

La solution de systèmes hyperboliques par la méthode des différences finies peut être effectuée explicitement, en progressant de proche en proche suivant la variable temporelle dans les problèmes instationnaires, ou suivant une variable spatiale convenablement choisie dans le problème supersonique stationnaire. Les méthodes partiellement ou totalement implicites, qui nécessitent à chaque étape, la solution d'un grand système algébrique d'équations couplées, ne seront pas abordées dans le présent travail.

Il est connu que la méthode de progression explicite conduit souvent à des instabilités numériques. Il est donc très utile, en pratique, de disposer d'un critère permettant de vérifier si un schéma aux différences finies sera stable ou non. Lorsqu'il s'agit d'équations ou de systèmes aux dérivées partielles linéaires à coefficients constants, traitées par un maillage uniforme et en l'absence de conditions aux limites, la question est résolue par la condition nécessaire classique de von Neumann (Ref. 1), concernant le module des valeurs propres de la matrice d'amplification de modes de Fourier numériques. Un certain nombre de conditions suffisantes ont été établies (Ref. 2) et Kreiss a étendu la théorie de la stabilité aux systèmes linéaires à coefficients variables (Ref. 3). Les problèmes non linéaires sont évidemment beaucoup plus ardus et l'étude de leur stabilité ne peut être abordée qu'après une linéarisation par rapport à de petites perturbations.

Le critère classique de von Neumann ne s'applique pas, en général, aux problèmes qui font intervenir des conditions aux limites, parce que les modes de Fourier considérés sont le plus souvent incompatibles avec ces conditions.

De nombreux exemples ont d'ailleurs illustré le fait que des instabilités peuvent se manifester dans le traitement de tels problèmes, même si le schéma aux différences utilisé satisfait largement le critère de von Neumann, confirmant ainsi le point de vue adopté par Moretti (Ref. 4) au cours d'une longue controverse au sujet d'instabilités rencontrées dans le traitement des équations de la mécanique des fluides.

La présente note est consacrée à cet aspect de la théorie de la stabilité numérique. La variété des types d'instabilité induites par la présence de conditions aux limites sera illustrée par des exemples et une importante condition nécessaire de stabilité sera examinée d'un point de vue élémentaire, sans prétendre à la rigueur mathématique. Ces résultats peuvent être d'ailleurs justifiés rigoureusement en faisant appel à la théorie de Godunov et Ryabenkii (Refs. 5 et 6).

Il est important de réaliser qu'un calcul explicite, de proche en proche, nécessite souvent des conditions aux limites plus nombreuses que le problème physique considéré ou que le système aux dérivées partielles qui le représente. En effet, l'utilisation de schémas de discrétisation d'ordre de précision supérieur au premier pour le traitement des dérivées spatiales, nécessitera toujours l'introduction de conditions aux limites additionnelles de nature essentiellement numérique. Le choix de ces conditions reste arbitraire dans une large mesure, même si l'on satisfait aux exigences de la précision.

Malheureusement, un choix apparemment raisonnable peut conduire à des instabilités imprévues, si courantes en analyse numérique.

D'autre part, de nombreux problèmes de mécanique des fluides tels que les écoulements en conduites et les écoulements en champ infini, requièrent l'introduction de conditions d'entrée et de sortie ou de conditions représentant le champ à grande distance. De telles conditions, qui représentent, dans beaucoup de cas, des approximations plus ou moins grossières, ne sont pas entièrement définies par des considérations physiques et leur choix reste donc également arbitraire, dans une certaine mesure. Il faut donc s'attendre à l'apparition de problèmes de stabilité analogues à ceux qui sont introduits par les conditions additionnelles.

L'utilité d'un critère de stabilité permettant d'orienter le choix des conditions additionnelles et des conditions à l'entrée, à la sortie et au large, est donc évidente.

L'intérêt d'un tel critère ne se limite d'ailleurs pas au choix de conditions aux limites numériques ou mal définies, comme le montre l'exemple du paragraphe 4, où des conditions aux limites naturelles créent des instabilités, le schéma utilisé étant du premier ordre et stable au sens de von Neumann.

2. Stabilité numérique en présence de conditions aux limites

Les aspects essentiels du problème de la stabilité du traitement numérique des problèmes aux limites pour les équations et systèmes hyperboliques linéaires à coefficients constants, peuvent être mis en évidence en traitant le cas le plus simple d'une équation à une seule fonction inconnue de deux variables indépendantes t, x. Le domaine considéré sera défini par

$$t > t_0 \qquad x_0 < x < X$$

et un maillage uniforme sera utilisé, les points mailles étant

$$t_k = t_0 + k\Delta t \quad (k = 0,1,2,\ldots) \quad \text{et} \quad x_j = x_0 + j\Delta x \quad (j = 0,1,2,\ldots,N)$$

u_j^k désignera la valeur approchée de la fonction inconnue au point (t_k, x_j) du maillage.

Des conditions initiales seront donnees en $t = t_0$, ce qui se traduira, généralement, dans la version discrète, par un certain nombre de relations liant les valeurs de u_j^k pour $k = 0,-1,-2$, etc.

Des conditions aux limites seront imposées soit pour $x = x_0$, soit pour $x = X$ et même, dans le cas général, en ces deux points frontières.

L'analyse classique de von Neumann est basée sur l'étude de solutions particulières de l'équation discrétisée à variables discretes séparées, du type

$$u_j^k = (\text{const})\, \rho^k \lambda^j \tag{2.1}$$

Les modes de Fourier discrets analogues des composantes de Fourier d'une fonction d'une variable continue, s'obtiennent en remplaçant λ par les exponentielles complexes

$$\lambda_n = \exp\left(\frac{i\pi n}{N}\right) \qquad (n = 0,1,2,\ldots,N) \tag{2.2}$$

Il en résulte un système complet de fonctions discrètes pour le maillage spatial considéré.

Pour qu'une expression, à variables séparées, du type (2.1) soit solution de l'équation linéaire aux différences finies, obtenue par discrétisation de l'équation hyperbolique proposée, ρ et λ doivent satisfaire une relation algébrique :

$$F(\rho,\lambda) = 0 \tag{2.3}$$

Cette relation caractéristique du schéma de discrétisation s'obtient en substituant l'expression (2.1) dans l'équation aux différences finies (après élimination d'un facteur commun $\rho^k\lambda^j$).

Le critère de von Neumann s'obtient en remplaçant λ par les valeurs (2.2) dans cette relation et en exprimant que toutes les valeurs correspondantes de l'amplification temporelle ρ ont un module inférieur à $\{1 + O(\Delta t)\}$.

Ce critère n'est cependant pas généralement applicable, en présence de conditions aux limites, car les modes de Fourier (2.1), (2.2) ne sont compatibles qu'avec des conditions aux limites homogènes très particulières.

Nous devons donc rechercher d'autres familles, aussi complètes que possible, de solutions simples compatibles avec les conditions aux limites homogènes du problème et étudier leur comportement, borné ou divergent, en fonction de la variable discrète k qui définit l'évolution du calcul.

Nous n'envisageons que les conditions aux limites qui peuvent s'exprimer par des relations linéaires et homogènes, à coefficients constants, liant les valeurs de u en quelques points du maillage voisins de la frontière. A la frontière $x = x_0$, ces relations seront de la forme générale

$$\sum_{j=0}^{j_1} \sum_{\ell=0}^{\ell_1} a_{j\ell}\, u_j^{k-\ell} = 0 \qquad (k = 1,2,\dots) \tag{2.4}$$

Les coefficients $a_{j\ell}$ sont donnés et j_1, ℓ_1 représentent des entiers dépendant de l'ordre de l'équation différentielle étudiée.et de l'ordre de précision de la discrétisation.

Les relations imposées à la frontière $x = X$ seront de type analogue :

$$\sum_{j=0}^{j_2} \sum_{\ell=0}^{\ell_2} b_{jk}\, u_{N-j}^{k-\ell} = 0 \qquad (k = 1,2,\dots) \tag{2.5}$$

Il est évidemment toujours possible de combiner des solutions à variables séparées, de type (2.1), correspondant à la même valeur de ρ, de façon à satisfaire certaines relations du type (2.4) ou (2.5), pour toutes valeurs de k.

En effet, la relation caractéristique (2.3) considérée, pour ρ fixé, comme une équation algébrique en λ, possèdera un certain nombre de racines λ_1, λ_2, ..., λ_r, r étant le degré de l'équation (2.3) par rapport à λ. Ces racines seront, en général, des fonctions du paramètre ρ. (Nous n'examinerons pas le cas des racines multiples).
Dans le cas simple examiné ici, r sera le produit de l'ordre de l'équation hyperbolique par l'ordre de précision de la discrétisation utilisée.

Une combinaison de la forme

$$u_j^k = \rho^k\,(A_1\lambda_1^j + \dots + A_r\lambda_r^j) \tag{2.6}$$

sera solution de l'équation aux différences finies, et la substitution de cette expression dans des conditions de la forme (2.4), (2.5) fournira une relation entre les constantes arbitraires A.

Le processus numérique ne sera donc possible et déterminé que si le nombre de conditions aux limites (2.4), (2.5) est égal à r. En particulier, ce nombre devra être supérieur à l'ordre de l'équation, si la discrétisation utilisée possède une précision d'ordre supérieur à l'unité.

Admettant que nous ayons ainsi choisi r conditions aux limites adéquates, l'expression (2.6) sera solution de notre problème homogène, à condition que les r constantes A satisfassent un système algébrique de r équations linéaires homogènes. Une solution non triviale n'existera donc que si le déterminant du système est nul, condition qui fournit une relation algébrique liant ρ, λ_1, ..., λ_r. Or les λ_1, ..., λ_r, racines de l'équation (2.3) sont des fonctions algébriques, généralement implicites de ρ, de sorte que la condition de compatibilité peut être ramenée à une équation algébrique, généralement très complexe, en ρ. Les racines ρ_ν de cette équation peuvent être considérées comme des valeurs propres pour notre problème homogène. Les valeurs correspondantes de λ: $\lambda_{\nu 1}$, ..., $\lambda_{\nu r}$ permettront alors de construire des solutions de type (2.6) compatibles avec les r conditions aux limites (naturelles et additionnelles).

Une condition nécessaire de stabilité tout à fait analogue à celle de von Neumann peut donc en être immédiatement déduite, en exprimant tout simplement que les amplifications temporelles ρ_ν des modes compatibles possèdent un module inférieur à $\{1 + \theta(\Delta t)\}$.

En général, les modules des valeurs correspondantes $\lambda_{\nu q}$ $(q = 1,\dots,r)$ de λ seront différentes de l'unité, de sorte que le nouveau critère de stabilité ne pourra être entièrement équivalent au critère de von Neumann. En fait, il est souvent plus restrictif comme le montreront les considérations et les exemples qui suivent.

L'application concrète du critère présenté paraît cependant conduire à des difficultés algébriques pratiquement insurmontables. En effet, l'existence simultanée de conditions aux limites en $x = x_0$ et en $x = X$ introduit nécessairement des termes en $\lambda_{\nu q}^N$ dans le déterminant du système algébrique des constantes A. L'équation aux valeurs propres ρ_ν possèdera donc un degré croissant très rapidement avec N, nombre qui est, en principe, très élevé. Une étude asymptotique, pour N tendant vers l'infini, semble donc en particulier, présenter des difficultés transcendantes.

Les développements qui vont suivre tendent à montrer que la situation n'est pas aussi inextricable, grâce à une propriété fondamentale, en vertu de laquelle le nombre des modes compatibles instables éventuels est toujours limité, quel que soit le nombre N des mailles.

3. Modes instables de frontière

Les modes compatibles avec les conditions aux limites forment une famille analogue à celle des modes de Fourier et qui comporte le même nombre d'éléments, nombre qui tend d'ailleurs vers l'infini avec le nombre de mailles N. Les propriétés de cette nouvelle famille sont cependant beaucoup plus complexes que celles des modes de Fourier ortho-normés. En particulier, les coefficients de la représentation de conditions initiales quelconques comme combinaison linéaire de modes compatibles, peuvent présenter des comportements anormaux lorsque N tend vers l'infini. L'utilisation de ces modes en vue de la représentation générale des solutions des équations aux différences finies est donc peu commode.

Dans l'étude de la stabilité, nous pouvons cependant nous limiter à l'examen des modes instables éventuels $\left(|\rho| > 1 + \theta(\Delta t)\right)$ et nous allons établir que le nombre de tels modes est toujours borné, quel que soit le nombre des mailles N à condition que le critère de von Neumann soit satisfait. Cette propriété fondamentale, qui simplifie considérablement l'analyse de la stabilité en présence de conditions aux limites, découle d'un découplage remarquable qui se manifeste, pour $N \to \infty$, entre les influences des conditions aux limites appliquées aux différentes frontières.

Nous allons tenter de donner une justification plausible à ces conclusions, sans entrer dans les détails algébriques.

Remarquons, tout d'abord, que la relation caractéristique (2.3) fait correspondanre à chaque point du plan complexe λ, un certain nombre de points du plan complexe ρ. Le critère de von Neumann peut être interprété de la façon suivante: les images des points du cercle unitaire $|\lambda| = 1$, lieu des points représentatifs des modes de Fourier spatiaux, doit nécessairement être contenu (à la limite $\Delta t \to 0$), dans le disque unitaire $|\rho| \leq 1$ du plan ρ.

Les r valeurs de λ correspondant à un mode instable ($|\rho| > 1$) ne peuvent donc être de module unitaire, ce qui permet de les classer en deux groupes suivant que leur module est inférieur ou supérieur à l'unité :

$$|\lambda_i| < 1 \quad \text{pour } i = 1, \ldots, s; \qquad |\lambda_i| > 1 \quad \text{pour } i = s+1, \ldots, r.$$

Il est facile de voir que le nombre s des λ de module inférieur à l'unité est indépendant de ρ, pour $|\rho| > 1$. En effet, ce nombre ne peut varier que si un point représentatif de ρ traverse l'image du cercle unitaire $|\lambda| = 1$, ce qui est impossible tant que le module de ρ reste supérieur à l'unité, en vertu du critère de von Neumann.

Cette remarque nous permet d'évaluer le nombre s dans un cas particulier, et le passage à la limite $|\rho| \to \infty$ conduit le plus rapidement au résultat.

En effet, la relation caractéristique (2.3) (non réduite au même dénominateur) comporte des termes en ρ et en les puissances de $\frac{1}{\rho}$, et une série de termes faisant intervenir des puissances positives de λ et de $\frac{1}{\lambda}$. Lorsque ρ tendra vers l'infini, certaines racines λ tendront vers l'infini et d'autres vers zéro. Ce sont ces dernières qui nous intéressent car leur module sera nécessairement inférieur à l'unité. La multiplicité de ces racines est évidemment égale à la puissance la plus élevée de $\frac{1}{\lambda}$ qui apparaît dans la relation caractéristique non réduite.

Or cette puissance représente le nombre d'indices inférieurs à j apparaissant dans l'équation aux différences finies correspondant à la maille (k,j). Cette équation fait donc intervenir les valeurs u_{j-s}, u_{j-s+1}, ..., u_j, u_{j+1}, etc.

Il est clair que le nombre de conditions requises à la frontière $x = x_0$ pour déterminer le processus numérique sera égal à s. Nous pouvons donc conclure que pour chaque valeur de ρ de module supérieur à l'unité, qui pourrait fournir éventuellement un mode instable, correspondent des valeurs de λ de module inférieur à l'unité en nombre égal au nombre s de conditions à imposer en $x = x_0$ et des valeurs de λ de module supérieur à l'unité dont le nombre r-s est égal à celui des conditions à imposer en $x = X$.

Essayons maintenant d'imaginer la configuration du déterminant du système linéaire de r équations à r inconnues A_1, ..., A_r qui s'obtient en écrivant que le mode considéré (2.) satisfait les r conditions aux limites. Ce déterminant peut être décomposé suivant le schéma suivant :

	s colonnes pour $A_1 \dots A_s$	(r-s) colonnes pour $A_{s+1} \dots A_r$		
s conditions en $x = x_0$	I termes en $\lambda_1 \dots \lambda_s$	II termes en $\lambda_{s+1}, \dots, \lambda_r$		
(r-s) conditions en $x = x_N = X$	III termes en $\lambda_1^N \dots \lambda_s^N$ etc.	IV termes en $\lambda_{s+1}^N, \dots \lambda_r^N$ etc.	= 0	(3.1)

Lorsque le nombre de mailles tendra vers l'infini, les termes du bloc (IV) domineront tous les autres, puisque les modules des $\lambda_{s+1}, \dots, \lambda_r$ sont supérieurs à l'unité. Si nous développons le déterminant par la règle des mineurs associés, en utilisant les déterminants (s×s) formés à partir des premières colonnes et des déterminants (r-s)×(r-s) formés à partir des r-s des autres colonnes, le terme principal sera évidemment

$$\{\text{déterminant (I)}\} \times \{\text{déterminant (IV)}\}$$

Tous les autres produits seront négligeables par rapport à ce terme, pour $N \to \infty$, car ils feront intervenir un déterminant (r-s)×(r-s) qui comportera moins de r-s lignes comprenant des termes dominants en $\lambda_{s+1}^N, \dots, \lambda_r^N$.

A la limite $N \to \infty$, l'équation qui définit les modes de frontière se réduira, pour $|\rho| > 1$, à la forme

$$\{\det(\mathrm{I})\} \times \{\det(\mathrm{IV})\} = 0$$

Les racines ρ seront donc obtenues en considérant séparément les équations

$$\det (I) = 0 \qquad (3.2)$$

$$\det (IV) = 0 \qquad (3.3)$$

La première ne fait intervenir que les conditions aux limites en $x = x_0$ et la seconde les conditions aux limites en $x = X$. C'est la propriété de découplage annoncée.

De plus, il est clair que les colonnes du déterminant (IV) possèdent des facteurs communs $\lambda_{s+1}^N, \ldots, \lambda_r^N$ qui peuvent être supprimés (car les λ sont de module supérieur à l'unité, donc différents de zéro). Il en résulte que le nombre de mailles N n'apparaîtra plus dans la seconde équation, de sorte que le nombre de solutions possibles de l'équation en ρ est indépendant de N pour $|\rho| > 1$.

Nous pouvons donc maintenant définir, du moins pour $N \to \infty$, des modes instables de frontière pour la frontière $x = x_0$ et des modes instables de frontière pour la frontière $x = X$. Les premiers seront de la forme

$$u_j^k = \rho^k \ (A_1\lambda_1^j + \ldots + A_s\lambda_s^j) \qquad (3.4)$$

où

$$|\rho| > 1, \qquad |\lambda_1| < 1, \ldots, |\lambda_s| < 1 \qquad (3\ 5)$$

Un système linéaire homogène de s équations pour les s inconnues $A_1, \ldots, A_s$ s'obtiendra en exprimant que les s conditions homogènes imposées à la frontière $x = x_0$ sont satisfaits. Une telle solution non triviale ne peut exister que si l'équation (3.2) est satisfaite. Cette équation fournira les valeurs possibles de ρ et λ.

L'existence de tels modes n'est pourtant pas garantie, puisque les valeurs de ρ et λ ainsi obtenues ne satisfont pas nécessairement les inégalités (3.5).

En fait, la condition nécessaire qui résulte de cette analyse est tout simplement la suivante: Il ne peut pas exister de mode instable à la frontière compte tenu des conditions aux limites appliquées. C'est la condition de Godunov-Ryabenkii.

La définition des modes instables à la frontière $x = X$ est tout à fait analogue, les modules des λ étant, cette fois, supérieurs à l'unité.

Avant d'ullustrer ces développements par des exemples choisis pour leur simplicité, il ne semble pas inutile d'insister sur les difficultés algébriques posées par l'étude des modes instables de frontière dans les applications pratiques.

Le fait que l'équation algébrique en ρ, dont le degré croît avec N, se réduise pour les modes instables à deux équations de degrés très limités (s et r-s) représente, certes, une simplification très spectaculaire.

Néanmoins, la discussion paramétrique, dans le plan complexe, de solutions d'équations algébriques, même de degré relativement bas, en présence de conditions auxiliaires de type (3.5), présente souvent des difficultés nettement plus considérables que la mise en oeuvre du critère de von Neumann. Cette discussion nécessite souvent l'utilisation d'un ordinateur et il y a lieu de craindre qu'elle ne conduise, dans certains cas, à des temps de calcul non négligeables par rapport au temps de calcul requis par la solution de l'équation aux dérivées partielles.

4. Exemple d'instabilité induite par des conditions aux limites naturelles

Considérons le systèmes hyperbolique du second ordre pour les deux fonctions inconnues u,v des variables t,x :

$$\frac{\partial u}{\partial t} + \frac{\partial v}{\partial x} = 0 \qquad \frac{\partial v}{\partial t} + \frac{\partial u}{\partial x} = 0 \tag{4.1}$$

Ce système est équivalent à l'équation normalisée des ondes dans un espace à une dimension.

Les conditions aux limites seront du type classique :

$$u \ \text{(ou v) donné aux frontières} \quad x = x_0 \quad \text{et} \quad x = X \tag{4.2}$$

Une discrétisation du premier ordre de précision peut être obtenue par l'artifice suivant : deux combinaisons linéaires indépendantes des équations (4.1) sont formées à l'aide de deux constantes distinctes α, β:

$$\frac{\partial(u+\alpha v)}{\partial t} + \frac{\partial(v+\alpha u)}{\partial x} = 0 \qquad \frac{\partial(u+\beta v)}{\partial t} + \frac{\partial(v+\beta u)}{\partial x} = 0$$

Les dérivées par rapport à t sont discrétisées en utilisant des différences avant. La dérivée par rapport à x dans la première équation sera discrétisée en utilisant également des différences avant, mais des différences arrières seront utilisées pour la discrétisation, selon x, de la seconde équation. Le schéma de discrétisation ainsi obtenu s'écrit donc :

$$u_j^{k+1} - u_j^k + \alpha(v_j^{k+1} - v_j^k) + c\{v_{j+1}^k - v_j^k + \alpha(u_{j+1}^k - u_j^k)\} = 0 \qquad (4.3)$$

$$u_j^{k+1} - u_j^k + \beta(v_j^{k+1} - v_j^k) + c\{v_j^k - v_{j-1}^k + \beta(u_j^k - u_{j-1}^k)\} = 0 \qquad (4.4)$$

où c désigne le nombre de Courant

$$c = \frac{\Delta t}{\Delta x}$$

La généralisation de la méthode de séparation des variables au cas des systèmes discrétisés est immédiate et consiste à étudier des solutions de la forme

$$u_j^k = U_k \lambda^j, \qquad v_j^k = V_k \lambda^j$$

Introduisant ces expressions dans les équations discrétisées et en les résolvant par rapport à U_{k+1} et V_{k+1}, nous obtiendrons

$$U_{k+1} = \{1 + \frac{\alpha\beta c}{\alpha-\beta}(\lambda + \frac{1}{\lambda} - 2)\} U_k + c\,\frac{\beta\lambda + \frac{\alpha}{\lambda} - (\alpha+\beta)}{\alpha-\beta} V_k$$

$$V_{k+1} = c\,\frac{\alpha+\beta-\alpha\lambda - \frac{\beta}{\lambda}}{\alpha-\beta} U_k + \{1 + \frac{c}{\alpha-\beta}(2 - \lambda - \frac{1}{\lambda})\} V_k$$

La matrice d'amplification est donc donnée par

$$\begin{bmatrix} 1 + \frac{\alpha\beta c}{\alpha-\beta}(\lambda + \frac{1}{\lambda} - 2) & c\,\frac{\beta\lambda + \frac{\alpha}{\lambda} - (\alpha+\beta)}{\alpha-\beta} \\ c\,\frac{\alpha+\beta-\alpha\lambda - \frac{\beta}{\lambda}}{\alpha-\beta} & 1 + \frac{c}{\alpha-\beta}(2-\lambda-\frac{1}{\lambda}) \end{bmatrix}$$

Les valeurs propres ρ de cette matrice satisfont l'équation caractéristique du schéma (4.3), (4.4) :

$$\begin{vmatrix} 1 - \rho + \frac{\alpha\beta c}{\alpha-\beta}(\lambda + \frac{1}{\lambda} - 2) & c\,\frac{\beta\lambda + \frac{\alpha}{\lambda} - (\alpha+\beta)}{\alpha-\beta} \\ c\,\frac{\alpha+\beta-\alpha\lambda - \frac{\beta}{\lambda}}{\alpha-\beta} & 1 - \rho + \frac{c}{\alpha-\beta}(2-\lambda-\frac{1}{\lambda}) \end{vmatrix} = 0$$

Après quelques réductions, cette équation s'écrit :

$$F(\rho,\lambda) = (1-\rho)^2 + c\zeta(\lambda + \frac{1}{\lambda} - 2)(1-\rho) - c^2(\lambda + \frac{1}{\lambda} - 2) = 0 \qquad (4.5)$$

en posant

$$\zeta = \frac{\alpha\beta-1}{\alpha-\beta}$$

Remarquons que cette équation est réciproque en λ de sorte qu'elle possède pour toute valeur de ρ deux racines λ_1, λ_2 telles que

$$\lambda_1\lambda_2 = 1 \qquad (4.6)$$

Si nous prenons, pour λ, des valeurs exponentielles complexes du type (2.2), la relation caractéristique s'écrira

$$(1-\rho)^2 - 2c\zeta(1-\cos\theta)(1-\rho) + 2c^2(1-\cos\theta) = 0 \qquad (4.7)$$

en posant

$$\theta = i\pi \frac{n}{N} \qquad (n = 0, 1, \ldots N)$$

Le critère de stabilité de von Neumann exige que le modules des racines ρ de l'équation (4.7) soient inférieures à l'unité quel que soit θ.

Il faut donc que le produit de ces modules soit inférieur à l'unité :

$$|1 - 2c\zeta(1-\cos\theta) + 2c^2(1-\cos\theta)| \leq 1$$

Cette condition doit être satisfaite pour toutes valeurs réelles de θ, ce qui implique

$$\frac{1}{2} \geq c(\zeta-c) \geq 0 \qquad (4.8)$$

Il faut également que le premier membre de (4.7) soit non négatif pour $\rho = +1$ et $\rho = -1$, d'où la nouvelle condition

$$4 - 4c\zeta(1-\cos\theta) + 2c^2(1-\cos\theta) \geq 0$$

pour toute valeur réelle de θ. Nous devons donc avoir

$$2c(\zeta-c) \leq 1-c^2 \tag{4.9}$$

Cette inégalité est plus restrictive que l'inégalité gauche dans (4.8).

Le critère de von Neumann conduit donc, dans le cas suivant aux deux inéquations

$$\zeta \geq c, \qquad c(2\zeta-c) \leq 1 \tag{4.10}$$

Ces inéquations montrent que le critère peut être satisfait pour toute valeur positive du paramètre ζ, à condition de choisir un nombre de courant inférieur à une certaine borne :

$$c \leq c_m(\zeta) = \begin{cases} \zeta & \text{pour } 0 \leq \zeta \leq 1 \\ \zeta-\sqrt{\zeta^2-1} & \text{pour } \zeta \geq 1 \end{cases} \tag{4.11}$$

Considérons maintenant les modes de frontières instables éventuels qui pourraient résulter de l'application d'une condition naturelle du type (4.2), par exemple :

$$u(x,t) = f(t) \qquad \text{pour } x = x_0 \tag{4.12}$$

Les résultats s'appliqueront, évidemment, moyennant modifications évidentes au cas où V serait imposé en $x = x_0$, et aux conditions à la frontière $x = X$. La condition homogène discrétisée correspondant à (4.12) s'écrit

$$u_0^k = 0 \qquad \text{pour } k = 1, 2, \ldots \tag{4.13}$$

Pour toute valeur de ρ de module supérieur à l'unité, il existera, en vertu de (4.6), deux racines λ_1, λ_2 de la relation caractéristique telles que

$$|\lambda_1| < 1 < |\lambda_2|$$

Seul le mode correspondant à λ_1 pourra être considéré comme mode de la frontière $x = x_0$, en accord avec les conclusions de la section 3. Ce mode s'écrira

$$u_j^k = U_1\, \rho^k\, \lambda_1^j \qquad v_j^k = V_1\, \rho^k\, \lambda_1^j$$

et la condition à la limite (4.13) imposera

$U_1 = 0$

L'amplitude V_1 peut être obtenue à partir de l'une ou l'autre des équations aux différences finies (4.3), (4.4) (qui sont équivalentes, du fait que ρ, λ_1 sont liées par la relation caractéristique). Nous avons, par exemple,

$$\{\alpha(\rho-1) + c(\lambda_1-1)\} \quad V_1 = 0$$

Un mode non trivial ne peut donc exister que si la condition suivante est satisfaite :

$$\alpha(\rho-1) + c(\lambda_1-1) = 0$$

Combinant cette relation avec la relation caractéristique (4.5), nous obtiendrons

$$\lambda_1 = \frac{\alpha}{\beta}, \qquad \rho = 1 - c\left(\frac{1}{\beta} - \frac{1}{\alpha}\right)$$

Ces valeurs définiront donc un mode instable pour la frontière $x = x_0$ à condition que

$$\left|\frac{\alpha}{\beta}\right| < 1, \qquad \left|1 - c\left(\frac{1}{\beta} - \frac{1}{\alpha}\right)\right| > 1$$

Une discussion complète de ces conditions peut être effectuée dans le plan α,β. Nous nous contenterons de démontrer ici qu'un tel mode instable peut exister; même si le critère de von Neumann, exprimé par (4.11), est satisfait. En effet, considérons le cas où

$$\alpha = \frac{1}{2}, \qquad \beta = 1 \qquad \text{d'où} \qquad \zeta = 1$$

La condition de von Neumann sera alors satisfaite si

$$c = \frac{\Delta t}{\Delta x} \leq c_m(1) = 1$$

mais il existera un mode de frontière instable avec $\lambda = \frac{1}{2}$, $\rho = 1 + c$:

$$u_j^k = 0 \qquad\qquad v_j^k = \text{const.}\ (1+c)^k\ 2^{-j}$$

Cet exemple d'instabilité est évidemment surprenant puisqu'il ne peut pas être attribué au choix malencontreux d'une condition aux limites additionnelles plus ou moins arbitraire. Les conditions du type (4.12) sont en effet tout à fait naturelles en physique et conduisent toujours à des problèmes hyperboliques bien posés.

5. Instabilités causées par des conditions additionnelles

Les exemples d'instabilités résultant d'un choix malencontreux des conditions aux limites additionnelles, requises par les discrétisations d'ordre de précision supérieur au premier, sont très nombreux et il importe donc d'attirer l'attention sur cette situation dangereuse. Nous allons donner ici un exemple très simple qui indique sans nécessiter de longs calculs la grande variété des choix "raisonnables" de conditions aux limites additionnelles qui peuvent conduire à des instabilités.

A cet effet, nous examinerons l'équation hyperbolique la plus simple:

$$\frac{\partial u}{\partial t} = \frac{\partial u}{\partial x} \qquad (5.1)$$

que nous discrétiserons à l'aide du schéma du second ordre de précisoin proposé par Lax et Wendroff (ref. 2 et 7) :

$$u_j^{k+1} - u_j^k = \frac{c}{2}\,(u_{j+1}^k - u_{j-1}^k) + \frac{c}{2}\,(u_{j+1}^k + u_{j-1}^k - 2u_j^k) \qquad (5.2)$$

c désigne le nombre de Courant $\frac{\Delta t}{\Delta x}$.

On sait que ce schéma est stable au sens de von Neumann, pour $c \leq 1$, ce qui se vérifie d'ailleurs aisément en se referant à la relation caractéristique

$$\rho - 1 = \frac{c}{2}\,(\lambda - \frac{1}{\lambda}) + \frac{c^2}{2}\,(\lambda + \frac{1}{\lambda} - 2) = \frac{c}{2}\,\frac{\lambda - 1}{\lambda}\,\left[(1+c)\lambda + 1 - c\right] \qquad (5.3)$$

Les conditions initiales et aux limites naturelles pour le problème hyperbolique dans l'intervalle spatial

$$x_0 \leq x \leq X$$

consistent à imposer u pour $t = t_0$ et pour $x = X$, puisque les caractéristiques $(x + t = \text{const})$ de l'équation (5.1) sont orientées vers les x décroissant pour t croissant.

Cependant, comme l'équation aux différences (5.2) fait intervenir des différences centrées, le processus numérique de prograssion ne sera défini, dans l'intervalle (x_0, X), que si l'on impose une condition additionnelle numérique en $x = x_0$.

Nous allons considérer des conditions de deux types différents qui forment un ensemble assez général. Le premier type fait intervenir les valeurs de u aux quatre points (k,0), (k,1), (k+1,0), (k+1,1) et seront de la forme

$$u_0^{k+1} + \ell u_1^{k+1} + m u_0^k + n u_1^k = 0 \qquad (5.4)$$

En se servant de la relation (5.2) on peut d'ailleurs éliminer u_1^{k+1} et exprimer la valeur inconnue u_0^{k+1} en fonction des valeurs u_0, u_1 et u_2 à l'étape k.

Le second type de conditions considéré ne fait intervenir que des valeurs à l'instant k + 1, et ces conditions seront de la forme

$$u_0^{k+1} + f u_1^{k+1} + g u_2^{k+1} = 0 \qquad (5.5)$$

De telles conditions additionnelles ne peuvent pas introduire des erreurs O(1), ce qui détruirait la précision du calcul, mais elles deviennent compatibles à l'ordre $O(\Delta x, \Delta t)$ à condition que les sommes des coefficients des u soient nulles :

$$1 + \ell + m + n = 0 \qquad 1 + f + g = 0 \qquad (5.6)$$

Appliquons maintenant la théorie générale de la section 3. Il ne peut y avoir au plus qu'un mode instable pour la frontière $x = x_0$. Soit λ, la valeur correspondante de

$$|\lambda_1| < 1$$

Nous allons montrer que les valeurs de ρ et λ_1 qui permettent de satisfaire les conditions (5.5) sont réelles et que cela est également vrai pour les conditions (5.4) si la précision qu'elle fournit est du second ordre [1].

[1] Il faut noter que cette précision n'est pas strictement nécessaire pour obtenir un résultat précis du second ordre.

En effet, écrivons les conditions (5.4) et (5.5) en y introduisant l'expression du mode instable éventuel

$$u_j^k = \text{const}\ \rho^k\ \lambda_1^j$$

Nous obtiendrons, respectivement,

$$\rho + \ell\lambda\rho + m + n\lambda = 0 \qquad (5.7)$$

et

$$1 + f\lambda + g\lambda^2 = 0 \qquad (5.8)$$

Si nous exprimons maintenant ρ en fonction de λ, dans (5.7), en utilisant la relation caractéristique (5.3) du schéma, nous obtiendrons une équation du 3me degré en λ :

$$a_3\lambda_1^3 + a_2\lambda_1^2 + a_1\lambda_1 + a_0 = 0 \qquad (5.7')$$

En vertu des conditions de compatibilité (5.6), les équations (5.7') et (5.8) possèderont une racine λ, égale à l'unité, qui correspond d'ailleurs au mode trivial $\rho = 1$ que l'on peut écarter. Si nous exigeons, de plus, que la condition (5.4) présente une précision du second ordre, l'équation (5.7') devra posséder une racine double $\lambda_1 = 1$. Après élimination des facteurs (λ_1-1) dans l'équations (5.8) et $(\lambda_1-1)^2$ dans l'équation (5.7') nous obtiendrons, dans les deux cas, une équation du premier ordre en λ_1 :

$$p\lambda_1 + q = 0$$

dont la racine $-\frac{q}{p}$ est toujours réelle.

Il est facile de vérifier que le rapport $\frac{q}{p}$ sera une fonction rationnelle non constante des paramètres ℓ, m, n, f, g qui définissent les conditions additionnellees considérées. Il existera donc toujours des valeurs de ces paramètres pour lesquelles

$$|\lambda_1| = \left|\frac{p}{q}\right| < 1$$

λ_1 étant réel, il en sera de même pour la valeur correspondante de ρ tirée de (5.3). Nous aurons donc un mode instable si l'une des deux inéqualités suivantes est vérifiée:

$$\rho = 1 + \frac{c}{2} \frac{\lambda_1 - 1}{\lambda_1} \left((1+c)\lambda_1 + 1 - c\right) \qquad \begin{matrix} > 1 \\ < -1 \end{matrix} \quad \text{ou}$$

Il est facile de vérifier que l'une de ces conditions sera satisfaite (compte tenu de $|\lambda_1| < 1$), si

$$-1 < -\frac{1-c}{1+c} < \lambda_1 = -\frac{p}{q} < \frac{c^2-2+\sqrt{4-3c^2}}{c(c+1)} < 1 \qquad (5.9)$$

(les inégalités extrêmes résultent de la condition de Courant $0 < c < 1$).

Nous n'entrerons pas dans les détails d'une discussion complète car les inégalités (5.9) suffisent à montrer qu'il existera toujours des valeurs "raisonnables" des paramètres ℓ, m, n, f, g pour lesquelles l'inégalité (5.9) pourra être satisfaite et qui conduiront donc à des instabilités, malgré le fait que le critère de von Neumann est respecté.

6. Modes de frontière non exponentiels

Kreiss a signalé (réf. 6) que l'absence de mode instable de frontière du type introduit à la section 3 n'est pas suffisante pour assurer la stabilité. Il a pu, en effet, donner un exemple de solution croissante avec t, mais non exponentielle et a égelement établi un critère plus restrictif que celui de Godunov-Ryabenkii, qui tient compte de l'existence de telles solutions.

Un traitement numérique de l'exemple propose par Kreiss fait apparaître certaines propriétés remarquables de ces solutions croissantes et nous nous proposons de clarifier leur nature en utilisant ces propriétés.

L'équation hyperbolique considérée est l'équation simple (5.1) traitée dans le domaine $t \geq 0$, $x_0 \leq x \leq X$.

L'exemple de Kreiss fait appel au schéma aux différences symétrique ("Leap frog")

$$u_j^{k+1} - u_j^{k-1} = c(u_{j+1}^k - u_{j-1}^k); \qquad c = \frac{\Delta t}{\Delta x} \qquad (6.1)$$

stable au sens de von Neumann si la condition de Courant $(0 < 1)$ est vérifiée.

Il est important de remarquer que ce schéma fait intervenir trois niveaux temporels k+1, k et k-1; contrairement au schéma de Lax-Wendroff utilisé à la section 5. Cette propriété joue un rôle essentiel dans notre interprétation des solutions de Kreiss.

Le schéma (6.1) étant du second ordre de précision par rapport à x, il faudra comme précédemment, ajouter à la condition naturelle en $x = X$, une condition additionnelle en $x = x_0$.

Nous examinerons les con ditions suivantes, dont certaines ont été proposées par Kreiss (rég. 6) et qui dont toutes compatibles à l'ordre $(\Delta t, \Delta x)$ au moins :

(I) Extrapolation linéaire : $u_0^k = 2u_1^k - u_2^k$

(II) Extrapolation modifiée proposée par Kreiss = $u_0^k = (u_1^{k-1} + u_1^{k+1}) - u_2^k$
(u_1^{k+1} est calculé en fonction de u_0^k et u_2^k à partir de (6.1))

(III) Extrapolation parabolique $u_0^k = 3u_1^k - 3u_2^k + u_3^k$

(IV) Interpolation d'ordre zéro : $u_0^k = u_1^k$.

Montrons tout d'abord qu'il n'existe pas de mode instable de frontière au sens de la section 3. La relation caractéristique du schéma (6.1) s'écrit :

$$\rho - \frac{1}{\rho} = c\left(\lambda - \frac{1}{\lambda}\right) \qquad (6.2)$$

Il n'existe, comme prévu, qu'un mode instable de frontière possible puisque le produit des racines de (6.2) vaut -1. Les conditions aux limites (I à IV) fournissent respectivement les équations suivantes pour λ_1 :

$$(\lambda_1 - 1)^2 = 0; \qquad \lambda_1 + \frac{1}{\lambda_1} = \rho + \frac{1}{\rho}; \qquad (\lambda_1 - 1)^3 = 0; \qquad (\lambda_1 - 1) = 0$$

Ces relations conduisent toutes à des valeurs de λ et ρ dont le module est égal à l'unité, ce qui suggère une stabilité marginale en présence de ces conditions additionnelles.

Kreiss signale cependant que la condition (I) introduit des solutions croissant au delà de toute limite avec k, et que ce phénomène disparaît lorsque l'on utilise la forme légèrement modifiée (II).

Le calcul numérique d'un exemple basé sur la condition (I) fait immédiatement apparaître les faits suivants: Après disparition de contributions transitoires amorties introduites par les conditions initiales numériques particulières, la solution présente un comportement alterné par rapport au temps :

$$u_j^{k+1} \simeq -u_j^k \qquad (6.3)$$

et la dépendance de u_j^k par rapport à x est très voisine d'une loi linéaire. Il en est d'ailleurs de même pour la dépendance en fonction de t, des valeurs absolues $|u_j^k|$.

Les fonctions discrètes u_j^{2k} et u_j^{2k+1} apparaissent donc comme essentiellement distinctes et ne peuvent, en vertu de (6.3), être considérées comme formant la représentation discrète d'une fonction dérivable, ni même continue de t. Cependant, si nous posons

$$u_j^{2\ell} = v_j^{\ell}, \qquad u_j^{2\ell+1} = w_j^{\ell},$$

nous pourrons considérer v et w comme représentation discrète de deux fonctions distinctes v et w, continues et même dérivables.

Le schéma aux différences finies (6.1) écrit pour $k = 2\ell$ et $k = 2\ell+1$, peut être considéré comme formant un système de deux équations aux différences couplées pour v et w :

$$w_j^{\ell} - w_j^{\ell-1} = c(v_{j+1}^{\ell} - v_{j-1}^{\ell}) \tag{6.4}$$

$$v_j^{\ell+1} - v_j^{\ell} = c(w_{j+1}^{\ell} - w_{j-1}^{\ell}) \tag{6.5}$$

Nous considèrerons maintenant ces équations comme des discrétisations du système hyperbolique

$$\frac{\partial w}{\partial t} = \frac{\partial v}{\partial x}, \qquad \frac{\partial v}{\partial t} = \frac{\partial w}{\partial x} \tag{6.6}$$

La solution générale de ce système est donnée par

$$v = F(x-t) + G(x+t); \qquad w = -F(x-t) + G(x+t) \tag{6.7}$$

Il est clair que la contribution G représente la solution générale de l'équation de départ (5.1), tandis que F représente une contribution parasite introduite par la discrétisation d'ordre supérieur. En effet, si $F \equiv 0$, nous avons

$$v = w = G(x+t) = u$$

La contribution parasite F correspond à des caractéristiques parasites $x - t = \text{const}$, introduites par le système (6.6)et est la cause de l'instabilité signalée par Kreiss.

Si la condition initiale est homogène ($u = 0$ pour $t = t_0$), seule la contribution parasite sera présente, comme on le voit facilement en tenant compte de l'orientation des caractéristiques naturelles ($x+t = \text{const}$) et parasites ($x-t = \text{const}$).

Les conditions aux limites (I) à (IV) seront, elles aussi

interprétées comme des relations entre v, w et leurs dérivées et nous aurons ainsi, respectivement

(I') $\frac{\partial^2 v}{\partial x^2} = 0 \qquad \frac{\partial^2 w}{\partial x^2} = 0$

(II') $v = w$

(III') $\frac{\partial^3 v}{\partial x^3} = 0 \qquad \frac{\partial^3 w}{\partial x^3} = 0$

(IV') $\frac{\partial v}{\partial x} = 0 \qquad \frac{\partial w}{\partial x} = 0$

Il suffit de substituer dans ces relations les expressions (6.7) après avoir posé $G \equiv 0$, ce qui donne les équations suivantes pour la fonction F qui représente la contribution parasite :

(I") $F''(x_0-t) = 0$ d'où $F = A(x-t) + \text{const}$

(II") $F(x_0-t) = 0$

(III") $F'''(x_0-t) = 0$ d'où $F = B(x-t)^2 + C(x-t) + \text{const}$

(IV") $F'(x_0-t) = 0$ d'où $F = \text{const}$

La croissance linéaire de la perturbation en fonction de x et t apparaît donc clairement pour la première condition, alors que cette perturbation est étouffée par la condition modifiée (II). La condition (III) montre que des croissances suivant n'importe quelle puissance entière de t sont possibles si l'on utilise des extrapolations d'ordre élevé. Par contre, la perturbation reste stationnaire dans le cas de l'extrapolation d'ordre zéro.

Les condidérations qui précèdent ne sont évidemment pas rigoureuses et ne semblent s'appliquer que s'il existe un découplage entre certaines lignes de maillage, qui semble être une caractéristique des schémas de type "leap fog".

Tenant compte de l'existence de cette nouvelle classe d'instabilité, Kreiss a pu établir une condition <u>suffisante</u> de stabilité (réf. 6) qui requiert que le premier membre de l'équation aux valeurs propres ρ_ν, introduite à la section 3, reste supérieur à une constante positive, quel que soit le nombre complexe ρ de module supérieur à l'unité. Cette condition exprime, en fait, qu'il ne doit pas exister de mode de frontière marginalement stable.

Les solutions à croissance algébriques, en

$$k^n = \left(\frac{t}{\Delta t}\right)^n$$

qui viennent d'être discutées, sont en principe moins génantes que les instabilités exponentielles, et pourraient même être acceptables dans les cas où le maillage temporel utilisé est relativement grossier.

7. Conclusions

Le but de la présente étude était de montrer la variété des instabilités numériques qui peuvent être introduites dans les problèmes hyperboliques par les conditions aux limites.

Notre premier exemple a montré que des conditions aux limites tant à fait naturelles pouvaient conduire à une restriction de la stabilité par rapport au critère de von Neumann.

Les exemples d'instabilités provoquées par l'introduction de conditions numériques additionnelles sont très nombreux. Signalons d'ailleurs que des conditions construites à partir d'extrapolations, couramment utilisées, peuvent conduire à des instabilités si leur ordre est trop élevé, dans le cas de systèmes hyperboliques. Moretti (réf. 4) a préconisé l'utilisation de conditions additionnelles basées sur des considérations physiques inspirées de la théorie des caractéristiques.

Une telle approche semble donner des résultats favorables dans la plupart des exemples traités, mais il n'existe pas, à notre connaissance, de preuve rigoureuse de son efficacité. Il ne faut d'ailleurs pas perdre de vue la nature essentiellement numérique des conditions additionnelles ce qui ne permet pas d'espérer, a priori, que des considérations physiques soient un bon guide pour leur sélection.

Notre manque d'informations générales permettant d'orienter de façon sure, le choix des conditions additionnelles, résulte évidemment de la grande complexité algébrique présentée par la mise en oeuvre des critères de Godunov-Ryabenkii et de Kreiss, pour les problèmes hyperboliques non triviaux rencontrés en pratique.

Nous nous sommes limités aux problèmes à une seule dimension spatiale afin de rendre le traitement algébrique suffisamment accessible. L'extension des résultats et méthodes aux problèmes à plusieurs dimensions spatiales ne présente pas de difficultés fondamentales. Par exemple, si une condition est donnée, dans un cas bidimensionnel, sur la ligne $x = x_0$, il faudra introduire des modes du type

$$u_{j\ell}^{k} = \text{const } \rho^{k} \lambda^{j} \mu^{\ell}$$

ou l'indice ℓ représente la dépendance par rapport à y. Nous pouvons toujours représenter une telle dépendance par des modes de Fourier du maillage en y, et poserons donc

$$\mu = e^{i\theta}$$

L'introduction du nouveau paramètre θ dans la discussion de la stabilité est évidemment de nature à créer des complications additionnelles.

Enfin, des méthodes analogues pourraient être exploitées pour l'étude des instabilités qui apparaissent dans les "coins" de domaines multidimensionnels. Il s'agirait, par exemple, d'étudier le comportement d'une solution numérique d'un problème d'écoulement bidimensionnel dans une conduite, au voisinage du point de rencontre entre une paroi et une ligne portant les conditions amont ou aval. Nous aurions, par exemple, à traiter une condition (A) à la frontière $x = x_0$, $y > y_0$, et une condition différente (B) à la frontière $y = y_0$, $x > x_0$. Il faudrait alors introduire des "modes de coin", fonctions exponentielles décroissantes de x et y.

Les modes de Kreiss, étudiés à la section 6, n'apparaissent vraisemblablement que dans des cas marginaux qui ne se manifesteront que pour des discrétisations particulières.

Références

1. O'BRIEN, G.G, HYMAN, M.A. et KAPLAN, S.: A study of the numerical solution of partial differential equations. *J. Mathematics and Physics*, Vol. 29, 1950, pp 223-251.

2. RICHTMYER, R.D. et MORTON, K.W.: Difference methods for initial value problems. Interscience, 1967, New York.

3. KREISS, H.O.: On difference approximations of the dissipative type for hyperbolic differential equations. *Comm. Pure Appl. Math.*, Vol. 17, 1964, p. 335.

4. MORETTI, G.: The importance of boundary conditions in the numerical treatment of hyperbolic equations.
Brooklyn Polytechnic Institute, PIBAL Report 68-34.

5. GODUNOV, S.K. et RYABENKII, V.S.: Critères spéciaux de stabilité des problèmes à conditions aux limites pour les équations

aux différences finies non auto-adjointes. *Uspekhi Mat. Nauk.*, Vol. 18, 1963, p.3

6. KREISS, H.O.: Boundary conditions for difference approximation of hyperbolic differential equations. in *Advances in numerical fluid dynamics*, AGARD Lecture Series No 64, AGARD, Neuilly-sur-Seine, France.
7. LAX, P.D. et WENDROFF, B.: Difference schemes for hyperbolic equations with high order of accuracy. *Comm. Pure Appl. Math.* Vol. 17, 1964, p. 381.

RESOLUTION NUMERIQUE DES EQUATIONS DE NAVIER-STOKES POUR LES FLUIDES COMPRESSIBLES

par Roger Peyret* et Henri Viviand**

1 - GENERALITES

Nous nous proposons d'exposer et de discuter les divers problèmes que pose le calcul d'écoulements visqueux compressibles par résolution numérique des équations de Navier-Stokes, dans le cadre des applications à l'aérodynamique. Auparavant, nous ferons un bref rappel sur les équations de Navier-Stokes et sur les problèmes d'aérodynamique dont l'étude théorique requiert la résolution de ces équations.

Notre exposé sera limité à l'étude des écoulements compressibles ; c'est effectivement une restriction dans la mesure où des différences notables existent dans les méthodes numériques entre le cas incompressible et le cas compressible, le premier cas ne pouvant pas être systématiquement traité comme un cas particulier du second.

La Mécanique des milieux continus ainsi que la théorie cinétique des gaz conduisent aux équations générales de conservation pour la masse, la quantité de mouvement et l'énergie, que nous écrivons dans un repère absolu, en formulation Eulérienne :

$$\frac{\partial \rho}{\partial t} + \mathrm{div}(\rho \vec{u}) = 0 \tag{1}$$

$$\frac{\partial}{\partial t}(\rho \vec{u}) + \mathrm{div}(\rho \vec{u}\vec{u} - \underline{\sigma}) = \vec{f_e} \tag{2}$$

$$\frac{\partial}{\partial t}(\rho E) + \mathrm{div}(\rho E \vec{u} - \vec{u}\,\sigma^* + \vec{q}) = \vec{f_e}\cdot\vec{u} \tag{3}$$

Dans ces équations, t est le temps, ρ la masse volumique, $\vec{u}$ la vitesse du fluide dans le repère considéré, E l'énergie totale volumique ($E = e + \frac{1}{2}\vec{u}^2$, où e est l'énergie interne), $\underline{\sigma}$ le tenseur des contraintes, $\vec{q}$ la densité de flux de chaleur, et $\vec{f_e}$ la densité volumique de force extérieure.

La formulation Lagrangienne est aussi utilisée dans certaines méthodes numériques, mais en général pour des problèmes différents des problèmes d'aérodynamique envisagés ici ; cette formulation et les méthodes numériques qui l'utilisent ne seront pas discutées dans cet exposé.

Les forces extérieures, comme la pesanteur, sont habituellement négligeables en aérodynamique, et $\vec{f_e}$ sera pris nul par la suite.

---

* CNRS, Institut de Mécanique théorique et appliquée, Université PARIS VI ; collaborateur extérieur de l'ONERA.

** Office National d'Etudes et de Recherches Aérospatiales (ONERA) 92320 Chatillon.

Les équations (1) à (3) doivent être complétées par des lois de comportement pour le tenseur des contraintes $\underline{\underline{\sigma}}$ et pour la densité de flux de chaleur $\vec{q}$, ainsi que par des lois d'état pour les variables thermodynamiques.

Un grand nombre de fluides usuels, dont l'air et l'eau, vérifient avec une précision suffisante et dans un domaine assez large de conditions (sur lesquelles nous reviendrons), d'une part la loi de Fourier pour la conduction de la chaleur :

$$\vec{q} = - k \, \text{grad} \, T \tag{4}$$

où T est la température absolue, et d'autre part la loi de Newton (ou loi de Navier-Stokes) pour le tenseur des contraintes :

$$\begin{aligned} \underline{\underline{\sigma}} &= - p \underline{\underline{I}} + \underline{\underline{\tau}} \\ \underline{\underline{\tau}} &= \lambda \, \text{div} \, \vec{u} \, \underline{\underline{I}} + \mu \, \text{def} \, \vec{u} \end{aligned} \tag{5}$$

où p est la pression, $\underline{\underline{I}}$ le tenseur unité et $\text{def}\,\vec{u}$ le tenseur des vitesses de déformation ($\text{def}\,\vec{u} = \text{grad}\,\vec{u} + (\text{grad}\,\vec{u})^*$).

Le système des équations (1) à (5) constitue les équations de Navier-Stokes pour un fluide compressible ; celles-ci se caractérisent donc par les lois de comportement (4) et (5), lois définissant les fluides dits Newtoniens.

Les coefficients de conductivité thermique k, et les deux coefficients de viscosité λ, μ, dépendent de l'état thermodynamique local. Dans les conditions habituelles, ils ne dépendent que de la température (si celle-ci n'est pas trop élevée) :

$$k = k(T) \quad , \quad \lambda = \lambda(T) \quad , \quad \mu = \mu(T) \tag{6}$$

On montre que la deuxième loi de la thermodynamique impose les conditions suivantes sur λ et μ :

$$3\lambda + 2\mu \geqslant 0 \quad , \quad \mu \geqslant 0 \tag{7}$$

En l'absence de phénomènes de relaxation interne, on admet la relation de Stokes :

$$3\lambda + 2\mu = 0 \tag{8}$$

Il faut adjoindre à ces équations les lois d'état ; nous nous plaçons dans le cas simple, mais suffisant pour la suite de cet exposé, d'un gaz dont l'état thermodynamique local ne dépend que de deux variables comme ρ et e ; on peut donc exprimer la pression et la température en fonction de ces deux variables :

$$p = p(e, \rho) \quad , \quad T = T(e, \rho) \tag{9}$$

Un cas particulier important est celui du gaz parfait à chaleurs spécifiques constantes, pour lequel on a :

$$p = (\gamma - 1)\rho e \qquad , \qquad e = c_v T \tag{10}$$

où $\gamma = c_p / c_v$ et c_p et c_v sont les chaleurs spécifiques.

Le système des équations (1) à (6) et (9) est alors fermé, en ce sens qu'il y a autant d'équations que d'inconnues. Pour faire apparaître la nature de ces équations, explicitons les dérivées d'espace d'ordre le plus élevé (2ème ordre), en écrivant en outre l'équation de l'énergie en fonction de la variable T ; on obtient, pour l'équation de quantité de mouvement :

$$\begin{aligned} \rho \frac{D\vec{u}}{Dt} + \mathrm{grad}\, p = {} & \lambda'(T)\, \mathrm{div}\vec{u}\; \mathrm{grad}\, T + \mu'(T)\, \mathrm{grad}\, T\; \mathrm{def}\,\vec{u} \\ & + (\lambda+\mu)\, \mathrm{grad}\,(\mathrm{div}\,\vec{u}) + \mu\, \Delta \vec{u} \end{aligned} \tag{11}$$

et pour l'équation de l'énergie :

$$\rho c_v \frac{DT}{Dt} + p\, \mathrm{div}\,\vec{u} = \Phi + k'(T)\, \mathrm{grad}^2 T + k\, \Delta T \tag{12}$$

où $\frac{D}{Dt} = \frac{\partial}{\partial t} + \vec{u}.\mathrm{grad}$ est la dérivée particulaire, et où Φ est la fonction de dissipation :

$$\Phi = \underline{\underline{\tau}} . \mathrm{grad}\, \vec{u} = \lambda\, (\mathrm{div}\,\vec{u})^2 + \frac{1}{2}\mu\, (\mathrm{def}\,\vec{u}).(\mathrm{def}\,\vec{u})$$

Les conditions (7) assurent que Φ n'est jamais négatif. Notons que le premier membre de (12) s'écrit encore $\rho T \frac{DS}{Dt}$, où S est l'entropie spécifique.

La nature parabolique par rapport au temps des équations de quantité de mouvement (pour l'inconnue $\vec{u}$) et de l'équation de l'énergie (pour l'inconnue T) apparaît clairement sur les formes (11) et (12) de ces équations. On peut vérifier, pour l'équation (11), que l'opérateur $\mathcal{L}\vec{u} = (\lambda+\mu)\, \mathrm{grad}(\mathrm{div}\,\vec{u}) + \mu\, \Delta\vec{u}$ est elliptique sauf si $\lambda + 2\mu =$ mais ce cas est exclu par les conditions (7).

L'équation de continuité (1), qui s'écrit encore :

$$\frac{D}{Dt}(\mathrm{Log}\,\rho) + \mathrm{div}\,\vec{u} = 0 \tag{13}$$

est du premier ordre ; considérée comme une équation pour ρ, ses courbes caractéristique de base sont les trajectoires des particules fluides.

Les données des variables (ρ, $\vec{u}$, T) à un instant initial (données initiales du problème de Cauchy) permettent de déterminer l'évolution ultérieure du fluide, à des instants voisins, puisque le système (11) à (13) fournit explicitement les dérivées de ces variable par rapport au temps. Mais il ne semble pas qu'il existe de résultats mathématiques rigoureux concernant les conditions aux limites à imposer pour assurer l'existence et l'unicité de la solution aux instants ultérieurs.

La nature parabolique des équations de quantité de mouvement et de l'énergie (considérées séparément), conduit à s'imposer, sur toute frontière, une condition sur $\vec{u}$ (en fait une condition scalaire pour chaque composante) et une condition sur T. L'équation de continuité (13), où l'on considère $\vec{u}$ comme connu, indique qu'on ne doit s'imposer une condition sur ρ que si le fluide entre dans le domaine de calcul par cette frontière.

Pour une paroi matérielle imperméable, et un écoulement non raréfié, l'expérience montre que la vitesse relative du fluide par rapport à la paroi est nulle, et que le fluide et la paroi ont la même température ; en général on considère l'une des deux conditions suivantes pour T ; ou bien la température de la paroi est connue, ou bien le flux de chaleur à travers la paroi est nul (paroi adiabatique).

Ces conditions tombent en défaut lorsque le degré de raréfaction de l'écoulement dépasse une certaine valeur et provoque alors un glissement et un saut de température du gaz à la paroi ; ce cas du régime dit de glissement est rappelé au paragraphe 2.

Les conditions à imposer sur une frontière non matérielle (située à distance finie ou non) font appel à l'interprétation physique du problème. Un cas fréquemment considéré en aérodynamique est celui d'un obstacle fini placé dans un écoulement illimité ; les conditions d'un écoulement uniforme donné sont alors imposées à l'infini.

2 - VALIDITE ET INTERET DES EQUATIONS DE NAVIER-STOKES EN AERODYNAMIQUE

2.1 - Validité

La théorie cinétique des gaz (par ex. [1], [2]) permet de rétablir les expressions (4) et (5) de $\vec{q}$ et de σ dans l'hypothèse où le degré local de raréfaction est faible ; ce degré de raréfaction n'est pas lié à la valeur même de la densité, mais il se mesure par le rapport du libre parcours moyen des molécules $\bar{\lambda}$ à une longueur ℓ caractérisant les gradients locaux des grandeurs macroscopiques, au point considéré. Ce rapport est le nombre de Knudsen local, Kn_ℓ :

$$Kn_\ell = \frac{\bar{\lambda}}{\ell} \tag{14}$$

Compte tenu de la relation qui existe entre $\bar{\lambda}$, μ, ρ et la vitesse du son a :

$$\mu = \sqrt{\frac{2}{\pi\gamma}}\ \rho\, a\, \bar{\lambda}$$

le nombre de Knudsen s'exprime aussi comme le rapport du nombre de Mach local ($M = u/a$) au nombre de Reynolds local basé sur ℓ ($Re_\ell = \rho u \ell/\mu$) :

$$Kn_\ell = \sqrt{\frac{\pi\gamma}{2}}\ \frac{M}{Re_\ell} \tag{15}$$

On peut caractériser approximativement le domaine de validité des équations de Navier-Stokes par la condition (par ex. [3]) :

$$Kn_\ell < 10^{-1}$$

Pour $Kn_\ell > 10^{-1}$, les lois de comportement (4) et (5) ne sont en principe plus valables, et il faut faire appel à la théorie cinétique des gaz fondée sur l'équation de Boltzmann. On distingue le régime de transition (approximativement, pour $10^{-1} < Kn_\ell < 10$) où l'équation complète de Boltzmann doit être utilisée, et le régime moléculaire libre ($Kn_\ell > 10$) où les collisions des molécules entre elles peuvent être négligées. Les comparaisons calcul-expérience ont montré que les équations de Navier-Stokes donnent des résultats valables dans un domaine de valeurs de Kn_ℓ plus étendu que la théorie ne le laisse prévoir, c'est-à-dire débordant sur le régime de transition ; les deux exemples classiques sont la structure de l'onde de choc et l'écoulement près du bord d'attaque d'une plaque plane (voir par ex. [1], [4], [5]).

Des effets de raréfaction interviennent en outre dans le comportement d'un gaz au contact avec une paroi solide. Il existe en effet, au voisinage d'une paroi, une zone dite couche de Knudsen, dont l'épaisseur est de l'ordre de $\bar{\lambda}$, et où l'écoulement doit être calculé à partir de l'équation de Boltzmann. L'influence de ces effets de raréfaction à la paroi sur l'écoulement à l'extérieur, supposé décrit par les équations de Navier-Stokes, peut être représentée simplement par une modification des conditions à la paroi consistant en une vitesse tangentielle relative du gaz à la paroi non nulle (vitesse de glissement) et en une différence de température entre le gaz et la paroi (saut de température). Le régime, dit de glissement, où ces conditions interviennent, peut être approximativement caractérisé par les conditions :

$$10^{-2} < Kn_\ell < 10^{-1}$$

où Kn_ℓ est caractéristique de l'écoulement juste à l'extérieur de la couche de Knudsen. Les conditions de glissement s'écrivent :

$$u_g = c_1 \bar{\lambda} \frac{\partial u}{\partial n} + c_2 a \bar{\lambda} \frac{1}{T} \frac{\partial T}{\partial s} \qquad (16)$$

$$T_g - T_p = c_3 \frac{\bar{\lambda}}{Pr} \frac{\partial T}{\partial n} \qquad \left(Pr = \frac{\mu c_p}{k}, \text{nombre de Prandtl}\right) \qquad (17)$$

où $\partial/\partial n$ est la dérivée normale à la paroi, et $\partial/\partial s$ la dérivée tangentielle ; u est la composante tangentielle relative de la vitesse qui prend la valeur u_g à la paroi, T_g est la température du gaz et T_p celle de la paroi ; c_1 , c_2 et c_3 sont des constantes sans dimension qui dépendent des lois d'interaction des molécules avec la paroi. En fait u_g et T_g ne sont pas la vitesse et la température exactes du gaz à la paroi car l'écart entre la solution des équations de Navier-Stokes et celle de l'équation de Boltzmann n'est pas négligeable dans la couche de Knudsen (par définition du régime de glissement), et les conditions (16) et (17) traduisent seulement le raccord entre la solution "Navier-Stokes" pour l'extérieur de cette couche et la solution "Boltzmann" pour l'intérieur. Cependant il est important de noter que le flux de chaleur et le frottement à la paroi fournis par la solution "Navier-Stokes" sont exacts au même ordre que l'est cette solution à l'extérieur de la couche de Knudsen.

Dans le cas d'un écoulement à grand nombre de Reynolds, où il existe une couche limite à la paroi, la longueur caractéristique ℓ dans la couche limite est l'épaisseur δ de celle-ci ; si L est une dimension caractéristique globale de l'écoulement, et Re_L le nombre de Reynolds basé sur cette longueur, on a :

$$Re_\ell \sim \sqrt{Re_L}$$

(du moins tant que le nombre de Mach M_0 à la frontière de la couche limite n'est pas trop grand), et le régime de glissement correspond approximativement (sans tenir compte d'effets de température) à :

$$10^{-2} < \frac{M_0}{\sqrt{Re_L}} < 10^{-1}$$

Notons finalement que si $Kn_\ell \lesssim 10^{-2}$, c'est-à-dire soit $M_0 / Re_L < 10^{-2}$ si Re_L n'est pas grand , soit $M_0 /\sqrt{Re_L} < 10^{-2}$ si Re_L est grand, les effets de glissement et de saut de température deviennent négligeables ; on a affaire alors au régime d'écoulement improprement qualifié de "continu".

2.2 - Intérêt

La brève discussion qui précède montre que les équations de Navier-Stokes sont valables dans un très large domaine de nombre de Mach et de nombre de Reynolds, comportant le régime dit continu et le régime de glissement, et débordant même en pratique sur le régime de transition.

Ce domaine recouvre donc toutes les applications de l'aérodynamique à l'aéronautique (avions, engins) et une grande partie des applications de l'aérodynamique à l'astronautique (problème de la rentrée dans l'atmosphère d'un satellite, d'une navette spatiale). Le régime de transition et le régime moléculaire libre n'interviennent qu'à des altitudes très élevées intéressant des engins satellisés ou commençant leur rentrée dans l'atmosphère ; dans le cas d'objets très petits (météorites) ces régimes d'écoulement peuvent persister à des altitudes plus faibles.

En ce qui concerne l'utilisation des équations de Navier-Stokes pour l'étude théorique de problèmes d'aérodynamique, il convient de distinguer deux cas selon que le nombre de Reynolds Re_L caractéristique de l'écoulement est grand ou non.

Dans le premier cas, qui recouvre une grande partie des applications, les méthodes de calcul d'usage courant sont basées sur les approximations de fluide parfait ou de couche limite, et les équations de Navier-Stokes ne sont réellement nécessaires que pour décrire l'écoulement dans certaines zones où ces deux approximations tombent en défaut ; mais il faut noter que l'existence de telles zones est la règle plutôt que l'exception, et que ces zones jouent un rôle souvent important dans la détermination de l'ensemble de l'écoulement. Quelques exemples d'écoulements à grand nombre de Reynolds comportant de telles zones "Navier-Stokes" sont représentés schématiquement sur la figure 1.

On pourrait donc penser que la résolution des équations de Navier-Stokes, pour les écoulements à grand nombre de Reynolds, ne présente d'intérêt que dans ces zones très limitées et non pour l'ensemble de l'écoulement. Ce point de vue est sans doute justifié actuellement compte tenu des coûts des calculs et des possibilités des ordinateurs, mais il ne le restera problablement pas dans une perspective à long terme. En effet, l'utilisation des équations de Navier-Stokes pour l'ensemble de l'écoulement présente l'avantage essentiel d'éliminer les problèmes posés par le couplage, qu'il faut assurer au cours du calcul, entre une zone "Navier-Stokes" et l'extérieur (zone "fluide parfait" ou zone "couche limite") ; ces problèmes qui mettent en cause la convergence du calcul, peuvent être difficiles à résoudre pour les raisons suivantes : d'une part l'existence, la position et l'étendue d'une zone Navier-Stokes ne sont pas nécessairement connues en avance (cas d'un décollement sur une paroi lisse), alors qu'elles sont révélées par le calcul complet à partir des équations de Navier-Stokes ; d'autre part, l'écoulement à l'extérieur de cette zone peut être très sensible au couplage avec cette zone, et la convergence du calcul peut être difficile à obtenir.

Nous n'avons pas encore fait la distinction, pourtant essentielle en pratique, entre écoulements laminaires et écoulements turbulents. La structure de la turbulence fait intervenir des échelles de temps et d'espace très petites, mais qui ne mettent pas en cause la validité des équations de Navier-Stokes.

Cependant la détermination de cette structure dans un écoulement, par résolution numérique des équations de Navier-Stokes instationnaires, est hors de portée des ordinateurs actuels les plus puissants. Des tentatives ont été faites pour l'étude numérique locale de la turbulence, mais le calcul effectif d'écoulements turbulents (c'est-à-dire de leur structure moyenne dans le temps) doit faire appel à des modèles de turbulence à caractère empirique et dont la validité ne peut être appréciée que par comparaison avec l'expérience. On trouvera une revue récente des modèles de turbulence dans le livre de Launder et Spalding [6]. La discussion de ce problème très vaste et complexe sort du cadre de cet exposé ; signalons seulement que des modèles de turbulence associés aux équations de Navier-Stokes ont été mis en oeuvre surtout pour les écoulements incompressibles, et qu'il y a encore peu d'études analogues publiées dans le cas compressible [7].

Les méthodes numériques que nous discutons plus loin ont toutes été utilisées pour le calcul d'écoulements laminaires ; la transposition de ces méthodes pour le traitement des équations de Navier-Stokes avec un modèle de turbulence ne devrait pas soulever de difficultés de principe, bien qu'en pratique la structure des couches visqueuses turbulentes puisse exiger des modifications assez importantes (en particulier pour le maillage).

Le deuxième cas à considérer est celui où le nombre de Reynolds n'est plus assez grand pour que la théorie classique de la couche limite s'applique, même si l'on peut encore distinguer dans l'écoulement des zones visqueuses et des zones de fluide parfait, car ces zones sont alors fortement couplées. Si le nombre de Reynolds est assez faible, les effets dissipatifs interviennent dans tout l'écoulement.

Ce deuxième cas, où l'écoulement est toujours laminaire, se rencontre dans les problèmes de rentrée dans l'atmosphère (il faut alors tenir compte des effets dits de gaz réel : réactions chimiques, ionisation ...) ; les exemples classiques sont ceux du corps émoussé ou du bord d'attaque d'une plaque plane en écoulement hypersonique. Ce deuxième cas se rencontre aussi dans les écoulements à des vitesses modérées autour d'objets de faibles dimensions tels que des sondes de mesure (tube Pitot, fil chaud...) utilisées en soufflerie.

Notons, pour conclure ce paragraphe, que c'est essentiellement le cas des nombres de Reynolds faibles ou modérés qui a jusqu'ici fait l'objet d'études numériques à partir des équations de Navier-Stokes ; le cas des grands nombres de Reynolds est évidemment beaucoup plus difficile, mais les études qui lui sont consacrées pourraient se développer rapidement dans un proche avenir.

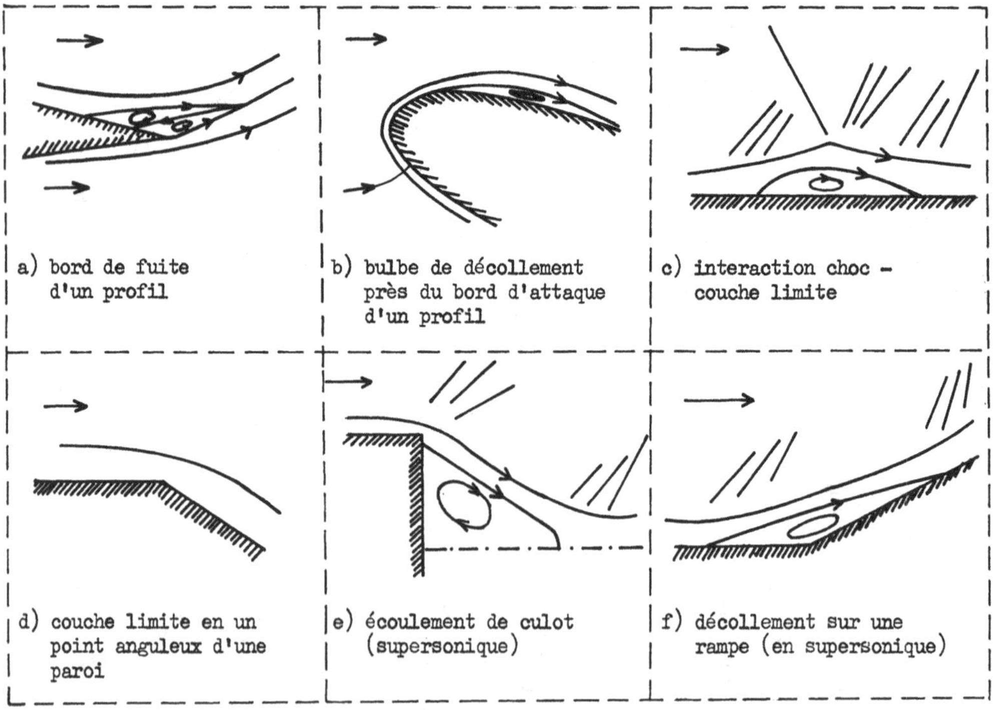

Fig. 1 - Ecoulements à grand nombre de Reynolds avec zones "Navier-Stokes"

3 - PROBLEMES TRAITES

En exceptant les calculs relatifs aux équations instationnaires à une dimension d'espace [8] - [13], on trouve, depuis 1965, un nombre relativement important de calculs d'écoulements bidimensionnels. En général, ces travaux considèrent des géométries simples ou, lorsque la géométrie de l'obstacle est compliquée, seulement une partie limitée de l'écoulement (bord d'attaque, culot ...).

Très rares sont encore les calculs complets d'écoulement autour d'un obstacle fini ; toutes les difficultés liées à la résolution numérique des équations de Navier-Stokes se trouvent, en effet, rassemblées dans le cas d'un écoulement autour d'un obstacle fini.

On trouvera dans les références [14], [15] et [16] une discussion de certains problèmes liés à la résolution numérique des équations de Navier-Stokes.

Le tableau qui suit présente un certain nombre d'études, classées selon la configuration géométrique traitée.

Dans la première colonne sont indiqués les types de problèmes et les auteurs -(les numéros se réfèrent à la bibliographie), les schémas utilisés sont brièvement mentionnés dans la seconde colonne avec indication d'un numéro de formule si ce schéma est décrit dans le paragraphe suivant. Enfin, on a représenté schématiquement dans la dernière colonne la géométrie du problème.

TABLEAU I

PROBLEMES ET AUTEURS	METHODES	GEOMETRIES
CAVITE [17] BRAILOVSKAYA (1965) [19] POLEZHAEV (1967)	 2 pas (15) directions alternées	
PLAQUE PLANE [19] THOMMEN (1966) [20] KURZROCK - MATES (1966) [21] BUTLER (1967) [22] TRULIO - WALITT - NILES (1970) [23] CHENG - CHEN (1973) [5] TANNEHILL - MOHLING - RAKICH (1973)	 2 pas (27) décentré / explicite "PIC" - "FLIC" "AFTON" 2 pas (35) 2 pas (30)	
PLAQUE PLANE : INTERACTION ONDE DE CHOC - COUCHE LIMITE [24] SKOGLUND - COLE - STAIANO (1968) [25] MAC CORMACK (1971)	{ Lax-Wendroff et Viscosité artificielle (Rusanov) 2 pas (30)	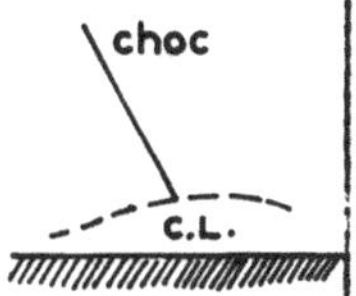

PROBLEMES ET AUTEURS	METHODES	GEOMETRIE
ANGLE DE DETENTE [26] BRAILOVSKAYA (1967)	2 pas (25)	
ANGLE DE COMPRESSION [27] CARTER (1973)	2 pas (25)	
MARCHE "AMONT" [19] THOMMEN (1966) (a) [22] TRULIO - WALITT - NILES (1970) (b) [28] GOODRICH - LAMB - BERTIN (1972) (a)	2 pas (27) "AFTON" Viscosité artificielle (Rusanov)	 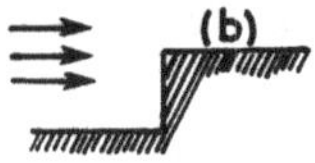
MARCHE "AVAL" [29] MICHENKOV (1969) (a) [30] ALLEN - CHENG (1970) (a) [31] ROACHE - MUELLER (1970) (a,b) [32] ROACHE - (1970) (a,b) [33] ROSS - CHENG (1971) (a) [34] BRAILOVSKAYA (1971) (a) [35] ROSS - CHENG (1972) (a) [28] GOODRICH - LAMB - BERTIN (1972) (a, b)	2 pas (27) 2 pas (35) Décentré/Dufort-Frankel Décentré/Dufort-Frankel 2 pas (35) 2 pas (25) 2 pas (35) viscosité artificielle (Rusanov)	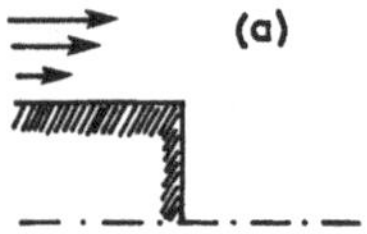 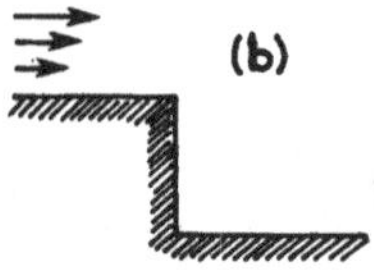
CAVITE OUVERTE [32] ROACHE (1970)	Décentré/Dufort-Frankel	
MARCHE "AMONT-AVAL" [36] PALUMBO - RUBIN (1972) [28] GOODRICH - LAMB - BERTIN (1972)	2 pas (32) Viscosité artificielle (Rusanov)	
CERCLE "AMONT" [37] MORETTI - SALAS (1969)	Type Lax- Wendroff 1 pas	

PROBLEMES ET AUTEURS	METHODES	GEOMETRIES
PARABOLE "AMONT" [38] PEYRET - VIVIAND (1972)	Semi-implicite (33)	
CERCLE "AMONT-AVAL" [39] SCALA - GORDON (1968) [40] SCALA - GORDON (1970) [41] KITCHENS (1973) [56] TRULIO - WALITT - LIU (1970)	 Explicite - Implicite (22) Explicite - Implicite (22) Explicite - Implicite (22) "AFTON"	
OBSTACLE PARABOLIQUE FINI [42] PEYRET - VIVIAND (1973)	Semi-implicite (33)	
SPHERE "AMONT" [43] MOLODTZOV (1969) [44] MOLODTZOV - TOLSTYKH (1969) [45] PAVLOV (1969) [46] VICTORIA - WIDHOPF (1972)	 Relations intégrales Relations intégrales 2 pas (25) Leap frog./Dufort-Frankel	
SPHERE - CONE "AMONT" [47] MAGNUS - GALLAHER (1967)	2 pas	
ELLIPSOIDE "AMONT" [45] PAVLOV (1969)	2 pas (25)	
SPHERE "AMONT-AVAL" [48] PAVLOV (1968) [40] SCALA - GORDON (1970)	 2 pas (25) Explicite - Implicite (22)	

Il n'est pas possible, dans le cadre de cet exposé, de décrire, en détails, les conditions d'écoulement. Disons simplement que les nombres de Mach sont, en général, supersoniques ou hypersoniques, que les nombres de Reynolds varient entre 10 et 10^4, que les parois sont ou bien à température donnée, ou bien adiabatiques. Signalons aussi que pour certains calculs d'écoulements hypersoniques des conditions de glissement (17), (18) ont été utilisées.

4 - SCHEMAS AUX DIFFERENCES FINIES

Les équations de Navier-Stokes (1) - (5) adimensionnées s'écrivent sous forme conservative, dans le cas bidimensionnel :

$$\frac{\partial W}{\partial t} + \frac{\partial F}{\partial x} + \frac{\partial G}{\partial y} = \varepsilon \left(\frac{\partial F_1}{\partial x} + \frac{\partial G_1}{\partial y} \right) \tag{19a}$$

où ε est l'inverse du nombre de Reynolds, et où (x, y) peuvent être des coordonnées curvilignes quelconques. Dans le cas où (x, y) sont des coordonnées cartésiennes, le "vecteur" W a pour éléments (ρ , ρu , ρv, ρE), où u et v sont les composantes de la vitesse $\vec{u}$. Les "vecteurs" F et G sont fonctions de W , alors que F_1 et G_1 sont fonctions de W et de ses dérivées premières.

Toutes les méthodes de calcul, à l'exception de celle utilisée en [43], [44] qui est une méthode de relations intégrales, sont des méthodes aux différences finies.

Les écoulements étudiés sont, pour la plupart, stationnaires et, pour obtenir cette solution stationnaire deux types de procédés sont employés :

(1) la résolution des équations de Navier-Stokes instationnaires au moyen d'un schéma consistant (avec ou sans condition) avec ces équations instationnaires ; la solution stationnaire recherchée est obtenue à la limite $t \to \infty$,

(2) la résolution des équations de Navier-Stokes instationnaires au moyen d'un schéma non consistant, le schéma devenant consistant aux équations stationnaires à la limite $t \to \infty$ seulement. Dans ce cas on peut interpréter la méthode comme un procédé itératif de résolution des équations aux différences discrétisant les équations de Navier-Stokes stationnaires :

$$\frac{\partial F}{\partial x} + \frac{\partial G}{\partial y} = \varepsilon \left(\frac{\partial F_1}{\partial x} + \frac{\partial G_1}{\partial y} \right) \tag{19b}$$

Le processus itératif est alors directement inspiré de la forme instationnaire (19a).

En poursuivant dans cette direction on peut alors chercher à remplacer le vecteur W par un autre vecteur W* qui conduira à une convergence plus rapide vers l'état stationnaire, du fait soit de la structure mathématique du système pseudo-instationnaire ainsi formé :

$$\frac{\partial W^*}{\partial t} + \frac{\partial F}{\partial x} + \frac{\partial G}{\partial y} = \varepsilon \left(\frac{\partial F_1}{\partial x} + \frac{\partial G_1}{\partial y} \right) \tag{20}$$

soit des propriétés de stabilité du schéma correspondant.

Nous présentons ci-après quelques-uns des schémas utilisés pour la résolution des équations de Navier-Stokes, représentatifs des deux procédés mentionnés plus haut, en considérant pour cela l'équation modèle scalaire :

$$\frac{\partial u}{\partial t} + \frac{\partial}{\partial x}\left[f(u) \right] = \varepsilon \frac{\partial^2 u}{\partial x^2} \tag{21}$$

On introduit les notations $A(u) = \frac{df}{du}$; $u\,(i\,\Delta x\,,\, n\,\Delta t) = u_i^n$; $f(u_i^n) = f_i^n$; $f(\tilde{u}_i^n) = \tilde{f}_i^n$; $\sigma = \Delta t/\Delta x$; $\nu = \varepsilon\,\Delta t/\Delta x^2$.

Les critères de stabilité se référeront au cas linéaire pour lequel A = const.

4.1 - Schémas consistants avec les équations instationnaires

4.1.1 - Schémas à 1 pas

(a) - SCALA - GORDON [39]

Les points $(n+1, i)$ sont divisés en points "explicites" $(2i-1)$ et points "implicites" $(2i)$; le rôle des points $(2i-1)$, $(2i)$ est échangé au pas de temps suivant. Le schéma s'écrit :

$$u_{2i-1}^{n+1} = u_{2i-1}^{n} - \frac{\sigma}{2}\left[\left(A_{2i-1}^{n} + |A_{2i-1}^{n}|\right)\left(u_{2i-1}^{n} - u_{2i-2}^{n}\right)\right.$$
$$\left. + \left(A_{2i-1}^{n} - |A_{2i-1}^{n}|\right)\left(u_{2i}^{n} - u_{2i-1}^{n}\right)\right] + \nu\left[u_{2i-2}^{n} - 2u_{2i-1}^{n} + u_{2i}^{n}\right] \qquad (22a)$$
$$\equiv u_{2i-1}^{n} + \left[Q(u_{2i-1}^{n})\right] u_{2i-1}^{n}$$

$$u_{2i}^{n+1} = u_{2i}^{n} + \left[Q(u_{2i}^{n+1})\right] u_{2i}^{n+1} \qquad (22b)$$

- Consistance : $\sigma = o(1)$,
- Précision état stationnaire : $O(\Delta x)$,
- Stabilité : $\sigma = o(1)$.
- Nota : Ce schéma nécessite de procéder à un calcul itératif pour les points implicites $2i$.

(b)-VICTORIA - WIDHOPF [46]

$$u_i^{n+1} = u_i^{n-1} - \sigma\left(f_{i+1}^{n} - f_{i-1}^{n}\right) + 2\nu\left[u_{i+1}^{n} - \left(u_i^{n+1} + u_i^{n-1}\right) + u_{i-1}^{n}\right] \qquad (23)$$

- Consistance : $\varepsilon\sigma = o(1)$,
- Précision état stationnaire : $O(\Delta x^2)$.
- Stabilité :

$$|A|\,\sigma \leqslant 1 \qquad (24)$$

4.1.2 - Schémas à 2 pas

(a)-BRAILOVSKAYA [17]

$$\tilde{u}_i^{n+1} = u_i^{n} - \frac{\sigma}{2}\left(f_{i+1}^{n} - f_{i-1}^{n}\right) + \nu\left(u_{i+1}^{n} - 2u_i^{n} + u_{i-1}^{n}\right) \qquad (25a)$$

$$u_i^{n+1} = u_i^n - \frac{\sigma}{2}\left(\tilde{f}_{i+1}^{n+1} - \tilde{f}_{i-1}^{n+1}\right) + \nu\left(u_{i+1}^n - 2u_i^n + u_{i-1}^n\right) \tag{25b}$$

- Consistance : sans condition ; précision $O(\Delta t + \Delta x^2)$.
- Précision état stationnaire : $O(\Delta x^2)$.
- Stabilité :

$$\Delta t \leqslant \mathrm{Min}\left\{\frac{\Delta x^2}{4\varepsilon}, \frac{\Delta x}{|A|}\right\} \tag{26}$$

(b) - THOMMEN [19]

$$\tilde{u}_{i\pm 1/2}^{n+1/2} = \frac{1}{2}\left(u_{i\pm 1}^n + u_i^n\right) \mp \frac{\sigma}{2}\left(f_{i\pm 1}^n - f_i^n\right) \tag{27a}$$

$$+ \frac{\nu}{4}\left[\left(u_{i\pm 2}^n - 2u_{i\pm 1}^n + u_i^n\right) + \left(u_{i+1}^n - 2u_i^n + u_{i-1}^n\right)\right]$$

$$u_i^{n+1} = u_i^n - \sigma\left(\tilde{f}_{i+1/2}^{n+1/2} - \tilde{f}_{i-1/2}^{n+1/2}\right) + \nu\left(u_{i+1}^n - 2u_i^n + u_{i-1}^n\right) \tag{27b}$$

- Consistance sans condition, précision $O(\varepsilon\Delta t + \Delta x^2)$.
- Précision état stationnaire : $O(\Delta x^2)$.
- Stabilité :

$$A^2\sigma^2 + 2\nu \leqslant 1 \tag{28}$$

(c) - MAC CORMACK [25]

$$\tilde{u}_i^{n+1} = u_i^n - \sigma\left(f_{i+1}^n - f_i^n\right) + \nu\left(u_{i+1}^n - 2u_i^n + u_{i-1}^n\right) \tag{29a}$$

$$u_i^{n+1} = u_i^n - \frac{\sigma}{2}\left[\left(f_{i+1}^n - f_i^n\right) + \left(\tilde{f}_i^{n+1} - \tilde{f}_{i-1}^{n+1}\right)\right] \tag{29b}$$

$$+ \frac{\nu}{2}\left[\left(u_{i+1}^n - 2u_i^n + u_{i-1}^n\right) + \left(\tilde{u}_{i+1}^{n+1} - 2\tilde{u}_i^{n+1} + \tilde{u}_{i-1}^{n+1}\right)\right]$$

- Consistance sans condition ; précision $O(\Delta t^2 + \Delta x^2)$,
- Précision état stationnaire : $O(\Delta x^2)$,

- Stabilité [5] :

$$A^2\sigma^2 - 4\nu^2 + 2\nu \geq 0 \quad \text{si} \quad A^2\sigma^2 - 3\nu^2 \leq 0$$
$$A^2\sigma^2 - 4\nu^2 + 2\nu \leq 1 \quad \text{si} \quad A^2\sigma^2 - 3\nu^2 > 0 \qquad (30)$$

Nota : On obtient une variante de ce schéma en approchant $\partial f/\partial x$ par $(f_i^n - f_{i-1}^n)/\Delta x$ au premier pas et par $[f_i^n - f_{i-1}^n + \tilde{f}_{i+1}^{n+1} - \tilde{f}_i^{n+1}]/(2\Delta x)$ au second pas.

(d) PALUMBO - RUBIN [36]

$$\tilde{u}_{i\pm 1/2}^{n+1} = \frac{1}{2}\left(u_{i\pm 1}^n + u_i^n\right) \mp \sigma\left(f_{i\pm 1}^n - f_i^n\right)$$
$$+ \frac{\nu}{2}\left[\left(u_{i\pm 2}^n - 2u_{i\pm 1}^n + u_i^n\right) + \left(u_{i+1}^n - 2u_i^n + u_{i-1}^n\right)\right] \qquad (31a)$$

$$u_i^{n+1} = u_i^n - \frac{\sigma}{2}\left[\frac{1}{2}\left(f_{i+1}^n - f_{i-1}^n\right) + \left(\tilde{f}_{i+1/2}^{n+1} - \tilde{f}_{i-1/2}^{n+1}\right)\right] \qquad (31b)$$
$$+ \frac{\nu}{4}\left(u_{i+2}^n - 2u_i^n + u_{i-2}^n\right)$$

- Consistance sans condition ; précision $O(\varepsilon\Delta t + \Delta x^2)$,

- Précision état stationnaire : $O(\Delta x^2)$

- Stabilité : "critère numérique" seulement (voir fig. 4).

4.2 - Schémas non consistants avec les équations instationnaires

4.2.1 - Schéma à 1 pas (PEYRET - VIVIAND [38])

$$u_i^{n+1} = u_i^n - \frac{\sigma}{2}\left(f_{i+1}^n - f_{i-1}^{n+1}\right) + \nu\left(u_{i+1}^n - 2u_i^n + u_{i-1}^{n+1}\right) \qquad (32)$$

- Précision état stationnaire : $O(\Delta x^2)$,

- Stabilité :

$$\frac{1}{2}|A|\sigma + \nu \leq 1 \qquad (33)$$

4.2.2 - Schéma à 2 pas (ALLEN - CHENG [30])

$$\tilde{u}_i^{n+1} = u_i^n - \frac{\sigma}{2}\left(f_{i+1}^n - f_{i-1}^n\right) + \nu\left(u_{i+1}^n - 2\tilde{u}_i^{n+1} + u_{i-1}^n\right) \qquad (34a)$$

$$u_i^{n+1} = u_i^n - \frac{\sigma}{2}\left(\tilde{f}_{i+1}^{n+1} - \tilde{f}_{i-1}^{n+1}\right) + \nu\left(\tilde{u}_{i+1}^{n+1} - 2u_i^{n+1} + \tilde{u}_{i-1}^{n+1}\right) \qquad (34b)$$

-Précision état stationnaire : $O(\Delta x^2)$

-Stabilité :

$$|A|\,\sigma \leqslant 1 \tag{35}$$

4.2.3 - Remarque sur les schémas non consistants (cas linéaire)

Pour les schémas non consistants, il est intéressant de voir quelle équation on résout effectivement. On obtient cette équation à partir du schéma en effectuant des développements de Taylor limités aux premiers termes significatifs. Plaçons-nous dans le cas linéaire où $A(u) = A =$ const., l'équation discrétisée par les schémas (32) et (34) est de la forme :

$$\frac{\partial u}{\partial t} + K\left(A\frac{\partial u}{\partial x} - \varepsilon\frac{\partial^2 u}{\partial x^2}\right) = 0 \tag{36}$$

avec

$$K = \left[1 - \frac{\Delta t}{\Delta x^2}\left(\varepsilon + A\frac{\Delta x}{2}\right)\right]^{-1} \qquad \text{pour (32)} \tag{37}$$

$$K = \left[1 + 4\varepsilon\frac{\Delta t}{\Delta x^2}\right]\left[1 + 2\varepsilon\frac{\Delta t}{\Delta x^2}\right]^{-2} \qquad \text{pour (34)} \tag{38}$$

(a) - Cas du schéma (32)

Si la condition de stabilité (33) est satisfaite, la formule (37) montre que $K > 1$ si $A > 0$ et, dans le cas $A < 0$, $K > 1$ si $|A|\Delta x < 2\varepsilon$, $0 < K < 1$ si $|A|\Delta x > 2\varepsilon$ [si $A < 0$, il faudrait changer le rôle de $i+1$ et $i-1$ en ce qui concerne les indices n, $n+1$, pour obtenir $K > 1$ sans autre condition que (33)]. Lorsque $K > 1$, la convergence vers l'état stationnaire est plus rapide que celle qu'on aurait avec une discrétisation consistante. En fait, toujours dans ce cas A = const., le schéma (32) n'est autre que l'application à l'équation,

$$\frac{A}{2\Delta x}\left(u_{i+1} - u_{i-1}\right) - \frac{\varepsilon}{\Delta x^2}\left(u_{i+1} - 2u_i + u_{i-1}\right) = 0 \tag{39}$$

de la méthode des relaxations successives ("SOR") avec $\omega = 2\varepsilon\,\Delta t/\Delta x^2$ comme paramètre relaxation. On peut alors démontrer que le processus converge lorsque $0 < \omega^* < 2$ où $\omega^* = \omega\left(1 + |A|\frac{\Delta x}{2\varepsilon}.\right)$

(b) - Cas du schéma (34)

La formule (38) montre qu'ici K est toujours inférieur à 1. Le critère (35) implique $\Delta t = \eta\,\frac{\Delta x}{|A|}$ avec $0 < \eta \leqslant 1$; on obtient alors :

$$K = |A|\,\Delta x\,\frac{|A|\,\Delta x + 4\varepsilon\eta}{\left(|A|\,\Delta x + 2\varepsilon\eta\right)^2} \tag{40}$$

si $\varepsilon = O(1)$, $K = O(\Delta x)$, d'où une convergence très lente vers l'état stationnaire ; cependant si $\varepsilon \to 0$, alors $K \to 1$. Ainsi, avec ce schéma (34), la convergence est moins rapide qu'avec une discrétisation consistante ; mais cette lenteur relative est contrebalancée par le fait que, grâce aux bonnes propriétés de stabilité, le calcul peut être effectué avec des Δt assez grands - du moins tant que ε n'est pas très petit.

On mentionnera, en anticipant un peu (§ 4.3) que le critère (35) est trop restrictif de sorte que le calcul peut être conduit avec de très grandes valeurs de Δt, mais la valeur de K s'en trouve réduite d'autant.

Pour illustrer cette discussion consacrée aux propriétés de convergence vers l'état stationnaire nous avons porté sur les figures 2 et 3 les résultats d'une application numérique relative à (21) avec $A = 1$, $\varepsilon = 0,1$ menée à partir des schémas (29), (32) et (34) dans le cas où $\Delta x = 0,02$. L'état initial est représenté par la courbe (1). La figure 2 illustre les résultats obtenus au bout d'un même temps $t = 0,364$. La figure 3 compare les résultats à un nombre de pas de temps N fixé. On notera que (32) donne l'état stationnaire avec une erreur de l'ordre de 10^{-3} dès la 50ème itération. Les courbes (5), (6) correspondent à des calculs effectués avec (34) dans les cas $\Delta t = 0,02$ et $\Delta t \geqslant 0,4$ (pour $\Delta t \geqslant 0,4$ on obtient les mêmes résultats au terme d'un nombre fixé de cycles de temps quel que soit Δt).

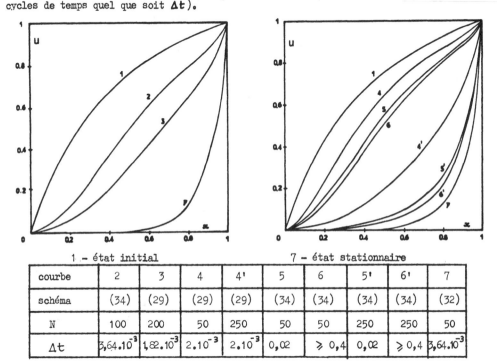

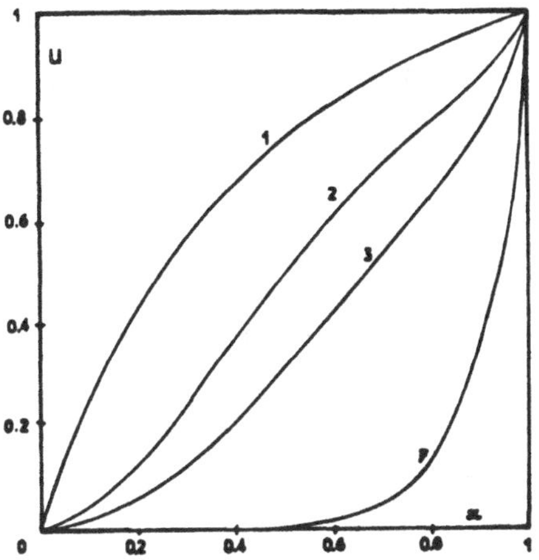

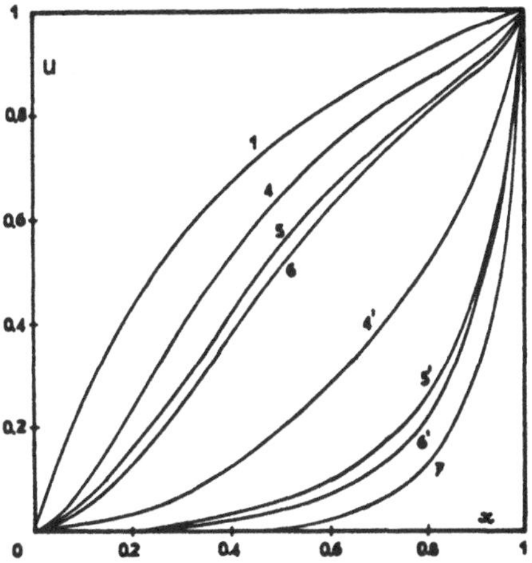

1 - état initial 7 - état stationnaire

courbe	2	3	4	4'	5	6	5'	6'	7
schéma	(34)	(29)	(29)	(29)	(34)	(34)	(34)	(34)	(32)
N	100	200	50	250	50	50	250	250	50
Δt	$3,64.10^{-3}$	$1,82.10^{-3}$	2.10^{-3}	2.10^{-3}	0,02	$\geqslant 0,4$	0,02	$\geqslant 0,4$	$3,64.10^{-3}$

Fig. 2 - Comparaison de schémas sur l'équation modèle - Résultats à $t = 0,364$.

Fig. 3 - Comparaison de schémas sur l'équation modèle - Résultats à $N = 50$ et à $N = 250$.

4.3 - Stabilité

Il faut noter que, même dans le cas simple de l'équation linéaire considérée ici, la détermination rigoureuse du critère de stabilité n'est pas chose aisée. Ainsi certains critères [Eq. (26), (35)] sont trop restrictifs, d'autres [Eq. (30)] pas assez. On a procédé à une étude numérique du facteur d'amplification pour déterminer le critère exact. La figure 4 représente les domaines de stabilité dans le plan $\left(\varepsilon \frac{\Delta t}{\Delta x^2}, |A| \frac{\Delta x}{\varepsilon}\right)$.

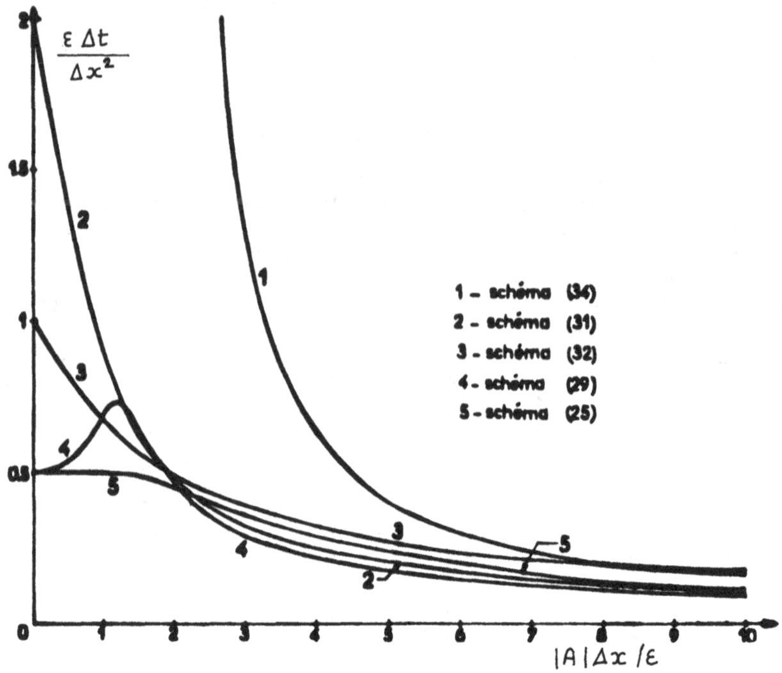

Fig. 4 – Courbes de stabilité de différents schémas pour l'équation modèle.

Si le critère de stabilité dépend de ε , alors il lui correspond, dans le cas des équations de Navier-Stokes, un critère du type $\Delta t \approx \rho \, Re \, \Delta x^2$ où Re est le nombre de Reynolds. Dans les zone où ρ est très faible, en particulier dans la région du culot (fig. 1 – e) ceci conduit à un Δt si petit que le temps de calcul peut devenir prohibiti[49]. On voit là l'intérêt soit de travailler avec un schéma stable sans critère de ce ge soit de substituer au vecteur W de l'équation (19a) un vecteur W^*, de sorte que, pour le système obtenu (20) le critère de stabilité ne dépende plus de ρ . En [42] on a chois W^* de la forme (ρ, u, v, T) .

4.4 – Remarque sur le calcul des points voisins d'une limite

Considérons le calcul de u_1^{n+1} en un point voisin d'une limite $i = 0$ où $u = u_0$ est donné. Dans le cas des schémas à 2 pas calculant les valeurs intermédiaires aux mêmes points que les valeurs définitives, le calcul de u_1^{n+1} implique celui d'une valeur intermédiaire $\tilde{u}_0^{n+1}$ au point frontière à partir du schéma lui-même (décentré correctement). Si l'on utilise la condition limite, c'est-à-dire si l'on pose $\tilde{u}_0^{n+1} = u_0$, on fait une erreur qui, selon les schémas, tend ou non vers zéro quand $\Delta t \to \infty$.

5 – CONDITIONS AUX LIMITES –

On peut distinguer deux types de frontière : des parois matérielles et des frontières sans réalité physique introduites pour limiter le domaine de calcul. Dans la plupart des cas l'obstacle considéré est placé dans un fluide d'étendue infinie et les conditions doivent être imposées à l'infini. Ceci est évidemment impossible, à moins de faire des transformations de coordonnées ramenant l'infini à distance finie. En général, on limite arbitrairement le domaine de calcul et l'on cherche à imposer des conditions compatibles avec le problème considéré.

5.1 - Conditions sur une paroi (cas d'une paroi régulière)

L'écriture des conditions pour la vitesse et la température (§ 1 et 2) ne conduit à aucune difficulté, mais il reste une grandeur thermodynamique inconnue à la paroi (la pression ou la masse volumique). La pression intervient effectivement, par l'intermédiaire de sa dérivée transversale à la paroi, lors du calcul de la quantité de mouvement sur la première ligne voisine de la paroi. Il faut donc, ou bien calculer cette grandeur thermodynamique ou bien trouver un procédé qui évite d'en avoir réellement besoin.

Les techniques seront différentes selon que l'obstacle est une ligne du maillage ou que l'obstacle n'appartient pas au maillage (nous supposons ici que toutes les inconnues sont définies aux mêmes points).

5.1.1 - La paroi est une ligne du maillage

(a) La détermination de la masse volumique ρ_P à la paroi $\mathcal{P}$ par discrétisation de l'équation de continuité écrite sur cette paroi (dans le cas où $\vec{u} = 0$ sur $\mathcal{P}$)

$$\frac{\partial \rho}{\partial t} + \frac{\partial}{\partial \eta}(\rho V) = 0 \tag{41}$$

(V vitesse normale à $\mathcal{P}$, η coordonnée transversale à $\mathcal{P}$) nécessite d'approcher $\partial(\rho V)/\partial\eta$ par une différence décentrée. L'utilisation d'un tel procédé est fort délicate et il semble que, si elle peut se concevoir moyennant certaines précautions pour une paroi de compression ou de faible détente, elle ne convienne pas pour l'écoulement de culot dans lequel cas on obtient rapidement des densités négatives [30], [42]. Cependant, dans le cas de l'écoulement au nez d'un obstacle émoussé, une discrétisation de (41) a été utilisée avec succès en [46]. Cette équation est discrétisée à partir du schéma (23), soit :

$$\rho_P^{n+1} = \rho_P^{n-1} - \frac{\Delta t}{\Delta \eta}\left[(\rho V)_1^n - (\rho V)_0^n\right] \tag{42}$$

et la quantité $(\rho V)_0^n$ (cf. fig. 5) est déterminée par une extrapolation dans l'espace et le temps :

$$(\rho V)_0^n = 2(\rho V)_P^{n-1} - (\rho V)_1^{n-2} = -(\rho V)_1^{n-2} \tag{43}$$

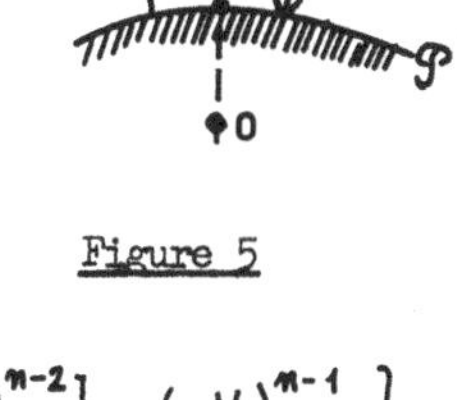

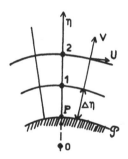

Figure 5

Cette méthode revient à approcher :

$$\left(\frac{\partial}{\partial\eta}(\rho V)\right)_P^{n-1} \text{ par l'expression } \frac{1}{\Delta\eta}\left\{\frac{1}{2}\left[(\rho V)_1^n + (\rho V)_1^{n-2}\right] - (\rho V)_P^{n-1}\right\}.$$

(b) En [36], la technique suivante est proposée pour le calcul de la pression p_P sur $\mathcal{P}$: un développement de Taylor donne :

$$p_P^{n+1} = p_1^{n+1} - \Delta\eta\left(\frac{\partial p}{\partial \eta}\right)_P^{n+1} + \cdots \tag{44}$$

puis $(\partial p / \partial \eta)_P^{n+1}$ est calculé à partir de l'équation de quantité de mouvement normale écrite en P. Ceci nécessite d'approcher les dérivées de la vitesse en P, qui interviennent dans cette équation, par des différences décentrées.

(c) Certains auteurs déterminent ρ_P par extrapolation parabolique (par exemple [5], [27]).

(d) Dans le cas de l'écoulement sur un obstacle parabolique [38], [42], les deux méthodes suivantes ont été appliquées. Comme on l'a dit, la connaissance de p sur l'obstacle n'est, en fait, nécessaire que lors du calcul de la vitesse transversale V au point 1 (fig. 5).

Le premier procédé consiste à ne pas calculer V_1^{n+1} à partir de l'équation de quantité de mouvement correspondante, mais à partir de la condition stationnaire $(\partial V / \partial \eta)_P = 0$ déduite de l'équation de continuité stationnaire en P, d'où par discrétisation décentrée :

$$V_1^{n+1} = \frac{1}{4}\left(3\, V_P^{n+1} + V_2^{n+1}\right) = \frac{1}{4}\, V_2^{n+1} \qquad (45)$$

Le second procédé consiste simplement à approcher le gradient $(\partial p/\partial \eta)$ au point 1 par une différence décentrée avancée.

5.1.2 - La paroi n'est pas une ligne du maillage

Dans les travaux [30], [31], [32], la paroi n'est pas une ligne du maillage mais est placée à mi-distance entre deux lignes (fig. 6). On obtient ρ_P par extrapolation linéaire

$$\rho_P^{n+1} = \frac{3}{2}\, \rho_1^{n+1} - \frac{1}{2}\, \rho_2^{n+1} \qquad (46)$$

Cependant, avec un tel maillage il faut décentrer correctement les différences qui interviennent lors du calcul du point 1. En particulier si ce point 1 est voisin du culot, il est important [30] d'approcher les dérivées du type $(\partial \varphi / \partial \eta)_1$ avec

$$\varphi = \rho V\ ,\ \rho V^2,\ \rho V U\ ,\ \rho V E$$

par une différence précise au second ordre :

$$\left(\frac{\partial \varphi}{\partial \eta}\right)_1 \approx \frac{1}{3\,\Delta\eta}\left(\varphi_2 - 3\,\varphi_1 - 4\,\varphi_P\right) \qquad (47)$$

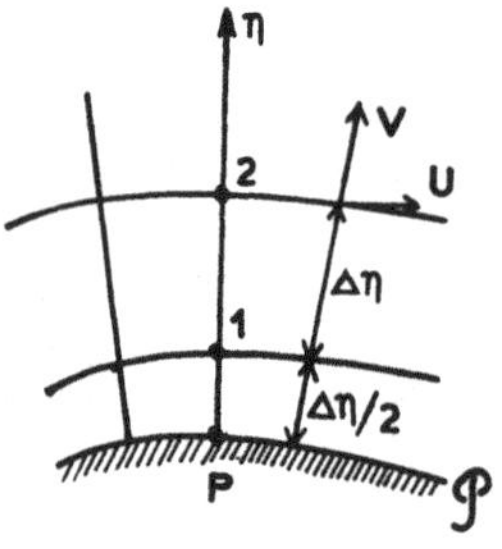

Figure 6

Une discrétisation au premier ordre, par exemple :

$$\left(\frac{\partial \varphi}{\partial \eta}\right)_1 \approx \frac{1}{\Delta\eta}\left[\frac{1}{2}\left(\varphi_2 + \varphi_1\right) - \varphi_P\right] \qquad (48)$$

conduit à une sous-estimation de ρ_1 et $(\rho V)_1$ d'où l'apparition de valeurs négatives de la masse volumique.

5.2 - Voisinage d'un coin

La présence d'angles convexes crée toujours des difficultés dans les calculs numériques. Dans le cas de l'écoulement compressible au voisinage d'un angle droit par exemple, la détente est si forte que les variations des quantités sont comparables en ordre de grandeur à celles qu'on aurait dans un choc. On conçoit que les résultats au voisinage d'un angle convexe soient difficile à obtenir correctement. Dans une telle situation il serait souhaitable de considérer une solution asymptotique valable au voisinage de l'angle qu'on raccorderait à une solution extérieure numérique selon la technique utilisée en [50] dans le cas incompressible.

5.2.1 - Le coin C est un point du maillage

Les techniques exposées précédemment qui nécessitaient l'utilisation des dérivées de la vitesse à la paroi ne sont plus justifiées car ces dérivées ne sont pas définies en C . On peut, à la rigueur, considérer les points 1 et 2 (fig. 7) comme des limites de points 1' et 2' lorsque la distance δ qui les sépare respectivement de ces points tend vers zéro, et appliquer en 1 et 2 les procédés utilisés plus haut [36].

En [42], on a préféré calculer les vitesses u en 1 et v en 2 non à partir des équations de Navier-Stokes mais à partir d'interpolations faisant intervenir les quatre points voisins.

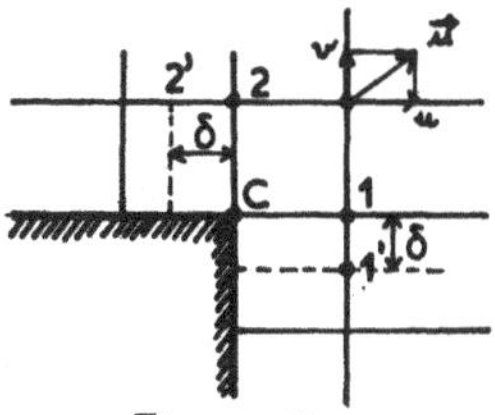

Figure 7

5.2.2 - Le point C n'est pas un point du maillage

Si le point C n'appartient pas au maillage [30], [32], le traitement des points 1, P_1, 2, P_2 (figure 8) s'effectue comme précédemment (§ 5.1.2). Il suffit, lors du calcul au point 0, de modifier les différences approchant les dérivées croisées de la vitesse.

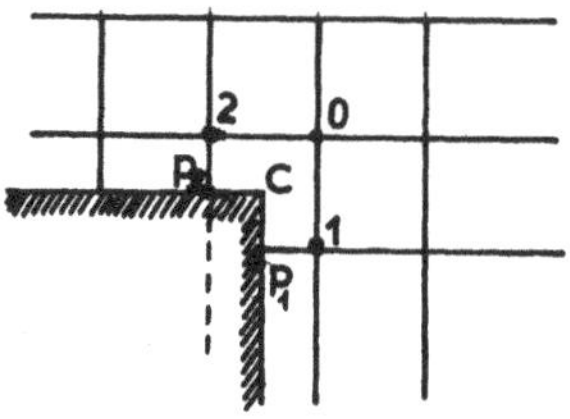

figure 8

5.3 - Frontières du domaine de calcul

Lorsque l'on considère un obstacle placé dans un volume infini de fluide, ce dernier est dans un état uniforme à l'infini. Pour écrire correctement ces conditions on peut introduire une transformation de coordonnées ramenant l'infini à distance finie [29], [41]. Plus généralement on limite arbitrairement le domaine de calcul (fig. 9).

Sur la frontière amont HG on impose les conditions de l'écoulement uniforme à l'infini.

A l'aval, il faut prendre soin à placer la limite EF suffisamment loin du culot DC pour que les conditions artificielles qu'on y écrira, aient une influence négligeable sur le calcul. Les inconnues en EF sont déterminées en général par extrapolation dans l'espace ou dans l'espace et le temps [46]. L'effet de la position de EF a été étudié en [33], [41].

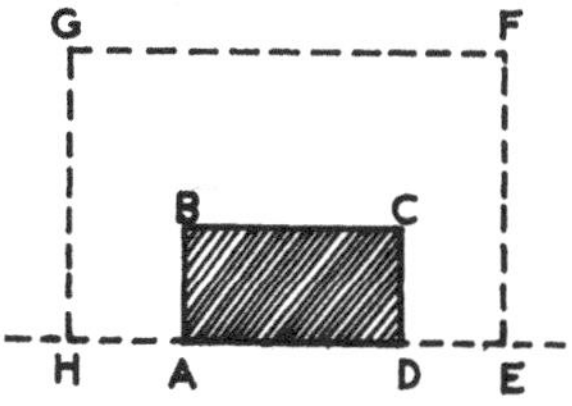

figure 9

Sur la limite latérale GF, on peut aussi, dans certains cas, utiliser des extrapolations. Une technique d'inspiration analogue, consistant à écrire des conditions d'onde simple, s'est révélée très efficace [27], [30], [32], [34], du moins tant que le choc ne coupe pas GF. On considère les caractéristiques C^+ inclinées positivement issues des points d maillage situés sur la ligne G'F' adjacente à GF (fig. 10).

En supposant ces caractéristiques rectilignes (régime d'onde simple) on obtient leur intersection avec GF. Les grandeurs de l'écoulement restent constantes sur ces caractéristiques : on en déduit, par interpolation, les inconnues aux noeuds du maillage sur GF. L'application de cette technique suppose que GF est assez loin de l'obstacle pour que les effets dissipatifs y soient négligeables.

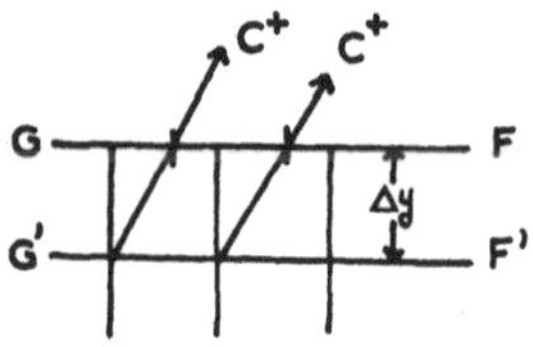

Figure 10

Enfin, la frontière comporte éventuellement des axes de symétrie tels que HA, DE sur lesquels l'écriture de conditions de symétrie ne pose pas de problèmes.

6 - TRAITEMENT DES CHOCS

Tant que le nombre de Reynolds est assez faible pour que le choc ait une structure représentable à l'échelle du maillage, tous les schémas proposés permettront d'obtenir la structure de cette couche de choc. En fait, lorsque le nombre de Reynolds croît, l'épaisseur du choc devient très petite par rapport aux échelles des gradients de l'écoulement et l'on ne s'intéresse pas, en général à la structure réelle de l'onde de choc. Sur le plan numérique, les problèmes posés alors par la présence de chocs sont les mêmes qu'en fluide parfait.

Dans le cas de la dynamique des gaz non dissipatifs on dispose de deux types de méthodes qui ont chacun leurs avantages et leurs inconvénients : le "shock-capturing" et le "shock-fitting".

Les méthodes de "shock-capturing" sont basées sur une discrétisation des équations mises sous forme conservative [50] et le choc se calcule comme un point courant. l'immense avantage de cette méthode est de ne pas obliger à faire de traitement particulier pour le choc ; par contre, ce dernier n'est plus une discontinuité (toujours dans le cas d'un fluide non dissipatif), il est étalé sur 2 à 3 points de discrétisation et il apparaît souvent des oscillations parasites derrière le choc [52], [53].

Les schémas (27), (30) et (32) sont des extensions directes au cas des fluides visqueux de schémas éprouvés en dynamique des gaz non dissipatifs.

Toujours dans cette catégorie d'algorithmes qui traitent les points chocs comme des points courants il faut citer les méthodes de viscosité artificielle du type Von Neumann - Richtmyer, par exemple la méthode de Rusanov [52] étendue au cas visqueux en [24] et [28

Le procédé de "shock-fitting" est basé sur un traitement particulier du choc, considéré comme une ligne de discontinuité. Il faut alors introduire une inconnue supplémentaire qui est l'équation du choc. La vitesse du choc ainsi que les sauts à travers celui-ci son déterminés grâce aux relations de Rankine - Hugoniot et à une équation supplémentaire obt nue à partir des équations du mouvement, par exemple une relation de compatibilité le long d'une caractéristique convenablement choisie [37], [53], [54].

L'avantage d'une telle méthode est évidemment de donner des chocs qui sont réellement des discontinuités et d'éviter l'apparition d'oscillations parasites. Mais le procédé est difficile à appliquer en toute généralité.

Ce procédé pourrait être utilisé même dans le cas où la dissipation n'est pas assez faible pour qu'on puisse assimiler la couche de choc à une discontinuité. Il faudrait alors considérer des relations de Rankine- Hugoniot modifiées pour tenir compte de la structure du choc [55].

7 - PRECISION ET TEMPS DE CALCUL

Pour terminer cet exposé, il convient de dire quelques mots des problèmes techniques de précision et de temps de calcul, problèmes liés à la puissance et à la rapidité des ordinateurs.

Les calculs d'écoulements de fluide visqueux compressible sont coûteux en temps machine pour plusieurs raisons : nombre et complexité algébrique des équations, convergence vers l'état stationnaire d'autant plus lente que le nombre de Reynolds est grand, existence de zones à forts gradients dont la représentation nécessite un maillage très fin...

Dans le cas des grands nombres de Reynolds, s'il n'est pas nécessaire de chercher à calculer la structure exacte du choc, par contre il est indispensable que l'écoulement dans la couche limite au voisinage d'une paroi soit correctement représenté. Il faut alors raffiner fortement le maillage dans cette zone, ce qui peut entraîner des difficultés compte tenu de l'épaisseur (de l'ordre de $Re^{-1/2}$) de cette couche limite. En fait, il est nécessaire de diminuer le pas d'espace seulement dans la direction transversale à la couche limite. Pour pallier aux inconvénients liés à la disparité des pas d'espace (le pas de temps Δt est déterminé par le plus petit des pas d'espace), une méthode à pas fractionnaires a été proposée en [25].

Parmi les méthodes couramment employées pour tenter de résoudre ces difficultés on peut citer :

(a) Transformations de coordonnées choisies de façon qu'à des points équidistants dans le plan de calcul correspondent, dans le plan physique, des points très rapprochés dans les zones à forts gradients et relativement espacés ailleurs.

(b) Calculs par étapes successives (dans le temps) avec des maillages de plus en plus fins.

(c) Division du domaine de calcul en régions de maillages différents ; il convient dans ce cas d'effectuer des raccordements aux frontières.

Ces difficultés font que les applications traitées jusqu'ici sont, comme on l'a vu, limitées à des écoulements bidimensionnels et à des géométries relativement simples. Les progrès auxquels on peut s'attendre en ce qui concerne les ordinateurs permettront d'une part de rendre de telles applications beaucoup plus courantes et d'autre part de mettre en oeuvre les méthodes de résolution numérique des équations de Navier-Stokes pour des écoulements tridimensionnels et dans des configurations géométriques plus complexes.

Remerciements : les auteurs tiennent à remercier J.F. Sageau dont l'aide pour les applications numériques présentées sur les figures 2 à 4 leur a été très précieuse.

REFERENCES

[1] GUIRAUD J.P. - XIII Int. Congress of Theor. and Appl. Mech. - Moscou, U.R.S.S. (21 - 26 Août 1972).

[2] KOGAN M.N. - Annual Review of Fluid Mech. - vol. 5, 383 - 404 (1973).

[3] SCHAAF S.A. - Handbuch der Physik - vol. VIII/2, 591 - 624 (1963).

[4] TALBOT L. - ARS J. 32, 1009 - 1016 (1962).

[5] TANNEHILL J.C., MOHLING R.A. and RAKICH J.V. - AIAA paper n° 73-200 (1973).

[6] LAUNDER B.E. and SPALDING D.B. - Mathematical Models of Turbulence - Academic Press (1972).

[7] KIRKPATRICK J.R. and WALKER W.F. - J. of Comput.. Phys. - 10, 185 - 201 (1972).

[8] FILLER L. and LUDLOFF H. - Math. of Comput. - 15, 261 - 274 (1961).

[9] CROCCO L. - AIAA J. - 10, 1824 - 1837 (1965).

[10] SCALA S.M. and GORDON P. - Phys. of Fluids - 9, 1158 - 1166 (1966).

[11] POLEZHAEV V.I. - Fluid Dynamics - 1, 21 - 27 (1966).

[12] RUBIN E.L. and BURSTEIN S.Z. - J. Comput. Phys. - 2, 172 - 196 (1967).

[13] TAYLOR T.D. - Computers and Fluids - 1, 3 - 18 (1972).

[14] CHENG S.I. - AIAA J. - 8, 2115 - 2122 (1970).

[15] WIRZ H.J. and SMOLDEREN J.J. - AGARD Lecture Series N° 64 (1964).

[16] ROACHE P.J. - Computational Fluid Dynamics- Hermosa Publ. Albuquerque (1972).

[17] BRAILOVSKAYA I. Yu. - Soviet. Phys. Dokl. - 10, 107 - 110 (1965).

[18] POLEZHAEV V.I. - Fluid Dynamics - 2, 70 - 74 (1967).

[19] THOMMEN H.U. - Z.A.M.P. - 17, 369 - 384 -(1966).

[20] KURZROCK J.W. and MATES R.E. - AIAA paper - n° 66 - 30 (1966).

[21] BUTLER T.D. - Phys. of Fluids - 10, 1205 - 1215 (1967).

[22] TRULIO J.G., WALITT L. and NILES W.J. - NASA CR - 1466 (Fév. 1970).

[23] CHENG S.I. and CHEN J.H. - Lecture Notes in Phys. - 18, 92 - 99 (1973).

[24] SKOGLUND V.J., COLE J.K. and STAIANO E.F. - Sandia Lab. report - SC-CR-67-2679 (Août 1967) ; voir aussi Proc. 1968 Heat Transfer and Fluid Mech Inst. - 152 - 173, Stanford Univ. Press (1968).

[25] MAC CORMACK R.W. - Lecture notes in Phys. - 8, 151 - 163 (1971).

[26] BRAILOVSKAYA I.Yu. - Fluid Dynamics - 2, 49 - 55 (1967).

[27] CARTER J.E. - Lecture Notes in Phys. - 19, 69 - 78 (1973).

[28] GOODRICH W.D., LAMB J.P. and BERTIN J.J. - ASME, paper - n° 72 - FE - 7 (1972).

[29] MICHENKOV V.M. - Proc. 1st Conf. Numer. Meth. Fluid Dynamics, Novossibirsk 1969, vol. 1, 67 - 82.

[30] ALLEN J.S. and CHENG S.I. - Phys. of Fluids - 13, 37 - 52 (1970).

[31] ROACHE P.J. and MUELLER T.J. - AIAA J. - 8, 530 - 538 (1970).

[32] ROACHE P.J. - Ph. D. Thesis - Univ. Notre-Dame, Indiana, 1968.

[33] ROSS B.B. and CHENG S.I. - Lecture Notes in Phys. - 8, 164-169 (1971).

[34] BRAILOVSKAYA I.Yu.,-Soviet Phys. Dokl. - 16, 197 - 199 (1971).

[35] ROSS B.B. and CHENG S.I. - AIAA paper - N° 72 - 115 (1972).

[36] PALUMBO D.J. and RUBIN E.L. - J. Comput. Phys. - 9, 466 - 495 (1972).

[37] MORETTI G. and SALAS M.D. - AIAA paper - N° 69 - 130 (1969).

[38] PEYRET R. et VIVIAND H. - La Recherche Aérospatiale - 1972.3, 123 - 131 (1972).

[39] SCALA S.M. and GORDON P. - AIAA J. - 6, 815-822 (1968).

[40] SCALA S.M. and GORDON P. -Proc. 1969 Symp. Viscous Interaction Phenom. Supers. Hypers. Flow, Univ. of Dayton Press - 319-392 (1970).

[41] KITCHENS C.W.Jr.,-Lecture Notes in Phys. - 18, 120-129 (1973).

[42] PEYRET R. et VIVIAND H. - Lecture Notes in Phys. - 19, 222 - 229 (1973).

[43] MOLODTZOV V.K. - USSR Comput. Math. and math. Phys. - 9, 320 - 329 (1969)

[44] MOLODTZOV V.K. and TOLSTYKH A.I. - Proc. 1st Conf. Numer. Meth.Fluid Dynamics, Novossibirsk 1969 - vol. 1, 37 - 54.

[45] PAVLOV B.M. - ibid. p. 55 - 66.

[46] VICTORIA K.J. and WIDHOPF G.F. - Lecture Notes in Phys. - 19, 254 - 267 (1973).

[47] MAGNUS R.J. and GALLAHER W.H. - AGARD Conf. Proc. N° 60, 30 - 33 (1967, publ. 1970)

[48] PAVLOV B.M. - Fluid Dynamics - 3, 88 - 90 (1968).

[49] THOMMEN H.U. and MAGNUS R.J. - AGARD Conf. Proc. n° 4 - 181 - 205, 1966.

[50] LADEVEZE J. et PEYRET R. - J. Mécanique (à paraître).

[51] LAX P.D. - Comm. Pure Appl. Math. - 7, 159 - 193 (1954).

[52] RUSANOV V.V.,- Zh. Vych. Mat.i mat. Fiz. - 1, 304 - 320 (1961).

[53] MORETTI G. and ABBETT M. - AIAA J. - 4, 2136 - 2141 (1966).

[54] MORETTI G. and PANDOLFI M. - Computers and Fluids - 1, 19 - 36 (1973).

[55] GERMAIN P. et GUIRAUD J.P. - J. Math. Pures Appl. - 45, 311 - 358 (1966).

[56] TRULIO J.G., WALITT L. and LIU C.Y. - Proc. 1969, Symp. Viscous Interaction Phenom. Supers. Hypers. Flow - Univ. of Dayton, 393 - 425 (1970).

THREE DIMENSIONAL FLOWS AROUND AIRFOILS WITH SHOCKS

Antony Jameson

Courant Institute of Mathematical Sciences, New York University

1. Introduction.

The determination of flows containing embedded shock waves over a wing in a stream moving at near sonic speed is an important engineering problem. The economy of operation of a transport aircraft is generally improved by increasing its speed to the point at which the drag penalty due to the appearance of shock waves begins to overbalance the savings obtainable by flying faster. Thus the transonic regime is precisely the regime of greatest interest in the design of commercial aircraft. The calculation of transonic flows also poses a problem which is mathematically interesting,because the governing partial differential equation is nonlinear and of mixed type, and it is necessary to admit discontinuities in order to obtain a solution.

The recent development of successful numerical methods for calculating two dimensional transonic flows around airfoils (Murman and Cole, 1971, Steger and Lomax 1972; Garabedian and Korn 1972; Jameson 1971) encourages the belief that it should be possible to perform useful calculations of three dimensional flows with the existing generation of computers such as the CDC 6600 and 7600. The flow over an isolated yawed wing appears to be particularly suitable for a first attack. While the boundary shape is relatively simple, this configuration includes the full complexities of a three dimensional flow with oblique shock waves and a trailing vortex sheet. At the same time the use of a yawed wing has been seriously proposed for a transonic transport (Jones, 1972) because it can generate lift with less wave drag than an arrow wing, and detailed design studies and tests are presently being conducted.

In setting up a mathematical model we are guided by the need to obtain equations which are simple enough for their solution to be feasible, while at the same time retaining the important characteristics of the real flow. In the case of flows around airfoils viscous effects take place in a much smaller length scale than the main flow. Accordingly they will be ignored except for their role in preventing flow around the sharp trailing edge, thus inducing circulation and lift. With this simplification the mathematical difficulties are principally caused by the mixed elliptic and hyperbolic type of the equations, and by the presence of shock waves. A satisfactory method should be capable of predicting the onset of wave drag if not its exact magnitude. Since strong shock waves would lead to high drag, we may reasonably suppose that an efficient aerodynamic design would permit only the presence of quite weak shock waves, so that the error in ignoring variations in entropy and assuming an irrotational flow should be small. The proper treatment of strong shock waves would require a much more complicated model, allowing for the presence of regions of separated flow behind the shock waves. Thus we are led to use the potential equation for irrotational flow:

$$(a^2-u^2)\phi_{xx} + (a^2-v^2)\phi_{yy} + (a^2-w^2)\phi_{zz}$$

$$- 2uv\phi_{xy} - 2vw\phi_{yz} - 2vw\phi_{xy} = 0 \qquad (1)$$

in which ϕ is the velocity potential, u, v and w are the velocity components

$$u = \phi_x , \quad v = \phi_y , \quad w = \phi_z \qquad (2)$$

and a is the local speed of sound. This is determined from the stagnation speed of sound a_0 by the energy relation

$$a^2 = a_0^2 - \frac{\gamma-1}{2}(u^2+v^2+w^2) \qquad (3)$$

where γ is the ratio of the specific heats. This equation is elliptic at subsonic points where

$$a^2 > u^2 + v^2 + w^2$$

and hyperbolic at supersonic points where

$$a^2 < u^2 + v^2 + w^2$$

It is to be solved subject to the Neumann boundary condition

$$\frac{\partial\phi}{\partial\nu} = 0 \qquad (4)$$

at the wing surface, where ν is the normal direction. Since smooth transonic solutions are known not to exist except for special boundary shapes (Morawetz, 1956), it is necessary to admit weak solutions (Lax, 1954). The appropriate jump conditions require conservation of the normal component of mass flow and the tangential component of velocity. Since the potential equation represents isentropic flow, the normal component of momentum is then not conserved, so that the jump carries a force which is balanced by an opposing force on the body. Thus a drag force appears, providing an approximate reprsentation of wave drag. The method can therefore be used to predict drag rise due to the appearance of shock waves.

The use of one dependent variable instead of the five required by the full Euler equations (u, v, w, density and energy) is an important advantage for three dimensional calculations, which are generally restricted by limitations of machine memory. A further simplification can be obtained by using small disturbance theory, in which only the first term of an expansion in a thickness parameter is retained (Bailey and Ballhouse, 1972). Equation (1) is replaced by

$$(1-M_\infty^2-(\gamma+1)M_\infty^2\phi_x)\phi_{xx} + \phi_{yy} + \phi_{zz} = 0 \tag{5}$$

where M_∞ is the Mach number at infinity. The boundary condition is now applied at the plane z = 0, eliminating the need to satisfy a Neumann boundary condition at a curved surface. Such an expansion is not uniformly valid, however, failing near stagnation points on blunt leading edges. Since it is desired to resolve the effects of small changes in the shape of the wing section, which may be required to limit the strength of shock waves appearing in the flow, or even to obtain shock-free flow (Bauer, Garabedian and Korn, 1972), it is preferred here to use the full potential flow equation (1).

Solutions of the potential equation are invariant under a reversal of flow direction

$$u = -\phi_x , \quad v = -\phi_y , \quad w = -\phi_z$$

and in the absence of a directional condition corresponding to the condition that entropy can only increase, its solution in the transonic regime is not unique. Solutions with expansion shocks are possible. To exclude these, and to ensure uniqueness, the directional property which was removed by eliminating entropy from the equations must be restored in the numerical scheme. This indicates the need to use biased differencing in the supersonic zone, corresponding to the upwind region of dependence of the flow. For the small disturbance equation (5) this can be achieved simply by using backward difference formulas in the x direction at all supersonic points (Murman and Cole 197). At the point $i\Delta x$, $j\Delta y$, $k\Delta y$, ϕ_{xx} is represented by

$$\frac{\phi_{i,j,k} - 2\phi_{i-1,j,k} + \phi_{i-2,j,k}}{\Delta x^2}$$

The dominant truncation error $-\Delta x\phi_{xxx}$ arising from this expression then acts as an artificial viscosity, since the coefficient of ϕ_{xx} is negative in the supersonic zone. This ensures that only the proper jumps can occur. In fact, when the truncation error is included, equation (5) resembles the viscous transonic equation, which has been used to simulate shock structure (Hayes, 1958). The difference equations exhibit similar behaviour, automatically locating shock waves in the form of compression bands spread over a few mesh widths.

The calculations to be described are based on a similar principle, but use a coordinate invariant difference scheme in which the retarded difference formulas are constructed to conform with the local flow direction. The resulting 'rotated' difference scheme allows complete flexibility in the choice of a coordinate system. Thus curvilinear coordinates may be used without restriction to improve the accuracy of the treatment of boundary conditions, and mesh points can be concentrated in regions of rapid variation of the flow. The property of automatically locating shock waves is retained. This is a great advantage in treating flows which may contain a complex pattern of waves. The scheme has proved to be stable and convergent throughout the transonic range, including the case of flight at Mach 1. Calculations have been performed for Mach numbers up to 1.2 and yaw angles up to 60°, covering the most likely operating range of a yawed wing transport designed to fly at slightly supersonic speeds. The calculations become progressively less accurate, however, towards the upper end of the range, because the difference scheme is first order accurate in the supersonic zone. Also the present scheme has the disadvantage that it is not written in conservative form (Lax, 1954), so that the correct jump conditions are not precisely enforced. The best way to improve the treatment of the jump conditions remains an open question.

2. Formulation in Curvilinear Coordinates.

The configuration to be considered is illustrated in Figure 1. An isolated wing is placed at an arbitrary yaw angle in a uniform free stream with prescribed Mach number at infinity. According to the Kutta condition the viscous effects cause the circulation at each span station to be such that the flow passes smoothly off the sharp trailing edge. The varying spanwise distribution of lift generates a vortex sheet which trails in the streamwise direction behind the trailing edge, and behind the side edge of the downstream tip. In practice the vortex sheet rolls up behind each tip and decays through viscous effects. A simplified model will be used in which convection and decay of the sheet are ignored. Then the jump Γ in potential should be constant along lines parallel to the free stream behind the wing. Also the normal component of velocity should be continuous through the sheet. At infinity the flow is undisturbed except in the Trefftz plane far downstream, where there will be a two dimensional flow induced by the vortex sheet

Near the leading edge the boundary surface has a high curvature. In order to prevent a loss of accuracy in the numerical treatment of the boundary condition it is convenient to use curvilinear coordinates. Then by making the body coincide with a coordinate surface, we can avoid the need for complicated interpolation formulas, and maintain small truncation errors. For two dimensional calculations an effective way to do this is to map the exterior of the profile onto a regular shape, such as a circle or half plane, by a conformal mapping (Sells, 1968; Garabedian and Korn, 1972; Jameson 1974). For three dimensional calculations no such simple method is available. The number of additional terms in the equations arising from coordinate transformations should be limited to avoid an excessive growth in the computer time required for a calculation. For this reason the use of a conformal transformation which varies in the spanwise direction is not attractive.

A convenient coordinate system for treating wings with straight leading edges can be constructed in two stages. Let x, y and z be Cartesian coordinates with the x-y planes containing the wing sections, and the z axis parallel to the leading edge, as in Figure 1. Then the wing is first 'unwrapped' by a square root transformation of the x-y planes, independent of z,

$$x + iy = \frac{1}{2}(X_1+iY_1)^2 , \quad z = Z_1 \tag{6}$$

applied about a singular line just behind the leading edge, as in Figure 2. X_1 and Y_1 represent parabolic coordinates in the x-y planes, which become half planes in X_1 and Y_1, while the wing surface is split open to form a bump on the boundary $Y_1 = 0$. In terms of the transformed coordinates the surface can be represented as

$$Y_1 = S(X_1, Z_1) \tag{7}$$

In the second stage of the construction the bump is removed by a shearing transformation in which the coordinate surfaces are displaced until they become parallel to the wing surface:

$$X = X_1 , \quad Y = Y - S(X_1, Z_1) , \quad Z = Z_1 \tag{8}$$

The final coordinates X, Y and Z are slightly nonorthogonal. It is best to continue the sheared coordinate surfaces in the direction of the mean camber line off the trailing edge, so that there is no corner in the coordinate lines if the wing has a cusped trailing edge. The vortex sheet is assumed to lie in the surface Z = 0 so that it is also split by the transformation. A complication is caused by the continuation of the cut beyond the wing tips. Points on the two sides of the cut map to the same point in the Cartesian system, and must be identified when writing difference formulas. While the leading edge is restricted to be straight, the wing section can be varied or twisted and the trailing edge can be tapered or curved in any desired manner. The yaw angle is introduced simply by rotating the flow at infinity. It is then necessary to track the edge of the vortex sheet in the streamwise direction.

Since the potential approaches infinity in the far field, it is necessary to work with a reduced potential G, from which the singularity at infinity has been removed. If θ is the yaw angle, and α the angle of attack in the crossplane normal to the leading edge, we set

$$\phi = G + \left\{\frac{1}{2}[X^2-(Y+S)^2]\cos\alpha + X(Y+S)\sin\alpha\right\}\cos\theta + Z\sin\theta \tag{9}$$

Orthogonal velocity components in the X_1, Y_1 and Z_1 directions are then

$$U = \frac{1}{h}\left\{G_X - S_X G_Y + [X\cos\alpha + (Y+S)\sin\alpha]\cos\theta\right\}$$

$$V = \frac{1}{h}\left\{G_Y + [x\sin\alpha - (Y+S)\cos\alpha]\cos\theta\right\}$$

$$W = G_Z - S_Z G_Y + \sin\theta \tag{10}$$

where h is the mapping modulus of the parabolic transformation given by

$$h^2 = x^2 + (Y+S)^2 \tag{11}$$

The local speed of sound now satisfies the relation

$$a^2 = a_0^2 - \frac{\gamma-1}{2}(U^2+V^2+W^2) \tag{12}$$

The potential equation becomes

$$AG_{XX} + BG_{YY} + CG_{ZZ} + DG_{XY} + EG_{YZ} + FG_{XZ} = H \tag{13a}$$

where

$$\begin{aligned}
A &= a^2 - U^2\\
B &= a^2(1 + S_X^2 + h^2 S_Z^2) - (V - US_X - h^2 WS_Z)^2\\
C &= h^2(a^2 - W^2)\\
D &= -2a^2 S_X - 2U(V - US_X - h^2 WS_Z)\\
E &= -h^2 a^2 S_Z - 2h(V - US_X - h^2 WS_Z)W\\
F &= -2hUW
\end{aligned} \tag{13b}$$

and

$$\begin{aligned}
H = &\left\{(a^2-U^2)S_{XX} + h^2(a^2-W^2)S_{ZZ} - 2hUWS_{XZ}\right\}G_Y\\
&+ \left\{(U^2-V^2)\cos\alpha + 2UV\sin\alpha\right\}\cos\theta\\
&- \frac{1}{h}(U^2+V^2)\left\{UX + V(Y+S)\right\}.
\end{aligned} \tag{13c}$$

The boundary condition on the body takes the form

$$G_Y = - \frac{(S \cos \alpha - X \sin \alpha) \cos \theta + U_1 S_X + h^2 W_1 S_Z}{1 + S_X^2 + h^2 S_Z^2} \tag{14a}$$

where

$$\begin{aligned} U_1 &= G_X + (X \cos \alpha + S \sin \alpha) \cos \theta \\ W_1 &= G_Z + \sin \theta \end{aligned} \tag{14b}$$

An advantage of the parabolic transformation is that it collapses the height of the disturbance due to the vortex sheet to zero in the transformed coordinate system at points far downstream, where X approaches infinity. Thus the far field boundary condition is simply

$$G = 0 \tag{15}$$

In order to obtain a finite region for computation the coordinates X, Y and Z may finally be replaced by stretched coordinates. For example one can set

$$X = \frac{\bar{X}}{(1-\bar{X}^2)^{\alpha}}$$

where α is a positive index, so that $\bar{X}$ varies between -1 and 1 as X varies between $-\infty$ and ∞.

3. Numerical Scheme.

The success of the Murman difference scheme for the small disturbance equation (5) is attributable to the fact that the use of retarded difference formulas in the supersonic zone leads to the correct region of dependence, and also introduces a truncation error which acts like viscosity. The artificial viscosity is added smoothly because the coefficient of ϕ_{xx} is zero at the sonic line, where the switch in the difference scheme takes place.

The 'rotated' difference scheme employed for the present calculations is designed to introduce correctly oriented upwind difference formulas in a similar smooth manner when the flow direction is arbitrary. With this end in view, the equation is rearranged as if it were locally expressed in a coordinate system aligned with the flow. Considering first the case of Cartesian coordinates, let s denote the stream direction. Then equation (1) can be written in the canonical form

$$(a^2-q^2)\phi_{ss} + a^2(\Delta\phi - \phi_{ss}) = 0 \tag{16}$$

where q is the stream speed determined from the formula

$$q^2 = u^2 + v^2 + w^2 \tag{17}$$

and $\Delta\phi$ denotes the Laplacian

$$\Delta\phi = \phi_{xx} + \phi_{yy} + \phi_{zz} \tag{18}$$

Since the direction cosines of the stream direction are u/q, v/q, and w/q, the streamwise second derivative can be expressed as

$$\phi_{ss} = \frac{1}{q^2}\,(u^2\phi_{xx} + v^2\phi_{yy} + w^2\phi_{zz} + 2uv\phi_{xy} + 2vw\phi_{yz} + 2uw\phi_{xz}) \tag{19}$$

On substituting the expressions for ϕ_{ss} and $\Delta\phi$, equation (16) reduces to the usual form (1). To carry out this rearrangement ϕ_x , ϕ_y and ϕ_z are first evaluated using central difference formulas. With the velocity components known, the local type of the flow is determined from the sign of a^2-q^2. If the flow is locally subsonic all terms are represented by central difference formulas. If, on the other hand, it is locally supersonic, all second derivatives contributing to ϕ_{ss} in the first term are represented by retarded difference formulas of the form

$$\phi_{xx} = \frac{\phi_{i,j,k} - 2\phi_{i-1,j,k} + \phi_{i-2,j,k}}{\Delta x^2}$$

$$\phi_{xy} = \frac{\phi_{i,j,k} - \phi_{i-1,j,k} - \phi_{i,j-1,k} + \phi_{i-1,j-1,k}}{\Delta x\ \Delta y}$$

biased in the upstream direction in each coordinate, while the remaining terms are represented by central difference formulas. The scheme assumes a form similar to the Murman scheme whenever the velocity coincides with one of the coordinate directions. At subsonic points it is second order accurate. At supersonic points it is first order accurate, introducing an artificial viscosity proportional to q^2-a^2 which just vanishes at the sonic line.

When the equation is written in curvilinear coordinates, only the principal part, consisting of the terms containing the second derivatives on the left-hand side of equation (13a), need be split and rearranged in this way, since the characteristic directions and region of dependence are determined by the coefficients of the second derivatives. Also the expressions for the second derivatives dominate the finite difference equations when the mesh width is small. Accordingly all terms contributing to H on the right side of (13a) are calculated using central difference formulas at both supersonic and subsonic points.

It remains to devise a scheme for solving the difference equations. The presence of downstream points in the central difference formulas prevents the use of a simple marching procedure in either the supersonic or the subsonic zone. Thus we are led to use an iterative method. At each cycle the difference formulas are evaluated using old values of the potential, generated during the previous cycle, at points which have not yet been updated. While iterative methods are well established for elliptic equations, the use of such a method in the supersonic zone, where the equation is hyperbolic, requires analysis. For this purpose it is convenient to regard the iterations as steps in an artificial time coordinate, so that the solution procedure can be considered as a finite difference scheme for a time dependent equation. Provided that the iterative process is stable and consistent with a properly posed initial value problem, the time dependent equation will represent its behaviour in the limit as the mesh is refined. Thus we can infer the behaviour of the iterative process from the behaviour of the equivalent time dependent equation. If the process is to converge, the solution of the steady state equation ought to be a stable equilibrium point of the time dependent equation, and the regions of dependence of the two equations should be compatible.

Denoting updated values by a superscript +, representative central difference formulas for the second derivatives are

$$G_{XX} = \frac{G^{+}_{i-1,j,k} - (1+r\Delta X)G^{+}_{i,j,k} - (1-r\Delta x)G_{i,j,k} + G_{i+1,j,k}}{\Delta X^2}$$

$$G_{XY} = \frac{G_{i+1,j+1,k} - G^{+}_{i-1,j+1,k} - G_{i+1,j-1,k} + G^{+}_{i-1,j-1,k}}{4\Delta X\Delta Y} \tag{20}$$

where old values of the potential are used on one side because the new values are not yet available, and a linear combination of old and new values is used at the center point. If Δt is the time step these formulas may be interpreted as representing

$$G_{XX} - \frac{\Delta t}{\Delta x}(G_{Xt} + rG_t)$$

and

$$G_{XY} - \frac{1}{2}\frac{\Delta t}{\Delta x}G_{Yt}$$

Thus the presence of mixed space time derivatives cannot be avoided in the equivalent time dependent equation. This equation can therefore be written in the form

$$(M^2-1)G_{ss} - G_{mm} - G_{nn} + 2\alpha_1 G_{st} + 2\alpha_2 G_{mt} + 2\alpha_3 G_{nt} = Q \tag{21}$$

where M is the local Mach number,

$$M = \frac{q}{a} \tag{22}$$

m and n are suitably scaled coordinates in the plane normal to the stream direction s, and Q contains all terms except the principal part. The coefficients α_1, α_2, and α_3 depend on the split between new and old values in the difference equations. Introducing a new time coordinate

$$T = t - \frac{\alpha_1 s}{M^2-1} + \alpha_2 m + \alpha_3 n \tag{23}$$

equation (21) becomes

$$(M^2-1)G_{ss} - G_{mm} - G_{nn} - \left(\frac{\alpha_1^2}{M^2-1} - \alpha_2^2 - \alpha_3^2\right)G_{TT} = Q \ . \tag{24}$$

To avoid producing an ultrahyperbolic equation for which the initial data cannot in general be arbitrarily prescribed (Courant and Hilbert, 1962), the difference formulas at supersonic points should be organized so that

$$\alpha_1^2 > (M^2-1)(\alpha_2^2+\alpha_3^2) \ . \tag{25}$$

Then the hyperbolic character is retained by the time dependent equation, and s is the time like direction as in the steady state equation.

If condition (25) is satisfied, the characteristic cone of the time dependent equation (21) is given by

$$(\alpha_2 s-\alpha_1 m)^2 + (\alpha_3 s-\alpha_1 n)^2 - (M^2-1)(\alpha_3 m-\alpha_2 n)^2$$
$$+(M^2-1)(t^2+2\alpha_2 mt+2\alpha_3 nt) - 2\alpha_1 st = 0$$

This is illustrated in Figure 3 for the two dimensional case. The region of dependence lies entirely behind the current time level except for the single characteristic direction

$$t = 0 \ , \quad m = \frac{\alpha_2}{\alpha_1} s \ , \quad n = \frac{\alpha_3}{\alpha_1} s \ .$$

The difference equations will have the correct region of dependence provided that the points are ordered so that the backward half of this line lies in the updated region. The mechanism of convergence in the supersonic zone can also be inferred from the orientation of the characteristic cone. Since the region of dependence lies entirely on the upstream side, with advancing time it will eventually cease to intersect the initial time plane. Instead it will intersect a surface containing the Cauchy data of the steady state problem, and hence the solution will reach a steady state. The rate of convergence is maximized by minimizing the rearward inclination of the most retarded characteristic

$$t = \frac{2\alpha_1}{M^2-1} s , \quad m = -\frac{\alpha_2}{\alpha_1} s , \quad n = -\frac{\alpha_3}{\alpha_1} s .$$

Thus it is best to use the minimum value of α_1 which allows condition (25) to be satisfied.

Condition (25) generally requires the retarded difference formulas for G_{ss} in the supersonic zone to be augmented by expressions contributing to the term in G_{st}. At the same time a local von Neumann test (Jameson, 1974) indicates that at supersonic points the new and old values ought to be split so that the coefficient of ϕ_t in the equivalent time dependent equation is zero. For these reasons, and also to ensure the diagonal dominance of the equations for the new values on each line, G_{ss} is calculated at supersonic points using formulas of the form

$$G_{XX} = \frac{2G^+_{i,j,k} - G_{i,j,k} - 2G^+_{i-1,j,k} + G_{i-2,j,k}}{\Delta X^2}$$

$$G_{XY} = \frac{G^+_{i,j,k} - G^+_{i-1,j,k} - G^+_{i,j-1,k} + G^+_{i-1,j-1,k}}{\Delta X \ \Delta Y} \qquad (26)$$

where the superscript + has again been used to denote new values. The first formula can be interpreted as representing

$$G_{XX} + 2 \frac{\Delta t}{\Delta x} G_{Xt} .$$

Its use together with the corresponding formulas for G_{YY} and G_{ZZ} thus results in the introduction of a term in G_{st} proportional to the coefficient q^2-a^2 of G_{ss} . To meet condition (25) near the sonic line, where q^2-a^2 approaches zero, the coefficient of ϕ_{st} can be further augmented by adding a term

$$\beta \frac{\Delta t}{\Delta x} (UG_{Xt} + VG_{Yt} + h^2 WG_{Zt}) \qquad (27)$$

with β an appropriately chosen positive parameter. The required mixed space time derivatives are represented by formulas of the form

$$\frac{\Delta t}{\Delta x} G_{Xt} = \frac{G^+_{i,j,k} - G_{i,j,k} - G^+_{i-1,j,k} + G_{i-1,j,k}}{\Delta X^2} \qquad (28)$$

The treatment of the principal part at supersonic points is completed by using central difference formulas of the form (20) to represent $\Delta\phi - \phi_{ss}$, with r set equal to zero to give a zero coefficient of ϕ_t.

In the subsonic zone formulas of the form (20) are used for all second derivatives. Convergence now depends on the damping provided by ϕ_t (Garabedian, 1956). If ω is the overrelaxation factor one takes

$$r \, \Delta x = \frac{2}{\omega} - 1 \tag{29}$$

where ω has a value slightly less than 2. In both the subsonic and the supersonic zones the velocities and all terms containing the first derivatives are evaluated by formulas of the form

$$G_X = \frac{G_{i+1,j,k} - G_{i-1,j,k}}{2\Delta X}$$

using values frozen from the previous cycle.

The boundary condition at the body is satisfied by giving appropriate values to G at a row of dummy points behind the boundary. The standard difference equations are then used at the surface points, which are thus treated with similar truncation errors to the interior points. To treat lifting flows it is necessary to allow for a jump Γ in the potential between corresponding points in the plane $Y = 0$, representing the two sides of the vortex sheet. The jump should be constant along lines in the streamline direction. Difference formulas bridging the cut are evaluated using a value of Γ frozen from the previous cycle. At the end of the cycle Γ is then adjusted to the new value of the jump at the appropriate point on the trailing edge.

The foregoing formulas represent a point relaxation algorithm. To increase the speed of convergence it is better to use a line relaxation algorithm in which all the points on a line are simultaneously updated. If points on an X line are being updated, the only modification required is to replace the central difference formula (20) for G_{XX} by a formula using all new values

$$G_{XX} = \frac{G^{+}_{i-1,j,k} - 2G^{+}_{i,j,k} + G^{+}_{i+1,j,k}}{\Delta X^2}$$

The resulting line equations are easily solved, since they are tridiagonal and diagonally dominant in both the subsonic and the supersonic zones. The lines to be updated can be in any coordinate direction. The only constraint is the need to march in a direction which is not opposed to the flow, in order to obtain a positive coefficient for G_{st}. It has been found best to divide each X-Y plane into three strips. Then one marches towards the surface in the central strip, and outwards with the flow in the left and right-hand strips.

4. Results.

FORTRAN computer programs incorporating these principles have been used to make extensive numerical studies of both two and three dimensional transonic flows. To save computer time, calculations are performed on a sequence of meshes. The solution is first obtained on a coarse mesh. This is then interpolated to provide the starting point for a calculation in which the mesh size is halved in each coordinate direction. Using this procedure the lift can be approximately determined on the coarse mesh at very low cost. Typically the lattice for the initial calculation contains 64 divisions in the chordwise X direction, 8 divisions in the normal Y direction, and 16 divisions in the spanwise Z direction, giving 8,192 cells. The refined mesh then has 65,536 cells. Generally 200 cycles on the coarse mesh followed by 100 cycles on the fine mesh are sufficient to reduce the largest residual to the order of 10^{-5}. Such a calculation takes about 30 minutes on a CDC 6600. To improve the resolution of the shocks on the wing surface, more divisions are sometimes used in the X coordinate, giving a refined mesh with $192\times16\times32 = 98,304$ cells. In order to check the convergence of the method as the mesh size is reduced, a few calculations have been made on a sequence of three meshes, with $192\times32\times64 = 393,216$ cells on the third mesh. Such a calculation requires the use of the disc for storage, and is expensive. Each fine mesh cycle takes about 90 seconds, so that a complete calculation takes 3 or 4 hours. For engineering purposes the meshes with 65,536 or 98,304 cells generally seem to give sufficient accuracy.

A useful test of the accuracy of the three-dimensional difference scheme is provided by the case of an infinite yawed wing. The conditions for simple sweepback theory are then exactly satisfied, and the flow is effectively two-dimensional. If the yaw angle is varied to keep the velocity normal to the leading edge fixed as the Mach number is increased, the only change should be in the uniform spanwise component of the velocity. The flow in the planes containing the wing section should be independent of the yaw angle. It is treated differently by the difference scheme, however, because the size of the hyperbolic region increases as the Mach number and yaw angle are increased, so that retarded differencing is used at a larger number of points. Figure 4 shows a comparison of the computed pressure distribution over an infinite yawed wing at two corresponding conditions, Mach .65 with zero yaw, and Mach 1.02 with a yaw angle of 50.4°. The wing section was designed by Garabedian to produce very high lift with shockfree flow (Bauer, Garabedian, Jameson and Korn, 1974), and the flow is very sensitive to small changes in the Mach number and angle of attack. The lift and drag coefficients obtained by integrating the surface pressure are also shown. For convenience all coefficients are referred to the velocity normal to the leading edge. It can be seen that the numerical results do have the expected invariance despite the change in the differencing. These calculations were performed with a mesh containing 240 divisions in the X coordinate and 32 divisions in the Y coordinate.

Figures 5, 6 and 7 show typical results of calculations for finite wings. The pressure distributions at successive span stations are plotted above each other at equal vertical intervals, with the leading tip at the bottom. In all cases the computed lift drag ratio includes an allowance for a skin friction coefficient of .010. At positive yaw angles the contribution of the spanwise force component has been ignored to avoid errors arising from poor resolution at the tips. Figures 5 and 6 display results of calculations using the very fine mesh with 393,216 cells. Figure 5 shows an example at Mach .75 with zero yaw. The wing section is one used by R.T. Jones in tests of a model with yawed wing (Graham, Jones and Boltz, 1973). Two-dimensional calculations show that this section generates two shock waves at low lift which coalesce to a single shock wave at high lift. It is interesting that the three dimensional flow shows a transition from the single to the double shock pattern as the load falls off near the tips. Figure 6 shows an example for a wing with the same section at Mach .866 and a yaw angle of 30°. The angle of attack is the angle measured in the plane normal to the leading edge. Some twist was introduced, but not enough to equalize the load completely. At this yaw angle the shock waves are still quite well captured by the difference scheme, as can be seen. Figure 7 shows an example of a calculation on a mesh with 98,304 cells. The wing section was another airfoil designed by Garabedian. In two dimensional flow this airfoil should be shock free at a Mach number of .80 and a lift coefficient of .3, with supersonic zones on both upper and lower surfaces. The wing is shown at Mach .87 and a yaw angle of 15°. Shock waves can be clearly seen on both surfaces. The calculations indicate, however, that with this moderate amount of sweep, and some relief due to the three dimensional effects, drag rise is only just beginning to occur at this point. Since this airfoil is also 12 percent thick, it is an attractive candidate for a fast subsonic airplane such as an executive jet.

With a supersonic free stream and a large yaw angle, the flow is generally supersonic behind the oblique shock waves which appear on the wing surface. In this situation the computed shock waves are less well defined. Usually they are spread over 4 or 5 mesh widths. The calculations still appear, however, to provide a useful estimate of the lift drag ratio. Figure 8 shows some curves of the lift drag ratio for a partially tapered wing with Jones' section and an aspect ratio of 11.1. These were computed using a mesh with 65,536 cells. The amount of twist was generally not correctly chosen to equalize the load across the span. The curves are, however, quite consistent with the results of Jones' tests of a yawed wing with the same section and an elliptic planform of aspect ratio 12.7.

5. Conclusion

The results support the belief that with the speed and capacity of the computers now in prospect it will be possible to use the computer as a 'numerical wind tunnel'. The use of an artificial time dependent equation results in rapid convergence, in contrast to methods in which the physical time dependent equation is integrated until it reaches a steady state (Magnus and Yoshihara, 1970). The consistency of the results also provides a numerical confirmation of the uniqueness of weak solutions of the potential equation, provided that the correct entropy inequality is enforced.

Much remains to be done to improve the accuracy and range of the calculations. In order to improve the treatment of the shock waves it would be better to write the equations in conservative form. This requires only a small modification of the small disturbance equation (5). The first term is expressed in the form $\frac{\partial r}{\partial x}$ where

$$r = (1-M_\infty^2)\phi + \frac{\gamma+1}{2}\phi_x^2$$

Artificial viscosity should then be introduced in a conservative form. This can be done by subtracting the term

$$p_{i,j,k} - p_{i-1,j,k}$$

where

$$p_{i,j,k} = \begin{cases} 0 , & \text{at subsonic points} \\ \dfrac{r_{i+1,j,k} - r_{i-1,j,k}}{2\Delta x} , & \text{at supersonic points} \end{cases}$$

This results in an artificial viscosity proportional to $\partial^2 r/\partial x^2$ in the supersonic zone. At the sonic line it is equivalent to the use of Murman's new shock point operator (Murman, 1973).

The appropriate conservation law for the full potential equation expresses conservation of mass

$$\frac{\partial}{\partial x}(\rho u) + \frac{\partial}{\partial y}(\rho v) + \frac{\partial}{\partial z}(\rho w) = 0$$

where the density ρ is given by the formula

$$\rho = \{1 + \frac{\gamma-1}{2} M^2(1-u^2-v^2-w^2)\}^{1/(\gamma-1)} .$$

The analogue of the Murman scheme introduces a truncation error proportional to $(\partial^2/\partial x^2)(\rho u)$ in the supersonic zone by retarded differencing. Numerical tests of such a scheme have shown it to be less accurate than the simple retarded scheme for the potential equation, because of the additional errors arising from this term. Shock waves standing above the surface in a two dimenaional flow must be normal because the flow turns smoothly. Thus they can be located at points of transition to subsonic flow. An approximation to the jump conditions could then be directly imposed. This approach is less promising for three dimensional calculations, because it is not so simple to locate the shock waves.

Another shortcoming of the present scheme is its use of first order accurate difference equations at supersonic points. Consequently, if the supersonic zone is large, a very fine mesh is needed to obtain an accurate answer. One line of investigation is the addition of an explicit term in ϕ_{tt} to the artificial time dependent equation. This would rotate the characteristic cone back from the current time level, allowing more latitude for the construction of a higher order scheme. The resulting second order equation can also be reduced to a first order system of equations in a form amenable to standard differencing procedures.

The treatment of more complicated configurations such as wing-body combinations will require extensive investigations of the best way to set up a coordinate system. It may prove most economical to patch together separate regions, each using its own coordinate system suited to the local flow pattern.

Acknowledgement

This work has been supported by the U. S. Atomic Energy Commission under Contract No. AT(11-1)-3077 with New York University and by NASA under Grant No. 33-016-167. It has greatly benefited from the advice and suggestions of Paul Garabedian. The author is also indebted to Frances Bauer for important help in carrying out some of the computer runs.

Bibliography

1. Bailey, F. R., and Ballhouse, W. F., Relaxation methods for transonic flows about wing-cylinder combinations and lifting swept wings, Third Int. Congress on Numerical Methods in Fluid Dynamics, Paris, July 1972.
2. Bauer, F., Garabedian, P., and Korn, D., Supercritical wing sections, Springer-Verlag, New York, 1972.
3. Bauer, F., Garabedian, P., Jameson, A., and Korn, D., Handbook of supercritical wing sections, to be published as a NASA special publication, 1974.
4. Courant, R., and Hilbert, D., Methods of Mathematical Physics, Vol. 2, Interscience-Wiley, New York, p. 758 (1962).
5. Garabedian, P. R., Estimation of the relaxation factor for small mesh size, Math. Tables Aids Comp., 10, 183-185 (1956).
6. Garabedian, P., and Korn, D., Analysis of transonic airfoils, Comm. Pure Appl. Math., 24, 841-851 (1972).
7. Graham, Lawrence A., Jones, Robert T., and Boltz, Frederick W., An experimental investigation of three oblique-wing and body combinations at Mach numbers between .60 and 1.40. NASA TM X-62, 256 (1973).
8. Hayes, Wallace D., The basic theory of gas dynamic discontinuities, Section D, Fundamentals of Gas Dynamics, edited by Howard W. Emmons, Princeton (1958).
9. Jameson, Antony, Transonic flow calculations for airfoils and bodies of revolution, Grumman Aerodynamics Report 390-71-1, December 1971.
10. Jameson, Antony, Iterative solution of transonic flows over airfoils and wings including flows at Mach 1, to appear in Comm. Pure Appl. Math. (1974).
11. Jones, R. T., Reduction of wave drag by antisymmetric arrangement of wings and bodies, AIAA Journal, 10, 171-176 (1972).

12. Lax, Peter D., Weak solutions of nonlinear hyperbolic equations and their numerical computation, Comm. Pure Appl. Math., 7, 159-193 (1954).

13. Magnus, R., and Yoshihara, H., Inviscid transonic flow over airfoils, AIAA Jour. 8, 2157-2162 (1970).

14. Morawetz, C. S., On the nonexistence of continuous transonic flows past profiles, Comm. Pure Appl. Math. 9, 45-68 (1956)

15. Murman, E. M., and Cole, J. D., Calculation of plane steady transonic flows, AIAA Jour. 9, 114-121 (1971)

16. Murman, Earll M., Analysis of embedded shock waves calculated by relaxation methods, AIAA Conf. on Computational Fluid Dynamics, Palm Springs, July 1973.

17. Sells, C. C. L., Plane subcritical flow past a lifting airfoil, Proc. Roy. Soc. London, 308A, 377-401 (1968).

18. Steger, J. L., and Lomax, H., Transonic flow about two dimensional airfoils by relaxation procedures, AIAA Jour, 10, 49-54 (1972).

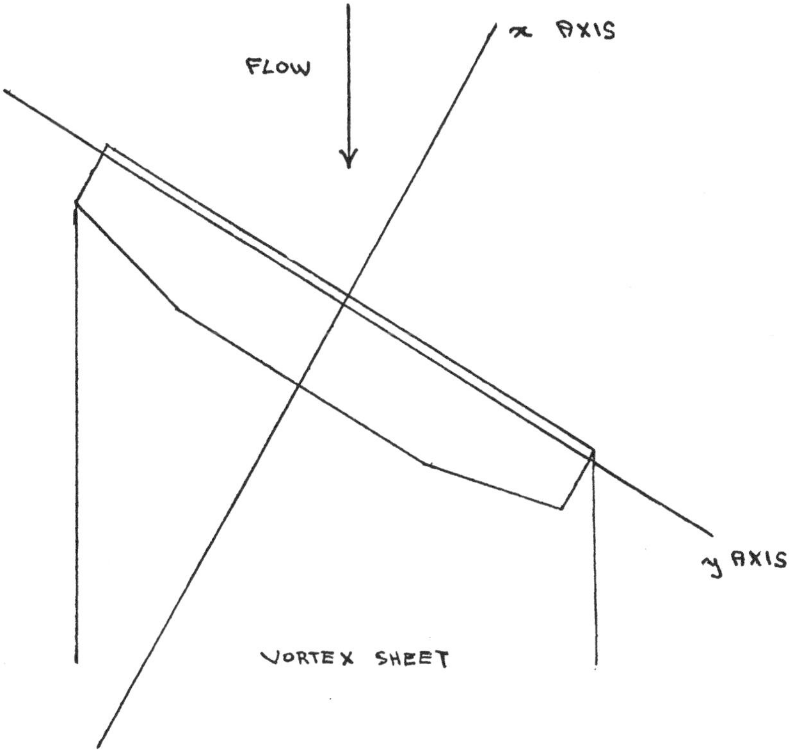

Figure 1

CONFIGURATION

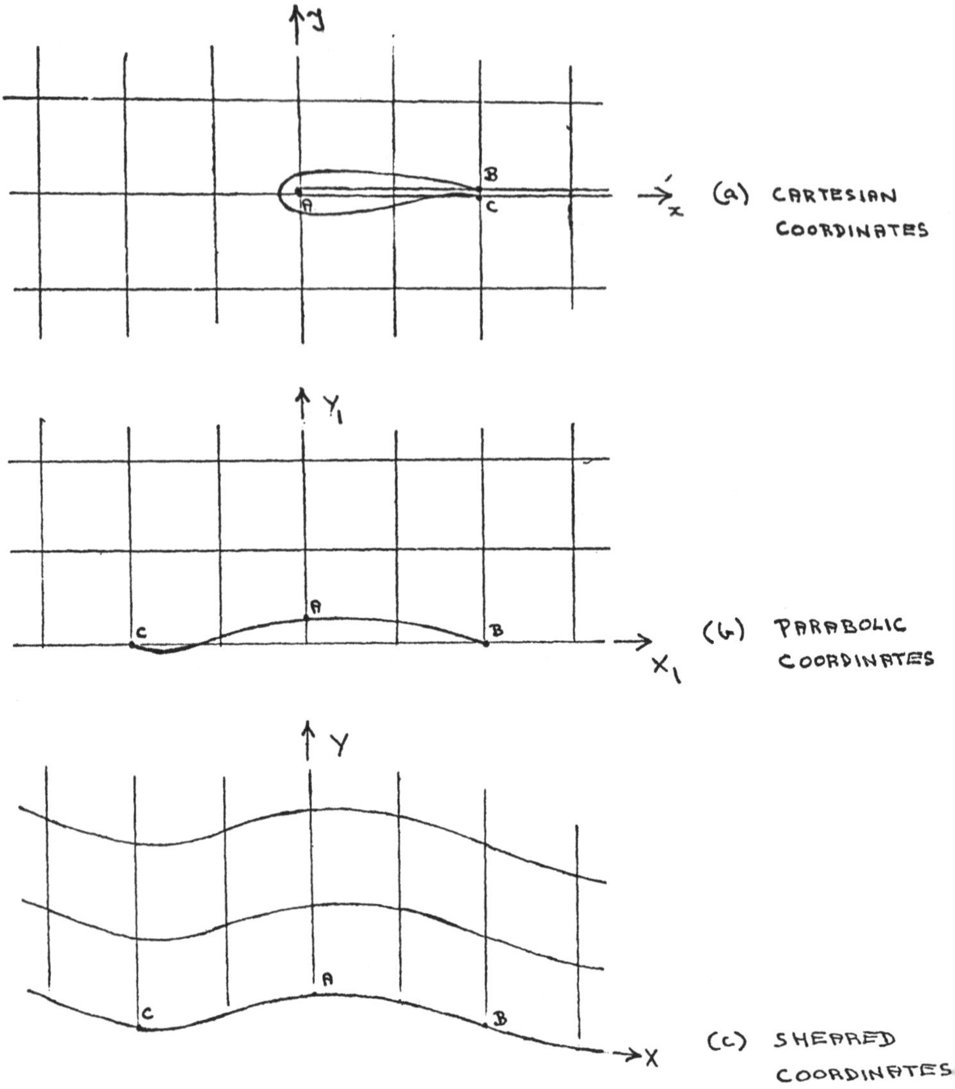

Figure 2

CONSTRUCTION OF COORDINATE SYSTEM

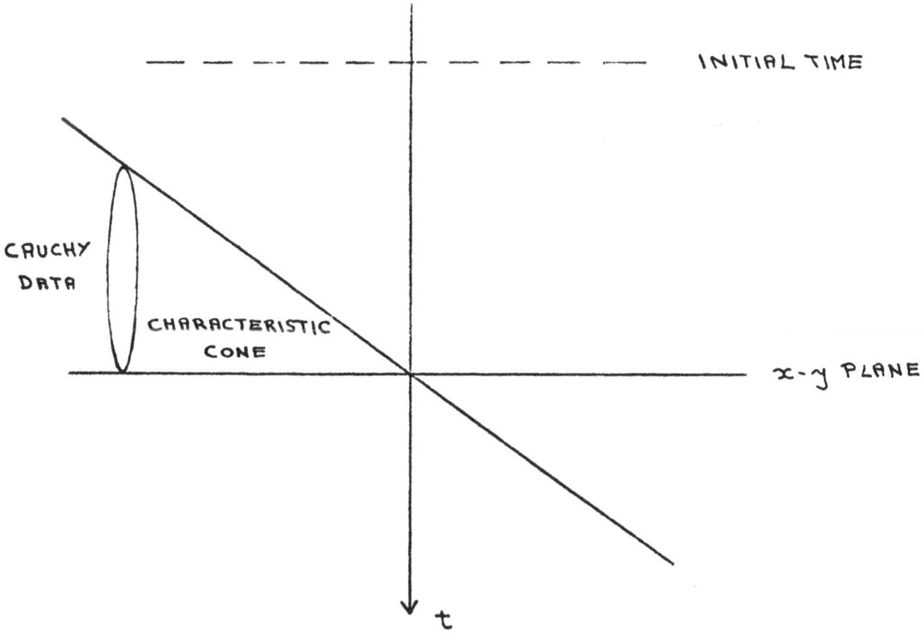

FIGURE 3

CHARACTERISTIC CONE OF EQUIVALENT TIME DEPENDENT EQUATION

FOR TWO DIMENSIONAL FLOW

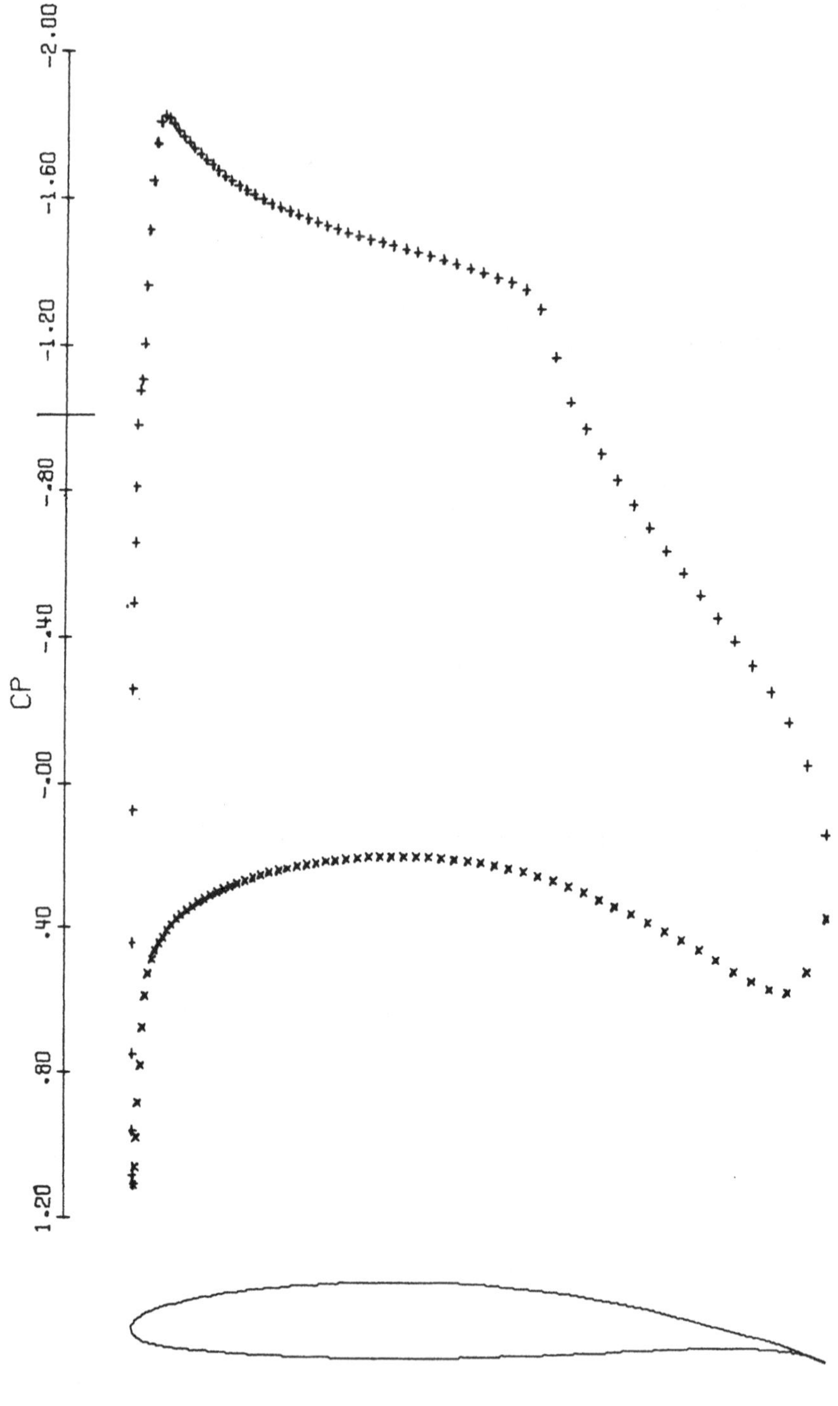

G 65-15 AIRFØIL
M = .650 YAW = 0.000 ALF = -0.000
CL = 1.4661 CD = .0001

Figure 4(a)

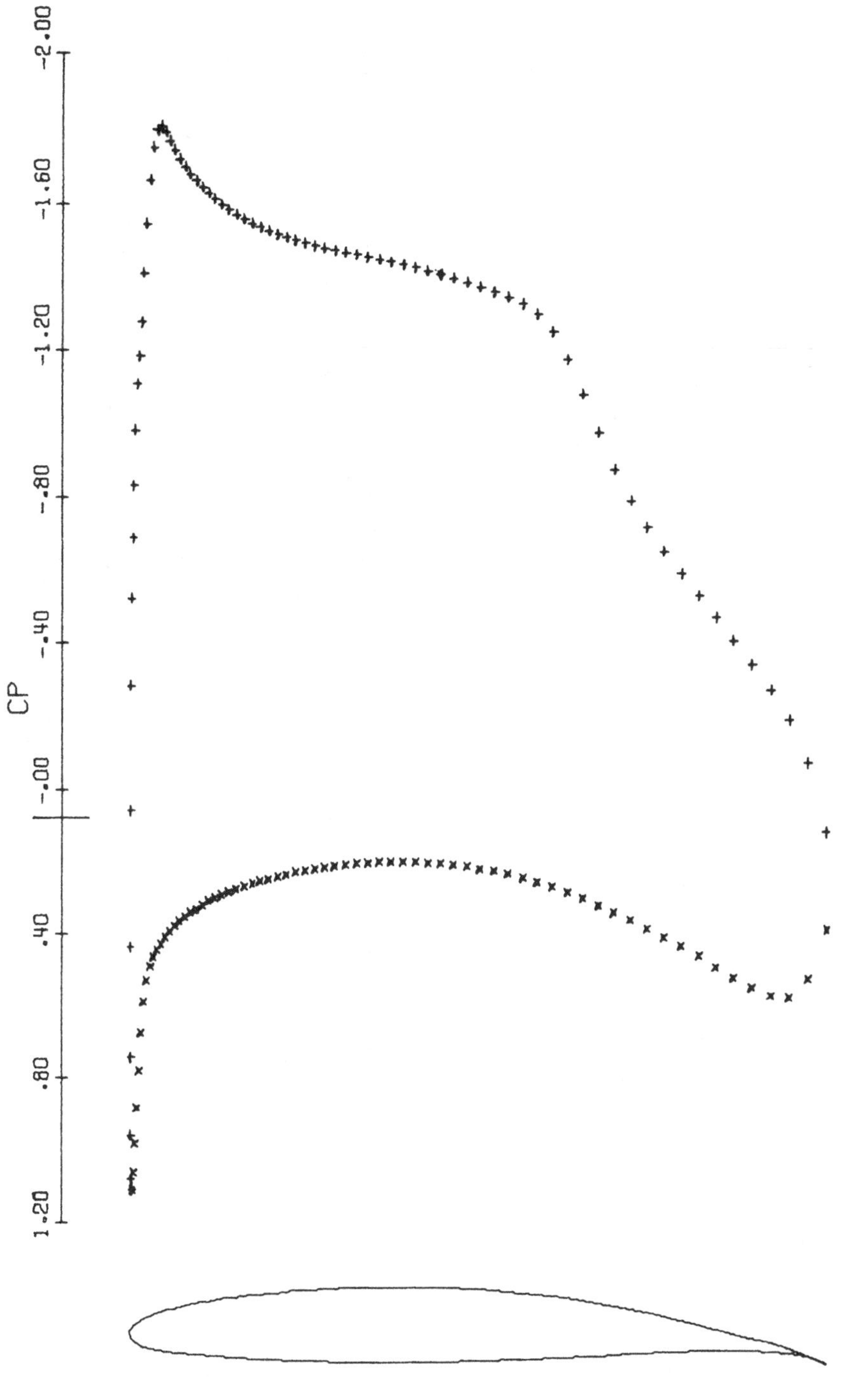

G 65-15 AIRFØIL
M = 1.020 YAW = 50.410 ALF = -0.000
CL = 1.4575 CD = .0032

Figure 4(b)

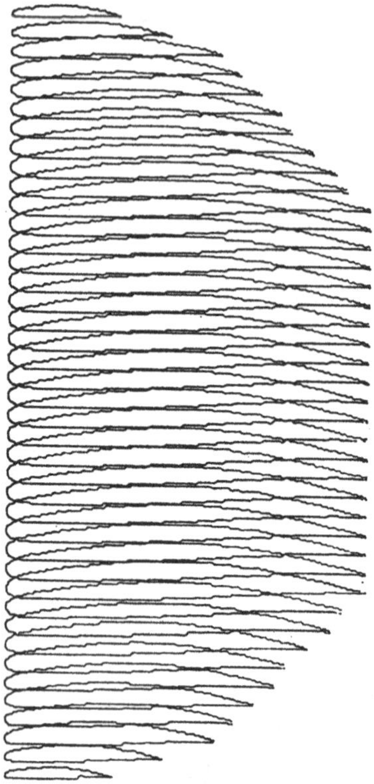

Figure 5(a). View of Wing

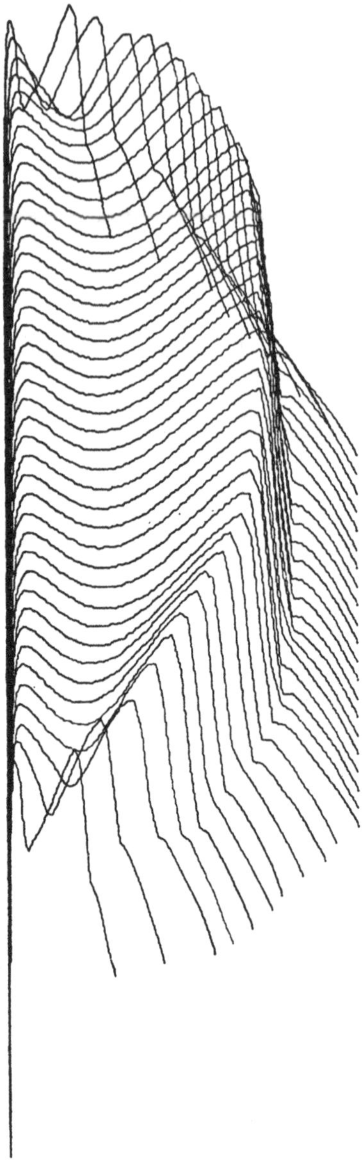

Figure 5(b). Upper Surface Pressur

JONES SECTION AR 11.6 TWIST 0 DEG
M = .750 YAW = 0.00 ALF = 3.00
L/D = 18.02 CL = 1.0414 CD = .0578

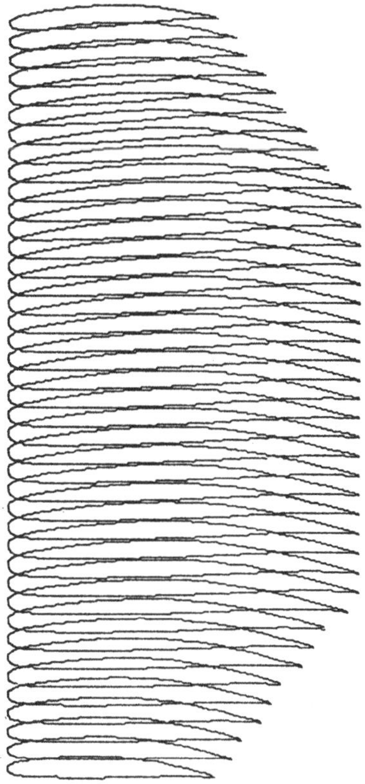

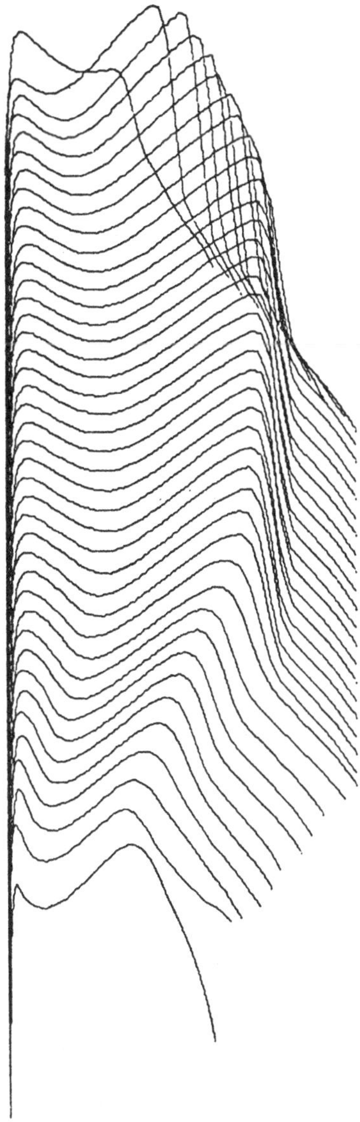

Figure 6(a). View of Wing. Figure 6(b). Upper Surface Pressure

JONES SECTION AR 13.3 TWIST 4 DEG
M = .866 YAW = 30.00 ALF = 3.00
L/D = 16.71 CL = .7474 CD = .0447

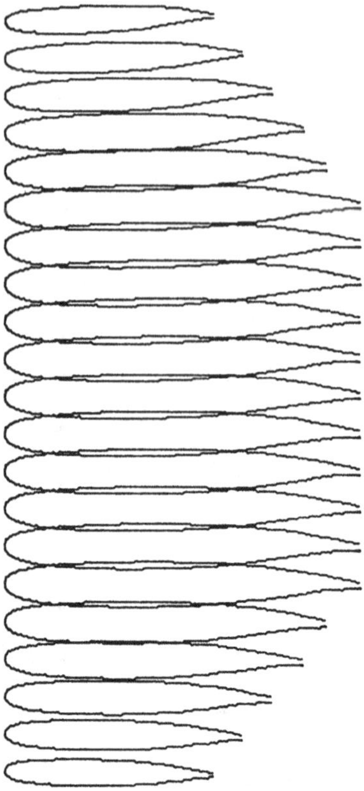

Figure 7(a)

VIEW OF WING
G 80-30 SECTION AR 6.6 TWIST 3 DEG
M = .870 YAW = 15.00 ALF = .90
L/D = 14.90 CL = .2566 CD = .0172

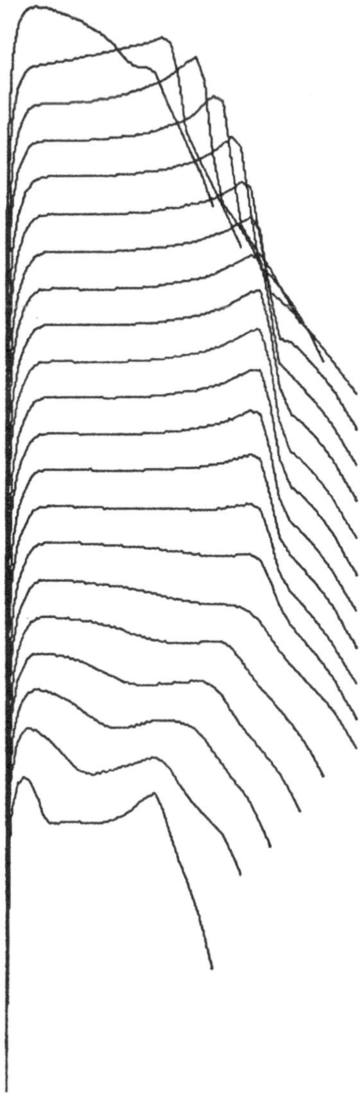

Figure 7(b). Upper Surface Pressure.

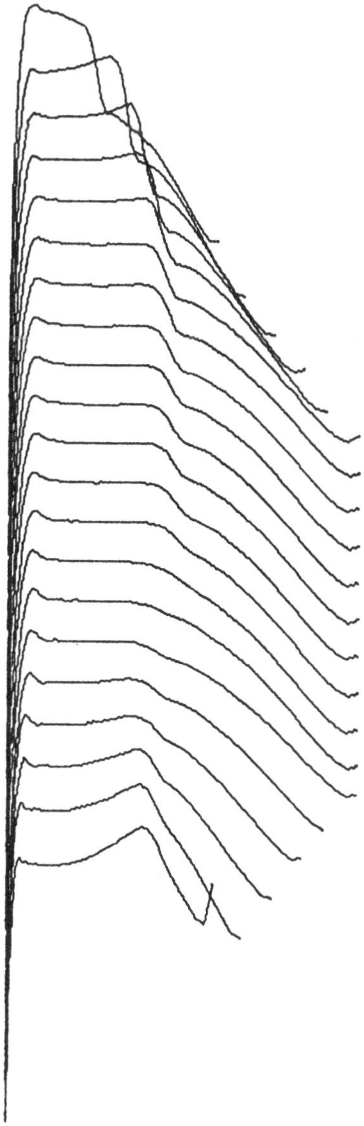

Figure 7(c). Lower Surface Pressure.

G 80-30 SECTION AR 6.6 TWIST 3 DEG
M = .870 YAW = 15.00 ALF = .90
L/D = 14.90 CL = .2566 CD = .0172

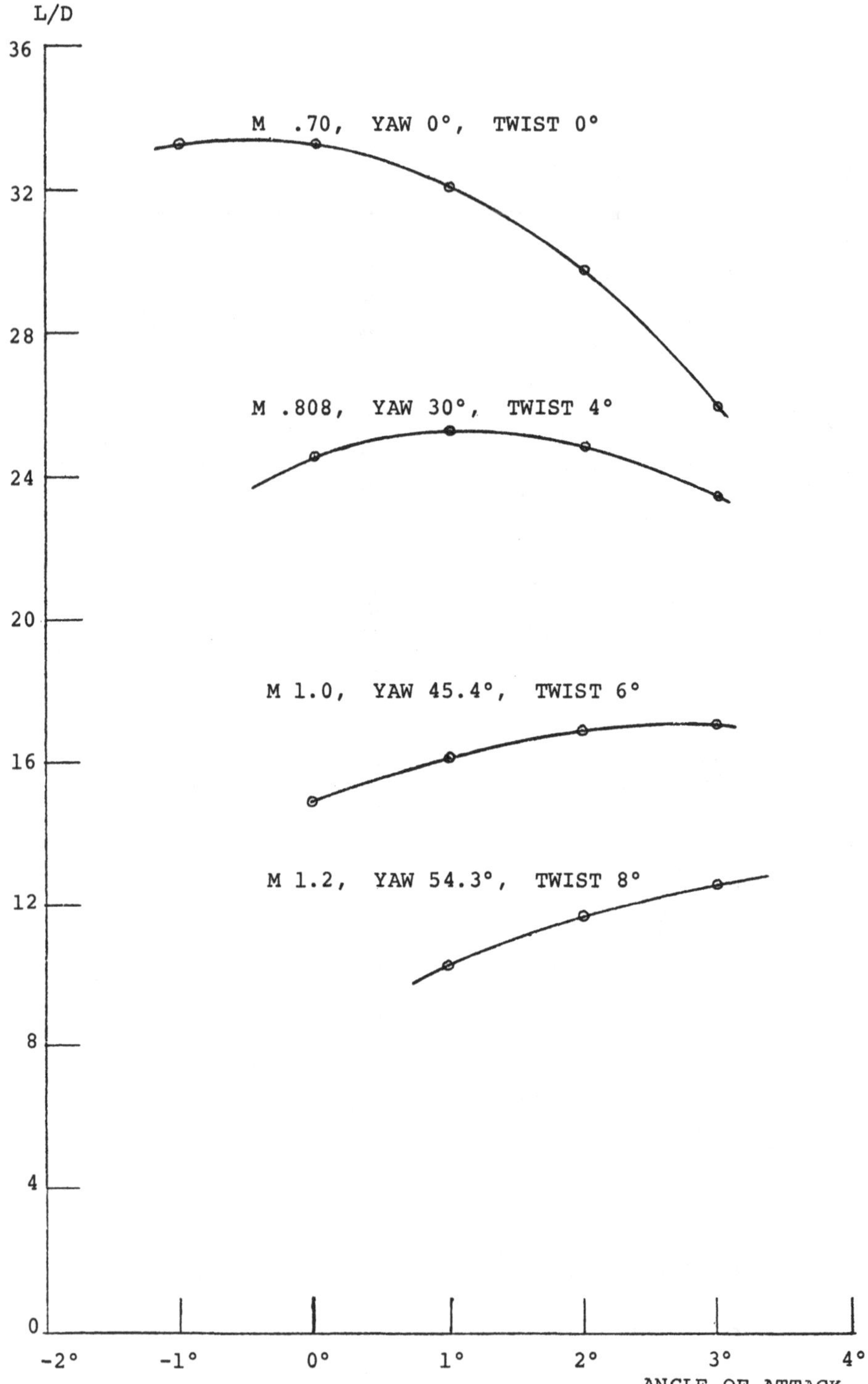

Figure 8
LIFT DRAT RATIO FOR A YAWED WING OF ASPECT RATIO 11.1
WITH JONES' SECTION.

LARGE AMPLITUDE WAVE PROPAGATION IN ARTERIES AND VEINS

Y. KIVITY[†] and R. COLLINS[‡]

1. INTRODUCTION

The problem of finite amplitude wave propagation in fluid-filled distensible tubes, although of potentially wide general interest in industrial piping systems, finds particularly important application in biomedical circulatory phenomena. Mathematical and laboratory studies of such coupled fluid-shell interactions have led to novel contributions in the field of Biomechanics, an area of continuing activity in the United States and England, and one which is rapidly attracting the attention of scientists and medical researchers in France.

The pulsatile flow of blood from the heart into the aorta, and subsequently the connecting great vessels, engenders wave propagation in the vessel walls, the motion of which in turn modifies the blood flow. This interaction between fluid and vessel wall motions will depend strongly upon the material properties of the system, such as fluid density and viscosity and the dynamic viscoelastic properties of the wall, in addition to the mechanical contraints imposed on the vessel by the surrounding connective tissue and intercostal arteries. Pathologically-induced changes in these properties will be evidenced in modified pressure and flow variations in the distal portions of the arterial system. Alternatively, such variations may serve as a basis for estimating such changes in the material properties.

Although radial excursions of 8-10 % of the aortic lumen have been generally observed in in situ measurements under normal physiological conditions, little if any longitudinal displacements of the vessel wall have been detected. A recent study by Kivity and Collins (1973) describes a numerical method for determining instantaneous variations in vessel cross-section, pressure and fluid velocity under conditions of complete longitudinal tethering. However, in laboratory testing of excised biological specimens, large longitudinal motions of the wall are known to occur.

---

† On leave from the Scientific Department, Ministry of Defense Israel.

‡ On sabbatical leave from University of California, School of Engineering and Applied Science, Los Angeles, U.S.A.

The present work provides a generalized treatment of viscous fluid motion in a nonlinear orthotropic viscoelastic thin walled tube. A numerical solution is described based upon a two-step Lax-Wendroff finite difference scheme which is shown to be very stable and rapid.

2. MATHEMATICAL FORMULATION

2.1 Physical Relations

In this present generalized treatment of the axisymmetric motion of an incompressible fluid in a nonlinear viscoelastic tube, the fluid viscosity is accounted for and hence the action of wall friction on longitudinal displacements of the vessel wall. The actual wall-thickness to diameter ratio of the human aorta is about one-tenth. Under the thin wall approximation, this ratio is considered insignificantly small, leading mathematically to neglect of the shear stresses and bending moments. Patel and Fry (1969) showed that the aorta and carotid arteries developed shearing strains that were very much smaller than the corresponding longitudinal and circumferential strains, when the vessel was inflated to physiological pressures. Thus the vessel is orthotropic, and shear strains can be neglected. In this case, the three orthogonal strains : circumferential, longitudinal and radial are the only important ones. For an incompressible wall (Poisson ratio equals one-half), they are interrelated.

A large deflection theory for thin shells of revolution has been given by Reissner (1949) and a more generalized treatment is described in the book by Krauss (1967). Under the foregoing assumptions, the equilibrium of an element of the shell is expressed by Reissner's Eq. (28) as

$$\frac{\partial}{\partial \xi}\left(r N_\xi \vec{J}_\xi\right) + \frac{\partial}{\partial \theta}\left(\alpha N_\theta \vec{J}_\theta\right) + r\alpha \vec{p} = 0 \qquad (1)$$

where ξ is a Lagrangian coordinate along the generator of the middle surface of the tube, θ is the polar angle of a point on the middle surface (see figs. 1 and 2) and x , y , z are the corresponding Eulerian coordinates, $r = (x^2 + y^2)^{1/2}$ is the Eulerian coordinate of a point on the generator of the surface and must be regarded as functions of (ξ , t) since the problem is time dependent.

α is defined by

$$\alpha^2 = \left(\frac{\partial r}{\partial \xi}\right)^2 + \left(\frac{\partial z}{\partial \xi}\right)^2 \qquad (2)$$

N_ξ and N_θ are the stress resultants in the ξ and θ directions, $\vec{p}$ is the load intensity vector (external load per unit area).

In the context of the theory of shells, the load $\vec{p}$ is usually specified. In the present problem, however, the load $\vec{p}$ results from the interaction between the fluid and the tube. The wall motion is hence coupled to that of the fluid through the load vector $\vec{p}$ per unit area. A number of external forces contribute to the load intensity vector $\vec{p}$. The normal component p_n arises from the fluid hydrodynamic pressure acting normal to the inner layer of the wall, in addition to possible normal forces imposed on the outer layer by visceral resistance to radial motions. The tangential component p_ξ derives from the shear stress τ due to viscous drag at the inner wall, as well as from longitudinal restraints on the outer wall associated with the "tethering" effects of connective tissue and intercostal arteries (Patel and Fry 1966).

The quasi one-dimensional viscous flow equations for an incompressible fluid in a distensible axi-symmetric duct may be expressed as :

(continuity) : $$\frac{\partial}{\partial t} r^2 + \frac{\partial}{\partial z}\left(r^2 v\right) = 0 \qquad (3)$$

(momentum) : $$\frac{\partial}{\partial t} v + \frac{\partial}{\partial z}\left(\frac{v^2}{2} + p_{hydro}/\rho + \phi\right) = -F \qquad (4)$$

where v is the fluid velocity (averaged over the cross-section), ρ is the constant density of the fluid, p hyd. is the hydrostatic pressure which is equal but of opposite sign to the normal component of the external load p_n and ϕ the gravitational force potential defined by

$$\frac{\partial \phi}{\partial z} = G \qquad \text{(acceleration)}$$

F represents the friction per unit mass of fluid due to viscous fluid drag at the wall. For circular tubes

$$F = \frac{2}{\rho r} \tau \qquad (5)$$

where τ is the shear stress at the wall.

For steady flow in a pipe, from the corresponding formulae of Poiseuille and Blasius (Schlichting 1968, p. 79 and 561) for laminar and turbulent flow, one obtains the shear stress

$$\tau = C_f \tfrac{1}{2} \rho v^2 R_e^{-m} \qquad (6)$$

where the Reynolds number $R_e = \rho r |v| / \mu$,

C_f is the dimensionless skin friction coefficient, and μ is the fluid viscosity.

For laminar flow $m = 1$ and $C_f = 8$, while for turbulent flow $m = 1/4$ and $C_f \cong .07$.

In the present calculations, the laminar form of the shear stress has been used, corresponding to the generally accepted principle that turbulent regions are rare in most normal physiological blood flows. For example, it was pointed out by Ling et al (1968) that according to hot-film anemometric measurements carried out in the arteries of living animals, the flow is normally nonsteady and laminar. That is, flow profiles are developed locally and transiently during the passage of each pulsatile wave. The rise time of the pressure-gradient wave front is of the order of 0.02 seconds (under normal physiological conditions) and the apparent propagating velocity of the wave front is approximately 600 cm/sec., implying a physical width of the travelling wave of about 12 cm. In general, flow profiles were found to be blunt and axially symmetric. Both turbulence and secondary flows were found to be inhibited and localized by the nature of the pulsatile flow, and although weak turbulence was observed in the aortic arch of small dogs, it was quickly dissipated within each heart cycle.

Nonetheless, in the regions near the shock front where conditions are clearly not physiological, such may no longer be the case. Although these expressions are strictly valid only for steady flow, they will be applied here for the unsteady flow conditions to be described subsequently.

To complete the system of equations (1),(3),(4) one must add a constitutive relation linking wall stresses to strains and rates of strain within the vessel wall. For this purpose, a mathematical expression relating the stress resultants N_ξ and N_θ to the material coordinates λ , z and their time derivatives would be desirable. However, even for small deformations, such a highly developed constitutive relation is not presently available without mentioning the still greater lack of knowledge for the large deformation, high strain-rate range corresponding to shock experiments.

A simplified material model is proposed in which the stress is related to strain and strain-rate in the circumferential and longitudinal directions separately. This effectively decoupled representation is not inconsistent with the assumption of orthotropy implicit in the thin-walled approximation described above.

Physically, this representation of the state of stress corresponds to a model of the tube wall composed of two distinct layers : a layer of "fibers", which carries the stress in the tangential direction and a layer of "rings", which carries the hoop stress. Similar ideas have been put forth by Apter et al. (1966).

The stress strain-rate relation in each direction is written in the form

$$\sigma(\lambda,\dot{\lambda}) = f(\lambda) + g(\lambda,\dot{\lambda}) \qquad (7)$$

with

$$g(\lambda,0) = 0 \qquad (8)$$

so that $f(\lambda)$ represents the static loading relation. As a measure of strain, the extension ratio is employed here, with

$$\lambda = L/L_0 \qquad (9)$$

where L is the length of a strained element and L_0 is its length at some reference state. For the measurements of Collins and Hu (1972), the explicit expression (7) becomes

$$\sigma(\lambda, \dot{\lambda}) = E\left(1 + B\,\dot{\lambda}/\lambda\right)\left(\lambda^n - 1\right) \qquad (10)$$

with $n = 12$, $B = 0.64$ sec. and $E = 0.28 \times 10^6$ dynes/cm^2 along the axial direction.

Relation (10) may be converted to an expression for the stress resultants in terms of the coordinates r, z. The circumferential extension is simply

$$\lambda_\theta = \frac{r(\xi, t)}{r(\xi, 0)} = \frac{r}{r_0} \qquad (11)$$

The axial extension may be expressed in terms of the quantity α of Eq. (2) by

$$\lambda_\xi = \frac{\alpha(\xi, t)}{\alpha(\xi, 0)} = \frac{\alpha}{\alpha_0} \qquad (12)$$

the stress resultants are then related to the stresses by

$$N = h\sigma \qquad (13)$$

where h is the wall thickness. The variations of the wall thickness h with the tube displacements may be found in a simple manner if one uses the Poisson ratio $\nu = 1/2$ typical of biological tissue. In this case, the material is incompressible, so that

$$\frac{\partial}{\partial t}\left(r \alpha h\right) = 0$$

or

$$r(\xi, t)\,\alpha(\xi, t)\,h(\xi, t) = r_0(\xi)\,\alpha_0(\xi)\,h_0(\xi) \qquad (14)$$

where

$$f_0(\xi) = f(\xi, t=0)$$

Equations (1), (3), (4) and (10) and their associated relations, constitute a complete system governing the coupled fluid-wall motions.

In the next section, these will be reduced to a simpler set, whose numerical solution, with illustrative values of the physical parameters, will be described in the remainder of the work.

2.2 Reduction of Governing Equations

It is convenient to decompose the vector equation (1) into its components in the ξ and n directions. These directions refer to the generator of the middle surface (see fig. 1). The hydrostatic pressure in the fluid contributes to the normal component p_n of $\vec{p}$ and the wall friction (due to fluid viscosity) to the tangential component p_ξ of $\vec{p}$ .Carrying out the differentiations in (1) gives

$$\frac{\partial}{\partial \xi}(r N_\xi)\vec{J}_\xi + \alpha N_\theta \frac{\partial}{\partial \theta}\vec{J}_\theta + r\alpha p_\xi \vec{J}_\xi +$$

$$r N_\xi \frac{\partial}{\partial \xi}\vec{J}_\xi + \qquad r\alpha p_n \vec{J}_n = 0$$

Let $\vec{i}, \vec{j}, \vec{k}$, be unit vectors in the x, y and z directions respectively (see fig. 1). The radial and circumferential unit vectors $\vec{J}_r$ and $\vec{J}_\theta$ are then related to the former by (Reissner 1949) :

$$\vec{J}_r = \vec{i}\cos\theta + \vec{j}\sin\theta \; ; \quad \vec{J}_\theta = -\vec{i}\sin\theta + \vec{j}\cos\theta \tag{15}$$

and the tangential and normal unit vectors by

$$\vec{J}_\xi = \vec{J}_r\cos\varphi + \vec{k}\sin\varphi \; ; \quad \vec{n} = -\vec{J}_r\sin\varphi + \vec{k}\cos\varphi \tag{16}$$

Then from Eq. (16), one finds

$$\frac{\partial}{\partial \xi}\vec{J}_\xi = \vec{J}_n \frac{\partial \varphi}{\partial \xi} \tag{17}$$

and from Eq. (15)

$$\frac{\partial}{\partial \theta}\vec{J}_\theta = -\vec{J}_r = -\vec{J}_\xi\cos\varphi + \vec{J}_n\sin\varphi \tag{18}$$

where $\vec{j}_q$ denotes a unit vector in the q direction, and φ is the angle between the tangent to the meridian curve and the z-axis, with

$$\tan\varphi = \frac{\partial z/\partial \xi}{\partial r/\partial \xi} \tag{19}$$

The scalar components of Eq.(1) in the ξ and n - directions are now readily found to be :

$$\frac{\partial}{\partial \xi}(r N_\xi) - \alpha N_\theta \cos\varphi + r\alpha p_\xi = 0 \tag{20}$$

$$r N_\xi \frac{\partial \varphi}{\partial \xi} + \alpha N_\theta \sin\varphi + r\alpha p_n = 0 \tag{21}$$

For convenience, one replaces the variables N_ξ and N_θ by

$$T_\xi \equiv r N_\xi = \frac{r_o h_o \alpha_o}{\alpha} \sigma_\xi = r_o h_o \sigma_\xi / \lambda_\xi \tag{22}$$

$$T_\theta \equiv \alpha N_\theta = \frac{r_o h_o \alpha_o}{r} \sigma_\theta = \alpha_o h_o \sigma_\theta / \lambda_\theta \tag{23}$$

The scalar wall equations (20) and (21) then become

$$\frac{\partial}{\partial \xi} T_\xi - T_\theta \cos\varphi + r\alpha p_\xi = 0 \tag{24}$$

$$T_\xi \frac{\partial \varphi}{\partial \xi} + T_\theta \sin\varphi + r\alpha p_n = 0 \tag{25}$$

One can eliminate p_n $(= -p_{hydro})$ between Eqs. (4) and (25), yielding

$$v_t + \left\{ \frac{v^2}{2} + \frac{1}{\rho r \alpha}\left[T_\xi \frac{\partial \varphi}{\partial \xi} + T_\theta \sin\varphi\right] + \Phi \right\}_z + \frac{2}{\rho r}\tau = 0 \tag{26}$$

The governing system then reduces essentially to the three simultaneous equations (3), (24) and (26) in conjunction with the auxiliary relations (2), (5), (6), (10)–(14), (19), (22) and (23). p_ξ is the sum of all tangential loads acting on the wall; in the absence of tethering, $p_\xi = \tau$, the shear stress due to fluid viscosity.

2.3 Initial Boundary Value Problem

The system of Eqs. (3), (24), and (26) is solved numerically with the following illustrative boundary and initial conditions corresponding to an arterial segment open at one end ($\xi = 0$) with an applied stagnation pressure at the other end ($\xi = L$); that is :

At $\xi = 0$: $p = 0$ (open end); $T_\xi = 0$ (tube unrestrained longitudinally) (27)

At $\xi = L$: $$p/\rho + \tfrac{1}{2}v^2 = H \begin{cases} \sin^2(\pi/2\,t) & \text{for } t < 20\,\text{ms} \\ 1 & \text{for } t \geq 20\,\text{ms} \end{cases} \qquad (28)$$

and $z = \text{Const.} = z_0(L)$

where ρH is constant and equal to the stagnation pressure in the reservoir

At $t = 0$:

$$\left.\begin{aligned} v(\xi, 0) &= 0 \\ r(\xi, 0) &= r_0(\xi) \\ z(\xi, 0) &= z_0(\xi) \end{aligned}\right\} \qquad (29)$$

2.4 Stability Considerations

The numerical stability of the set of governing equations may be assessed in approximate form, in a manner similar to that of Kivity and Collins (1973). That is, the system may be cast in both hyperbolic and parabolic forms, and the appropriate stability criteria developed for each. However, it has been confirmed in subsequent calculations that it is invariably the stability criterion associated with the parabolic form which is more restrictive, and hence only the derivation of that form is outlined here.

One considers the system of equations (3), (24) and (26) with the assumption, for simplicity, that $\phi = 0$ and $\tau = 0$. Then Eq (24) becomes

$$\frac{\partial T_\xi}{\partial \xi} = T_\theta \cos\varphi \; ; \quad T_\xi = \int T_\theta \cos\varphi \, d\xi + \text{Const.} \qquad (30)$$

Multiplying Eq(3) by v and Eq(28) by $A = r^2$ and adding, one obtains, in terms of a new variable defined by $Q = Av$,

$$Q_t + \left(\frac{Q^2}{A}\right)_z + A\left[\frac{1}{\rho r \alpha}\left(T_\xi \frac{\partial\varphi}{\partial\xi} + T_\theta \sin\varphi\right)\right]_z = 0 \quad (31)$$

For small displacements, φ is very close to $\pi/2$, so that $\sin\varphi \cong 1$. Also, from (30), the change in T_ξ is small compared to T_θ, so that T_ξ is approximately a constant. The quantity $\frac{1}{\alpha}\frac{\partial\varphi}{\partial\xi}$, appearing in Eq(31), equals the curvature ($1/R_\xi$), and is also very small, under the above assumption, so that the term $T_\xi \frac{\partial\varphi}{\partial\xi}$ may be neglected with respect to T_θ. Eq.(31) then becomes

$$Q_t + \left(\frac{Q^2}{A}\right)_z + A\left(T_\theta/\rho r \alpha\right)_z = 0$$

T_θ may be expressed in terms of A and $\dot{A} = -Q_z$, using the stress-strain relationship (10) employed in this study. The resulting differential equation takes on the form

$$Q_t - s\,Q_{\xi\xi} + W = 0 \quad (32)$$

where W is a function of lower order ξ- derivatives which do not enter into this first order estimate of a numerical stability criterion, and

$$s = \frac{f(\lambda_\theta)}{\lambda_\theta^2}\,\frac{h_0}{r_0}\,\frac{B_\theta/2}{\rho\lambda_\xi} \Big/ \left(\frac{\partial z}{\partial\xi}\right)^2, \quad (33)$$

$$\frac{\partial z}{\partial\xi} \cong \lambda_\xi \quad (34)$$

The stability criterion for the parabolic equation (32) is

$$s\Delta t/(\Delta\xi)^2 \le 1/2$$

which implies a time step

$$\Delta t < \frac{\rho\lambda_\xi^3\,\lambda_\theta^2}{B_\theta f(\lambda_\theta)\,h_0/r_0}(\Delta\xi)^2 \quad (35)$$

3. NUMERICAL SOLUTION

For the solution of the system (3), (24) and (26), one employs a numerical algorithm based on the two-step Lax-Wendroff difference scheme. In each step, the radius r and the particle velocity v are explicitly advanced in time, using the continuity equation (3) and the momentum equation (26), respectively. The new value of r serves to determine a new value of T_θ from the relation (23). T_ξ is then determined by integration of (24). Finally, z is computed implicitly, using a simple Newton method.

This procedure has proved to be reliable, provided that one observes the stability criterion (35). In the actual calculation Δt was taken as 0.8 times the right hand side of (35). The initial estimate for z in the Newton method was obtained from the value of z at the previous step.

The Langrandian coordinate ξ was chosen to be the initial coordinate of a point; that is $z(\xi, 0) = \xi$. To simplify the presentation of the difference scheme, the following abbreviations are used :

DEFINITIONS

$$\delta^n_{j+1/2} = \frac{1}{2}\,\frac{\Delta t^n}{z^n_{j+1} - z^n_{j-1}} \quad ; \quad \delta^n_j = \frac{\Delta t^n}{z^n_{j+1/2} - z^n_{j-1/2}}$$

$$f^n_{j+1/2} = \frac{1}{2}\left(f^n_j + f^n_{j+1}\right)$$ (unless a different definition is explicitly specified)

$$\pi = \frac{1}{2}v^2 + \frac{1}{\rho r \alpha}\left\{T_\xi \frac{\partial \varphi}{\partial \xi} + T_\theta \sin\varphi\right\}$$

$$\pi^n_j = \frac{1}{2}(v^n_j)^2 + \frac{1}{\rho r^n_j \alpha^n_j}\left\{(T_\xi)^n_{j+1/2}\,\frac{\varphi^n_{j+1/2} - \varphi^n_{j-1/2}}{\Delta\xi} + (T_\theta)^n_j \sin\varphi^n_j\right\}$$

$$\pi_{j+1/2}^{n+1/2} = \frac{1}{2}\left(v_{j+1/2}^{n+1/2}\right)^2 + \frac{1}{\rho r_{j+1/2}^{n+1/2}\,\alpha_{j+1/2}^{n}} \left\{ \frac{1}{2}\left[(T_\xi)_j^{n+1/2} + (T_\xi)_{j+1}^{n+1/2}\right] \cdot \frac{\varphi_{j+1}^{n} - \varphi_j^{n}}{\Delta\xi} + (T_\theta)_{j+1/2}^{n+1/2} \sin\varphi_{j+1/2}^{n} \right\}$$

$$\left(\alpha_{j+1/2}^{n}\right)^2 = \left\{\left(z_{j+1}^{n} - z_j^{n}\right)^2 + \left(r_{j+1}^{n} - r_j^{n}\right)^2\right\} \Big/ (\Delta\xi)^2$$

$$\left(\alpha_j^{n}\right)^2 = \frac{1}{2}\left(\alpha_{j+1/2}^{n} + \alpha_{j-1}^{n}\right)$$

$$\varphi_{j+1/2}^{n} = \arccos\left(\frac{r_{j+1}^{n} - r_j^{n}}{\alpha_{j+1/2}^{n}\,\Delta\xi}\right)$$

$$\varphi_j^{n} = \frac{1}{2}\left(\varphi_{j+1/2}^{n} + \varphi_{j-1/2}^{n}\right)$$

$$(\lambda_\theta)_j^{n} = \frac{r_j^{n}}{(r_0)_j} \quad ; \quad (\lambda_\xi)_{j+1/2}^{n} = \frac{\alpha_{j+1/2}^{n}}{(\alpha_0)_{j+1/2}} .$$

The difference scheme consists then of the following steps :

STEP I

$$(r^2)_{j+1/2}^{n+1/2} = (r^2)_{j+1/2}^{n} - \delta_{j+1/2}^{n}\left[(r^2 v)_{j+1}^{n} - (r^2 v)_j^{n}\right]$$

$$v_{j+1/2}^{n+1/2} = v_{j+1/2}^{n} - \delta_{j+1/2}^{n}\left[\pi_{j+1}^{n} - \pi_j^{n}\right] - \frac{\Delta t^n}{\rho r_{j+1/2}^{n}}\,\tau\left(v_{j+1/2}^{n}, r_{j+1/2}^{n}\right)$$

$$(T_\theta)_{j+1/2}^{n+1/2} = (h_o \alpha_o)_{j+1/2}\, \sigma_\theta\left(\lambda_{\theta\, j+1/2}^{n+1/2},\ \frac{\lambda_{\theta\, j+1/2}^{n+1/2} - \lambda_{\theta\, j+1/2}^{n}}{\frac{1}{2}\Delta t^n}\right) \Big/ \lambda_{\theta\, j+1/2}^{n+1/2}$$

$$(T_\xi)_{j+1}^{n+1/2} = (T_\xi)_j^{n+1/2} + \Delta\xi \left\{ T_{\theta\, j+1/2}^{n+1/2} \cos\varphi_{j+1/2}^{n} - \right.$$

$$\left. - r_j^n \alpha_j^n \tau(v_j^n, r_j^n) \right\}$$

To determine $z_{j+1/2}^{n+1/2}$, solve the following implicit equation for $(\lambda_\xi)_j^{n+1/2}$,

$$\sigma_\xi\left(\lambda_{\xi j}^{n+1/2},\ \frac{\lambda_{\xi j}^{n+1/2} - \lambda_{\xi j}^{n}}{\frac{1}{2}\Delta t^n}\right) \Big/ \lambda_{\xi j}^{n+1/2} = (T_\xi)_j^{n+1/2} \Big/ (r_o h_o)_j$$

where the function $\sigma_\xi(\lambda, \dot\lambda)$ gives the stress in terms of the extension λ_ξ and its time rate of change. Knowing $(\lambda_\xi)_j^{n+1/2}$, $z_{j+1/2}^{n+1/2}$ is found from the relation :

$$\left(z_{j+1/2}^{n+1/2} - z_{j-1/2}^{n+1/2}\right)^2 + \left(r_{j+1/2}^{n+1/2} - r_{j-1/2}^{n+1/2}\right)^2 = \left(\lambda_{\xi j}^{n+1/2} (\alpha_o)_j\right)^2$$

STEP II

$$(r^2)_j^{n+1} = (r^2)_j^n - \delta_j^{n+1/2} \left\{ (r^2 v)_{j+1/2}^{n+1/2} - (r^2 v)_{j-1/2}^{n+1/2} \right\}$$

$$v_j^{n+1} = v_j^n - \delta_j^{n+1/2} \left\{ \pi_{j+1/2}^{n+1/2} - \pi_{j-1/2}^{n+1/2} \right\} -$$

$$- 2\frac{\Delta t^n}{\rho\, r_{av}} \tau\left(\frac{v_{j+1/2}^{n+1/2} + v_{j-1/2}^{n+1/2}}{2},\ r_{av} \right)$$

where $r_{av} = \frac{1}{2}\left(r_{j+1/2}^{n+1/2} + r_{j-1/2}^{n+1/2} \right)$

$$T_{\theta j}^{n+1} = (\ell_0 \alpha_0)_j \, \sigma_\theta \left(\lambda_{\theta j}^{n+1}, \frac{\lambda_{\theta j}^{n+1} - \lambda_{\theta j}^{n}}{\Delta t^n} \right) \Big/ (\lambda_\theta)_j^{n+1}$$

$$T_{\xi\, j+1/2}^{n+1} = T_{\xi\, j-1/2}^{n+1} + \Delta\xi \left\{ T_{\theta j}^{n+1} \frac{r_{j+1/2}^{n+1/2} - r_{j-1/2}^{n+1/2}}{\alpha_j^n \Delta\xi} - \right.$$

$$\left. - r_{av} \alpha_j^n \, \tau\left(\frac{v_{j+1/2}^{n+1/2} + v_{j-1/2}^{n+1/2}}{2}, r_{av} \right) \right\}$$

To determine z_j^{n+1}, one first solves for $(\lambda_\xi)_{j+1/2}^{n+1}$ from the equation:

$$\sigma_\xi \left(\lambda_{\xi\, j+1/2}^{n+1}, \frac{\lambda_{\xi\, j+1/2}^{n+1} - \lambda_{\xi\, j+1/2}^{n}}{\Delta t^n} \right) \Big/ (\lambda_\xi)_{j+1/2}^{n+1} = (T_\xi)_{j+1/2}^{n+1} \Big/ (r_0 \ell_0)_j$$

then, z_j^{n+1} is determined from :

$$(z_{j+1}^{n+1} - z_j^{n+1})^2 + (r_{j+1}^{n+1} - r_j^{n+1})^2 = \left[\lambda_{j+1/2}^{n+1} (\alpha_0)_{j+1/2} \right]^2$$

The difference analogue of the boundary conditions (27) and (28) is as follows:

<u>Open end</u>

$$r_1^{n+1} = \text{Const.} = r_0(0)$$

$$v_1^{n+1} = v_1^n - 2\,\delta_{1\,1/2} \left(\pi_2^n - \pi_1^n \right) - 2 \frac{\Delta t^n}{\rho\, r_{1\,1/2}^{n+1/2}} \tau\left(v_{1\,1/2}^{n+1/2}, r_{1\,1/2}^{n+1/2} \right)$$

z_1^{n+1} is computed by the general procedure.

Fixed end (with applied stagnation pressure)

$$z_{im}^{n+1} = L \qquad \text{(vessel length)}$$

$$v_{im}^{n+1} = v_{im}^{n} - \delta_{im-1/2}^{n}\left(\pi_{im}^{n+1/2} - \pi_{im-1/2}^{n+1/2}\right) - $$

$$- \frac{2\Delta t^n}{\rho r_{im-1/2}^{n+1/2}} \tau\left(v_{im-1/2}^{n+1/2}, r_{im-1/2}^{n+1/2}\right)$$

where $\pi_{im}^{n+1/2}$ is computed from the given applied stagnation pressure as a function of time = $t^n + \frac{1}{2}\Delta t^n$.

Then, r_{im}^{n+1} is calculated by first solving the implicit equation for $(\lambda_\theta)_{im}^{n+1}$

$$\sigma_\theta\left(\lambda_{\theta im}^{n+1}, \frac{\lambda_{\theta im}^{n+1} - \lambda_{\theta im}^{n}}{\Delta t^n}\right) / [(\lambda_\theta)_{im}^{n+1}]^2 =$$

$$= \left[\pi_{im}^{n+1} - \tfrac{1}{2}(v_{im}^{n+1})^2\right] \rho (r_o)_{im} (h_o)_{im} \alpha_{im-1/2}^{n+1/2} / (\alpha_o)_{im-1/2} / \sin\varphi_{im-1/2}^{n+1/2}$$

Then

$$r_{im}^{n+1} = (r_o)_{im} (\lambda_\theta)_{im}^{n+1}$$

NOTE

In calculating the variables r and v, one progresses from $\xi = 0$ to $\xi = L$ ($i = 1$ to $i = im$); whereas in the calculation of λ_ξ and z one starts at the fixed end $\xi = L$, since z is prescribed there.

4. RESULTS AND DISCUSSION

Illustrative computations have been carried out for an aorta, considered as a nonlinear viscoelastic material with a dynamic constitutive stress-strain-strain-rate relation of the functional form Eq.(10). The physical parameters selected are noted in Table I below :

TABLE I

$E_\xi = E_\theta = 0.28 \times 10^6\ dyn/cm^2$

$B_\xi = B_\theta = 0.16\ Sec.$

$n_\xi = n_\theta = 12$

$\mu = 0$

$\rho = 1.05\ g/c.c.$

$c_o = 300\ cm/Sec.$ (sound speed in the aorta at zero transmural pressure)

$r_o(\xi) = 1\ cm$ $\quad H = 0.63 \times 10^6\ dynes/cm^2.$

Fig. 3 shows the evolution of shape changes at 10mS intervals, with the shock wave progressing along the tube from right to left, as a function of the Lagrangian axial coordinate ξ. The end $\xi = 100\ cm$ is held fixed, while the remainder of the tube is free to move longitudinally, as depicted in fig. 4. Such longitudinal motion, although inhibited by tethering for vessels in situ, must be considered in in vitro laboratory experiments using excised tissue. The radial and longitudinal displacements vary smoothly but the demarcation between "shocked" and undisturbed regions of the vessel wall is quite evident. The axial distributions of fluid velocity in fig.5 resemble the shape changes of fig. 3. The pressure distribution in the tube, although not shown here, may be calculated directly from the variation of the extension ratio α in fig. 6 and from the distributions of longitudinal and circumferential wall stresses in figs. 7 and 8, respectively.

The computational method possesses wide generality, well beyond that implicit in the above calculational example. The present analysis, in addition to admitting large longitudinal motions of a tapered tube, also included the effects of fluid viscosity and orthotropicity of the vessel wall.

The influence of variations of these latter parameters is summarized in Table II below for the steady-state solution of flow in a tube of uniform cross-section obtained numerically from the unsteady solution as the asymptotic limit for long times. The velocity dz_e/dt of the distal end of the tube $\xi = 0$ is calculated from a simple finite difference at times of 70 and 75 mS.

The steady-state shock speed U may also be estimated from the velocity of the distal end of the tube, in terms of the extension ratio λ. In a small time interval Δt, the tube elongates in the region over which the shock has passed, by an amount equal to the strain $(= \lambda - 1)$ multiplied by the speed U of the wave front, that is

$$\Delta z_e = (\lambda_\xi - 1)\, U \Delta t$$

or

$$U = \frac{1}{\lambda_\xi - 1} \frac{dz_e}{dt}$$

This estimate of U, which is indicated in Table II, agrees favorably with that computed from the full solution.

TABLE II

case n°	$-dz_e/dt$ cm/sec	λ_ξ	$-U$ cm/sec	Notes
0	250	1.242	1040	parameters as in Table I
1	185	1.175	1055	parameters as in Table I except $E_\xi = 2E_\theta$
2	316	1.317	1000	parameters as in Table I except $E_\xi = 1/2\, E_\theta$
3	250	1.245	1020	parameters as in Table I except $\mu = .05$ poise, laminar friction law
4	183	1.154	1190	parameters as in Table I except $B_\xi = 10\, B_\theta$

Upon comparing the extension ratio λ_ξ for cases 0 and 3, it would appear that the fluid viscosity, and consequent drag on the tube wall, are not significant, although this conclusion remains tentative until further examples are examined. This would indicate that the wall forces are much more important than viscous drag in determining longitudinal displacements. However, Table II brings out the considerable influence of the orthotropicity on the extension ratios. In fact, both changes in the axial wall elasticity E_ξ (cases 0, 1 and 2) and in the axial viscoelastic modulus B_ξ (cases 0 and 4) effect important changes in the extension ratio λ_ξ. The steady state shock velocity appears nonetheless relatively insensitive to such changes, with the exception of the viscoelastic parameter B_ξ. It may well be possible to exploit the sensitivity of the wall elongation as an indirect measure of the circumferential or axial wall moduli of biological vessels subjected to rapidly changing loads.

5. CONCLUSIONS

A numerical method has been described for the calculation of the unsteady flow of an incompressible viscous fluid in a distensible tapered tube possessing orthotropic viscoelastic properties. The formulation is quite general, including the fluid-wall interaction, the tube wall being characterized as a thin shell with negligible bending moments.

Illustrative solutions have been presented for the biomedical phenomena of a pulsed flow of blood in an excised segment of human aorta, subjected to both radial and longitudinal deformations. The complete solution includes the time variations of wall shape, stresses, strains and fluid velocity, computed in conjunction with a realistic dynamic constitutive model for the aortic wall.

The example presented possesses an impulsive inlet flow sufficient to produce "shock-like" signals along the vessel wall. These sharp wave fronts do not endanger the inherent stability of the numerical two-step Lax-Wendroff scheme, provided that the stability criteria are properly observed.

REFERENCES

Apter, J.T., Rabinowitz, Cummings, D.H. (1966): Correlation of Viscoelastic Properties of Large Arteries with Microscopic Structure, Circulation Res. 19 : 104 - 21

Collins, R., Hu, W.C.L. (1972) : Dynamic Deformation Experiments on Aortic Tissue, J. Biomechanics 5, 333-337

Kivity, Y., Collins, R.(1973) : Nonlinear Wave Propagation in Viscoelastic Tubes, J. Biomechanics (in press) - Vol 6, n° 6, Dec. 1973

Krauss, H. (1967) : Thin Elastic Shells, John Wiley, Chap. II

Ling, S.C., Atabek, H.B., Carmody, J.J. (1968) : Pulsatile flows in Arteries in Applied Mechanics, Proceedings of the 12th Int'l Congress of Applied Mechanics, Stanford University Aug. 26-31, 1968, pp. 227-291, Springer-Verlag (1969)

Patel, D.J., Fry, D.L. (1966) : Longitudinal tethering of Arteries in Dogs. Circulation Res. 19 : 1011-21

Patel, D.J., Fry D.L. (1969) : The Elastic Symmetry of Arterial Segments in Dogs, Circulation Res. 24 : 1-8

Reissner, E. (1949) On the theory of Thin Elastic Shells, in Reissner Anniversary Volume edited by Polytechnic Inst. of Brooklyn, J.W. Edwards Publisher, Ann Arbor, Michigan

Schlichting, H. (1968) : Boundary-Layer Theory, 6th edition (transl. by J. Kestin) Mc Graw-Hill, New York

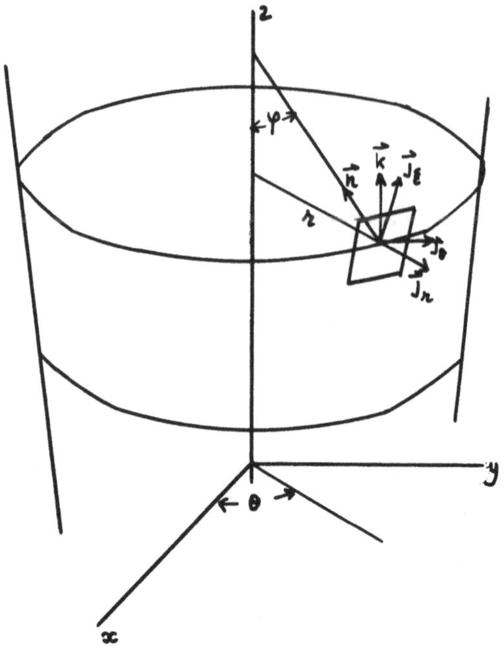

FIG.1

MIDDLE SURFACE OF SHELL, SHOWING COORDINATES ξ, θ ON MIDDLE SURFACE AND UNIT VECTORS ASSOCIATED WITH MIDDLE SURFACE

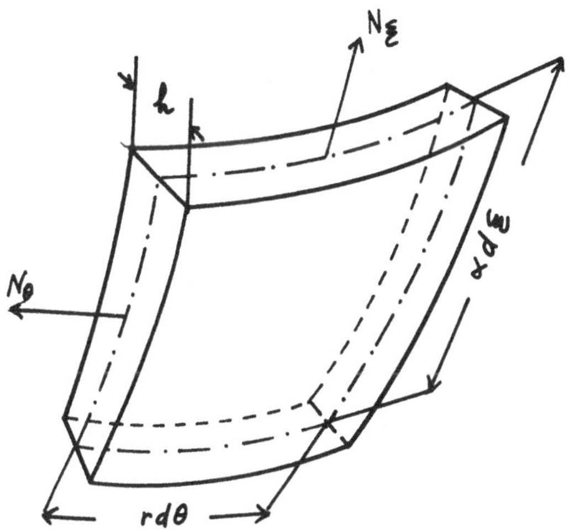

FIG. 2

ELEMENT OF SHELL SHOWING STRESS RESULTANTS

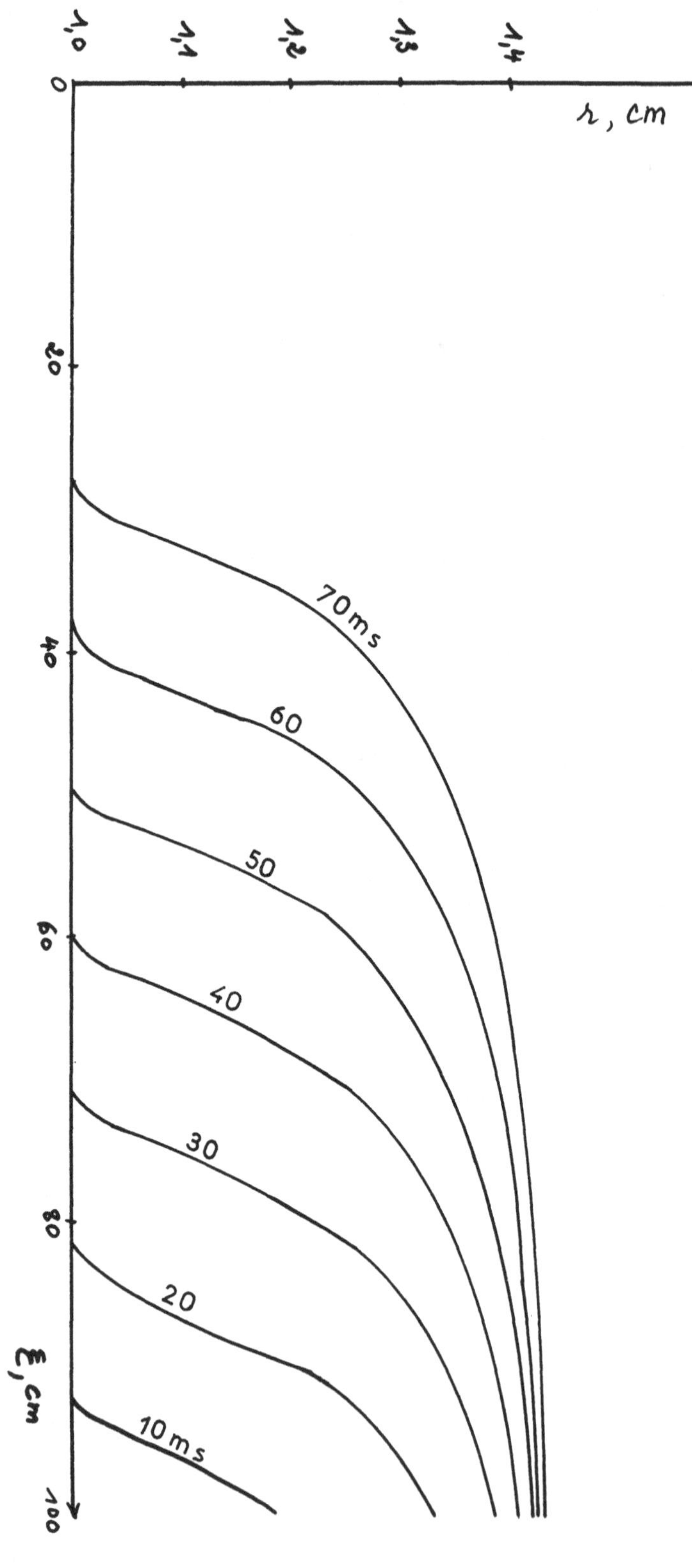

FIG. 3 RADIUS OF TUBE AT SELECTED TIMES

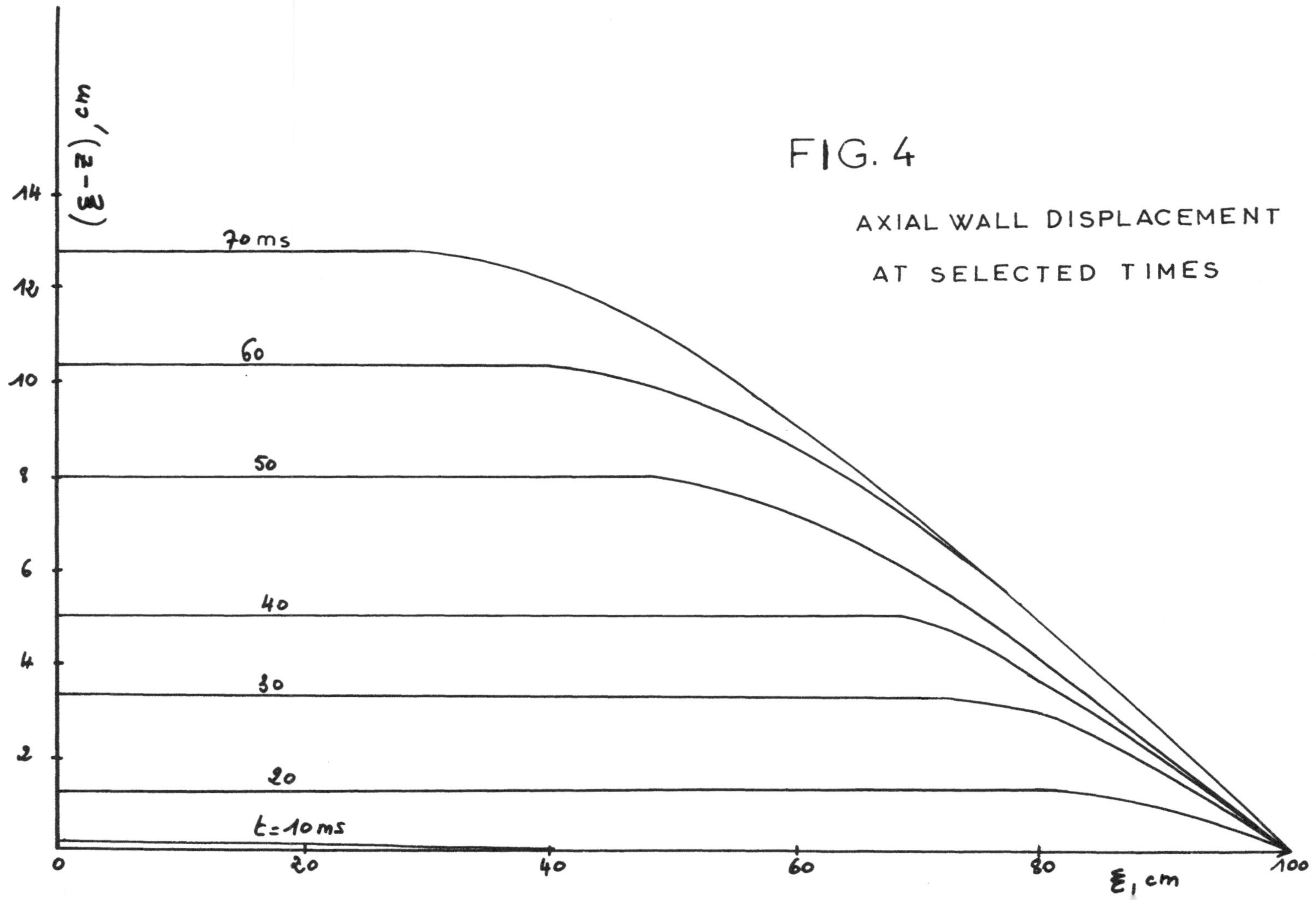

FIG. 4

AXIAL WALL DISPLACEMENT AT SELECTED TIMES

FIG. 5. FLUID VELOCITY AT SELECTED TIMES

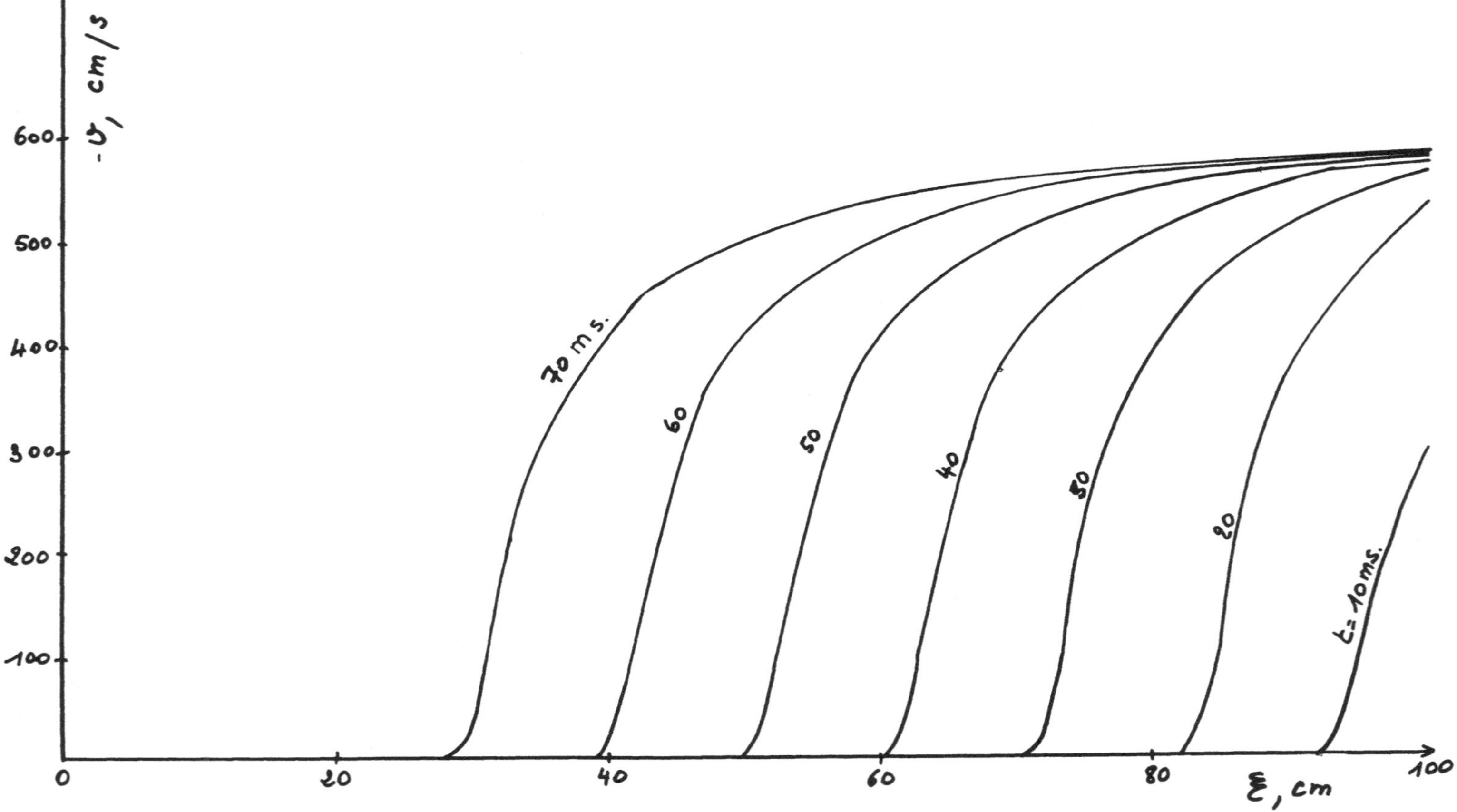

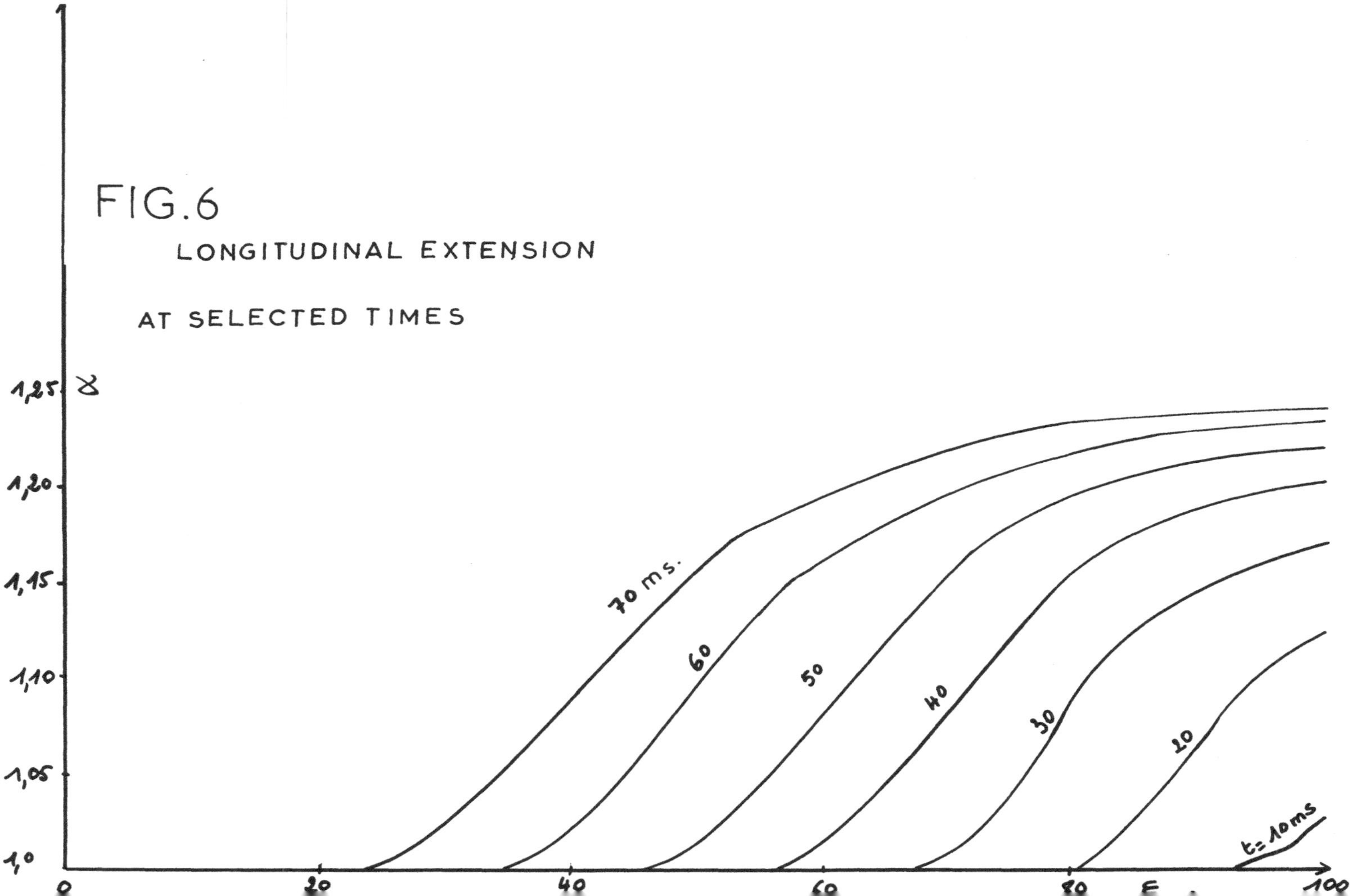

FIG.6
LONGITUDINAL EXTENSION
AT SELECTED TIMES

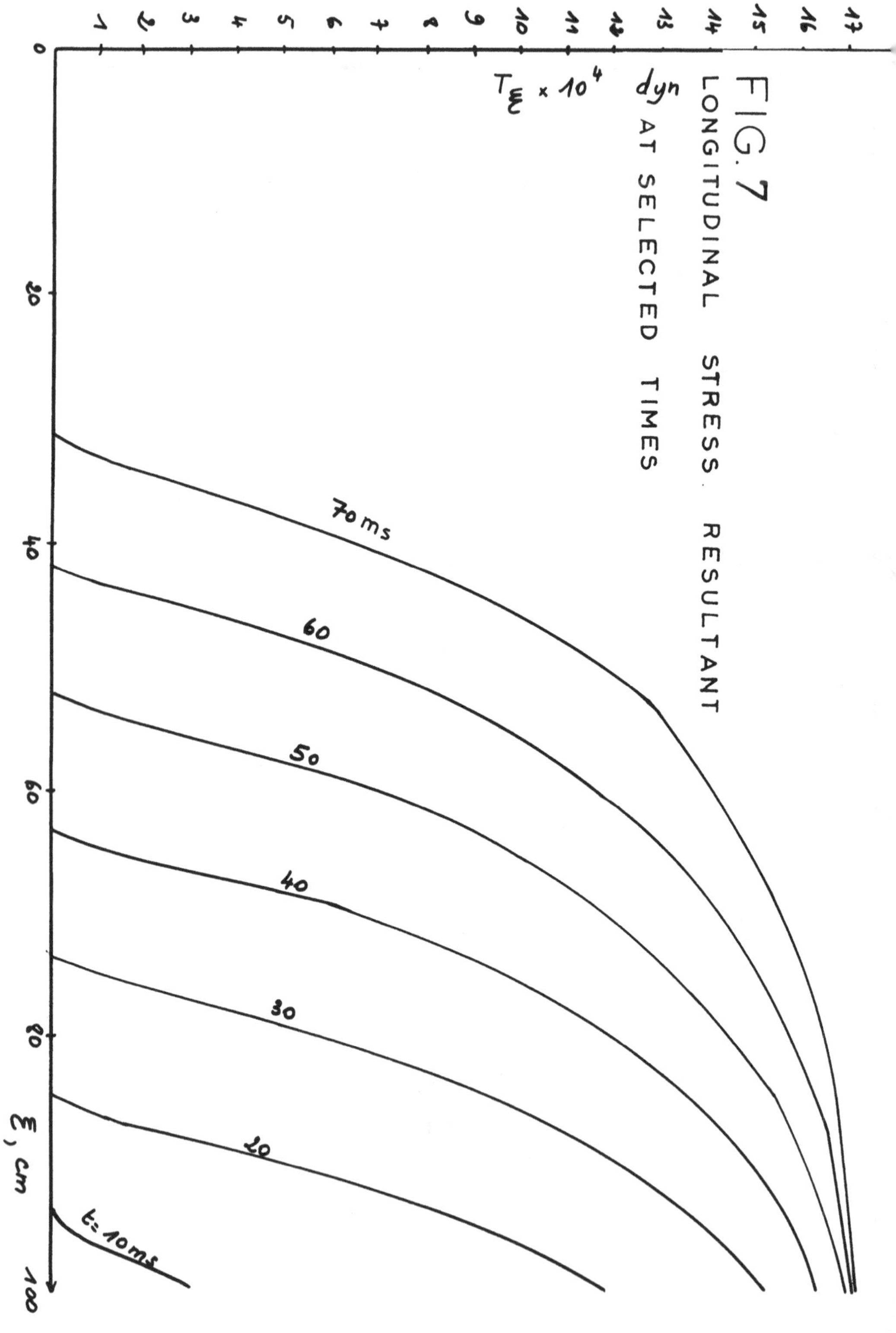

FIG. 7 LONGITUDINAL STRESS RESULTANT AT SELECTED TIMES

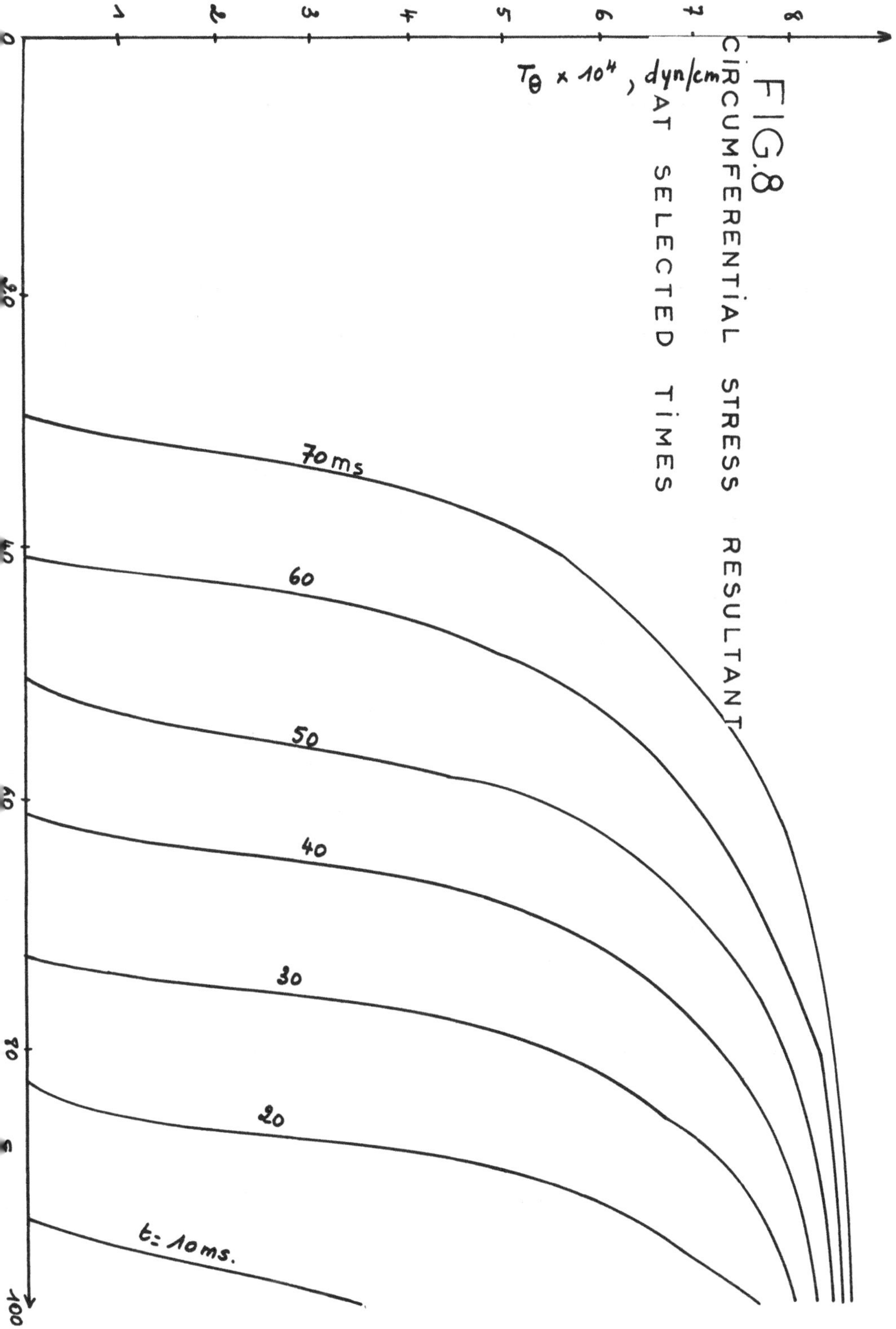

FIG.8
CIRCUMFERENTIAL STRESS RESULTANT AT SELECTED TIMES

G.I.Marchuk, V.V.Shaydourov

Increase of Accuracy of Projective-Difference Schemes

1. Abstract.

In this paper with simple examples there is examined one of the improvement methods of approximate solution, which is derived with integral equalities for elliptic differential problems. The improvement method is to use some approximate systems having low order of accuracy and depending on the mesh size as the parameter. A linear combination of solutions of these problems is made, which has a given order of accuracy limited by only a degree of smoothness and the data of the differential problem.

An idea of this method is due to L.F.Richardson, but E.A.Volkov and some other mathematicians obtained a constructive proof for some problems in the 1950's.

We research the realization of this method for an ordinary differential equation (in detail, as as illustration), an elliptic differential equation in a rectangle and in the domain with a smooth boundary, and an evolutional equation with a bounded operator.

2. An ordinary differential equation.

For a function $\varphi(x)$, which is defined in the segment $\bar{G} = [0,1]$, the notation $\varphi \in C_k(\bar{G})$ means existence of the continuous derivatives of $\varphi(x)$ on G up to order k .

Let the function $u \in C_2(G)$ be found from the equation

$$Lu \equiv -(au')' + bu = f \qquad \text{in} \qquad G = (0,1) \tag{1}$$

with boundary conditions

$$u(0)=0, \tag{2}$$

$$u'(1)+\gamma u(1)=g, \qquad \gamma \geqslant 0. \tag{3}$$

The coefficients of the equation (1) $\forall x \in \bar{G}$ are nonnegative:

$$a(x) \geqslant \alpha > 0, \qquad b(x) \geqslant 0 \tag{4}$$

Let :

$$(u,v)=\int_G uv\,dx, \quad [u,v]=\int_G (au'v'+buv)\,dx$$

be scalar products.

For to construct algebraic system approximating problem (1) - (3) we fix integer $n>0$ and denote

$$h=1/n, \quad G_h=\{y: y=ih, \quad i=1,\dots,n-1\}, \quad \bar{G}_h=G_h \cup \{1\}. \tag{5}$$

Let us introduce a set of n functions, setting $\forall y \in G_h$,

$$\omega_h(x,y)=\begin{cases} (\int_{-h}^{x-y} 1/a(y+t)\,dt)/\int_{-h}^{0} 1/a(y+t)\,dt, \text{ if } & x-y \in (-h,0), \\ (\int_{x-y}^{h} 1/a(y+t)\,dt)/\int_{0}^{h} 1/a(y+t)\,dt, \text{ if } & x-y \in [0,h), \\ 0 \quad \text{or else} & \end{cases} \tag{6}$$

and for $y=1$

$$\omega_h(x,1)=\begin{cases} (\int_{-h}^{x-y} 1/a(y+t)\,dt)/\int_{-h}^{0} 1/a(y+t)\,dt, \text{ if } & x-y \in (-h,0). \\ 0 \quad \text{or else} & \end{cases} \tag{7}$$

The equation (1) is multiplyed by every function (6) and is integrated over x:

$$(f(x),\omega_h(x,y))=(Lu(x),\omega_h(x,y))=[u(x),\omega_h(x,y)].$$

The methodic value of the test functions (6) - (7) is in

fact that the term $\int a u' \omega_h' dx$ is approximated exactly. We approximate the other term so as to obtain Ritz's method system:

$$[u(x), \omega_h(x,y)] = \sum_{z \in \bar{G}_h} [\omega_h(x,y), \omega_h(x,z)]\, u^h(z). \tag{8.a}$$

It is notprincipal, but proof is simpler.

The boundary condition (2) yield

$$u^h(0) = 0 \tag{8.b}$$

and the condition (3) with the equation (1) permitsus to obtain approximate equation

$$\begin{aligned}(f(x), \omega_h(x,1)) &= [u(x), \omega_h(x,1)] - g a(1) + \gamma a(1) u(1) = \\ &\sum_{z \in \bar{G}_h} [\omega_h(x,z), \omega_h(x,1)]\, u^h(z) - g a(1) + \gamma a(1)\, u^h(1).\end{aligned} \tag{8.c}$$

If we unite the equations (8.a) - (8.c) and denote $\theta_{z,y} = [\omega_h(x,z), \omega_h(x,y)$, we have system

$$\begin{cases} u^h(0) = 0 \\ \sum_{z \in \bar{G}_h} \theta_{z,y}\, u^h(z) = (f, \omega_h(x,y)), \qquad \forall y \in G_h, \\ \sum_{z \in \bar{G}_h} \theta_{z,1}\, u^h(z) \neq \gamma a(1) u^h(1) = (f(x), \omega_h(x,1)) + g a(1) \end{cases} \tag{9}$$

which is equivalent to Ritz's method system, when one takes linear space of functions (6) - (7) as approximate subspace. Therefore the system (9) has a unique solution. For further account let us estimate solution of system

$$\begin{cases} v(0) = 0 \\ \sum_{z \in \bar{G}_h} \theta_{z,y}\, v(z) = \sigma(y) \qquad \forall y \in G_h \\ \sum_{z \in \bar{G}_h} \theta_{z,1}\, v(z) + \gamma a(1)\, u(1) = \sigma(1) \end{cases} \tag{10}$$

Lemma 1. For the solution of system (10) estimation

$$\max_{x \in \bar{G}_h} |v(x)| \leq \frac{1}{4\alpha} \sum_{y \in \bar{G}_h} |\sigma(y)|. \tag{11}$$

is valid.

Proof. Let us denote $\bar{v}(x) = \sum_{z \in \bar{G}_h} v(z)\, \omega_h(x,z)$, multiply every equation of system (10) by $v(y)$ and sum up over $y \in \bar{G}_h$:

$$[\bar{v}(x), \bar{v}(x)] + \gamma a(1)\, v^2(1) = \sum_{y \in \bar{G}_h} \sigma(y)\, v(y).$$

With the condition $v(0) = 0$ the left part may be decreased with help of Sobolev's theorem [3] :

$$[v(x), \bar{v}(x)] \geqslant \alpha\, (\bar{v}'(x), \bar{v}'(x)) \geqslant 4\alpha \max_{x \in \bar{G}} |\bar{v}(x)| \geqslant 4\alpha \max_{x \in \bar{G}_h} |v(x)|.$$

There is the inequality

$$\sum_{y \in \bar{G}_h} \sigma(y)\, v(y) \leqslant \max_{x \in \bar{G}_h} |v(x)| \sum_{y \in \bar{G}_h} |\sigma(y)| \;, \quad \text{that}$$

is valid for the right part. If we devide these inequalities by $\max|v(x)|$, we obtain the lemma statement.

Let us consider a connection between solution of system (9) and problem (1) - (3).

Lemma 2. Let us suppose that $a \in C_{2k+1}(\bar{G})$, b , $f \in C_{2k}(G)$ and integer $k \geqslant 0$ in equation (1). Then there are k functions $v_\ell \in C_{2(k-\ell+1)}(\bar{G})$ which do not depend on h and $\forall h \in (0,1)$

$$u^h(x) = u(x) + \sum_{\ell=1}^{k} h^{2\ell}\, v_\ell(x) + h^{2k+2}\, \xi^h(x) \qquad \forall\, x \in \bar{G}_h \tag{12}$$

where descrete function is bounded:

$$\max_{x \in \bar{G}_h} |\xi^h(x)| \leq c \qquad \forall\, h \in (0,1). \tag{13}$$

Proof. In analogy with [1] let us suppose decomposition (12) being. We shall find necessary conditions and make them sufficient.

So, let us substitute phrase (12) in system (9) and change its right part:

$$\sum_{\ell=1}^{k} h^{2\ell} v_\ell(0) + h^{2k+2} \xi^h(0) = 0 \tag{14.a}$$

$$\sum_{z \in \bar{G}_h} \Theta_{z,y} \{ u(z) + \sum_{\ell=1}^{k} h^{2\ell} v_\ell(z) + h^{2k+2} \xi^h(z) \} = \tag{14.b}$$

$$[u(x), \omega_h(x,y)] \qquad \forall y \in G_h ,$$

$$\sum_{z \in \bar{G}_h} \Theta_{z,1} \{ u(z) + \sum_{\ell=1}^{k} h^{2\ell} v_\ell(z) + h^{2k+2} \xi^h(z) \} + \tag{14.c}$$

$$\gamma a(1) \{ \sum_{\ell=1}^{k} h^{2\ell} v_\ell(z) + h^{2k+2} \xi^h(z) \} = [u(x), \omega_h(x,1)] .$$

Let us note that $\forall y \in \bar{G}_h$ $\Theta_{z,y} \neq 0$ only for three values $z = y \pm h, y$. Let $y \in (0,1)$ and examine quantity

$$A(h) = \sum_{z = y \pm h, y} \Theta_{z,y} v(z) - [v(x), \omega_h(x,y)] =$$

$$\sum_{z = y \pm h, y} (b(x)\omega_h(x,y), \omega_h(z,y)) v(z) - (b(x) v(x) \omega_h(x,y)).$$

Let function $v \in C_{2\ell}(\bar{G})$ and $h \leq \min\{y, 1-y\}$, then

$$A(h) = \sum_{j=1}^{\ell-1} h^{2j+1} d_j(y) + h^{2\ell+1} \psi^h(y) \tag{15}$$

with functions $d_j \in C_{2(\ell-j)}(\bar{G})$, which do not depend on h , and with a discrete function ψ^h , which is bounded by costant, consisting of moduli of derivatives of the functions a , b , v . It follows from derivation:

$$\frac{\partial^{2j} A}{\partial h^{2j}}(+0) = 0, \qquad d_j = \frac{\partial^{2j+1} A}{\partial h^{2j+1}}(+0),$$

$$\Psi_h = \frac{\partial^{2\ell+1} A}{\partial h^{2\ell+1}}(\nu) , \qquad \nu \in (0, h) .$$

The estimation of ψ^h (similar (13)) is obtaind by change of $v(x)$ for Taylor's line

$$\mu \in (x, y) , \qquad \mu \in (y, x),$$

$$v(x) = v(y) + \sum_{i=1}^{2\ell-1} \frac{(x-y)^i}{i!} v^{(i)}(y) + h^{2\ell} \left(\frac{x-y}{h}\right)^{2\ell} \frac{v^{(2\ell)}(\mu)}{(2\ell)!} .$$

Further, similar way gives us

$$(v(x), \omega_h(x,y)) = h v(y) + \sum_{j=1}^{\ell-1} h^{2j+1} \pi_j(y) + h^{2\ell+1} \rho_h(y) \tag{16}$$

where functions π_j , ρ_h have such properties as d_j , Ψ_h accordingly. Using now statement (16) for $(\ell-1)$ of different functions from (15) we have by the induction

$$\sum_{z \in \bar{G}_h} \Theta_{z,y}\, v(z) = [v(x), \omega_h(x,y)] + \sum_{j=1}^{\ell-1} h^{2j} (\varphi_j(x), \omega_h(x,y)) + \\ + h^{2\ell+1} \delta_h(y) \qquad \forall\, y \in G_h . \tag{17}$$

The functions φ_j , δ_h have such properties as d_j , Ψ_h .

Similar way gives us formula

$$\sum_{z \in \bar{G}_h} \Theta_{z,1}\, v(z) = [v(x), \omega_h(x,1)] + \sum_{j=1}^{\ell-1} h^{2j} (\varphi_j(x), \omega_h(x,1)) + \\ + \sum_{j=1}^{\ell-1} h^{2j} \zeta_j + h^{2\ell} \delta_h(1) , \tag{18}$$

and φ_j are the same functions as in (17), ζ_j are constants which do not depend on h .

Now we use these formulae by changing u , k for v , ℓ and substracting (17), (18) from (14.b), (14.c)

$$\sum_{z \in \bar{G}_h} \Theta_{z,y} \left\{ \sum_{\ell=1}^{k} h^{2\ell} u_\ell(z) + h^{2k+2} \xi_h(z) \right\} = \sum_{j=1}^{k} h^{2j} (\bar{\varphi}_j(x), \omega_h(x,y)) + \\ + h^{2k+3} \bar{\delta}_h(y) \qquad \forall\, y \in G_h \tag{19}$$

$$\sum_{z\in\bar G_h}\theta_{z,1}\left\{\sum_{\ell=1}^{k}h^{2\ell}u_\ell(z)+h^{2k+2}\xi_h(z)\right\}=$$
$$=\sum_{j=1}^{k}h^{2j}(\bar\varphi_j(x),\omega_h(x,1))+\sum_{j=1}^{k}h^{2j}\bar\zeta_j+h^{2\ell}\bar\delta_h(1). \tag{20}$$

Here $\bar\varphi_j\in C_{2(k-j)}(\bar G)$ and do not depend on h ; $\bar\delta_h$ is bounded: $|\bar\delta_h(y)|\le C$ $\forall y\in\bar G_h$ $\forall h\in(0,1)$; $\bar\zeta_j$ are constants which do not depend on h .

Then we take u_1 as solution of problem

$$\begin{aligned}&Lu_1=\bar\varphi_1 \quad \text{в} \quad G\\ &u_1(0)=0, \qquad u_1'(1)+\gamma u_1(1)=\bar\zeta_1/a(1).\end{aligned}\tag{21}$$

It necessarily follows from this that $u_1\in C_{2k}(\bar G)$ and does not depend on h . Let us substitute u_1 in identities (17) - (18), multiply them by h^2 and substract from (19) - (20)

$$\sum_{z\in\bar G_h}\theta_{z,y}\left\{\sum_{\ell=2}^{k}h^{2\ell}u_\ell(z)+h^{2k+2}\xi_h(z)\right\}=\sum_{j=2}^{k}h^{2j}(\bar{\bar\varphi}_j(x),\omega_h(x,y))+$$
$$+h^{2k+3}\bar{\bar\delta}_h(y) \qquad \forall y\in G_h,$$
$$\sum_{z\in\bar G_h}\theta_{z,1}\left\{\sum_{\ell=2}^{k}h^{2\ell}u_\ell(z)+h^{2k+2}\xi_h(z)\right\}=\sum_{j=2}^{k}h^{2j}(\bar{\bar\varphi}_j(x),\omega_h(x,y))+ \tag{22}$$
$$+\sum_{j=2}^{k}h^{2j}\bar{\bar\zeta}_j+h^{2k+2}\bar{\bar\delta}_h(1).$$

It is obvious from (22), that it is necessary to take u_2 as a solution of a problem

$$Lu_2=\bar{\bar\varphi}_2 \quad \text{в} \quad G$$

$$u_2(0)=0, \qquad u_2'(1)+\gamma u_2(1)=\bar{\bar\zeta}_2/a(1).$$

Such choice guarantees that the requirement to u_2 is valid and that we have possibility to take away elements in (22) with multipliers h_4 , h_5 .

Continuing in this manner, over k steps we come to system

$$\xi_h(0)=0$$

$$\sum_{z\in G_h} \theta_{z,y}\, \xi_h(z) = h\hat{\delta}_h(y) \qquad \forall\ y \in G_h$$

$$\sum_{z\in G_h} \theta_{z,1}\, \xi_h(z) = \hat{\delta}_h(1) \tag{23}$$

with bounded discrete function $\hat{\delta}_h$. This system has a unique solution, i.e. ξ_h is found by a unique way so that (12) is valid when the functions u_ℓ are chosen. The estimation (13) follows from lemma 1 and from a fact that the function $\hat{\delta}_h$ is bounded.

Lemma is proved.

The decomposition permits us to basis improvement method.

Theorem 1. Given the conditions of lemma 2, one may find solution of problem (1) - (4) which has accuracy of order $\hbar^{2k+2}$, where $\hbar = \max_{\ell=1}^{k+1} h_\ell$.

Proof. When a point x (where we find value of $u(x)$) is a common one for all regular meshes, a higher accuracy solution is made up as follows

$$\bar{u}(x) = \sum_{\ell=1}^{k+1} \gamma_\ell u^{h_\ell}(x).$$

Here u^{h_ℓ} is a solution of problem (9), when the mesh size G_h is equal to h_ℓ , and the γ_ℓ are chosen so that the coefficients of all u_ℓ vanish in the linear combination. That is achieved by a choice of γ_ℓ from system

$$\sum_{\ell=1}^{k+1} \gamma_\ell = 1$$

$$\sum_{\ell=1}^{k+1} \gamma_\ell h_\ell^{2s} = 0\,, \qquad s = 1, \dots, k\,. \tag{24}$$

In this case on basis (13) it follows that

$$|u(x) - \bar{u}(x)| \leq C \sum_{\ell=1}^{k+1} |\gamma_\ell| h_\ell^{2k+1}.$$

For to estimate γ_k one may solve the system (24) by Kramer's method using results of [2] on Vandermond's determinants:

$$\gamma_i = \prod_{\substack{1\le \ell \le k+1 \\ \ell \ne i}} \frac{h_\ell^2}{h_\ell^2 - h_i^2}$$

From these formulae with a condition $h_\ell / h_{\ell+1} \geqslant c_1 > 1$, $\forall\ \ell = 1, \dots, k$ it follows that

$$|\gamma_i| \leqslant \left(\frac{c_1^2}{c_1^2 - 1}\right)^{k+1} \qquad \forall\ i = 1, \dots, k+1 .$$

When point x is not common one for all meshes it is necessary to use an interpolation. The smoothness of functions u and u_ℓ permits us to conclude that using Lagrange interpolation to point x from $(k+1)$ neighbouring points of the discrete mesh G_{h_ℓ} we may obtain the decomposition (12) with the same functions u_ℓ . There is changed only the constant c in the estimation of functions ξ_{h_ℓ} where derivation estimations of u , u_ℓ and interpolation weights appear in addition. If $(k+1)$ of decompositions (12) is made in the point x by interpolation, the higher accuracy method is like above.

Remark. The proof may be used without any changes in a case when the coefficients of the right part (and the solution) are piecewise smooth and there are conditions in every point of discontinuities of function a

$$u(\varepsilon + 0) = u(\varepsilon - 0)$$

$$a(\varepsilon + 0)\, u'(\varepsilon + 0) = a(\varepsilon - 0)\, u'(\varepsilon - 0) + w_\varepsilon ,$$

where w_ε is a certain constant. To this end the discrete meshes must be regular in each piece of smoothness and the points of discontinuities must be points of meshes.

3. The Laplace equation in a rectangle.

Considering the Laplace equation in a rectangle we try to show one of way of work with angular points. The main difficulty is bad solution smoothness near angular points notwithstanding good smoothness of all problem data except boundary.

In this section G is an open square: $G = \{x : x = (x_1, x_2)$; $0 < x_1, x_2 < 1\}$ in R^2 with boundary Γ , $\bar{G}$ is $G \cup \Gamma$ and for two points $x, x' \in R^2$ the distance is: $|x - x'| = ((x_1 - x_1')^2 - - (x_2 - x_2')^2)^{1/2}$.

For to simplify our considerations let us examine an equation with constant coefficients, Laplace's equation

$$-\Delta u = f \qquad \text{in} \qquad G . \tag{1}$$

Our problem is to find function u which satisfies equation (1) and condition

$$u = 0 \qquad \text{on} \qquad \Gamma . \tag{2}$$

For to describe differential properties of the solution let us introduce norms

$$M_m^k[u] = \sum_{(m)} \max_{x \in \bar{G}} d^{m-k}(x) |\mathcal{D}^m u(x)| \tag{3}$$

and

$$M_{m+\alpha}^k[u] = \sum_{(m)} \max_{x, x' \in \bar{G}} d^{m+\alpha-k}(x, x') \frac{|\mathcal{D}^m u(x) - \mathcal{D}^m u(x')|}{|x - x'|^\alpha} , \tag{4}$$

where k , m are integer nonnegative numbers, $\alpha \in [0,1]$, $d(x)$ is distance from x to nearest square angle,

$$d(x, x') = \min\{d(x), d(x')\}, \quad \mathcal{D} \text{ is } \frac{\partial}{\partial x} \quad \text{or} \quad \frac{\partial}{\partial y} .$$

We use usual classes of smoothness (s.f. [5]): $C_{\ell,\alpha}(\bar{G})$ is a class of functions which have in $\bar{G}$ ℓ continuous derivatives and the quantity

$$\|f\|_{\ell,\alpha} = \sum_{m=0}^{\ell} M_{\ell}^{0}[f] + M_{\ell+\alpha}^{0}[f] ; \qquad (5)$$

is limited.

$C_{\ell,\alpha}(G)$ is the set of functions from $C_{\ell,\alpha}(\bar{\Omega})$ for any closed set $\Omega \subset G$.

It follows from monograph [5] that notwithstanding good smoothness of the right part:

$$f \in C_{2\ell+1,\alpha}(G) \qquad (6)$$

the solution of (1)-(2) is valid for

$$u \in C_{2\ell+3,\alpha}(G), \qquad (7)$$

but not for

$$u \in C_{2\ell+3,\alpha}(\bar{G}).$$

I.e. quantities in the right part of (5) may be infinite. But investigation of [5] shows that asymptotic behaviour of discontinuities is less than some orders of $1/x$, namely, quantities

$$M_0^0[u], M_1^0[u], M_m^1[u] \quad \forall m = 2,\dots,2\ell+3,\ M_{2\ell+3,\alpha}^1[u] \qquad (8)$$

are limited.

Moreover it is sufficient that one has more weak assumptions for it $f \in C_{2\ell+1,\alpha}(G)$ and quantities

$$M_0^0[f], M_m^1[f] \quad \forall m = 1,\dots,2\ell+1,\ M_{2\ell+1,\alpha}^1[f] \qquad (9)$$

are limited.

Some difficulties with infinite derivatives are avoided with the help of a special choice of a discrete mesh which is condensed near the discontinuities points. Let

$$\varphi(t)=\Big(\int_0^t z^\gamma(1-z)^\gamma dz\Big)\Big/\int_0^1 z^\gamma(1-z)^\gamma dz \quad \forall t\in[0,1]. \tag{10}$$

A positive parameter γ will be chosen later. Let us fix integer $n>0$ and let $h=1/n$ and

$$\begin{aligned}&\bar{G}_h=\{x: x_1=\varphi(ih),\ x_2=\varphi(jh),\ \forall i=0,\dots,n,\\ &\forall j=0,\dots,n\},\quad G_h=\bar{G}_h\cap G,\quad \Gamma_h=\bar{G}_h\cap\Gamma.\end{aligned} \tag{11}$$

The basic functions are introduced as follows :

$$\omega_h(x,x')=\rho(x_1,x_1')\rho(x_2 x_2') \qquad \forall x\in G_h$$

$$\rho(t,t')=\begin{cases}\dfrac{t'-\varphi(t-h)}{\varphi(t)-\varphi(t-h)} & \text{if} \quad t'\in(\varphi(t-h),\varphi(t)]\\[2ex] \dfrac{\varphi(t+h)-t'}{\varphi(t+h)-\varphi(t)} & \text{if} \quad t'\in(\varphi(t),\varphi(t+h))\\ 0 \text{ or else}\end{cases} \tag{12}$$

We multiply every term of the equation (1) by a basic function, integrate it over x'. Then we change some integrals (after integration by parts) for simplest quadrature formulae: $\forall x\in G_h$

$$\begin{aligned}&\int_G \frac{\partial^2 u}{\partial x_1^2}(x')\omega_h(x,x')\,dx'\approx(\varphi(x_2+h)-\varphi(x_2-h))/2\ \times\\ &\times\left\{\frac{u^h(x_1,x_2)-u^h(x_1-h,x_2)}{\varphi(x_1)-\varphi(x_1-h)}-\frac{u^h(x_1+h,x_2)-u^h(x_1,x_2)}{\varphi(x_1+h)-\varphi(x_1)}\right\}\equiv A(x)u(x),\end{aligned} \tag{13.a}$$

$$\begin{aligned}&\int_G \frac{\partial^2 u}{\partial x_2^2}(x')\omega_h(x,x')\,dx'\approx(\varphi(x_1+h)-\varphi(x_1-h))/2\ \times\\ &\times\left\{\frac{u^h(x_1,x_2)-u^h(x_1,x_2-h)}{\varphi(x_2)-\varphi(x_2-h)}-\frac{u^h(x_1,x_2+h)-u^h(x_1,x_2)}{\varphi(x_2+h)-\varphi(x_2)}\right\}\equiv B(x)u(x).\end{aligned} \tag{13.b}$$

Thus let us note that discrete operators A and B are defined. An approximate system may be written in a form

$$A(x)u^h(x) + B(x)u^h(x) = \int_G f(x)\omega_h(x,x')dx' \quad \forall x \in G_h$$

$$u^h(x) = 0 \qquad \forall x \in \Gamma_h. \tag{14}$$

The special form of an approximating error permits us to obtain (even in case $f \in L_2(G)$) the speed of convergence is equal to $h^{1+\alpha}$ $(\alpha \in (0,1))$ in the norm

$$\|v^h(x)\|_0 = [\sum_{x \in G_h} \frac{1}{4} P(x)(v^h(x))^2]^{1/2}, \tag{15}$$

where $P(x)$ is the area of the support of the function $\omega_h(x,x')$ with respect to x'. Namely for any $\gamma > 0$ and even for $\varphi(t) = t$ (i.e. the mesh is regular) the solution of the system (14) converges to the solution of the problem (1) - (2) and there is an estimation

$$\|u(x) - u^h(x)\|_0 \leq c\,\|f\|_{L_2(G)} \times h^{1+\alpha} \qquad \alpha \in (0,1)$$

where constant c depends on α only.

To prove this statement and the more general one we shall heed some results about a steady characteristic and approximation.

Lemma 1. If functions φ and ψ are defined on $\bar{G}_h$ and satisfy systems

$$(A(x) + B(x))\varphi(x) = A(x)\delta(x) \qquad \forall x \in G_h$$

$$\varphi(x) = 0 \qquad \forall x \in \Gamma_h$$

and

$$(A(x) + B(x))\psi(x) = B(x)\delta(x) \qquad \forall x \in G_h$$

$$\psi(x) = 0 \qquad \forall x \in \Gamma_h$$

then the estimations are valid

$$\|\varphi\|_0 \leq c_1 \|\delta\|_0 \qquad \text{and} \qquad \|\psi\|_0 \leq c_2 \|\delta\|_0 ,$$

where c_1 , c_2 do not depend on h and δ .

Lemma 2. Let $u(x)$ be the solution of the problem (1) - (2) and the condition (8). Then

$$A(x)u(x) + B(x)u(x) = \int_G f(x)\omega_h(x,x')\,dx' + \sum_{i=1}^{\ell} h^{2i}\int_G g_i(x)\omega_h(x,x')\,dx' +$$

$$+ h^{2\ell+3+\alpha} B(x)\xi_h(x) + h^{2\ell+3+\alpha} A(x)\eta_h(x) \qquad \forall x \in G_h$$

where the functions g_i do not depend on h . And if in formula (10) γ ies condition

$$\gamma \geqslant 2\ell + 3 + \alpha , \tag{16}$$

then g_i satisfies(9), where ℓ -i is instead of ℓ ; ξ_h and η_h depend on h but they are regular bounded with respect to h :

$$\|\eta_h\|_0 \leq c_3 \qquad \text{and} \qquad \|\xi_h\|_0 \leq c_4 . \tag{17}$$

This result is sufficient for using the proof which is similar to the second section proof (see also the proof scheme in [1]). This gives us

Lemma 3. In conditions (9) the solution of the system (14) converges to the solution of the problem (1) - (2) and there are $(\ell+1)$ functions $v_k \in C_{2\ell-2k+3+\alpha}(G)$ which do not depend on h and for any $n > 1$ $(0 < h < 1)$

$$u^h(x) = u(x) + \sum_{k=1}^{\ell+1} h^{2k} \vartheta_k(x) + h^{2\ell+3+\alpha} \varepsilon^h(x) \qquad \forall x \in G_h. \tag{18}$$

If $\gamma \geqslant 2\ell + 3 + \alpha$ then for each ϑ_k the condition (8) is valid ($\ell - k$ is instead of ℓ) and the function ε^h is bounded for all h in the sense:

$$\| \varepsilon^h \|_0 \leqslant c_5 . \tag{19}$$

Remark. The estimate (19) involves estimate modulo

$$| \varepsilon^h(x) | \leqslant c_6 h^{-1} d^{-\gamma}(x) \| \varepsilon^h \|_0 \qquad \forall \ x \in G_h , \tag{20}$$

where $d(x)$ is defined by (4).

That is why the final result is formulated as follows.

Theorem 1. Given the conditions of lemma 3, one may find (with the help of $(\ell+2)$ solutions of the system (14) with different mesh sizes h_k) the approximate solution of the problem (1) - (2) which has a precision of order $\hbar^{2\ell+2+\alpha}$:

$$| u(x) - \bar{u}(x) | \leqslant c_7 d^{-\gamma}(x) \hbar^{2\ell+2+\alpha}$$

where c_7 do not depend on x , h and $\hbar = \max_{1 \leqslant k \leqslant \ell+2} h_k$.

Remark. The proof and the above technique are suitable for the problem (1) - (2) in the cases:

a). when the right part of (1) has first sort discontinuity lines which are parallel to coordinate axes;

b). when the solution has first sort discontinuity on such lines and there are conditions for the solution

$$u(x-0) = u(x+0)$$

and for its normal derivative

$$\frac{\partial u}{\partial n}(x-0) = \frac{\partial u}{\partial n}(x+0) + w$$

(n is a unit normal direction). An argument $x+0$ means that we take a limit on the right side of the discontinuity lines. It is similar for $x-0$.

Both in the first case and in the second case it is necessary that the discontinuity lines are the mesh lines. But in the second case we must condense the mesh lines near intersection of boundary and the discontinuity lines.

4. The elliptic equation in a domain with a smooth boundary.

When we solve the elliptic equation in a domain with a smooth boundary we have some difficulties of an approximation because the mesh is not regular near boundary.

A way to avoid this difficulty is to adjust mesh and the domain. We explain it by example with a domain with one boundary component. Let there be transformation which is smooth enough and which transforms the initial domain to the circle. Then we need introduce polar coordinates. Now the domain is a rectangle, where the equation is defined. If the domain has two boundary components we reduce it to ring and so on.

When the transformation may be found easily such a way has an algorithmical profit.

If the Dirichlet problem is examined then one may use a method, described in [4] . This method contains a multipoint interpolation formula which has a high precision. By choice of free parameters in formula one may take a diagonal dominance in the obtain algebraic equations. It permits us to put up stable system of algebraic equations.

Using the indicated methods one may solve Dirichlet's problem in a different domain.

In this section we examine the question about an improvement of a solution of the penalty method. It follows from [6] that the use of a boundary penalty in the Ritz method permits us to come from the Dirichlet problem to the third boundary problem. And if the solution is smooth enough then adding the penalty to the variational functional is equivalent to coming from a problem

$$\begin{aligned} Lu &= f \quad \text{in} \quad G \\ u &= g \quad \text{on} \quad \Gamma \end{aligned} \tag{1}$$

to the problem

$$\begin{aligned} Lu^{\varepsilon} &= f \quad \text{in} \quad G \\ u^{\varepsilon} + \frac{\partial u^{\varepsilon}}{\partial n} &= g \quad \text{on} \quad \Gamma . \end{aligned} \tag{2}$$

Here

$$L \equiv -\sum_{i,j=1}^{p} a_{ij} \frac{\partial^2 u}{\partial x_i \partial x_j} + \sum_{i=1}^{p} b_i \frac{\partial u}{\partial x_i} + c \tag{3}$$

is the elliptic differential operator, G is a domain in p - space R^p with a boundary Γ , n is an unit external co-normal.

Similar as above let us suppose the existence of the decomposition

$$u^{\varepsilon} = u + \sum_{i=1}^{\ell} \varepsilon^i v_i + \varepsilon^{\ell+\mu} \xi^{\varepsilon}, \qquad \ell > 0, \ \mu \in [0,1] \tag{4}$$

where the functions v_i do not depend on ε and the function ξ^{ε} is bounded. Then we substitute (4) in the problem (2) and compare coefficients for every power ε . Thus we put up a sequence of problems:

1) $$\mathcal{L}u = f \quad \text{in} \quad G$$
$$u = g \quad \text{on} \quad \Gamma,$$

2) $$\mathcal{L}v_1 = 0 \quad \text{in} \quad G$$
$$v_1 = \frac{\partial u}{\partial n} \quad \text{on} \quad \Gamma,$$

i) $$\mathcal{L}v_i = 0 \quad \text{in} \quad G$$
$$v_i = -\frac{\partial v_{i-1}}{\partial n} \quad \text{on} \quad \Gamma \quad \forall i = 1, \dots, \ell$$

$\ell+\mu$) $$\mathcal{L}\xi^\varepsilon = 0 \quad \text{in} \quad G$$
$$\xi^\varepsilon + \varepsilon \frac{\partial \xi^\varepsilon}{\partial n} = -\frac{\partial v_\ell}{\partial n}.$$

If this problem has a unique solution then the functions are found recurrently . The quantity of the members in (4) is bounded by a power of smoothness of the problem data.

If one has the decomposition (4) one may obtain the solution of (1) by linear combination with accuracy of order $\varepsilon^{\ell+\mu}$, using for it $\ell+1$ solutions with different ε_k .

5. The numerical solution of an evolutional problem with a bounded operator.

We need this section to show that this method is universal for any type of equations.

In Hilbert's space X with a norm $\|x\| = (x, x)^{1/2}$ we consider functions of one real variable $t \in [0,T]$. In this section we write $f \in C^k$ if f has a value in X and has k continuous derivations (s.f. [8]).

Let us examine a problem

$$\frac{\partial u}{\partial t} + Au = f , \qquad u(0) = u_0 , \tag{1}$$

where $A : X \to X$ is a linear operator, which is regular bounded on $[0,T]$ and positive semi-definite in a sense: $(Ax, x) = 0$ $\forall x \in X$, $t \in [0,T]$. Let the operator A be decomposed in the sum $A(t) = \sum_{i=1}^{n} A_i(t)$, where $A_i : X \to X$ are linear operators, which are regular bounded and positive semi-definite on $[0,T]$.

For numerical solving we use a splitting-up scheme

$$\begin{aligned}
&(I + \tau A_1(t)) u^\tau (t - \tau \tfrac{n-1}{n}) = u^\tau (t - \tau) + \tau f(t) \\
&(I + \tau A_2(t)) u^\tau (t - \tau \tfrac{n-2}{n}) = u^\tau (t - \tau \tfrac{n-1}{n}) \\
&(I + \tau A_n(t)) u^\tau (t) = u^\tau (t - \tau \tfrac{1}{n})
\end{aligned} \tag{2}$$

$$\forall t \in \omega_\tau$$

and

$$u^\tau(0) = u_0 ,$$

Here ω_τ is a regular net with the size $\tau = T/M$, I is a unit operator. It follows from [1] that the scheme is stable:

$$\max_{t \in \omega_\tau} \| u^\tau(t) \| \leq \| u_0 \| + T \max_{t \in \omega_\tau} \| f(t) \| .$$

Let us note that the semi-definiteness is taken for the stableness. We may lay aside this supposition if we choose the size τ from the condition of the limitation of the operators A_i.

Theorem 1. Let $f \in C^s$, and $A(t)$ has a smoothness which is enough to have a unique solution $u \in C^{k+1}$ for any right part $f \in C^k$ and any initial value $u_0 \in X$ $(0 \leq k \leq s)$.

Then there are $(s-1)$ functions $v_j \in C^{s-j+1}$ which do not depend on τ and decomposition

$$u^\tau(t) = u(t) + \sum_{j=1}^{s-1} \tau^j v_j(t) + \tau^s \xi_\tau(t), \qquad t \in \omega_\tau \qquad (3)$$

is valid. Here discrete function ξ_s is bounded:

$$\xi_\tau : \max_{t \in \omega_\tau} \| \xi_\tau \| \le c ,$$

where constant c depend on norms of derivatives of f and does not depend on τ.

Proof may be constructed such a way. At first let us suppose the decomposition (3) exist.

Let us fix any $t \in \omega_\tau$, expel $u^\tau(t)$ and $u^\tau(t-\tau)$ from (2) (using decomposition (3)) and substitute Taylor's formula for any functions so that we have functions only in the point t. Comparing coefficient of all powers of τ we put up discrete systems

$$\frac{\partial v_i}{\partial t} + A v_i = f_i , \qquad t \in \omega_\tau , \qquad v_i(0) = 0 . \qquad (4)$$

Besides, expressions taking part in f_i include only $u, v_1, \ldots, v_{i-1}$. If we change the domain ω_τ on the interval $(0,T)$ we obtain list of problems and v_i may be found recurrently The smoothness of v_i follows from supposition of the theorem and the independence of τ follows from a kind of the equations and their right part.

Assuming v_i to be given we define ξ_τ so that (3) is valid. Then from the way which we find v_i it follows that

$$\prod_{i=1}^{n} (I + \tau A_i(t))\, \xi_\tau(t) = \xi_\tau(t-\tau) + \tau f_\tau(t), \quad t \in \omega_\tau , \quad \xi_\tau(0) = 0 . \qquad (5)$$

From the stability of this system and from a kind of f_τ

(which is a combination of derivatives of u, v_j and any multiplications by A_i) estimates follow for ξ_τ .

On the basis of this result the usual considerations give us

Theorem 2. Given the conditions of theorem 1 and solving s problem with different mesh size τ_z one may find approximate solution of the problem (1) which has precision of order $O(\tau_0^s)$ in the norm of space X in each point of $[0,T]$ (here $\tau_0 = \max\limits_{1\leq z\leq s} \tau_z$).

L I T E R A T U R E

1. G.I.Marchuk. Methods of computing mathematics. Novosibirsk, "Nauka", 1973.
2. R.Bellman. Introduction in matrix theory. New York, Toronto, London, 1960.
3. S.L.Sobolev. Some applications of functional analysis in mathematical physics. Printed by Siberian Brunch of AS of the USSR, Novosibirsk, 1962.
4. E.A.Volkov. Solving Dirichlet's problem by: method of improvement by higher order differences "Differential equations", v. 1, No 7, 8, 1965.
5. O.A.Ladizenskaja, N.N.Uraltzeva. Linear and quasi-linear equations of elliptic type. Moscow, "Nauka", 1964.
6. J.L.Lions. Quelques méthodes de résolution des problèmes aux limites non linéaires. Paris, 1969.
7. A.A.Samarski. Introduction in theory of difference schemes. Moscow, "Nauka", 1971.
8. H.Cartan. Calcul différentiel. Formes différentielles. Paris, 1967.

METHODES NUMERIQUES EN ELECTROMAGNETISME

J. Ch. BOLOMEY

Laboratoire d'Electronique Générale

Ecole Supérieure d'Electricité

Université de Paris VI

INTRODUCTION

Dans la technique, les problèmes d'électromagnétisme peuvent revêtir des aspects très variés. Aussi convient-il de préciser, dès maintenant, que l'on se limite ici aux problèmes de rayonnement, de diffraction, de propagation guidée, tels qu'ils se posent essentiellement dans le domaine des ondes courtes et ultracourtes, c'est-à-dire pour des longueurs d'ondes comprises environ entre un mètre et un millimètre.

Pour les besoins pratiques, la description macroscopique de MAXWELL - équations aux dérivées partielles avec conditions aux limites - est suffisante et conduit à résoudre des problèmes intérieurs (guides, cavités) ou extérieurs (rayonnement, diffraction). Il est bien connu que seuls quelques cas simples se prêtent à une résolution complète par les méthodes de l'analyse classique [JONES - BOWMAN et al.] . Toutefois, des méthodes approchées permettent d'aborder les cas extrêmes des longueurs d'onde très grandes ou très petites par rapport aux dimensions des obstacles, ou de traiter, par perturbation, des cas voisins de ceux qui sont analytiquement solubles.

Dans le domaine dit de résonance où la longueur d'onde est du même ordre que les dimensions des corps rayonnants ou diffringents, seules des approches numériques peuvent être envisagées.

La progression constante des performances des ordinateurs a largement favorisé ce genre de résolution. Le traitement numérique peut être appliqué à différents stades de la mise en équation. Il peut l'être directement aux équations de MAXWELL par les méthodes usuelles : différences finies, éléments finis. Cependant, l'ordinateur a rendu possible l'exploitation directe de la transposition des problèmes sous forme d'équations intégrales.

En gros, le point de vue des équations aux dérivées partielles a surtout été utilisé pour les problèmes intérieurs, celui des équations intégrales pour les problèmes extérieurs.

Cet exposé est divisé en trois parties. La première est consacrée à la formulation intégrale et aux développements successifs dont elle a fait l'objet au cours des dernières années. On s'est proposé de présenter une synthèse de méthodes qui ont été récemment développées par différents auteurs et d'en dégager les principes les plus significatifs sans entrer dans le détail des algorithmes qui sont connus par ailleurs. La bibliographie permettra au lecteur d'obtenir des renseignements plus complets sur une méthode plus particulière et sur son champ d'application.

Dans la seconde partie, au contraire, un exemple complet est traité. Il consiste en l'adaptation d'une méthode récurrente originale à un problème de diffraction multiple. Il s'agit plus précisément du calcul d'un réseau limité. Dans ce cas, on est conduit à résoudre des systèmes linéaires de rang élevé.

Enfin, il ne nous a pas semblé nécessaire d'insister sur le traitement direct des équations de MAXWELL. En dépit des applications pratiques de plus en plus nombreuses de cette méthode de résolution, le principe en reste toujours plus ou moins le même. Toutefois, des procédés efficaces permettent d'accélérer la convergence de ces méthodes numériques. Ce point sera illustré dans la troisième partie à propos de la microligne à ruban (microstrips).

PREMIERE PARTIE

I.1. - REPRESENTATION INTEGRALE EN REGIME HARMONIQUE -

Un exemple simple permet de rappeler brièvement le genre d'équations auxquelles conduisent les représentations intégrales du champ électromagnétique. C'est également l'occasion de préciser les notations qui seront utilisées dans la suite.

La diffraction d'une onde électromagnétique par un obstacle parfaitement conducteur constitue un cas simple. Il permet, néanmoins, d'illustrer la plupart des propriétés caractéristiques de la formulation intégrale.

Soit donc un obstacle S parfaitement conducteur placé dans une onde incidente connue $\vec{E}^\circ(\vec{x})$, $\vec{H}^\circ(\vec{x})$ créée par les courants $\vec{J}^\circ(\vec{x})$(Fig. 1). Comme dans tous les paragraphes consacrés au régime harmonique, la dépendance temporelle en $\exp(i\omega t)$ est implicite. Le problème consiste à déterminer, par exemple, le champ électrique total $\vec{E}(\vec{x})$ au moyen des équations :

(1) $$\mathrm{rot}\,\mathrm{rot}\,\vec{E}(\vec{x}) - k^2\vec{E}(\vec{x}) = -i\omega\mu\,\vec{J}^\circ(\vec{x}) \quad ; \quad \vec{x}\in\Omega_e$$

(2) $$\vec{n}\wedge\vec{E}(\vec{x}) = 0 \quad ; \quad \vec{x}\in S$$

(3) $$\int_{\Omega'_e\subset\Omega_e} |\vec{E}(\vec{x})|^2\,d\vec{x} < +\infty \quad ; \quad \int_{\Omega'_e\subset\Omega_e} |\mathrm{rot}\,\vec{E}(\vec{x})|^2\,d\vec{x} < +\infty$$

(4) $$|\vec{x}|\,\vec{E}(\vec{x}) = 0\left\{\frac{1}{|\vec{x}|}\right\} \; ; \; |\vec{x}|\left[\vec{E}(\vec{x}) - \frac{1}{i\omega\mu}\frac{\vec{x}}{|\vec{x}|}\wedge\mathrm{rot}\,\vec{E}(\vec{x})\right] = O\left\{\frac{1}{|\vec{x}|}\right\}, |\vec{x}|\to\infty$$

(5) $$\vec{E}(\vec{x}) \equiv 0 \quad ; \quad \vec{x}\in\Omega_i$$

où $k=\omega\sqrt{\epsilon\mu}$ est la constante de propagation dans l'ouvert Ω_e extérieur à S , supposé linéaire, homogène et isotrope ; ϵ et μ désignent respectivement la permittivité et la perméabilité du milieu correspondant (Unités du système M.K.S.A.).

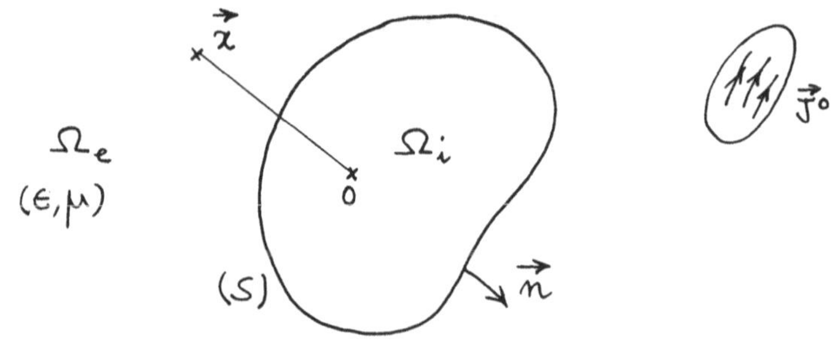

Figure 1.

La condition (3), dite de MEIXNER, limite les singularités possibles du champ, la condition (4), dite de SILVER-MÜLLER, en fixe le comportement à l'infini. Par ailleurs, le corps étant parfaitement conducteur, le champ électrique est normal à S et identiquement nul dans l'ouvert Ω_i intérieur à S.

Le problème ainsi posé admet une solution unique qui peut être écrite sous la forme [JESSEL]:

$$1_{\Omega_e}\vec{E}(\vec{x}) = \vec{E}^o(\vec{x}) + \frac{1}{i\omega\epsilon}\left(k^2 + \text{grad div}\right)\int_S G(\vec{x};\vec{x}')\,\vec{J}(\vec{x}')\,d\vec{x}' \tag{6}$$

$$1_{\Omega_e}\vec{H}(\vec{x}) = \vec{H}^o(\vec{x}) + \text{rot}\int_S G(\vec{x};\vec{x}')\,\vec{J}(\vec{x}')\,d\vec{x}' \tag{7}$$

avec
$$G(\vec{x};\vec{x}') = \frac{e^{-ik|\vec{x}-\vec{x}'|}}{4\pi\,|\vec{x}-\vec{x}'|}$$

1_{Ω_e} : fonction caractéristique de Ω_e

$\vec{J}(\vec{x}) = \vec{n}\wedge\vec{H}(\vec{x})$; $\vec{x}\in S$

L'intérêt de cette représentation est d'inclure les conditions (2) et (4). Par passage à la limite $\vec{x}\to S$ et en utilisant à nouveau la condition (2), on obtient deux équations intégrales en $\vec{J}$:

(8) $$\frac{1}{i\omega\varepsilon}\,\vec{n}\wedge(k^2+\text{grad div})\int_S G(\vec{x};\vec{x}')\,\vec{J}(\vec{x}')\,d\vec{x}' = -\vec{n}\wedge\vec{E}^0(\vec{x})\quad;\ \vec{x}\in S$$

(9) $$\frac{1}{2}\vec{J}(\vec{x}) - \vec{n}\wedge\text{rot}\int_S G(\vec{x};\vec{x}')\,\vec{J}(\vec{x}')\,d\vec{x}' = \vec{n}\wedge\vec{H}^0(\vec{x})\quad;\ \vec{x}\in S$$

En raison des singularités des noyaux, les intégrales doivent être prises au sens des parties finies. Connaissant $\vec{E}^0(\vec{x})$ et $\vec{H}^0(\vec{x})$ pour $\vec{x}\in S$, on peut déterminer $\vec{J}$ au moyen de l'une d'entre elles, puis calculer le champ en un point quelconque de Ω_e par report dans (6) et (7).

Ces équations vectorielles se ramènent à deux équations scalaires couplées pour les deux composantes de $\vec{J}$ dans un système de coordonnées convenable. A défaut de pouvoir utiliser un même système pour décrire toute la surface, on adopte plusieurs systèmes adaptés aux différentes parties de S. Dans certains cas très particuliers, on obtient une seule équation (conducteurs filiformes [THIELE], problèmes cylindriques ou de révolution).

Comme en théorie du potentiel, la formulation intégrale est à la base des premières études théoriques sur la diffraction. L'équation (9) par exemple est due à MAUE. Très longtemps, ces équations ont fourni le point de départ à de nombreuses méthodes approchées dans les cas extrêmes où les dimensions de l'obstacle étaient très grandes ou très petites devant la longueur d'onde. Pour le reste, elles ne présentaient qu'un intérêt très formel.

Il fallut attendre les possibilités offertes par les ordinateurs pour aborder numériquement le domaine de résonance. Parmi les pionniers de ce genre de résolution, il convient de citer ROW, MEI et VAN BLADEL, ANDREASEN, RICHMOND. D'autres références peuvent être consultées dans l'excellent ouvrage édité récemment par MITTRA.

I.2. - RESOLUTION NUMERIQUE EN REGIME HARMONIQUE -

I.2.1. - La méthode des moments -

La théorie des équations intégrales permet, du moins pour l'équation (9), la discussion des conditions d'existence et d'unicité d'une solution. Il en résulte que cette solution existe et est unique pour toute fréquence distincte du spectre discret du problème complémentaire de la cavité S [HONL et al .].En dehors de ce spectre, de nombreux procédés peuvent être utilisés pour rechercher une solution approchée. Dans la technique, on les regroupe sous l'appellation de méthode des moments [HARRINGTON a] . Rappelons-en très rapidement le principe.

L'une ou l'autre des équations (8) ou (9) peut être écrite sous la forme :

(10) $$L\vec{f} = \vec{g}$$

où $\vec{g}$ est un vecteur connu, $\vec{f}$ est à déterminer. Tous deux appartiennent à $\mathcal{H}$, espace de HILBERT des vecteurs dont les composants sont de carré sommable sur S. On définit en particulier la norme :

$$\|\vec{f}\|^2 = \langle \vec{f}, \vec{f} \rangle = \int_S \vec{f}(\vec{x}) \cdot \vec{f}^*(\vec{x})\, dx \quad < +\infty$$

L est un opérateur linéaire borné de $\mathcal{H}$ dans $\mathcal{H}$. $\vec{f}$ est approché par sa projection $\vec{f}^{(N)}$ sur N éléments d'une base totale $\{\vec{f}_n\}$:

$$\vec{f}^{(N)} = \sum_{n=1}^{N} \alpha_n \vec{f}_n$$

de telle sorte que l'on a la convergence normale :

$$\lim_{N \to \infty} \| \vec{f} - \vec{f}^{(N)} \| = 0$$

Lorsque la surface S est régulière, $\vec{f}$ et $\vec{g}$ sont continus et $\vec{f}^{(N)}$ converge uniformément vers $\vec{f}$

L'équation (10) devient :

$$\sum_{n=1}^{N} \alpha_n L(\vec{f}_n) - \vec{g} \simeq 0$$

Par projection sur une base de fonctions d'essai $\{\vec{g}_m\}$, on est conduit à un système linéaire de rang fini N :

$$AX = B$$

où

$$A_{mn} = \langle \vec{g}_m, L\vec{f}_n \rangle, \quad B_m = \langle \vec{g}_m, \vec{g} \rangle, \quad X_m = \alpha_m .$$

Le choix des bases $\{\vec{f}_n\}$ et $\{\vec{g}_m\}$ est en principe arbitraire. En pratique, il conditionne la simplicité du calcul des coefficients A_{mn} ainsi que la rapidité de convergence de la solution, donc le temps de calcul et la capacité de mémoire requise.

Chaque fonction $\vec{f}_n$ ou $\vec{g}_m$ est décomposée dans un système de coordonnées adapté à S ou à des parties de S :

$$\vec{f}_n = f_{n,1}\,\vec{e}_1 + f_{n,2}\,\vec{e}_2$$

Les composantes $f_{n,i}$ sont le plus souvent recherchées sous forme séparable :

$$f_{n,i}(x_1,x_2) = u_{n,i}(x_1)\,v_{n,i}(x_2)$$

Les fonctions u et v peuvent être des polynômes, des fonctions trigonométriques, ou bien encore des fonctions à support borné de type rectangle ou triangle. Pour la commodité de la présentation, la méthode des moments précédemment décrite pour l'approximation normale dans un espace de HILBERT peut être étendue formellement à l'approximation locale en utilisant des mesures de DIRAC dont le rôle s'apparente à celui des fonctions de type rectangle. Ce procédé peut être justifié de façon plus rigoureuse. Les notions d'approximation et de convergence sont alors à considérer au sens des distributions. Le tableau I indique les fonctions qui sont le plus couramment utilisées.

Méthode d'approximation		f_n	g_m
Collocation	Approx. Point-Point (PP)	$\delta(\vec{x}-\vec{x}_n)$	$\delta(\vec{x}-\vec{x}_m)$
	Approx. Point-Segment (PS)	$\mathrm{rect}(\vec{x}-\vec{x}_n)$	$\delta(\vec{x}-\vec{x}_m)$
GALERKIN		$f_n(\vec{x})$	$f_m(\vec{x})$

TABLEAU I

La rapidité des variations de $\vec{f}$ dépend de la longueur d'onde et de la régularité de S. Au voisinage d'arêtes, par exemple, la densité de courant peut présenter des singularités intégrables [VAN BLADEL, BOLOMEY et WIRGIN a]. En règle générale, la densité d'échantillonnage pour les méthodes de collocation varie entre 5 et 10 points par longueur d'onde.

Le rang de la matrice A devient élevé dès que l'obstacle est grand devant la longueur d'onde, ou lorsque plusieurs obstacles se trouvent couplés. A titre d'exemple, le rang N atteint environ 500 pour un cube dont le côté est égal à une longueur d'onde. Aussi de nombreuses études ont elles été consacrées tant à la réduction de ce rang qu'à celle du temps de calcul.

Le conditionnement de A est bon à condition de choisir l'équation intégrale la mieux adaptée à la surface S . L'équation déduite du champ électrique convient pour les obstacles minces. Au contraire, celle déduite du champ magnétique est mieux adaptée aux obstacles épais. Les éléments diagonaux sont alors prépondérants vis à vis des autres éléments, ce qui est un facteur de bon conditionnement.

Lorsque la fréquence coïncide avec l'une des fréquences propres de la cavité S , les équations intégrales admettent une infinité de solutions et les matrices correspondantes sont singulières. Ce phénomène est d'autant plus gênant que l'on ignore, en général, les fréquences propres de la cavité et que les matrices ne sont jamais réellement singulières, du fait des erreurs d'arrondi et de la limitation du nombre de chiffres significatifs. Les résultats calculés diffèrent localement très sensiblement des résultats exacts sans qu'il soit possible de s'en apercevoir immédiatement car les ordres de grandeur moyens sont comparables.

Il est alors nécessaire de modifier quelque peu la formulation intégrale ou de contrôler à postériori la validité de la solution calculée par des tests d'inspiration physique (conservation d'énergie), ou bien encore d'utiliser des techniques de régularisation [OSHIRO et al., BOLOMEY et TABBARA, KLEIN et MITTRA].

Les systèmes sont généralement résolus par des algorithmes directs, celui de GAUSS JORDAN par exemple. Plus récemment, l'algorithme itératif de LE FOLL a permis de résoudre ces systèmes dans des conditions de temps comparables à celles des algorithmes directs. Des systèmes de rang 300 ou plus sont ainsi solubles sans problème particulier.

I.2.2. - Réduction du temps de calcul et de la mémoire requise -

La formulation intégrale, telle qu'elle a été décrite, est extrêmement générale et permet de résoudre des problèmes très variés (forme de l'obstacle, structure de l'onde incidente) dans les limites de rapidité et de capacité disponibles des ordinateurs actuels. Ces contraintes peuvent varier de façon sensible d'un ordinateur à l'autre, mais en moyenne, dès que N dépasse 300, le temps de calcul, et donc le coût du calcul deviennent non négligeables. Ce temps inclut le calcul des coefficients A_{mn} (variation en N^2) et la résolution du système (variation en N^3). Lorsque la mémoire centrale est insuffisante il est nécessaire de recourir aux mémoires périphériques dont les temps d'accès doivent être pris en considération.

Aussi de nombreux procédés ont-ils été proposés pour réduire le temps de calcul et/ou la capacité de mémoire requise. Ces procédés peuvent revêtir des aspects très différents, mais ils ont ceci en commun que tous exploitent un caractère spécifique du problème abordé. Ainsi tout gain sur le temps ou la mémoire se traduit par une perte de généralité.

a) - Procédés utilisables au stade de la formulation -

Le nombre des coefficients A_{mn} à calculer ainsi que celui des inconnues peut être réduit très sensiblement en tenant compte des éventuelles symétries du corps diffringent ou celles de l'onde incidente. Pour les corps de révolution, l'utilisation de bases orthogonales adéquates permet de substituer à un système de rang élevé plusieurs systèmes de rangs inférieurs [ANDREASEN b].

On peut également tirer parti de toute connaissance à priori de la solution. L'exemple classique du ruban conducteur (Fig. 2) se prête bien à la description de différentes méthodes qui peuvent être étendues, pour la plupart, à des problèmes plus complexes.

Le champ de l'onde incidente plane est supposé polarisé parallèlement au ruban. Le problème vectoriel se ramène à un problème scalaire à une dimension. La densité $\vec{J}$ est également parallèle aux bords du ruban et vérifie l'équation :

$$\int_{-\frac{a}{2}}^{+\frac{a}{2}} J(x_1)\, G(x; x_1)\, dx_1 = F(x) \qquad -\frac{a}{2} \leq x \leq +\frac{a}{2}$$

avec $G(x; x_1) = \frac{i}{4} H_0^{(2)}(k|x - x_1|)$ $\qquad H_0^{(2)}$ fonction de HANKEL de seconde espèce et d'ordre zéro ; $F(x) = \frac{4}{k} \exp(i k x \sin\theta)$, θ étant l'angle d'incidence.

L'étude locale de $\vec{J}$ au voisinage de $|x| = \pm\frac{a}{2}$ montre qu'il peut exister une singularité intégrale en $(x \pm a/2)^{-1/2}$. Pour des rubans dont la longueur est de l'ordre de la longueur d'onde, l'effet de ces singularités est important. La convergence du processus d'approximation peut être accéléré en tenant compte de ces

Figure 2

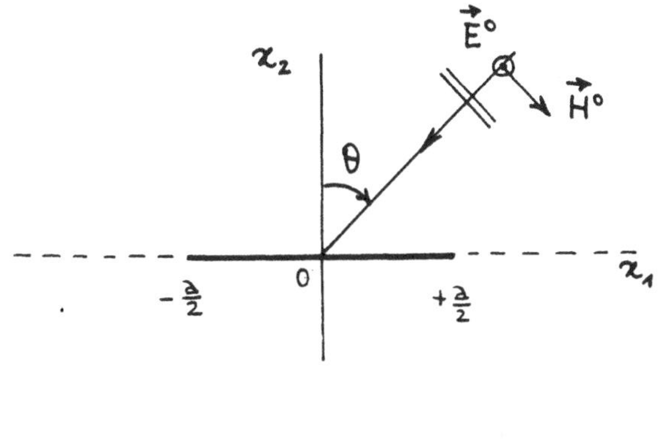

singularités dans le développement de $\vec{J}$. Leur contribution peut être complétée par un polynôme [ABDELMESSIH et SINCLAIR, NEUREUTHER et ZAKI] de degré peu élevé :

$$J(x) = \sum A_n x_n + \frac{B}{\sqrt{x-\frac{a}{2}}} + \frac{C}{\sqrt{x+\frac{a}{2}}}$$

Les constantes A_n, B et C constituent les inconnues du problème et sont déterminées en résolvant le système issu du report de cette expression dans l'équation intégrale.

Pour des rubans larges devant la longueur d'onde, l'effet des singularités est relativement localisé aux extrémités du ruban, mais le rang de la matrice A devient élevé. Il est alors possible de tirer parti des approximations de type optique. Le champ magnétique total peut être décomposé (Fig. 3) de la façon suivante :

$$\vec{H}(\vec{x}) = \vec{H}^o(\vec{x}) + \vec{H}^r(\vec{x}) + \vec{H}^d(\vec{x})$$

où les deux derniers termes représentent les contributions des rayons réfléchis et diffractés (théorie géométrique de la diffraction, KELLER, KOUYOUMJIAN). Sur le ruban, cette décomposition se transpose aux courants. L'onde réfléchie s'obtient directement à partir du champ incident : $J^r(x) = J^o(x)$. En négligeant le courant dû aux rayons diffractés, $J(x) = 2J^o(x)$: c'est l'approximation dite de l'optique physique

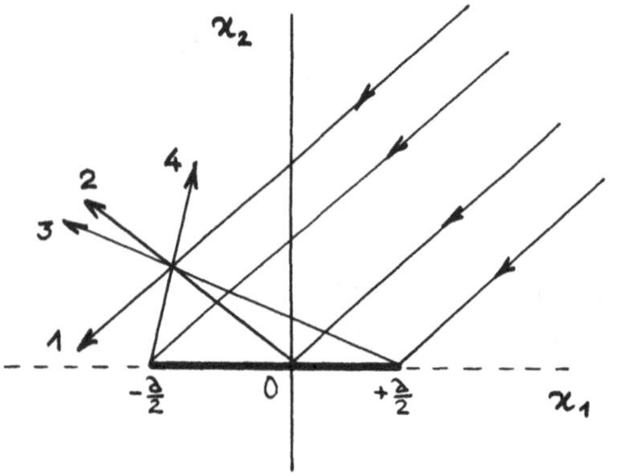

1 - Rayon direct
3 - Rayon réfléchi
2 - 4 - Rayons diffractés

Figure 3

A une certaine distance des extrémités, l'onde diffractée peut être simplement reliée au champ incident par l'intermédiaire d'un coefficient de diffraction, connu analytiquement lorsque l'identification à un problème canonique est possible. Dans le cas du ruban :

$$J^d(x) = D^+ \frac{e^{-ik|x-\frac{a}{2}|}}{\sqrt{x-\frac{a}{2}}} J^o(\tfrac{a}{2}) + D^- \frac{e^{-ik|x+\frac{a}{2}|}}{\sqrt{x+\frac{a}{2}}} J^o(-\tfrac{a}{2})$$

En fait, il est apparu que des développements de ce genre étaient très vite utilisables, dès que la distance à la discontinuité dépassait une fraction de longueur d'onde [TSAI et al.] .

Ces approximations de type optique peuvent être utilisées de différentes manières. Elles donnent, bien souvent, des résultats convenables en dehors des zones d'ombre ou de discontinuité [voir par exemple BODY et ESSAYAG] . Aussi, dans le cas du ruban, peut-on se contenter de déterminer plus soigneusement la densité de courant au voisinage des bords. Il en résulte alors une réduction sensible du nombre des inconnues. L'approximation de l'optique physique a été largement utilisée dans ce sens pour le calcul des antennes à réflecteur et celui des sections radar d'engins [OSHIRO et al.] . L'utilisation conjointe de la formulation intégrale et de la théorie géométrique de la diffraction a fait l'objet d'études récentes [BURNSIDE et al., THIELE et NEWHOUSE] . Ce procédé semble promis à des développements intéressants. Il permettrait, en particulier, de déterminer numériquement des coefficients de diffraction qui, actuellement, ne sont pas connus analytiquement.

Une autre manière d'utiliser ces approximations consiste à retrancher le courant approché du courant vrai et à résoudre l'équation intégrale pour le terme correctif. [TEW et TSAI] . De façon plus générale, on peut déterminer la perturbation à apporter à la solution d'un problème connu pour résoudre un problème voisin [CHOW et SETH] . Il semble aussi que dans cette voie le gain en mémoire et en temps de calcul soit appréciable.

En complément de ces méthodes qui tendent à utiliser tout ce que l'on peut connaître de la solution, d'autres, également applicables au stade de la résolution, consistent à transformer l'équation intégrale initiale. MITTRA et LI ont proposé d'utiliser la transformation de FOURIER. L'équation intégrale peut être réécrite sous la forme :

$$\int_{-\infty}^{+\infty} J(x_1)\, G(x;x_1)\, dx_1 = F(x)\, 1_R + K(x)\,[1 - 1_R]$$

où 1_R est la fonction caractéristique du ruban, $K(x)$ est une fonction inconnue. La transformée de FOURIER de $J(x)$, notée $j(\xi)$ peut être développée dans une base $\{w_m(\xi)\}$ dont les éléments originaux $W_m(x)$ sont nuls en dehors du ruban :

$$j(\xi) = \sum_{n=1}^{N} \gamma_n w_n(\xi)$$

On peut choisir par exemple :

$$W_m(x) = e^{i\xi_m x} \, 1_R$$

$$w_m(\xi) = 2a \frac{\sin(\xi-\xi_m)a}{(\xi-\xi_m)a}$$

Par report dans l'équation intégrale, et après projection de deux membres de l'équation sur la base $\{w_m\}$, on obtient le système matriciel :

$$a x = b$$

avec

$$a_{mn} = \int_{-\infty}^{+\infty} w_m(\xi)\, w_n(\xi)\, g(\xi)\, d\xi$$

$$b_m = \int_{-\infty}^{+\infty} w_m(\xi)\, f(\xi)\, d\xi$$

$$x_m = \gamma_m$$

Lorsque le ruban est large devant la longueur d'onde, le rang de a est sensiblement inférieur à celui de la matrice originale A . De plus, les éléments a_{mn} décroissent rapidement lorsque $|m-n|$ augmente. Il est alors possible d'envisager de résoudre le nouveau système par des méthodes itératives utilisées pour les matrices creuses. Pour une largeur de ruban égale à 10 longueurs d'onde, le temps de calcul est réduit par un facteur 10, la capacité de mémoire par un facteur 4. De plus, le diagramme de diffraction s'exprime directement en fonction de j sans avoir à intégrer des courants. Cette méthode est toutefois limitée à des surfaces planes ou constituées de plusieurs surfaces planes.

b) - Procédés utilisables au stade la résolution numérique -

Le temps de calcul peut être réduit en utilisant les propriétés des matrices A et B : A ne dépend, pour une technique d'approximation donnée, que de S et ω ; B ne dépend que de la répartition spatiale du champ incident et de ω. Pour connaître les solutions $X_1, X_2 \ldots X_M$ d'un même obstacle soumis à plusieurs ondes de même fréquence $B_1, B_2 \ldots B_M$, le moyen le plus rapide consiste à résoudre simultanément tous les systèmes avec des seconds membres différents. Dans ce cas, le gain de temps est compensé par une augmentation de la capacité de mémoire nécessaire. Mais ce gain est très appréciable comparativement aux deux autres solutions qui consisteraient à résoudre les M systèmes séparément ou encore à calculer A^{-1} puis les différents produits avec les différents seconds membres.

L'inconvénient de la résolution d'un système par une méthode directe provient de ce qu'il est nécessaire de réserver en mémoire la totalité des éléments de la matrice A .

Les méthodes itératives peuvent être utilisées avec profit pour de grands obstacles ou pour plusieurs obstacles en couplage lâche. Ces algorithmes permettent de tirer parti de la décroissance des termes non diagonaux et procurent une réduction du temps de calcul et de la capacité requise. Dans le cas général, une réduction de mémoire peut être obtenue par des techniques de minimisation, au détriment du temps de calcul.

Au lieu de résoudre le système :

$$\sum_{j=1}^{N} A_{ij} X_j = B_i \qquad 1 \leqslant i \leqslant N$$

on minimise la quantité :

$$e = \sum_{i=1}^{N} \left| \sum_{j=1}^{N} A_{ij} X_j - B_i \right|^2$$

au moyen d'algorithmes variés [PERINI] qui ne nécessitent plus le stockage simultané des N^2 éléments de A . La perte de temps provient de ce qu'il est alors nécessaire de recalculer plusieurs fois les mêmes éléments. Toutefois, le développement d'algorithmes rapides permet d'espérer une extension de cette méthode.

I.2.3. - Détermination des modes caractéristiques de l'obstacle -

Comme on l'a souligné dans le paragraphe précédent, la matrice A ne dépend, à une pulsation donnée, que de l'obstacle. Plutôt que de caractériser cet obstacle par un tableau de N^2 coefficients complexes, il est parfois préférable de la caractériser par des grandeurs physiques. C'est là l'objectif des méthodes développées par GARBACZ, HARRINGTON et MAUTZ. Si la matrice A est obtenue à partir de l'équation intégrale du champ électrique, c'est une matrice complexe symétrique. U et V désignant, respectivement, la partie réelle et la partie imaginaire de A , on appelle courants caractéristiques de l'obstacle S les vecteurs X_n tels que :

$$V X_n = \lambda_n U X_n$$

Les valeurs propres λ_n sont réelles, les vecteurs X_n sont également réels et constituent une base orthogonale. La définition des courants caractéristiques au moyen de l'équation précédente implique l'orthogonalité des champs rayonnés par chacun d'entre eux sur une sphère de grand rayon entourant l'obstacle. Ces champs constituent une base utile dans les problèmes de synthèse de rayonnement et dans les problèmes de diffraction inverse.

La solution recherchée X s'écrit alors simplement :

$$X = \sum_n \frac{1}{1+i\lambda_n} \beta_n X_n$$

$$\beta_n = (\tilde{X}_n B)/(\tilde{X}_n U X_n)$$

où $\tilde{X}_n$ désigne la matrice transposée de X_n. Pour des obstacles dont les dimensions ne sont pas trop grandes devant la longueur d'onde, il suffit de déterminer les courants caractéristiques correspondant aux valeurs propres les plus faibles.

De façon pratique, la détermination numérique de λ_n et de X_n peut s'effectuer directement au moyen d'un algorithme QR appliqué à $(V^{-1}U)$. De fait, l'expérience a montré qu'il était préférable de se ramener à une équation aux valeurs propres classique dont les solutions μ_n et Y_n s'expriment simplement en fonction de λ_n, X_n et où C est maintenant une matrice réelle définie positive.

$$C Y_n = \lambda_n Y_n$$

Cette équation peut alors être résolue par l'algorithme de JACOBI. A titre de test, le quotient de RAYLEIGH :

$$\mu_n = (\tilde{Y}_n C Y_n)/(\tilde{Y}_n Y_n)$$

peut ensuite être calculé, ce qui procure, du même coup, une précision accrue sur μ_n en raison de la nature stationnaire de cette expression pour des erreurs commises sur Y_n.

Lorsque l'onde incidente est modifiée, il suffit de recalculer le numérateur des coefficients β_n. Jusqu'à présent, cette méthode n'a été appliquée qu'à des corps de révolution de dimensions comparables à la longueur d'onde.

I.3. - RESOLUTION NUMERIQUE POUR UNE DEPENDANCE TEMPORELLE QUELCONQUE -

I.3.1. - Utilisation de la transformée de FOURIER -

La maîtrise des techniques numériques en régime harmonique a conduit tout naturellement à tenter de les étendre aux régimes quelconques, d'autant plus que ce derniers sont l'objet de nombreuses applications, en radar notamment. La transformée de FOURIER peut être appliquée aux résultats numériques : la réponse harmonique est calculée dans le spectre de l'onde incidente. La réponse temporelle s'en déduit alors par un algorithme de transformée de FOURIER rapide. L'inconvénient de ce procédé réside dans le fait que pour des signaux incidents de spectres étendus, l'analyse harmonique doit être répétée un grand nombre de fois.

La transformation de FOURIER peut également être appliquée aux équations intégrales. Pour celle déduite du champ magnétique, on obtient une équation intégro-différentielle :

$$\frac{1}{2}\vec{J}(\vec{x};t) = \vec{n}\wedge\vec{H}^{\circ}(\vec{x};t) + \vec{n}\wedge\int_S\left\{\frac{1}{c}\frac{\partial}{\partial t'}\vec{J}(\vec{x}';t') + \vec{J}(\vec{x}';t')\frac{1}{|\vec{x}-\vec{x}'|}\right\}\wedge\frac{\vec{x}-\vec{x}'}{|\vec{x}-\vec{x}'|^2}d\vec{x}'$$

$$t' = t - \frac{|x-x'|}{c}$$

où c désigne la vitesse de la lumière dans le vide. Le phénomène de retard à la propagation peut être mis à profit pour éviter l'inversion d'une matrice pleine de rang élevé comme cela est nécessaire en régime harmonique. Après une double discrétisation, dans l'espace et dans le temps, et compte tenu de ce que l'intégrale est à prendre au sens des parties finies, la densité de courant $\vec{J}(\vec{x}_i,t_j)$ se déduit des densités précédemment calculées (voir diagramme de la figure 4). Le point de départ de cette détermination récurrente est :

$$\vec{J}(\vec{x}_1;t_1) = 2\vec{n}\wedge\vec{H}^{\circ}(\vec{x}_1;t_1)$$

La dérivée de la densité de courant par rapport au temps s'obtient par dérivation analytique d'une approximation polynômiale de la densité. Les coefficients du polynôme sont déterminés à partir des valeurs prises par la densité à des instants antérieurs. Ce procédé est d'autant meilleur que les pas de discrétisation sont faibles.

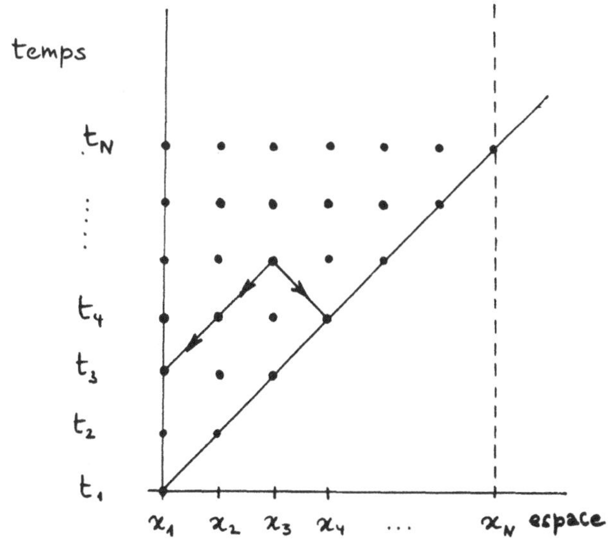

Figure 4

Ces pas dépendent du signal incident, par sa forme et sa durée, de l'obstacle par ses dimensions. En règle générale, le pas spatial Δx ne doit être qu'une fraction de la longueur d'onde la plus petite contenue dans le spectre incident. Pour que le procédé récursif soit possible, il faut que $\Delta t \leq \Delta x / c$.

De nombreux exemples d'application pourront être consultés dans la référence [POGGIO et MILLER]. Il s'agit le plus souvent d'obstacles de forme simple et de révolution. L'inconvénient de cette approche est qu'il est nécessaire de reprendre le calcul à son début dès que l'on modifie la structure du signal incident.

I.3.2. - Utilisation de la transformation de LAPLACE -

La transformation de LAPLACE peut être utilisée dans les problèmes de rayonnement et de diffraction comme elle l'est en théorie des circuits. Bien que cette extension puisse paraître évidente, cette approche est récente [BAUM] et son application à des problèmes concrets n'en est qu'à ses débuts [par exemple MARIN, TESCHE]. L'aspect numérique est sensiblement plus complexe comparativement aux méthodes reposant sur la transformation de FOURIER. Mais le gain en temps de calcul est sensible lors de l'étude systématique d'un même obstacle soumis à des signaux incidents variés.

Par extension de l'analyse harmonique au plan des pulsations complexes $p = \sigma + i\omega$, la méthode des moments conduit au système matriciel :

$$A(p)\, X(p) = B(p)$$

La théorie spectrale des équations de FREDHOLM permet d'écrire la solution recherchée sous la forme

$$X(p) = \sum_n \frac{1}{p - p_n} R(n)\, B(p) + F(p)$$

où $R(n)$ est une matrice indépendante de p, $F(p)$ est une fonction entière de p et les p_n sont les zéros du déterminant de A :

$$\det \{ A(p_n) \} = 0$$

La matrice $R(n)$ s'exprime en fonction des vecteurs P_n et Q_n vérifiant :

$$A(p_n)\, P_n = 0$$
$$\tilde{A}(p_n)\, Q_n = 0$$

Il apparaît ainsi que les singularités proviennent en partie des pôles p_n , et en partie des singularités de l'excitation $B(p)$. Les pôles p_n sont caractéristiques de l'obstacle S . Pour des obstacles de dimensions finies, il n'intervient que des pôles simples. Comme en théorie des circuits, ceux-ci se répartissent dans le demi-plan $\sigma < 0$ soit sur l'axe réel, soit par paire de conjugués.

Par transformation de LAPLACE inverse, on obtient la réponse temporelle $x(t)$:

$$x(t) = \frac{1}{2\pi i} \int_{\sigma_0 - i\infty}^{\sigma_0 + i\infty} \left\{ \sum_n \frac{1}{p - p_n} R(n)\, B(p) + F(p) \right\} e^{pt}\, dp$$

Pour des excitations quelconques, l'intégrale peut être évaluée numériquement. Toutefois, dans la majorité des cas usuels, le développement de $B(p)$ est suffisamment simple pour pouvoir utiliser la technique des résidus. Ainsi, pour une excitation de type échelon :

$$B(p) = \frac{B_0(p)}{p}$$

$B_0(p)$ fonction entière de

il vient

$$x(t) = \sum_n \frac{R(n)}{p_n} B_0(p_n)\, e^{p_n t} + x_0$$

où x_0 est indépendant du temps et doit donc être nul puisque $\lim_{t \to \infty} x(t) = 0$

Le problème consiste pratiquement à déterminer p_n, P_n, Q_n . Par diagonalisation de la matrice $A(p)$ au moyen de l'algorithme de HOUSEHOLDER, il est possible de construire une matrice unitaire $U(p)$ telle que :

$$U(p)\, A(p) = T(p)$$

où $T(p)$ est une matrice diagonale supérieure. Il en résulte que :

$$\det\{A(p)\} = \det\{T(p)\} = \prod_i t_{ii}$$

Si p_n est un pôle du premier ordre, $A(p_n)$ est une matrice $N \times N$ de rang $N-1$
Il suffit alors de rechercher les zéros du dernier élément diagonal de $T(p)$:

$$t_{NN}(p_n) = 0$$

Les vecteurs P_n et Q_n peuvent se déduire des équations :

$$T(p_n)\, P_n = 0$$

$$Q_n = \tilde{U}(p_n)\, S_n \qquad \text{où } \tilde{T}(p_n)\, S_n = 0$$

Il apparaît ainsi que comparée aux méthodes précédentes, celle-ci qui utilise la transformation de LAPLACE requiert un effort numérique sensiblement plus important (recherche des zéros dans le plan complexe). Fort heureusement, dans la pratique, l'évaluation de la réponse temporelle ne nécessite la détermination que de quelques pôles simples. Une fois ces pôles déterminés, ainsi que les vecteurs P_n et Q_n correspondants, cette réponse temporelle s'obtient très rapidement pour toutes les excitations possibles sous la forme d'une superposition de sinusoïdes amorties.

L'objet de cette première partie était de présenter les différentes méthodes numériques utilisables à partir de la formulation intégrale des problèmes extérieurs. Le tableau II en résume les traits caractéristiques et fait apparaître les liens qui existent entre elles.

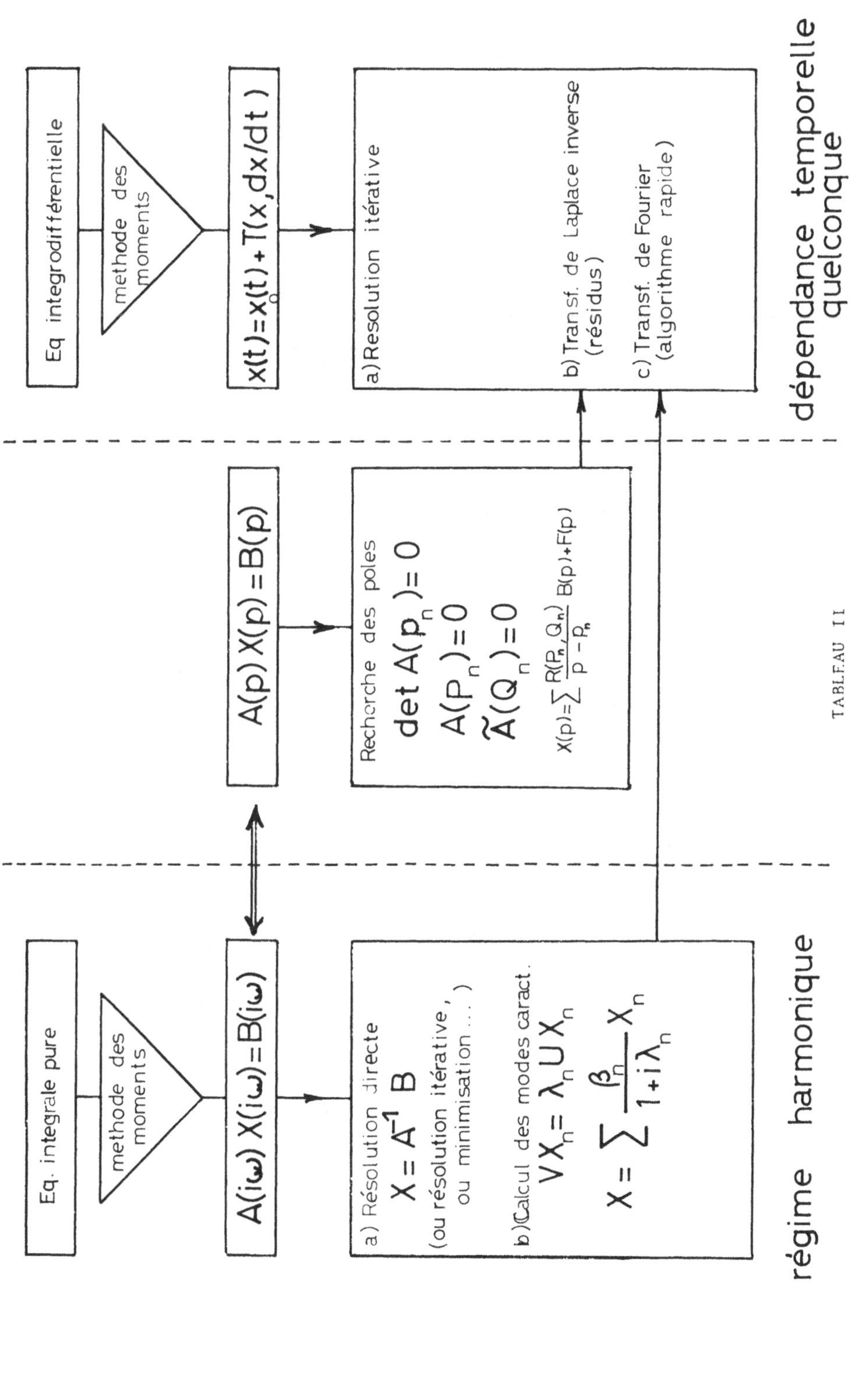
Eq. integrale pure
methode des moments
A(iω) X(iω) = B(iω)
a) Résolution directe
X = A⁻¹ B
(ou résolution itérative, ou minimisation ....)
b) Calcul des modes caract.
V Xn = λn U Xn
X = Σ βn / (1 + iλn) Xn
régime harmonique
A(p) X(p) = B(p)
Recherche des poles
det A(pn) = 0
A(Pn) = 0
Ã(Qn) = 0
X(p) = Σ R(Pn, Qn) / (p − Pn) B(p) + F(p)
Eq integrodifférentielle
methode des moments
x(t) = x0(t) + T(x, dx/dt)
a) Resolution itérative
b) Transf. de Laplace inverse (résidus)
c) Transf. de Fourier (algorithme rapide)
dépendance temporelle quelconque

TABLEAU II

DEUXIEME PARTIE

ETUDE D'UN RESEAU LIMITE

Le réseau étudié est constitué d'un nombre limité L de lames métalliques, cylindriques, de longueur infinie et de section rectangulaire. Ces lames sont placées dans une onde incidente plane dont le champ magnétique est polarisé parallèlement aux bords des lames (Fig. 5). Le problème vectoriel se ramène à un problème scalaire dans un plan de section droite.

Ce genre de structure peut être utilisé pour concentrer toute l'énergie incidente dans un seul ordre diffracté. La direction du rayonnement correspondant dépend de la fréquence ; en modifiant la fréquence, on réalise ainsi simplement des réseaux dits à balayage.

Pour un réseau infini, la périodicité de la répartition du champ permet de raisonner sur un seul motif du réseau. Cette périodicité n'existe plus pour un réseau fini et il faut considérer globalement les L lames. On est alors conduit à des systèmes linéaires de rang élevé.

Parmi les approches possibles, deux sont à retenir : la première consiste à résoudre globalement le problème au moyen d'un système d'équations intégrales couplées (Voir 1ère Partie). La seconde consiste à utiliser un processus récurrent permettant de résoudre le problème à ℓ lames à partir du problème à $\ell-1$ lames [BOLOMEY et WIRGIN b.] . La seconde méthode procure un certain gain de temps quand il est utile de connaître la solution des problèmes intermédiaires.

Sur le plan numérique, les deux approches posent des problèmes comparables [BODY]. La technique d'approximation la plus simple (collocation de type P.P.) a été abandonnée. Les lames étant minces, la convergence des résultats était trop lente. Aussi n'a-t-on conservé cette approximation que pour évaluer l'interaction de segments éloignés. Par contre, on a utilisé une approximation de type P.S. pour des segments proches.

La fig. 6 permet de comparer ces méthodes dans le cas de deux lames.

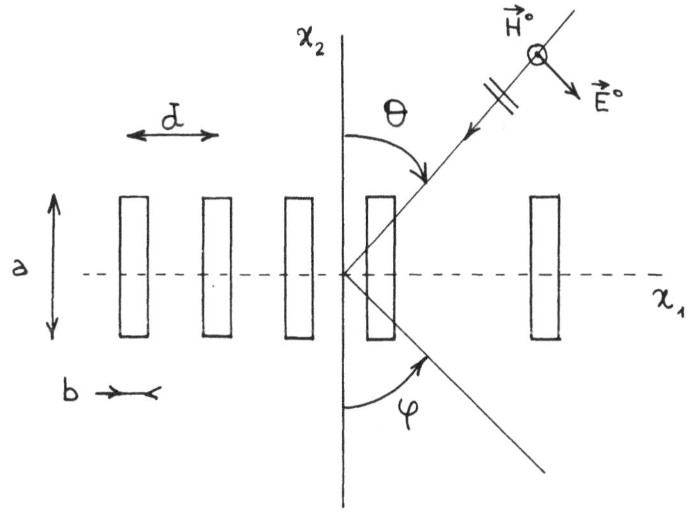

Figure 5

La quantité représentée $\hat{H}(\varphi)$ est le diagramme de diffraction qui caractérise la répartition angulaire du champ diffracté à grande distance.

La figure 7 représente cette même quantité pour un réseau de 13 lames. Les densités de 40 et 56 points par lame conduisent à résoudre des systèmes complexes de rangs 520 et 728. Les temps de calcul respectifs sont de 16 et 44 minutes sur un ordinateur UNIVAC 1110. Les résultats se stabilisent à partir de 56 points par lame. Il est en effet nécessaire de prendre davantage de points par lame lorsque celle-ci est en couplage avec de nombreuses autres lames.

La précision globale au stade de la résolution a été évaluée par substitution en calculant $\epsilon = |AX - B|$. Tous les éléments de ϵ ont été trouvés inférieurs à 10^{-5}.

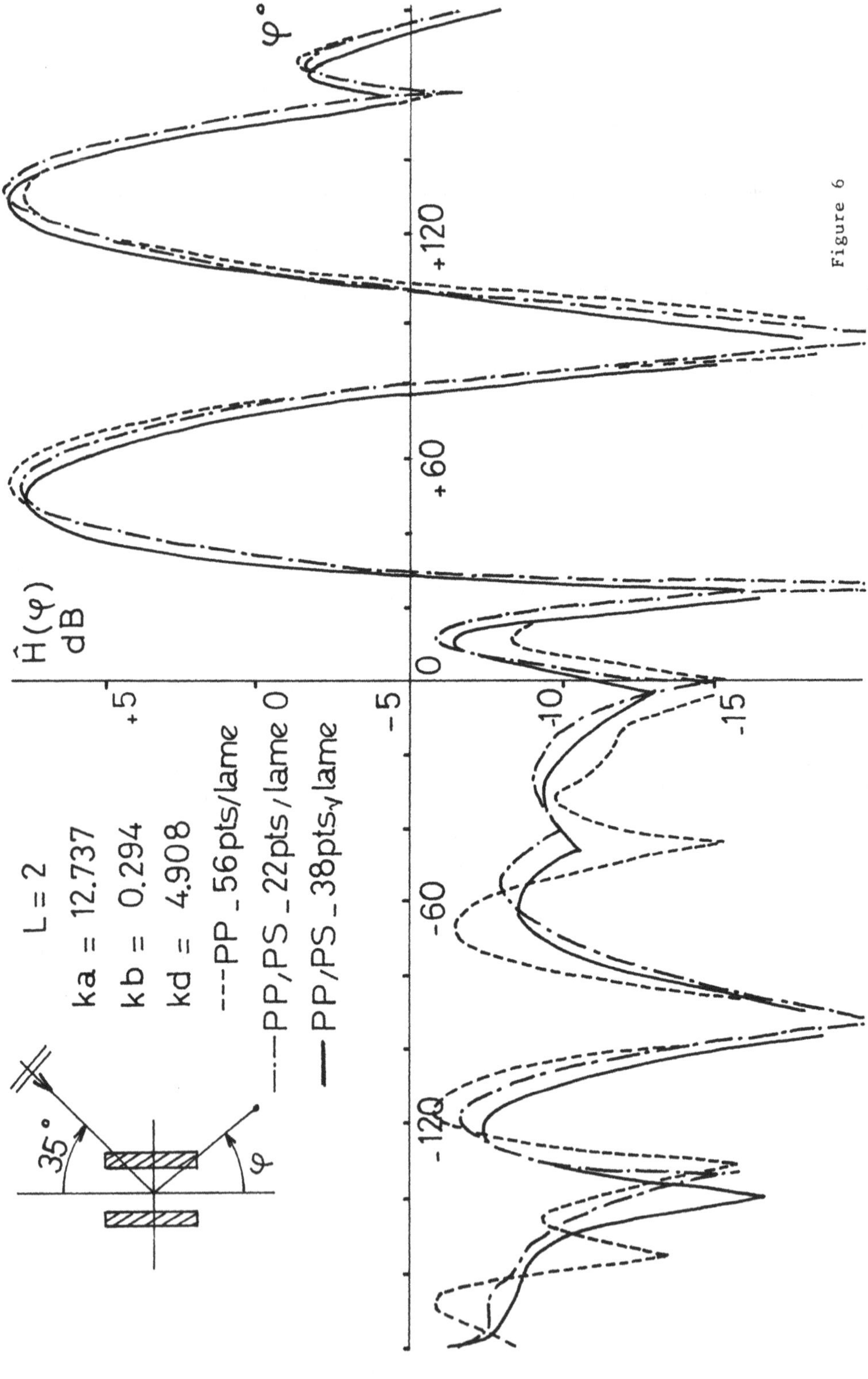

35°
φ
L = 2
ka = 12.737
kb = 0.294
kd = 4.908
---PP _56pts/lame
-·-PP,PS _22pts/lame
—PP/PS _38pts,γ lame
Ĥ(φ)
dB
φ°
+5
0
-5
-10
-15
-120
-60
0
+60
+120

Figure 6

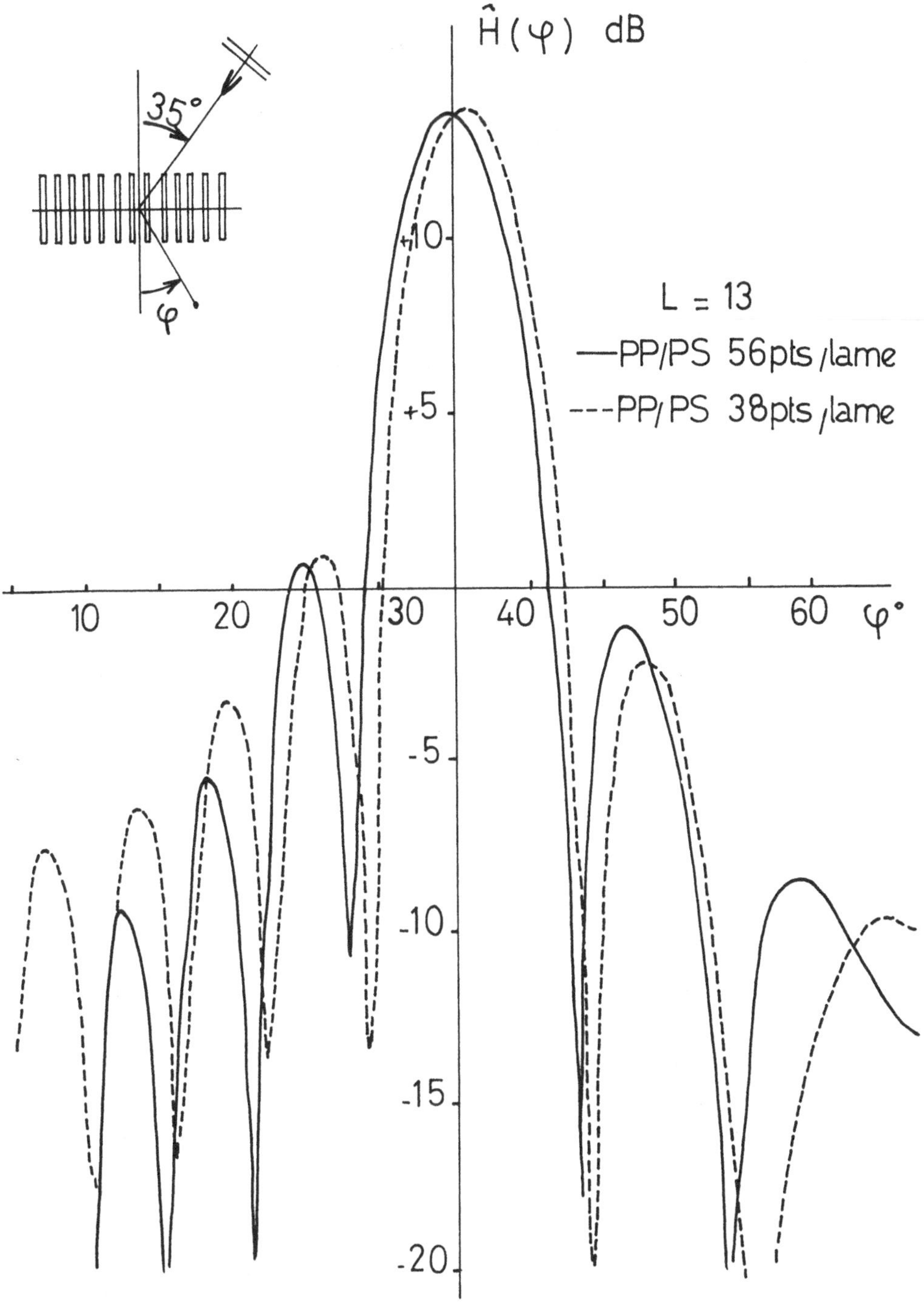

Ĥ(φ) dB
35°
φ
+10
L = 13
—PP/PS 56pts /lame
---PP/PS 38pts /lame
+5
10
20
30
40
50
60
φ°
-5
-10
-15
-20

Figure 7

TROISIEME PARTIE

ETUDE D'UNE MICROLIGNE A RUBAN

La microligne à ruban, plus souvent appelée "microstrip" est une structure très utilisée dans la microélectronique des ondes courtes et ultracourtes. La Fig.8 en donne une coupe transversale. En dépit de sa simplicité apparente, le problème est relativement complexe en raison de la présence de la couche diélectrique. La propagation par ondes transversales est impossible. Il faut rechercher la solution sous forme d'une onde hybride, c'est-à-dire, d'une combinaison d'ondes semi-transversales T.E. et T.M.

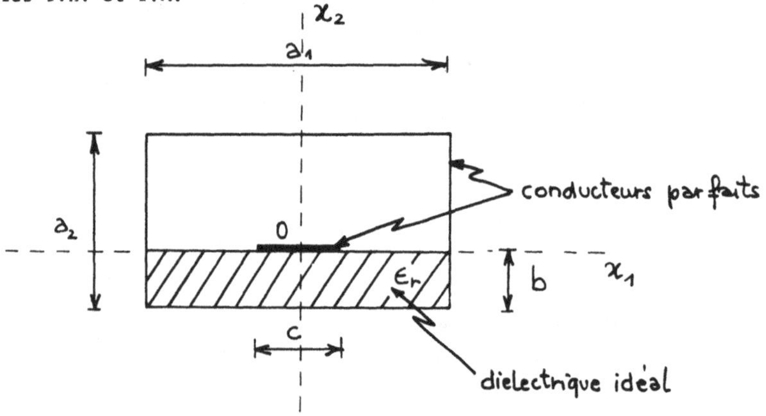

Figure 8

Ce problème a fait l'objet de très nombreuses études [pour les références correspondantes, consulter SAUVE et ESSAYAG a et b] au moyen de méthodes variées : perturbation de la solution électrostatique, différences finies, raccordement modal équation intégrale singulière. Les deux dernières méthodes ont été plus spécialement étudiées dans le cadre d'une étude générale numérique et expérimentale.

La technique du raccordement modal tire parti du caractére séparable de la structure : les surfaces de discontinuité coïncident avec des lignes de coordonnées rectangulaires. Il est alors possible de représenter le champ électromagnétique dans le vide ($x_2>0$) et dans le diélectrique ($x_2<0$) comme combinaison linéaire de solutions de l'équation des ondes, vérifiant déjà les conditions aux limites sur le boitier externe. (condition de DIRICHLET pour les ondes TM, de NEUMANN pour les ondes TE). Les coefficients de ces développements sont déterminés en écrivant les conditions de raccordement dans le plan $x_2 = 0$.

La méthode de l'équation intégrale singulière a été développée par LEWIN pour les problèmes de discontinuités dans les guides d'onde. MITTRA et ITOH l'ont appliquée au cas du microstrip. Elle consiste à ramener les conditions de raccordement de la méthode précédente à une équation intégrale dont la solution s'exprime sous forme d'une série très rapidement convergente.

Dans les deux cas, il faut résoudre un problème à valeurs propres. La Fig. 9 donne les diagrammes de phase du mode fondamental et des trois premiers modes pairs d'ordre supérieur. La concordance des résultats est satisfaisante. Mais pour la méthode de raccordement modal, il faut considérer une matrice de rang 40, alors que pour la méthode de l'équation intégrale singulière un rang 8 est suffisant. La lenteur de convergence de la première s'explique par les singularités du champ aux extrémités du ruban qui sont difficilement décrites par les développements modaux.

L'accélération de convergence de la seconde s'obtient au prix de calculs analytiques non négligeables et d'un effort de programmation accru. Ce genre de techniques se justifie pleinement en cas d'exploitation intensive des programmes, mais leur développement ne peut rester que l'affaire des spécialistes. La première méthode, au contraire, ne repose que sur des notions élémentaires et peut être mise en oeuvre facilement.

Cet exemple illustre bien la difficulté de trouver un juste compromis entre l'efficacité au niveau de l'exploitation et la rapidité de mise en oeuvre.

REMERCIEMENTS

Je tiens à remercier Monsieur le Professeur Roubine pour ses conseils lors de la rédaction de cet article ainsi que les chercheurs du Laboratoire d'Electronique Générale pour leur collaboration dans les deux dernières parties.

DIAGRAMMES DE PHASE D'UNE MICROLIGNE A RUBAN

$a = 12{,}7$ mm $\quad b = 1{,}27$ mm $\quad \epsilon_r = 8{,}875$

$(a_1 = a_2 = a)$ $\quad (c = b)$

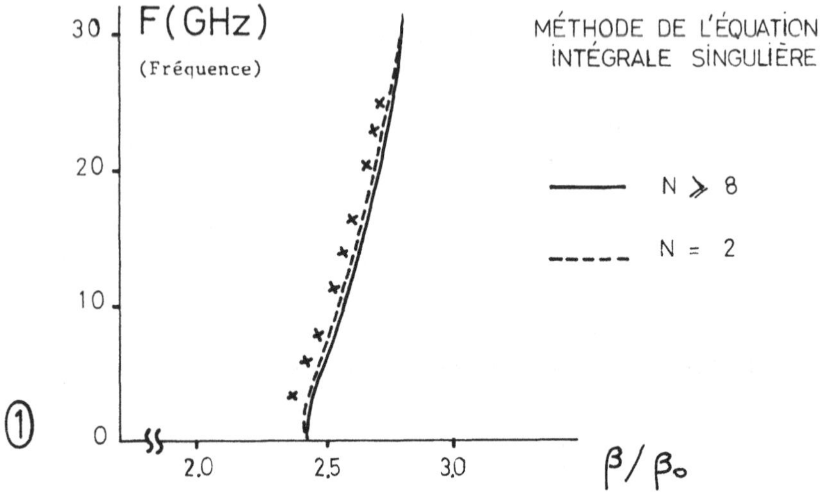

(Constante de propagation normalisée)

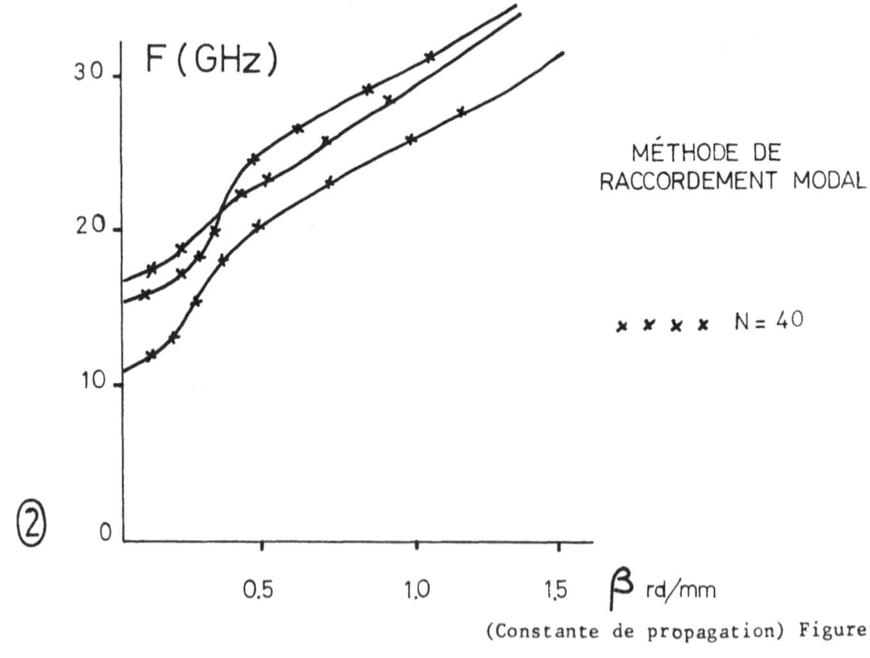

(Constante de propagation) Figure 9

B I B L I O G R A P H I E

ABDELMESSIH S., SINCLAIR G., Can. Journ. Phys., 45, 1305 (1967)

ANDREASEN M.G. a, I.E.E.E. Trans. AP - 12, 746 (1964)

ANDREASEN M.G. b, I.E.E.E. Trans. AP - 13, 303 (1965)

BAUM C.E. I.E.E.E. G - AP Int. Symp., Boulder, Symp. Digest, 459 (1973)

BODY Y., Réseaux limités à effet de blaze, Rapp. Techn., Lab. Electron. Gén. (1973)

BODY Y., ESSAYAG G., Nouv. Rev. Opt. Appliquée, 3, 337 (1972)

BOLOMEY J. Ch., WIRGIN A. a, Ann. Inst. Henri Poincaré, XIV, 97 (1971)

BOLOMEY J. Ch., WIRGIN A. b, I.E.E.E. G - AP Int. Symp. Boulder, Symp. Digest, 75 (1973)

BOLOMEY J. Ch., TABBARA W., I.E.E.E. Trans. AP - 21, 356 (1973)

BOWMAN J.J., SENIOR T.B.A., USLENGHI P.L.E., Electromagnetic and Acoustic Scattering by Simple Shapes, North Holland, Amsterdam (1969)

BURNSIDE W.D., YU C.L., MARHEFKA R.J., I.E.E.E. Int. Symp., Boulder, Symp. Digest, 253 (1973)

CHOW Y.L., SETH D.P.S., I.E.E.E. Int. Symp., Boulder, 259 (1973)

ESSAYAG G., SAUVE B. a, Electron. Lett., 8, n° 21, 108 (1972)

ESSAYAG G., SAUVE B. b, Electron. Lett., 8, n° 23, 110 (1972)

GARBACZ R.J., Proc. I.E.E.E., 53, 856 (1965)

HARRINGTON R.F. a, Field Computation by Moment Methods, Mac Millan (1968)

HARRINGTON R.F. b, MAUTZ J.R., I.E.E.E. Trans. AP - 19, 622 et 629 (1971)

HÖNL H., MAUE A.W., WESTPFAHL K., Theorie der Beugung, Handbuch der Physik 25/1, Springer Verlag (1961)

JESSEL M., Contributions aux théories du principe de Huyghens et de la diffraction, Sedocar 401 (1963)

JONES D.S., The Theory of Electromagnetism, Pergamon Press (1964)

KELLER J.B., Journ. Opt. Soc. Am., 52, 116 (1962

KLEIN C.A., MITTRA R., I.E.E.E. G - AP Int. Symp., Boulder, Symp. Digest, 271 (1973)

KOUYOUMJIAN R.G., Communication Orale, XVII Assemblée Générale de l'URSI, Varsovie (1972)

LEWIN L., Advances in Microwaves, vol. 1, Academic Press (1966)

MAUE A.W., Zeit. Phys., 126, 601 (1949)

MARIN L., I.E.E.E. G - AP Int. Symp., Boulder, Symp. Digest, 467 (1973)

MEI K.K., VAN BLADEL J.G., I.E.E.E. Trans. AP - 11, 185 (1963)

MITTRA R., ITOH T., I.E.E.E. Trans. MTT - 19, 47 (1971)

MITTRA R., LI T.S., Int. Symp. on Electromagn. Wave Theory, Tbilissi, Symp. Digest, 270 (1971)

MITTRA R., Computer Techniques for Electromagnetics, Pergamon Press (1973)

NEUREUTHER A.R., ZAKI K., Rad. Sc., 3, New Series, 1158 (1968)

OSHIRO F.K., MITZNER K.M., LOCUS S.S., Techn. Rept. AFAL - TR - 70 - 21 et II, Northrop Corporation Aircraft Division (1970)

PERINI J., I.E.E.E. G - AP Int. Symp., Boulder, Symp. Digest, 263, (1973)

POGGIO A.J., MILLER E.K. dans Computer Techniques... voir MITTRA (1973)

RICHMOND J.H., Proc. I.E.E.E., 53, 796 (1965)

ROW R.V., Journ. Appl. Phys., 26, 666 (1955)

TESCHE F.M., I.E.E.E. G - AP Int. Symp., Boulder, Symp. Digest, 463 (1973)

TEW M.D., TSAI L.L., Proc. I.E.E.E., 60, 1436 (1972)

THIELE G.A., dans Computer Techniques ... voir MITTRA (1973)

THIELE G.A., NEWHOUSE T., I.E.E.E. G - AP Int. Symp., Boulder, Symp. Digest, 257 (1973)

TSAI L.L., WILTON D.R., HARRISON M.G., WRIGHT E.H., I.E.E.E. Trans. AP - 20, 705 (1972)

VAN BLADEL J.G., Electromagnetic Fields, Mc Graw Hill (1964)

TIME-OPTIMAL CONTROL SYNTHESIS FOR NON-LINEAR SYSTEMS: A FLIGHT DYNAMIC EXAMPLE

A. V. Balakrishnan†

Abstract

The determination of optimal closed-loop control (or 'on line' control) laws is often referred to in the mathematics literature as the 'synthesis' problem. Except for the well-known case of 'linear dynamics, quadratic criteria', this problem is still largely unsolved. This paper presents a local approximation technique for time-optimal control synthesis of a class of non-linear systems: specifically, point-to-point aerodynamic flight in a resisting medium. Preliminary computational results are presented, indicating that the approximation technique is feasible.

1. INTRODUCTION

By control 'synthesis' we mean the determination of the optimal control 'on line' or 'closed loop'; that is to say, as a function of the state (as well as time) along the optimal trajectory. Excepting the case of 'linear dynamics, quadratic cost', this still continues to be the major unsolved problem in optimal control - for ordinary differential equations, at any rate. The complexity of the problem is acknowledged already in the early Pontryagin work [1]. Indeed we do not yet possess any general existence theory, let alone whether constructive or not. Computational techniques for optimal control (see [2]) yield only open-loop controls; the control is determined as a function of time for given initial and/or final conditions, and not as a function of the state. The lone exception is time-optimal bang-bang control of linear systems, where switching surfaces have been calculated for second-order and third-order systems; the general case being given up as hopelessly complicated (see [3]).

†Research supported in part under AFOSR Grant No. 73-2492, Applied Mathematics Division, United States Air Force.

Previous attempts at approximation have been confined mostly to linearizing the equations to conform to the linear quadratic theory [4]. In this paper we present a local approximation technique for a particular class of nonlinear dynamics: namely rocket flight in a resisting medium, using techniques based on the Bellman equatio known to be invalid for time-optimal control of linear systems, see [1]. Bryson a Ho [4], Jacobsen [5] have also used the Bellman equation but for the purpose of obtaining an iterative technique for the optimal trajectory. Our technique is differen in concept and execution from theirs. We do not in particular seek to calculate the trajectory but rather the control, directly.

2. THE PROBLEM

We begin with a more precise statement of the problem. The state vector $x(t)$ fo the problem splits into two parts:

$$x(t) = \begin{Bmatrix} x_1(t) \\ x_2(t) \end{Bmatrix}$$

and the dynamic equations have the form:

$$\left.\begin{aligned} \dot{x}_1(t) &= f_1(t;x_2(t)) \\ \dot{x}_2(t) &= f_2(t;x_2(t);u(t)) \end{aligned}\right\} \tag{2.1}$$

where $u(t)$ is the control to be synthesized, and is subject to the constraint of the form:

$$u(t) \in C \tag{2.2}$$

where C is closed and convex. Let t_i be an initial time, and $x(t_i)$ the initial state at time t_i. Assuming that it is possible to find an admissible control such that

$$\begin{aligned} &x(t_i) \text{ given} \\ &x_2(T) = 0, \quad T > t_i, \end{aligned} \tag{2.3}$$

the 'time-optimal' control problem is that of finding $u(\cdot)$ that minimizes T. Let us assume now that an optimal control exists for every initial state in some open set $\mathcal{D}$. The synthesis problem is that of finding a function $h(t;x)$ such that the (an) optimal control can be expressed:

$$u_o(t) = h(t;x_o(t)) \quad t \geq t_i \dots \tag{2.4}$$

where $x_o(t)$ is the corresponding optimal trajectory, so that

$$\dot{x}_o(t) = f(t;x_o(t);u_o(t)); \quad f(\cdot) = \begin{pmatrix} f_1(\cdot) \\ f_2(\cdot) \end{pmatrix}$$

and satisfies the given conditions at t_i and T, and yields the minimum such T. As we have remarked earlier, no sufficient conditions of any generality are available at the present time for the existence of such a function $h(t;x)$, and of course no general algorithm for computation is known either. Indeed it does not seem likely that there will be any forthcoming in the near future. It would appear that the best we can hope for is an approximation scheme that is good in special cases, and how good being demonstrable only by computation. At any rate, the present work offers not more.

Since the Bellman equation plays a fundamental role, we shall state and prove it first in the form we shall need to use.

Theorem 2.1 (Bellman)

Let $T(t;x)$ denote the (incremental) minimal time taken to reach the origin beginning with the state x in $\mathcal{D}$ at time t, for the system described by (2.1), (2.2), (2.3). Assume that $T(t;x)$ is continuously differentiable in t and x, $x \in \mathcal{D}$. Assume further that $f_1(.), f_2(\cdot)$ are also continuous in all the variables. Fix t_i and x, and let $u_o(t)$ denote an optimal control, and $x^o(t)$, $t \geq t_i$, the corresponding optimal trajectory, $x^o(t_i) = x$. Then if t_i is such that $u_o(t_i)$ is continuous from the right, or is in the Lebesgue set of the function $f_2(t;x^o(t);u_o(t))$, we have

$$\operatorname*{Min}_{u \in C} \left[\frac{\partial T}{\partial x_2}, f_2(t_i;x;u)\right] = \left[\frac{\partial T}{\partial x_2}, f_2(t_i;x;u_o(t_i))\right] \tag{2.5}$$

Proof

Define a new control to be equal to arbitrary given u in C for $t_i \leq t \leq t_i + \Delta$. Let $x(t)$ denote the corresponding trajectory. Then for all Δ sufficiently small,

$x(t_i + \Delta)$ will belong to the open set $\mathscr{D}$. Moreover

$$T(t_i + \Delta; x(t_i + \Delta)) + \Delta \geq T(t_i;x) \tag{2.6}$$

But

$$\lim_{\Delta \to 0} \frac{1}{\Delta}\Big(T(t_i + \Delta; x(t_i + \Delta)) - T(t_i;x)\Big)$$

$$= \frac{\partial T}{\partial t} + \left[\frac{\partial T}{\partial x_1}, \ f_1(t_i;x)\right] + \left[\frac{\partial T}{\partial x_2}, \ f_2(t_i;x;u)\right]$$

and is

$$\geq -1$$

by virtue of (2.6) where $\frac{\partial T}{\partial x_i}$ denotes gradient, and [,] inner product. On the other hand, of course,

$$\lim_{\Delta \to 0} \frac{1}{\Delta}\Big(T(t_i + \Delta; x^o(t_i + \Delta)) - T(t_i;x)\Big)$$

$$= \frac{\partial T}{\partial t} + \left[\frac{\partial T}{\partial x_1}, \ f_1(t_i;x)\right] + \left[\frac{\partial T}{\partial x_2}, \ f_2(t_i;x;u_o(t_i))\right]$$

$$= -1 \text{ (since equality holds in (2.5) in this case),}$$

provided t_i is a point of continuity of $u_o(t)$, or more generally belongs to the Lebesgue set of the function $f_2(t;x^o(t);u_o(t))$. Hence it follows that

$$\operatorname*{Min}_{u \in C} \left[\frac{\partial T}{\partial x_2}, f_2(t_i;x;u)\right] = \left[\frac{\partial T}{\partial x_2}, \ f_2(t;x;u_o(t_i))\right]$$

at all points t_i where $u_o(t_i)$ is continuous from the right.

If the conditions of the Theorem are met, then we can use (2.5) to determine control synthesis, namely the u that minimizes:

$$\left[\frac{\partial T}{\partial x_2}, \ f_2(t;x;u)\right] \tag{2.7}$$

which yields a function of t and x. Of course the basic fault in this method has already been noted by Pontryagin [1]; the function $T(t;x)$ need not possess the requisite differentiability properties, indeed does not even for linear systems and bang-bang control. Hence it would be foolish to invoke this technique for the case of linear systems. Here we shall only consider nonlinear systems. Of interest in this connection is a result due to Rademacher, pointed out by Friedman [6] that uniform Lipschitz continuity implies almost everywhere differentiability. It is not clear however that this is any great help; it is not for our problem at any rate.

An Example

It may be helpful to consider first an illustrative example which although quite simple, still retains some of the salient features of the flight dynamic system we shall consider. In particular we can see what the local approximation is, and how good it is. We consider motion in a plane with fixed speed:

$$\dot{x}(t) = \cos \gamma(t)$$

$$\dot{y}(t) = \sin \gamma(t)$$

$$\dot{\gamma}(t) = \alpha$$

where α is the control variable (one-dimensional), and subject to the constraint:

$$|\alpha| \leq 1$$

We consider the problem of returning to the origin in the plane: $x = 0$, $y = 0$, in minimal time, beginning with any given x, y, γ. It can be readily verified that the optimal controls are of the form:

$$+ 1, \ - 1, \text{ or zero}$$

(The control is <u>not</u> bang-bang), and that the optimal trajectories are arcs of unit radius circles and straightline tangents to them. Let

$$r = \sqrt{x^2 + y^2} \quad ; \quad \operatorname{Tan} \sigma = y/x; \quad \cos \sigma = -y/r$$

Let $T(t;x;y;\gamma)$ denote the minimal time starting from x, y, γ at time t. Then an actual calculation shows that $T(\ldots)$ is differentiable so long as

$$r - 2|\text{sine}(\gamma - \sigma)| \neq 0$$

On the other hand at points where

$$r - 2 \ \text{sine}(\gamma - \sigma) = 0$$

the function need not even be continuous. For example at $\sigma = 0$, $\gamma = \pi/2$, $x = -2$, $y = 0$, the function is not continuous in γ. On the other hand, it is differentiable at all points along an optimal trajectory where γ does not switch from +1 to −1 or vice versa.

For a local approximation to synthesis, we proceed as follows. If $\gamma = \sigma$, then

$$\alpha = 0$$

is optimal. We now use [2.6]. We note that the optimal α is obtained by minimiz-ing

$$\frac{\partial T}{\partial \gamma} \alpha \tag{2.8}$$

we do not attempt to calculate $\frac{\partial T}{\partial \gamma}$ exactly. Instead, we note first that

$$\left.\frac{\partial T}{\partial \gamma}\right|_{\gamma = \sigma} = 0$$

since the time is a minimum along a straight line path, the time being proportional to arc length. Hence also

$$\left.\frac{\partial^2 T}{\partial \gamma^2}\right|_{\gamma = \sigma} > 0$$

We now use a Taylor expansion and write

$$\frac{\partial T}{\partial \gamma} = \left.\frac{\partial T}{\partial \gamma}\right|_{\gamma = \sigma} + (\gamma - \sigma)\frac{\partial^2 T}{\partial \gamma^2} + \ldots$$

Stopping at the second term and substituting in (2.8) we obtain that the optimal α is given by

$$-\ \text{sign}\ (\gamma - \sigma)$$

and we define

$$\text{sign}\ 0 = 0$$

to take care of the case where $\alpha = 0$, or equivalently, $\gamma = \sigma$.

This is then the local approximation to the control law. This law yields the optima[l] trajectory in this example so long as

$$r - 2|\text{sine}(\gamma-\sigma)| > 0$$

It fails where

$$r - 2|\text{sine}(\gamma - \sigma)| < 0$$

For example, it does not hold when

$$\gamma - \sigma = \pi/2 \ ; \quad x = -1; \ y = 0$$

at which point the optimal choice of α is +1, rather than −1 as given by the local approximation.

3. THE FLIGHT DYNAMIC PROBLEM

We consider rocket motion in a resistive medium at fixed altitude, the dynamics now being described as follows:

$$\dot{x} = v \ \cos \gamma$$

$$\dot{y} = v \ \sin \gamma$$

$$\dot{v} = f_3(t;v;\alpha)$$

$$\dot{\gamma} = f_4(t;v;\alpha)$$

where v is the speed (magnitude of velocity vector), and α is the (one-dimensional) control variable - the 'angle of attack', γ being the flight-path angle. The functions $f_3(\cdot)$, $f_4(\cdot)$, being notable first in that they do not depend on γ, are specified as follows:

$$f_3(t;v;\alpha) = \frac{T-C}{m} \cos \alpha - \frac{N}{m} \sin \alpha$$

$$f_4(t;v;\alpha) = \frac{T-C}{m \cdot v} \sin \alpha + \frac{N}{m \cdot v} \cos \alpha$$

where T, the thrust program is a function of time assumed given,

$$C = C[\alpha;v]v^2$$

$$N = N(\alpha;v]v^2$$

with

$$N(\alpha;v) = 0 \qquad \alpha = 0$$

we assume that the functions are continuously differentiable [although in practice these are only tabulated and must be interpolated for intermediate points]. In particular

$$\frac{\partial}{\partial\alpha} f_3(t;v;\alpha) = 0 \quad \text{at} \quad \alpha = 0$$

and $f_3(t;v;\alpha)$ is a maximum at $\alpha = 0$ for all t and v, and

$$\frac{\partial^2 f_3(t;v;\alpha)}{\partial\alpha^2} < 0$$

We shall consider only the unconstrained time-optimal control problem of starting with arbitrary initial variables denoted by the subscript i:

$$x(t_i)$$
$$y(t_i)$$
$$v(t_i)$$
$$\gamma(t_i)$$

at the initial time t_i and returning to

$$x = 0$$
$$y = 0$$

in minimal time, the control variable α being unconstained.

We assume that there is a bounded open set from which we can always reach the origin in the x - y plane (hereinafter simply the origin) using some control. We shall only be concerned with these points in the state space from now on. We observe now that the form of the equations conforms to (2.1), and we assume that the necessary differentiability conditions are satisfied in the state space region of interest.

In slightly different (but more convenient) notation, let $T(t_i; x_i; y_i; v_i; \gamma_i)$ denote the actual time at which the origin reached on the minimal trajectory. Our method of local approximation proceeds as follows. Let

$$r = x^2 + y^2$$
$$\cos\sigma = -x/\sqrt{x^2 + y^2}$$
$$\tan\sigma = y/x$$

Let $\alpha(t, x, y, v, \gamma)$ denote the optimal control synthesis function we are after. Then from the given properties of the functions $f_3(\cdot), f_4(\cdot)$ we can make the following crucial observations:

(i) The optimal control corresponding to $\gamma_i = \sigma_i$ is given by

$$\alpha(t_i, x_i, y_i, v_i, \sigma_i) = 0 \tag{3.8}$$

(ii) $$\frac{\partial T}{\partial \gamma_i} = 0 \quad \text{at} \quad \gamma_i = \sigma_i$$

Although strictly speaking (3.8) will be an assumption, we can offer the following explanation. At $\gamma_i = \sigma_i$, if we set the control α to be identically zero, we obtain a straightline trajectory which satisfies the initial and final conditions, since for $\alpha = 0$,

$$\dot{\gamma} = f_4(t, v, 0) = 0$$

From

$$f_3(t;v;\alpha) \leq f_3(t;v;0)$$

it follows that for the same speed, the acceleration is a maximum along the straight line. Hence we should expect $\alpha = 0$ is the optimal control for $\gamma_i = \sigma_i$. We can also show that $\alpha = 0$ satisfies the Hamilton-Jacobi system of equations. Thus let us use the notation

$$x_1 = x; x_2 = y; x_3 = v; \ x_4 = \gamma$$

and let ψ_i, $i = 1, 2, \ldots 4$ denote the adjoint variables. Then for $\alpha = 0$, the adjoint equation yields the solution:

$$\psi_1 = |\psi| \cos \sigma_i$$

$$\psi_2 = |\psi| \sin \sigma_i$$

$$\psi_3 = |\psi| \int_t^T e^{\int_t^s \partial f_3/\partial v \, d\sigma} ds$$

$$\psi_4 = 0$$

(where T is the final time), and

$$\psi_3 f_3 + \psi_4 f_4 = \psi_3 f_3$$

and Ψ_3 being positive, this is clearly maximized by $\alpha = 0$. But of course, we are verifying only a necessary condition, strictly speaking. Observation (ii) is a consequence of the fact that for fixed initial velocity, the straight line trajectory is minimal time. Actually we can offer a formal proof based on (3.8) by calculating the necessary partial derivatives [see below].

We next invoke the Bellman equation for our case, and thus we must minimize with respect to α, the expression:

$$\frac{\partial T}{\partial v} f_3(t_i;v_i;\alpha) + \frac{\partial T}{\partial \gamma} f_4(t_i;v_i;\alpha) \tag{3.9}$$

We approximate the derivatives using Taylor expansion about $\gamma = \sigma_i$. We have:

$$\frac{\partial T}{\partial v} = \left(\frac{\partial T}{\partial v}\right)_{\sigma_i} + (\gamma_i - \sigma_i) \frac{\partial^2 T}{\partial \gamma \partial v} + \ldots$$

$$\frac{\partial T}{\partial \gamma} = \left(\frac{\partial T}{\partial \gamma}\right)_{\gamma=\sigma_i} + (\gamma_i - \sigma_i) \left(\frac{\partial^2 T}{\partial \gamma^2}\right)_{\sigma_i} + \ldots$$

$$= (\gamma_i - \sigma_i) \left(\frac{\partial^2 T}{\partial \gamma^2}\right)_{\sigma_i} + \ldots\ldots$$

The first term in (3.9) being non-zero, we may neglect the second term in comparison. Hence we minimize

$$\left(\frac{\partial T}{\partial v}\right)_{\sigma_i} f_3(t_i;v_i;\alpha) + (\gamma_i - \sigma_i) \left(\frac{\partial^2 T}{\partial \gamma^2}\right)_{\sigma_i} f_4(t_i;v_i;\alpha) \tag{3.10}$$

As a further approximation, the minimum may be approximated by a Newton-Raphson step about $\alpha = 0$, yielding

$$\alpha_{opt} \doteq (\gamma_i - \sigma_i) \frac{\left|\left(\frac{\partial^2 T}{\partial \gamma^2}\right)_{\sigma_i}\right| \frac{\partial f_4}{\partial \alpha}(t_i, v_i, 0)}{\left|\left(\frac{\partial T}{\partial v}\right)_{\sigma_i}\right| \frac{\partial^2 f_3}{\partial \alpha^2}(t_i, v_i, 0)} \tag{3.11}$$

where we have exploited (3.6), (3.8). The approximate synthesis problem is thus "reduced" to calculating the indicated derivatives of the function $T(\ldots)$. For this let h_1, h_2 be fixed and let

$$T(\lambda) = T(t_i; x_i; y_i; v_i + \lambda\, h_1; \sigma_i + \lambda h_2)$$

All derivatives with respect to λ that are written will be understood to be the value at $\lambda = 0$. Let $x(\lambda, t)$; $y(\lambda; t)$ $v(\lambda; t)$, $\gamma(\lambda; t)$ denote the optimal state trajectory. Then we have

$$\begin{aligned} x(\lambda; T(\lambda)) &= 0 \\ y(\lambda; T(\lambda)) &= 0 \end{aligned} \tag{3.12}$$

Differentiation with respect to λ yields:

$$\begin{aligned} \frac{\partial x}{\partial \lambda} + \frac{\partial T}{\partial \lambda}\, v(T) \cos \sigma_i &= 0 \\ \frac{\partial y}{\partial \lambda} + \frac{\partial T}{\partial \lambda}\, v(T) \sin \sigma_i &= 0 \end{aligned} \tag{3.14}$$

where for simplicity of notation, we indicate $T(0)$ by T. Let $\alpha(\lambda; t)$ denote the control corresponding to $T(\lambda)$. Using the dynamics (3.1) and using $x(\lambda, t), y(\lambda, t)$, $v(\lambda, t)$, $\gamma(\lambda, t)$ with obvious meaning, we have

$$\begin{aligned} \frac{d}{dt} \frac{\partial x}{\partial \lambda} &= \frac{\partial v}{\partial \lambda} \cos \sigma_i - v \sin \sigma_i \frac{\partial \gamma}{\partial \lambda} \\ \frac{d}{dt} \frac{\partial y}{\partial \lambda} &= \frac{\partial v}{\partial \lambda} \sin \sigma_i + v \cos \sigma_i \frac{\partial \gamma}{\partial \lambda} \end{aligned} \tag{3.15}$$

$$\frac{d}{dt} \frac{\partial v}{\partial \gamma} = \frac{\partial f_3(t;v;0)}{\partial v} \frac{\partial v}{\partial \lambda}, \quad \text{since} \quad \frac{\partial f_3(t;v;0)}{\partial \alpha} = 0 \tag{3.16}$$

$$\frac{d}{dt} \frac{\partial \gamma}{\partial \lambda} = \frac{\partial f_4(t;v;0)}{\partial v} \frac{\partial v}{\partial \lambda} + \frac{\partial f_4(t;v;0)}{\partial \alpha} \frac{\partial \alpha}{\partial \lambda} \tag{3.17}$$

Equations (3.14-3.17) together yield for $h_1 = 0$, $h_2 = 1$

$$\int_{t_i}^{T} v(t) \frac{\partial \gamma}{\partial \lambda}\, dt = 0; \quad \frac{\partial v}{\partial \lambda} \equiv 0; \quad v(T) \frac{\partial T}{\partial \lambda} = 0 \tag{3.18}$$

(where for simplicity of notation we use $v(t)$ for $v(0;t)$),

and for $h_1 = 1$, $h_2 = 0$, we obtain:

$$\frac{\partial T}{\partial \lambda} = -\frac{1}{v(T)} \int_{t_i}^{T} \frac{\partial v}{\partial \lambda} \, dt$$

or,

$$\frac{\partial T}{\partial v}\bigg|_{\sigma_i} = -\frac{1}{v(T)} \int_{t_i}^{T} e^{\int_{t_i}^{t} \frac{\partial f_3}{\partial v} ds} \, dt \tag{3.19}$$

The first equation in (3.18) yields

$$\int_{t_i}^{T} v(t)[1 + \int_{t_i}^{t} \frac{\partial f_4}{\partial \alpha} \frac{\partial \alpha}{\partial \lambda} ds] dt = 0 \tag{3.20}$$

This is a condition then that $\frac{\partial \alpha}{\partial \lambda}$ must satisfy. This relation can be simplified by noting that

$$r = \int_{t_i}^{T} v(t) dt \; ; \quad \frac{\partial f_4}{\partial \alpha} = \dot{v}(t)/v(t)$$

or,

$$r + \int_{t_i}^{T} v(t) \int_{t_i}^{t} \frac{\dot{v}(s)}{v(s)} \frac{\partial \alpha}{\partial \lambda} ds \;\; dt = 0 \tag{3.21}$$

Remembering that all derivatives written are to be taken at $\alpha = 0$, we can now indicate the second derivative equations, dropping derivatives that are zero at $\alpha = 0$. We shall only calculate them for the case $h_1 = 0$, $h_2 = 1$.

$$\frac{\partial}{\partial t} \frac{\partial^2}{\partial \lambda^2} (x(\lambda;t)) = \frac{\partial^2 v}{\partial \lambda^2} \cos \gamma - v \cos \gamma \left(\frac{\partial \gamma}{\partial \lambda}\right)^2 - v \sin \lambda \frac{\partial^2 \gamma}{\partial \lambda^2} \tag{3.22}$$

$$\frac{\partial}{\partial t} \frac{\partial^2 y(\lambda;T)}{\partial \lambda^2} = \frac{\partial^2 v}{\partial \lambda^2} \sin \gamma - v \sin \gamma \left(\frac{\partial \gamma}{\partial \lambda}\right)^2 + v \cos \gamma \frac{\partial^2 \gamma}{\partial \lambda^2} \tag{3.23}$$

$$\frac{\partial}{\partial t} \frac{\partial^2 v}{\partial \lambda^2} = \frac{\partial f_3}{\partial v} \frac{\partial^2 v}{\partial \lambda^2} + \frac{\partial^2 f_3}{\partial \alpha^2} \left(\frac{\partial \alpha}{\partial \lambda}\right)^2 \tag{3.24}$$

$$\frac{\partial}{\partial t} \quad \frac{\partial^2 \gamma}{\partial \lambda^2} = \frac{\partial f_4}{\partial v} \frac{\partial^2 v}{\partial \lambda^2} + \frac{\partial^2 f_4}{\partial \alpha^2} \frac{\partial \alpha}{\partial \lambda}^2 + \frac{\partial f_4}{\partial \alpha} \frac{\partial^2 \alpha}{\partial \lambda^2} \tag{3.25}$$

Substituting into:

$$\frac{\partial^2 x}{\partial \lambda^2} + v(T) \cos \gamma(T) \frac{\partial^2 T}{\partial \lambda^2} = 0$$

$$\frac{\partial^2 y}{\partial \lambda^2} + v(T) \sin \gamma(T) \frac{\partial^2 T}{\partial \lambda^2} = 0$$

we obtain:

$$\frac{\partial^2 T}{\partial \lambda^2} = - \frac{1}{v(T)} \int_{t_i}^{T} \left(\frac{\partial^2 v}{\partial \lambda^2} - v \left(\frac{\partial \gamma}{\partial \lambda} \right)^2 \right) dt = \left(\frac{\partial^2 T}{\partial \gamma^2} \right)_{\sigma_i} \tag{3.26}$$

$$\int_{t_i}^{T} v(t) \frac{\partial^2 \gamma}{\partial \lambda^2} \, dt = 0 \tag{3.27}$$

$$\frac{\partial^2 v}{\partial \lambda^2} = \int_{t_i}^{t} e^{\int_s^t \frac{\partial f_3}{\partial v} d\sigma} \; \frac{\partial^2 f_3}{\partial \alpha^2} \left(\frac{\partial \alpha}{\partial \lambda} \right)^2 ds \tag{3.28}$$

substituting (3.28) into (3.26) and noting that

$$\frac{\partial \gamma}{\partial \lambda} = 1 + \int_{t_i}^{t} \frac{\partial f_4}{\partial \alpha} \frac{\partial \alpha}{\partial \lambda} \, ds$$

we have thus evaluated all the quantities required in (3.11) except for $\frac{\partial \alpha}{\partial \lambda}$. We note that $\frac{\partial \alpha}{\partial \lambda}$ must satisfy (3.20). Further we must also have

$$\left. \frac{\partial \alpha}{\partial \lambda} \right|_{t=t_i} = \text{Factor of } (\gamma_i - \sigma_i) \text{ in (3.11),}$$

yielding us a second condition it must satisfy. We do not know whether these two conditions can uniquely specify $\frac{\partial \alpha}{\partial \lambda}$. To obtain an approximation we let

$$\begin{aligned} \frac{\partial \alpha}{\partial \lambda} &= a \quad t_i \le t \le b \quad [\text{or} = a(t-b)/(t_i - b)] \\ &= 0 \quad b < t < T \end{aligned}$$

where a and b are unknown, and determine them from the conditions that $\frac{\partial\alpha}{\partial\lambda}$ must satisfy. Of course other choices are possible. The best choice will depend on comparison with the optimal open loop solutions. This completes our approximation procedure.

4. NUMERICAL RESULTS

Calculations were made for a specific example with the functions $m(t)$, $T(t)$ shown in figure 1. The functions $C(\alpha, v)$, $N(\alpha, v)$ were taken in the form:

$$C(\alpha, v) = (32400)\ (f(\alpha)h(v) - H(v))$$

$$N(\alpha, v) = (32400)\ (N(\alpha)M(v))$$

and $f(\alpha)$, $N(\alpha)$, $h(v)$, $H(v)$, and $M(v)$ are shown in figures 2, 3, 4, 5, 6, respectively. The time optimal problem was considered for

$$t_i = 0$$

$$v_i = 800 \text{ ft/sec}$$

$$\gamma_i = 0$$

$$\sigma_i = 23.7^{o}$$

$$y_i = -9133$$

The optimal open loop control for this case is indicated in figure 7, curve 1 . Curve 2 is for the case $\sigma_i = 60^{o}$. Both were obtained by the epsilon technique. For the synthesis, we note first of all that when

$$\frac{\partial\alpha}{\partial\lambda} \approx 0$$

which we expect to hold as $t_i \longrightarrow T$, we can calculate the coefficient of $(\gamma_i - \sigma_i)$ in (3.11) as

$$= \frac{\int_{t_i}^{T} v(t)dt}{\int_{t_i}^{T} e^{\int_{t_i}^{t} \partial f_3/\partial v\, ds}\, dt} \cdot \frac{\dot{v}(t_i)}{v(t_i)} \cdot \frac{1}{\left(\frac{\partial^2 f_3}{\partial\alpha^2}\right)}$$

$$\approx -1$$

$$\left(\text{since} \qquad \frac{\partial^2 f_3}{\partial \alpha^2} \approx -\dot{v}\right)$$

Thus $a = -1$ is a first approximation. The corresponding control is shown in figure 8, where we also show the open loop control for comparison. It is seen that the approximation is already reasonable, (although it systematically underestimates the actual value) demonstrating the feasibility of the technique. Further computer studies are in progress.

ACKNOWLEDGEMENT

I wish to thank Mr. E. Ruspini and Mr. L. W. Taylor for their helpful discussions and assistance in computer programming.

REFERENCES

1. L. S. Pontryagin, et al.,: The Mathematical Theory of Processes, John Wiley and Sons, 1962.
2. E. Polak: Computational Methods in Optimization, Academic Press, 1971.
3. V. G. Boltyanskii: Mathematical Methods of Optimal Control, Holt, Rinehart and Winston, 1970.
4. A. E. Bryson and Y. Ho: Applied Optimal Control, Ginn and Company, 1969.
5. D. H. Jacobson: New Second Order and First Order Algorithms for Determining Optimal Control: A Differential Dynamic Programming Approach, Journal of Optimization Theory and Applications, December 1968.
6. A. Friedman: Differential Games, John Wiley and Sons, 1971.

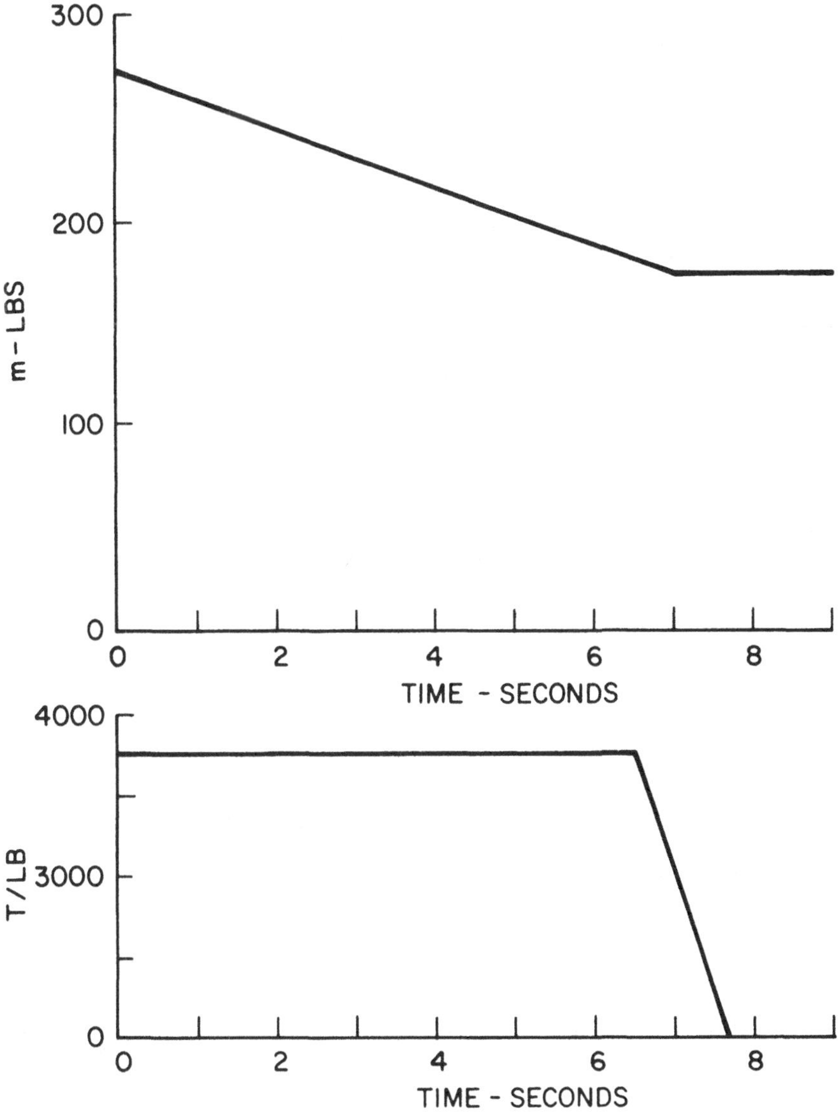

Balakrishnan
Figure 1

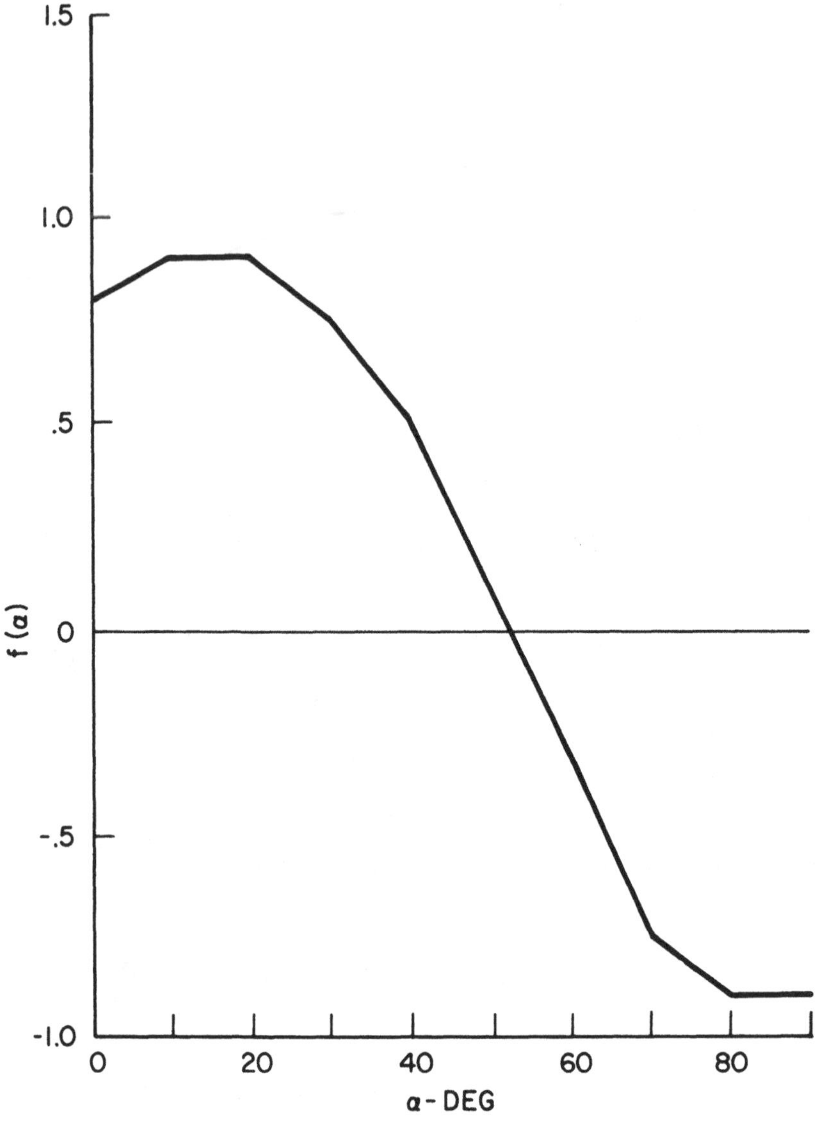

Balakrishnan
Figure 4

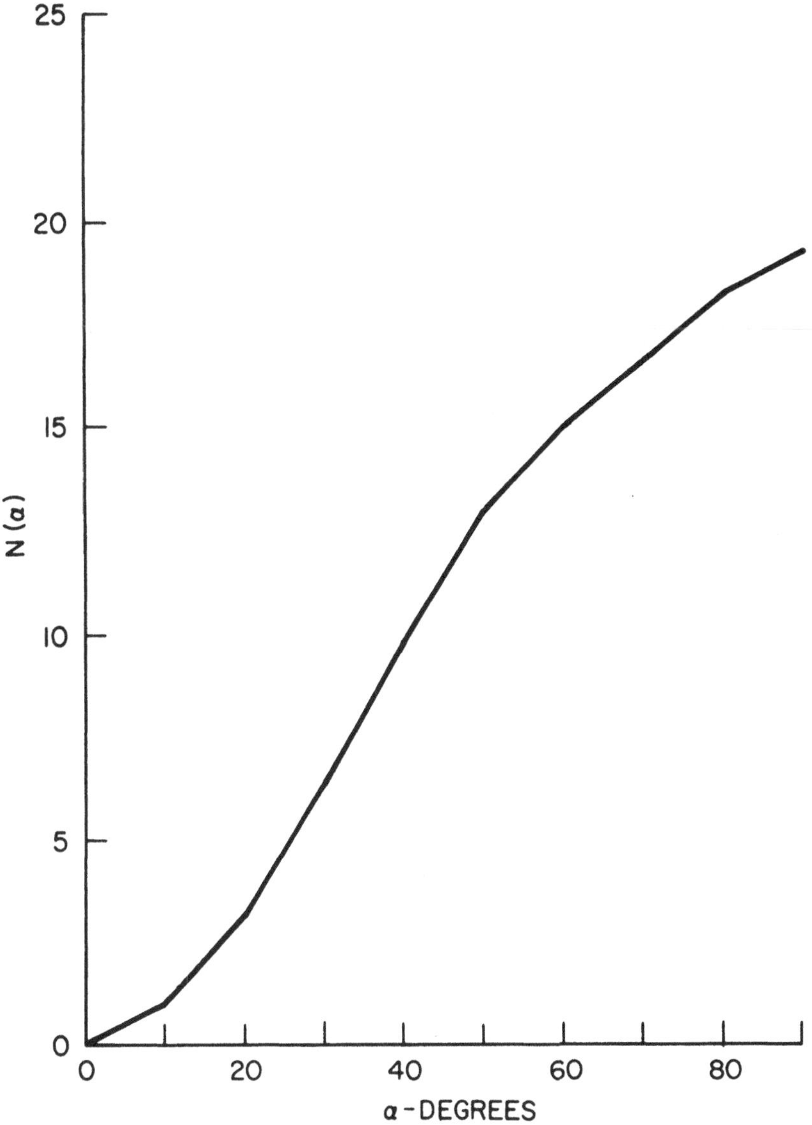

Balakrishnan
Figure 2

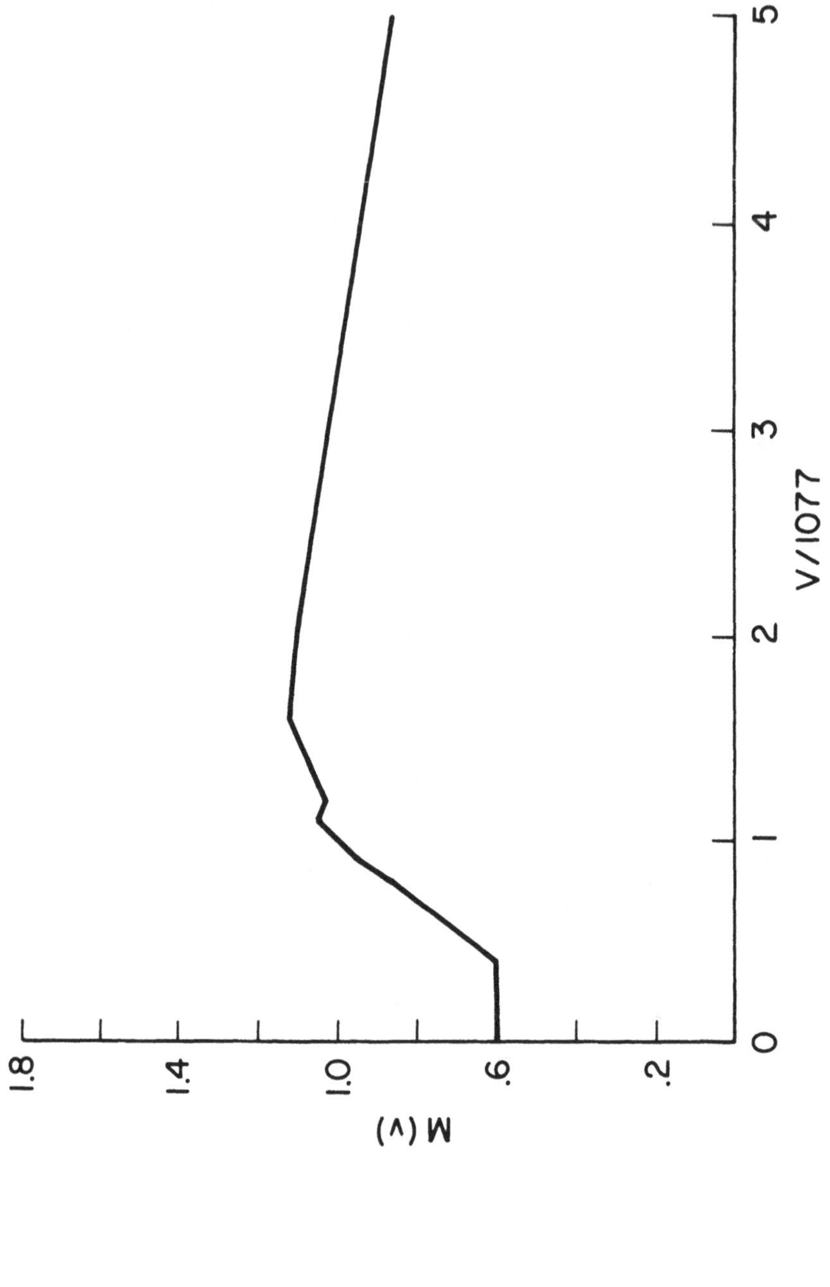

Balakrishnan

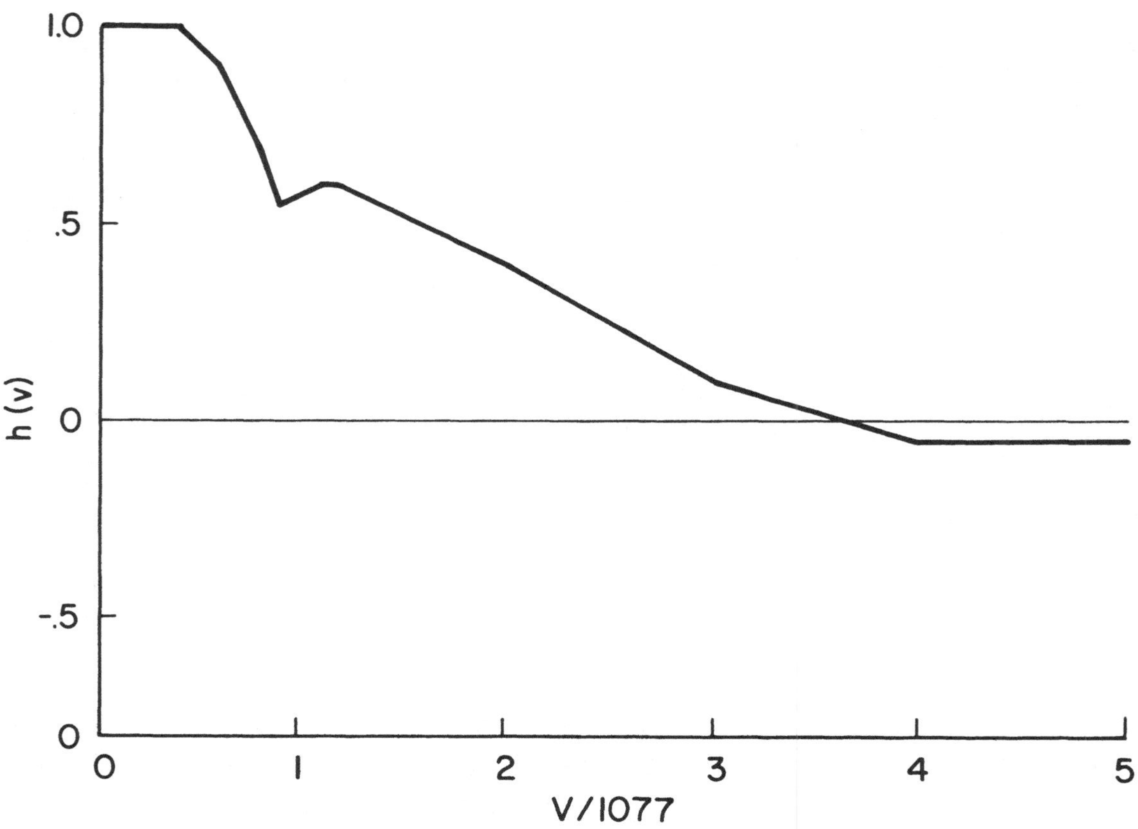

Balakrishnan
Figure 5

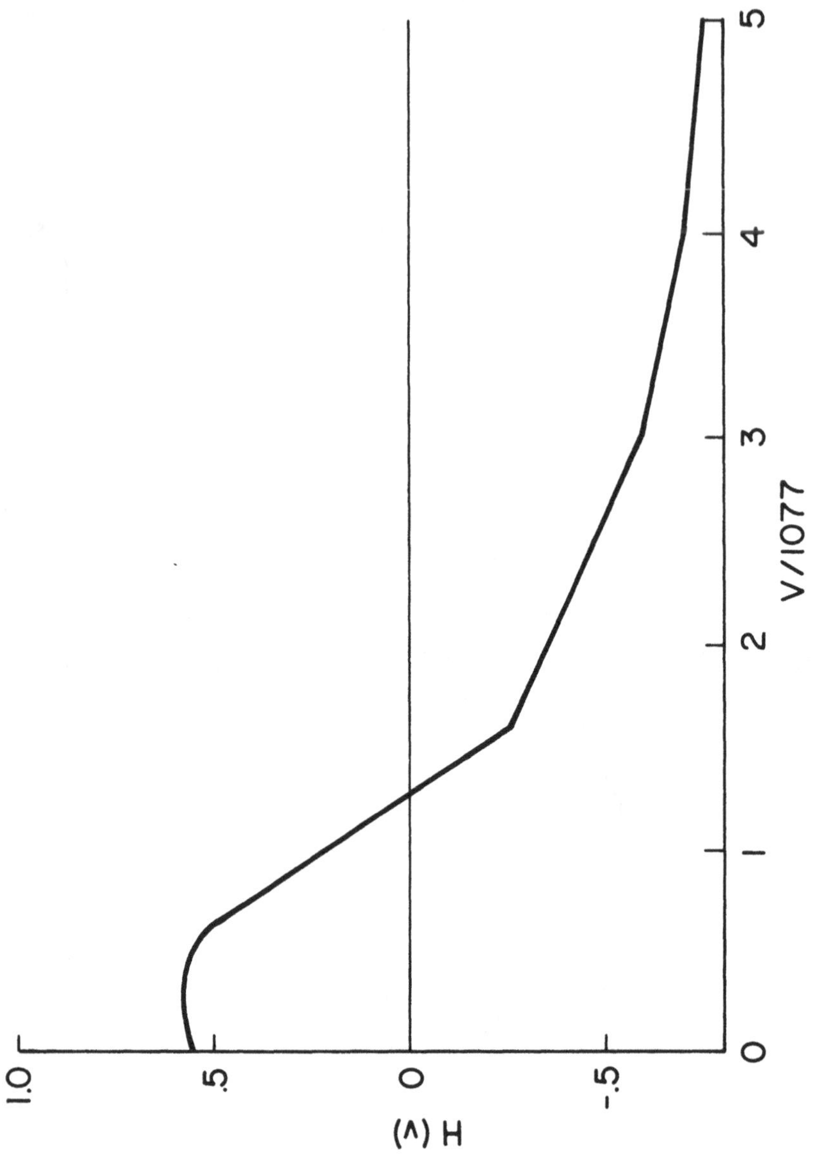
1.0
.5
0
-.5
H (v)
0
1
2
3
4
5
V/1077

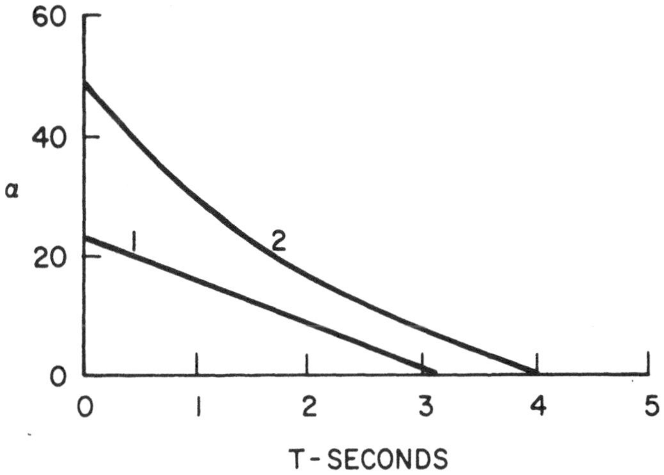

Balakrishnan
Figure 7

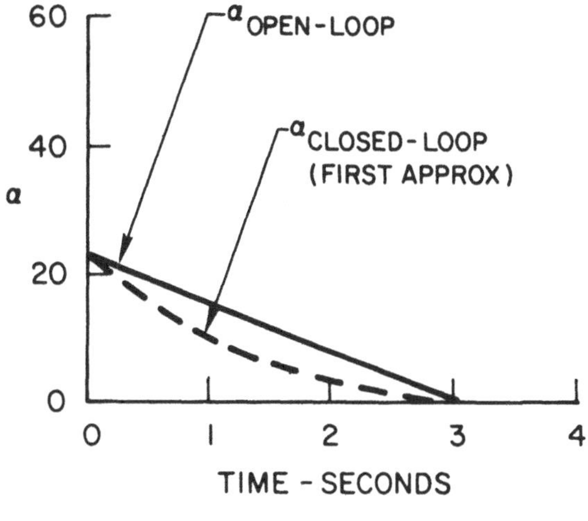

Balakrishnan
Figure 8

NUMERICAL ANALYSIS OF PROBLEMS ARISING IN BIOCHEMISTRY

J.P. KERNEVEZ
UNIVERSITE DE TECHNOLOGIE DE COMPIEGNE, FRANCE

INTRODUCTION:

The purpose of this paper is to show the applications of standard numerical methods to new problems arising in biochemistry.

The source of these problems is a team of biochemists (ERA 338 CNRS, Laboratoire d'Enzymologie Médicale, Université de Technologie de Compiègne) lead by Dr D. THOMAS (1).

They study artificial membranes, made of enzyme linked to inactive protein. Typically such a membrane separates 2 compartments containing some substrate. The substrate diffuses inside the membrane and reacts because of enzyme (which is a catalyst).

We are interested in 2 kinds of problems:-First, what is the state of the system, what are the profiles of concentration of substrate and product, either in transient state, or in steady state, or in quasi steady state ?

-Secondly optimization problems arise, either in identification of kinetic parameters or in optimal control of some quantities such as fluxes of substrate.

In § 1 we describe the 3 kinds of states for which we are asked to give a numerical approximation: transient, steady, and quasi steady states, and the way to obtain this numerical approximation.

In § 2 we give an example of optimization problems: identification of kinetic parameters. This case, as many others, have been studied by JOLY G. (2).

Notations

$s(x,t)$ = concentration of substrate at point x and at time t, $(0 < x < 1)$.

$s(x)$ = concentration of substrate at point x (in steady state).

α(respβ) = concentration of substrate at the boundary $x = 0$ (resp $x = 1$).

σ = (positive) parameter.

h and k are the space and time steps: $J\,h = 1$, $N\,k = T$.

s_j^n = approximation of $s(jh,nk)$.

$\Phi(x) = (\beta - \alpha)\, x + \alpha$

$\Phi_j = \Phi(jh)$

$$|\phi| = h \left(\sum_{j=1}^{J-1} \phi_j^2 \right)^{1/2} \quad , \quad |\phi| = h \left(\sum_{j=0}^{J-1} \left(\frac{\phi_{j+1} - \phi_j}{h} \right)^2 \right)^{1/2}$$

where $\phi = (\phi_0, \phi_1, \ldots, \phi_J)$ with $\phi_0 = \phi_J = 0$. (We shall use $|\phi| \leqslant [\phi]$)

$F(s) = \sigma s \,/\, (1 + |s|)$

I - STATE OF THE SYSTEM

1.1. - TRANSIENT STATE

For instance at time $t = o$ the membrane is empty of substrate and we are interested by the filling up of the membrane by substrate during a short interval of time $]0,T[$; equations are:

$$(1.1)\qquad \begin{cases} \dfrac{\partial s}{\partial t} - \dfrac{\partial^2 s}{\partial x^2} + \sigma \dfrac{s}{1+s} = 0 & 0 < x < 1 \\ s(0,t) = \alpha & s(1,t) = \beta \\ s(x,0) = 0 & \end{cases}$$

It is therefore possible to use the explicit scheme:

$$(1.2)\qquad \begin{cases} \dfrac{s_j^{n+1} - s_j^n}{k} - \dfrac{s_{j+1}^n + s_{j-1}^n - 2s_j^n}{h^2} + \sigma \dfrac{s_j^n}{1 + s_j^n} = 0 \\ s_o^n = \alpha \qquad\qquad s_J^n = \beta \\ s_j^o = 0 \end{cases}$$

with

$$(1.3)\qquad 0 \leqslant s_j^{n+1} \leqslant \max(\alpha,\beta)$$

if

$$(1.4) \qquad k < \frac{1}{\frac{2}{h^2} + \sigma}$$

We can also use the implicit scheme

$$(1.5) \qquad \begin{cases} \dfrac{s_j^{n+1} - s_j^n}{k} - \dfrac{s_{j+1}^{n+1} + s_{j-1}^{n+1} - 2s_j^{n+1}}{h^2} + \sigma \dfrac{s_j^{n+1}}{1 + s_j^{n+1}} = 0 \\ s_0^{n+1} = \alpha \qquad s_J^{n+1} = \beta \\ s_j^0 = 0 \end{cases}$$

for which we have the

<u>Theorem 1.1.</u> - Let us call

$$(1.6) \qquad y_j^n = s_j^n - \phi_j$$

Then

$$(1.7) \qquad |y^{n+1}| \leqslant C \qquad 0 \leqslant n \leqslant N-1$$

$$(1.8) \qquad k \sum_{n=0}^{N-1} \left[y^{n+1}\right]^2 \leqslant C$$

C being a constant independant of h and k.

<u>Proof:</u>

$$(1.9) \qquad \begin{cases} \dfrac{y^{n+1} - y_j^n}{k} - \dfrac{y_{j+1}^{n+1} + y_{j-1}^{n+1} - 2y_j^{n+1}}{h^2} = -\sigma \dfrac{\phi_j + y_j^{n+1}}{1 + \phi_j + y_j^{n+1}} \\ y_0^{n+1} = y_J^{n+1} = 0 \qquad y_j^0 = -\phi_j \end{cases}$$

multiplying by $h\,k\,y^{n+1}$ and summing from $j = 1$ to $j = J-1$, one gets:

$$\frac{1}{2}|y^{n+1}|^2 - \frac{1}{2}|y^n|^2 + \frac{1}{2}|y^{n+1} - y^n|^2 + k|y^{n+1}|^2 \leqslant \sigma k|y^{n+1}| \leqslant \sigma k|y^{n+1}|$$

$$\leqslant \frac{1}{2}\sigma^2 k + \frac{1}{2}k|y^{n+1}|^2$$

and at last, summing over n ,

$$(1.10) \qquad |y^{m+1}|^2 + k \sum_{n=0}^{m} |y^{m+1}|^2 < \sigma^2 T + |\Phi|^2 < \sigma^2 T + (\max(\alpha,\beta))^2$$

which gives the result.

To solve (1.5) we can use, to get the s_j^{n+1} from the s_j^n , the following iterative scheme:

$$(1.11) \qquad \begin{cases} \dfrac{s_j^{n+1,\ell+1} - s_j^n}{k} - \dfrac{s_{j+1}^{n+1,\ell+1} + s_{j-1}^{n+1,\ell+1} - 2s_j^{n+1,\ell+1}}{h^2} + \sigma \dfrac{s_j^{n+1,\ell+1}}{1 + s_j^{n+1,\ell}} = 0 \\ s_0^{n+1,\ell+1} = \alpha \qquad s_J^{n+1,\ell+1} = \beta \\ s_j^{n+1,0} = s_j^n \end{cases}$$

and we stop the iterations if

$$(1.12) \qquad \frac{\sum_j \left| s_j^{n+1,\ell+1} - s_j^{n+1,\ell} \right|}{\sum_j |s_j^{n+1,\ell+1}|} < \varepsilon$$

(usually $\varepsilon = 10^{-4}$).

We can also use Newton's method and, in (1.11), replace the "reaction term" by

$$(1.13) \qquad F(s_j^{\ell}) + (s_j^{\ell+1} - s_j^{\ell})\, F'(s_j^{\ell})$$

1.2. - STEADY STATE

Steady state equation is:

$$(1.14) \qquad \begin{cases} -\dfrac{d^2 s}{dx^2} + \sigma \dfrac{s}{1 + s} = 0 \\ s(0) = \alpha \qquad s(1) = \beta \end{cases}$$

The following algorithm

$$(1.15)\quad \begin{cases} -\left(s_{j+1}^{k+1} + s_{j-1}^{k+1} - 2s_j^{k+1}\right) / h^2 + \sigma s_j^{k+1} / (1 + s_j^k) = 0 \\ s_0^{k+1} = \alpha \qquad s_J^{k+1} = \beta \end{cases}$$

with

$$(1.16)\quad s_j^0 = 0 \qquad \text{or} \qquad s_j^0 = \Phi_j = (\beta-\alpha)\, j\, h + \alpha$$

and a stop test of the form

$$(1.17)\quad \frac{\sum_{j=1}^{J-1} \left| s_j^{k+1} - s_j^k \right|}{\sum_{j=0}^{J} \left| s_j^{k+1} \right|} < \varepsilon$$

gives an approximation of its solution in a few iterations. (5 iterations for $\sigma = 10$, $\alpha = \beta = 1$ and $\varepsilon = 10^{-4}$).

1.3. - STEADY STATE IN THE CASE OF INHIBITION BY EXCESS OF SUBSTRATE

The system is governed by the equations

$$(1.18)\quad \begin{cases} -\dfrac{d^2 s}{dx^2} + G(s) = 0 & 0 < x < 1 \\ s(0) = s(1) = v & v > 0 \end{cases}$$

where

$$(1.19)\quad G(s) = \sigma s / (1 + s + a s^2) \qquad a > 0$$

This system is interesting because it presents some <u>hysteresis</u> for σ large enough:

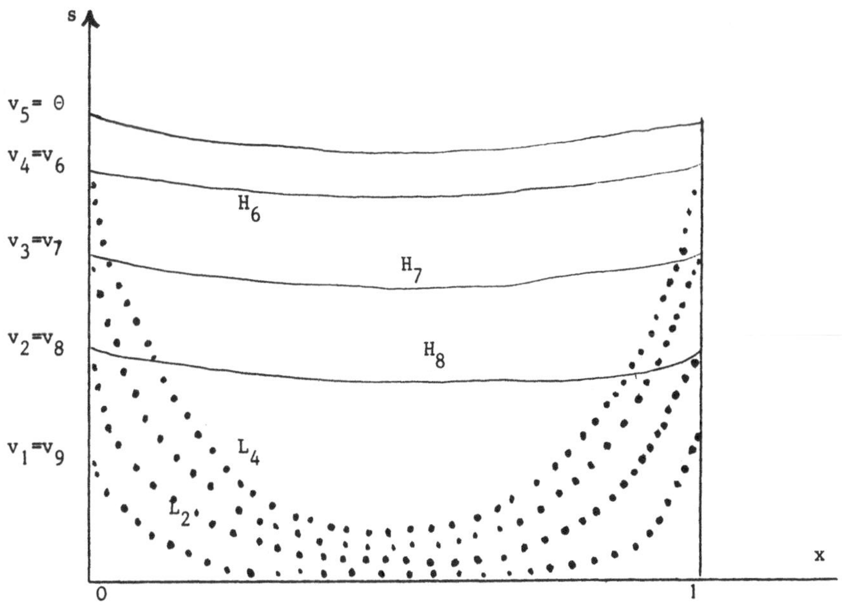

Let the system be defined by (1.18) with

$$(1.20) \qquad v = v(t) = \begin{cases} t & \text{if } 0 < t < \Theta \\ 2\Theta - t & \text{if } \Theta < t < 2\Theta \end{cases}$$

Θ being large enough.

In a first phase v increases from 0 to v_5
For $v = v_1, v_2, v_3$ and v_4 we have the dotted profiles.
For $v = v_4$ there is a jump from the "low" profile L_4 to the "high" profile H_6.

Continuing to increase v until v_5, the profile of concentration rises to H_5, remaining in a "high" position.

Now after $t = \Theta$ v decreases and the profiles superimpose on those found in the ascending phase, at least for $v_6 < v < v_5$.

It is at this moment, when v decreases from v_6 to v_8, that hysteresis appears: the profiles of concentration remain in "high" positions H_6, H_7, H_8.

For $v = v_8$ there is another jump, this time from the high level H_8 to the line L_2.

For $v < v_8$ we find again the same profiles than in the ascending phase.

If we plot $s\left(\frac{1}{2}\right)$ against v we otain:

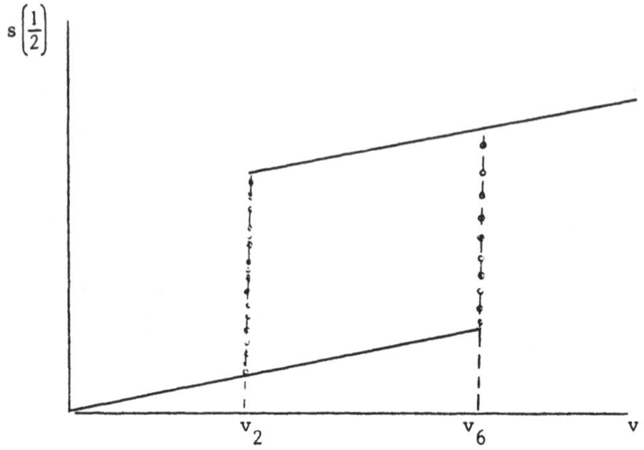

For v between v_2 and v_6 the system can have 2 stable states, according to its past history.

This is a system with <u>memory</u>.

According to this property we must be prudent when solving (1.18) by a scheme like in § 1.2.

We begin with $s_j^0 = 0$ if we wish to get the "low" profile, and by $s_j^0 = v$ if we desire the "high" one.

<u>1.4. - QUASI STEADY STATE.</u>

In this case $s = s(x,t)$ is governed by

$$
(1.21) \quad \begin{cases} -\dfrac{d^2 s}{dx^2} + F(s) = 0 \\[2mm] \dfrac{\partial s}{\partial t} = \dfrac{\partial s}{\partial x} \quad \text{for} \quad x = 0 \;, \quad s(0,0) = \alpha_0 \\[2mm] \dfrac{\partial s}{\partial t} = -\dfrac{\partial s}{\partial x} \quad \text{for} \quad x = 1, \quad s(1,0) = \beta_0 \end{cases}
$$

If we call

$$(1.22)\qquad \begin{aligned} \alpha(t) &= s(0,t) \\ \beta(t) &= s(1,t) \end{aligned}$$

and if we call f and g the functions defined by:

If ξ and η are 2 (positive) numbers and if y is the solution of

$$(1.23)\qquad \begin{cases} -\dfrac{d^2y}{dx^2} + F(y) = 0 \\ y(0) = \xi \quad , \quad y(1) = \eta \end{cases}$$

Then

$$(1.24)\qquad \begin{cases} f(\xi,\eta) = \dfrac{dy}{dx}(0) \\ g(\xi,\eta) = -\dfrac{dy}{dx}(0) \end{cases}$$

The system (1.21) is equivalent to the ordinary differential equations

$$(1.25)\qquad \begin{cases} \dfrac{d\alpha}{dt} = f(\alpha,\beta) \quad , \quad \alpha(0) = \alpha_0 \\ \dfrac{d\beta}{dt} = g(\alpha,\beta) \quad , \quad \beta(0) = \beta_0 \end{cases}$$

to which we apply Runge Kutta method.

1.5. - OTHER SYSTEMS

We conclude this first paragraph by referring to (3) where many other systems are described and numerical and experimental results are compared.

II - OPTIMIZATION PROBLEMS

Examples of optimal control of such biochemical systems have already been given by KERNEVEZ (4), QUADRAT and VIOT (5) and YVON (6).

In this paper we give an example of identification of parameters, which is dependant on the same technique, i.e. we have some cost function to minimize, we use for that a gradient method, and to get the gradient we use an adjoint state.

2.1. - DESCRIPTION OF THE PROBLEM

The (steady) state of the system is defined by

$$(2.1)\quad \begin{cases} -\dfrac{d^2s}{dx^2} + v(x)\dfrac{s}{1+s} = 0 & 0 < x < 1 \\ s(0) = \alpha \qquad s(1) = \beta \end{cases}$$

where $v(x)$ is proportional to the concentration of enzyme at point x.

v is an unknown function of x in

$$(2.2)\quad \mathcal{U}_{ad} = \{ v \mid v \quad L^2(0,1) \text{ and } 0 \leqslant v \leqslant M \}$$

M being some positive constant.

Let α_i and β_i $(i = 1,\dots,N)$ be N choices of the boundary concentrations of substrate.

We shall call $s_i(x;v)$ the solution of (2.1) for the function v and for $\alpha = \alpha_i$, $\beta = \beta_i$.

We observe the fluxes of substrate entering the membrane at $x = 0$ and $x = 1$ for the different values of i $(i = 1,\dots,N)$:

(2.3) observation = z_{0i} and z_{1i} $(i = 1,2,\dots,N)$ and we define the cost function

$$(2.4)\quad J(v) = \frac{1}{2}\sum_{i=1}^{N}\left(\left|-\frac{ds_i(.,v)}{dx}(0)-z_{0i}\right|^2 + \left|\frac{ds_i(.,v)}{dx}(1)-z_{1i}\right|^2\right)$$

The problem is to find u such that

$$(2.5)\quad J(u) \leqslant J(v) \qquad \forall v \in \mathcal{U}_{ad}$$

2.2. - LAGRANGIAN, ADJOINT STATE AND GRADIENT.

JOLY G. (2) shows that this problem has at least one solution and gives justification for the following formal indications to find a solution.

First step: define the lagrangian:

$$\mathcal{L}(v,s,p) = \frac{1}{2}\sum_{i=1}^{N}\left|-\frac{ds_i}{dx}(0)-z_{0i}\right|^2 + \frac{1}{2}\sum_{i=1}^{N}\left|\frac{ds_i}{dx}(1)-z_{1i}\right|^2 \tag{2.6}$$

$$+\sum_{i=1}^{N}\int_0^1 p_i\left(-\frac{d^2s_i}{dx^2}+v(x)\frac{s_i}{1+s_i}\right)dx$$

where $v, s = (s_1,\dots,s_N)$ and $p = (p_1,\dots,p_N)$ are independant and such that

$$v \in \mathcal{U}_{ad} \tag{2.7}$$

$$s_i - \Phi \in H_0^1(\Omega)\cap H^2(\Omega) \qquad (\Omega =]0,1[) \tag{2.8}$$

$$p_i \in L^2(\Omega). \tag{2.9}$$

Second step: for every s define p such that

$$\frac{\partial\mathcal{L}}{\partial s} = 0 \tag{2.10}$$

$$\left(-\frac{ds_i}{dx}(0)-z_{0i}\right)\left(-\frac{d\psi}{dx}(0)\right) + \left(\frac{ds_i}{dx}(1)-z_{1i}\right)\frac{d\psi}{dx}(1) \tag{2.11}$$

$$+\int_0^1 p_i\left(-\frac{d^2\psi}{dx^2}+v(x)\frac{1}{(1+s_i)^2}\psi\right)dx = 0 \qquad \forall\psi\in H_0^1(\Omega)\cap H^2(\Omega)$$

which is equivalent to

$$\begin{cases} -\dfrac{d^2p_i}{dx^2}+v(x)\dfrac{1}{(1+s_i)^2}p_i = 0 \\ p_i(0) = -\dfrac{ds_i}{dx}(0)-z_{0i}\ , \quad p_i(1) = \dfrac{ds_i}{dx}(1)-z_{1i} \end{cases} \tag{2.12}$$

$(i = 1,2,\dots,N)$

Third step: we know that

$$(2.13) \qquad J(v) = \mathcal{L}(v, s(v), p) \qquad \forall\, p$$

$$(2.14) \qquad (J'(v), \phi) = \left(\frac{\partial \mathcal{L}}{\partial v}, \phi\right) + \left(\frac{\partial \mathcal{L}}{\partial s} \circ \frac{\partial s}{\partial v}, \phi\right) = \left(\frac{\partial \mathcal{L}}{\partial v}, \phi\right)$$

if we choose p as indicated in (2.12).

(ϕ is an arbitrary function in $L^2(\Omega)$ an (f,g) denotes $\int_\Omega f(x)\, g(x)\, dx$).

$$(2.15) \qquad (J'(v), \phi) = \sum_{i=1}^{N} \int_0^1 p_i(x)\, \phi(x) \frac{s_i}{1 + s_i}\, dx$$

2.3. - NUMERICAL METHOD

We work with the discrete lagrangian

$$(2.16) \qquad \widetilde{\mathcal{L}} = \frac{1}{2} \sum_{i=1}^{N} \left| \frac{s_{i,0} - s_{i,1}}{h} - z_{i0} \right|^2 + \frac{1}{2} \sum_{i=1}^{N} \left| \frac{s_{i,J} - s_{i,J-1}}{h} - z_{i1} \right|^2$$

$$+ h \sum_{i=1}^{N} \sum_{j=1}^{J-1} p_{ij} \left(- \frac{s_{i,j+1} + s_{i,j-1} - 2s_{i,j}}{h^2} + v_j \frac{s_{i,j}}{1+s_{i,j}} \right)$$

which corresponds to the discrete state

$$(2.17) \qquad \begin{cases} - \dfrac{s_{i,j+1} + s_{i,j-1} - 2s_{i,j}}{h^2} + v_j \dfrac{s_j}{1+s_j} = 0 \\ s_{i,0} = \alpha \qquad s_{i,J} = \beta \end{cases}$$

to the discrete adjoint state

$$(2.18) \qquad \begin{cases} - \dfrac{p_{i,j+1} + p_{i,j-1} - 2p_{i,j}}{h^2} + v_j \dfrac{1}{(1+s_j)^2}\, p_{i,j} = 0 \\ p_{i,0} = \dfrac{s_{i,0} - s_{i,1}}{h} - z_{i0} \quad , \quad p_{i,J} = \dfrac{s_{i,J} - s_{i,J-1}}{h} - z_{i1} \end{cases}$$

and to the gradient

$$(2.19) \qquad \frac{\partial \widetilde{J}}{\partial v_j} = h \sum_{i=1}^{N} p_{ij} \frac{s_{i,j}}{1+s_{i,j}}$$

The algorithm is the steepest descent method:

i/ Start with an initial distribution of enzyme $v = (v_1, v_2, \dots, v_{J-1})$ such that $h \sum_{j=1}^{J-1} v_j$ = total (given) amount of enzyme inside the membrane.

ii/ Compute the state by (2.17)

iii/ Compute the adjoint state by (2.18)

iv/ Compute the gradient g by (2.19)

v/ find ρ_{opt} such that

$$\tilde{J}(v - \rho_{opt}\, g) \leq \tilde{J}(v - \rho g) \qquad \forall \rho > 0$$

vi/ if $\left| \dfrac{J(v - \rho_{opt} g) - J(v)}{J(v)} \right| < \varepsilon$, stop.

else replace v by $v - \rho_{opt} g$ and go to ii/

We have tested the method with

$$v(x) = a \sin \Pi x$$

and $N = 7$ observations, starting with a uniform distribution

$$v_1 = v_2 = \dots = v_{J-1} = \left(\int_0^1 a \sin \Pi x \, dx \right) / (J-1).$$

BIBLIOGRAPHY

(1) THOMAS, D., and CAPLAN, S.R. Artificial Enzyme Membranes, in Membrane Separation Processes, Edited by P. Mears, Elsevier Cy, Amsterdam, in press.

(2) JOLY, G., Identification of kinetic parameters in biochemical systems, thesis, Paris, 1973.

(3) THOMAS, D., and KERNEVEZ J.P., IRIA report on numerical analysis of biochemical systems (1973).

(4) KERNEVEZ J.P., Control of the flux of Substrate Entering an Enzymatic Membrane by an Inhibitor Concentration at the Boundary, Journal of Optimization Theory and Applications: Vol. 12, N° 1, 1973.

(5) KERNEVEZ J.P., QUADRAT J.P., VIOT M. , Control of a non linear stochastic boundary value problem. IFIP 5th Conference on Optimization Techniques, Rome 1973, Springer Verlag.

(6) YVON J.P., Optimal Control of Systems governed by variational inequalities IFIP 5th Conference on Optimization Techniques, Rome 1973, Springer Verlag.

SUR L'APPROXIMATION NUMÉRIQUE D'INÉQUATIONS QUASI-VARIATIONNELLES STATIONNAIRES

A. Bensoussan * - J.L. Lions **

NTRODUCTION.

Les Inéquations Quasi Variationnelles (en abrégé I.Q.V.) apparaissent comme un n outil (ayant, semble-t-il, un intérêt intrinsèque) dans la résolution de problèmes e contrôle impulsionnel et dans divers problèmes de Mécanique.

Il s'agit d'une extension des Inéquations Variationnelles (en abrégé I.V.), introuites dans le cas elliptique coercif dans G. STAMPACCHIA [1] , puis dans STAMPACCHIA t LIONS [1] dans le cas elliptique non coercif et dans les cas d'évolution. Nous renoyons à H. BREZIS [1] , G. DUVAUT et J.L. LIONS [1] , J.L. LIONS [1] et à la bibliographie de ces travaux, pour un exposé de divers résultats et applications. Les I.V. nt été utilisées pour la résolution de problèmes à frontière libre classiques, après ne transformation convenable introduite par C. BAIOCCHI [1] ; cf. aussi la conférence ans ce Colloque de cet Auteur et la bibliographie correspondante.

Un exposé systématique des méthodes numériques d'approximation de la solution des .V. est fait dans le livre de GLOWINSKI, LIONS et TREMOLIERES [1] ; cf. en particuier CEA et GLOWINSKI [1] , GLOWINSKI [1] et, pour des estimations d'erreur, U.MOSCO t G. STRANG [1] , G. STRANG [1], BRISTEAU [1].

Etant donné le rôle joué par les I.Q.V. dans la solution de problèmes de contrôle mpulsionnel, une étude systématique étendant (dans la mesure du possible !) les

*) Université PARIS-IX et LABORIA .

**) Collège de France et LABORIA.

résultats connus sur les I.V. aux I.Q.V. (où l'on rencontre d'ailleurs des phénomènes nouveaux) est entreprise par les Auteurs et donne lieu à diverses publications (cf. la bibliographie).

Après avoir posé le problème de manière précise au N° 1, nous indiquons (très brièvement) la motivation au N° 2, le N° 3 donnant enfin des indications sur la résolution, théorique et numérique, des I.Q.V.

Le raccord complet entre la théorie présentée ici et un problème concret de gestion de stocks est donné dans un rapport Laboria de BENSOUSSAN, GOURSAT et LEGUAY [1] et une étude numérique systématique sera présentée dans les rapports GOURSAT [1] et LEGUAY [1] , ainsi que dans l'ouvrage en préparation des Auteurs.

Les calculs présentés au N° 3 sont extraits des résultats numériques obtenus par GOURSAT et LEGUAY, que nous remercions très vivement.

L'analyse numérique des I.Q.V. d'évolution (non abordée ici) est présentée dans GOURSAT [1] .

1. POSITION DU PROBLEME.

1.1. Notations.

Soit $\mathcal{O}$ un ouvert borné de $\mathbb{R}^n$ de frontière Γ régulière. On désigne par $H^1(\mathcal{O})$ l'espace de Sobolev usuel d'ordre 1 sur $\mathcal{O}$, des fonctions à valeurs réelles. Pour $u,v \in H^1(\mathcal{O})$, on pose

$$a(u,v) = \sum_{i,j=1}^{n} \int_{\mathcal{O}} a_{ij}(x) \frac{\partial u}{\partial x_j} \frac{\partial v}{\partial x_i} dx + \sum_{j=1}^{n} \int_{\mathcal{O}} a_j \frac{\partial u}{\partial x_j} v \, dx + \int_{\mathcal{O}} a_o \, u \, v \, dx , \tag{1.1}$$

où les fonctions a_{ij}, a_j, a_o sont dans $L^\infty(\mathcal{O})$.

On suppose que :

$$a(v,v) \geq \alpha \|v\|^2_{H^1(\mathcal{O})} = \alpha\|v\|^2 , \quad \alpha>0 , \quad \forall v \in H^1(\mathcal{O}) , \tag{1.2}$$

où $\|v\|$ désigne la norme dans $H^1(\mathcal{O})$:

$$\|v\|^2 = \int_{\mathcal{O}} \left[\sum_{j=1}^{n} \left|\frac{\partial v}{\partial x_j}\right|^2 + v^2 \right] dx.$$

On se donne f avec

$$f \in L^\infty(\mathcal{O}) , \qquad f \geq 0. \tag{1.3}$$

Pour v donnée dans $H^1(\mathcal{O}) \cap L^\infty(\mathcal{O})$ on pose

(1.4) $$Mv(x) = k + \inf_{\xi \geqslant 0} v(x+\xi) , \qquad k > 0$$

où $\xi \geqslant 0$ signifie $\xi = \{ \xi_i \}$, $\xi_i \geqslant 0$, $i=1,\ldots,n$ et $x+\xi \in \mathcal{O}$.

Remarque 1.1

Les résultats exposés ci-après sont valables pour de larges classes de fonctions $v \to M(v)$; cf. BENSOUSSAN-LIONS [1] . Nous nous bornons ici pour l'instant au choix (1.4) pour simplifier l'exposé. Dans les exemples numériques, quelques cas plus généraux sont indiqués.

1.2. Le problème.

On cherche u vérifiant

(1.5) $$u \in H^1(\mathcal{O}) \cap L^\infty(\mathcal{O}) , \quad u \leqslant M(u) ,$$

(1.6) $$a(u,v-u) \geqslant (f, v-u) \quad \forall\, v \in H^1(\mathcal{O}) , \quad v \leqslant M(u).$$ [1]

L'ensemble des conditions (1.5)(1.6) constitue une I.Q.V.

Insistons sur le fait que dans (1.6) les"fonctions test" vérifient $v \leqslant M(u)$ et non $v \leqslant M(v)$. Si l'on désigne par $K(\varphi)$ l'ensemble :

(1.7) $$K(\varphi) = \{ v \mid v \in H^1(\mathcal{O}) , \quad v \leqslant M(\varphi) \} ,$$

on voit que $K(\varphi)$ est un ensemble convexe fermé de $H^1(\mathcal{O})$ et l'I.Q.V. (1.5)(1.6) s'énonce, de manière équivalente :

(1.8) $$u \in K(u),$$

(1.9) $$a(u,v-u) \geqslant (f,v-u) \quad \forall v \in K(u).$$

On voit ainsi la différence fondamentale entre une I.Q.V. et une I.V. ; dans une I.V., on travaille avec un ensemble fermé L convexe non vide de $H^1(\mathcal{O})$ et on cherche $\bar{u}$ solution de :

(1.10) $$\bar{u} \in L ,$$

(1.11) $$a(\bar{u},v-\bar{u}) \geqslant (f,v-\bar{u}) \quad \forall\, v \in L .$$

---

(1) On pose : $(f,v) = \int_{\mathcal{O}} fv \, dx.$

Dans une I.Q.V., on a une famille de convexes, et l'I.Q.V. se réduit à une I.V. mais pour un convexe $L = K(u)$ dépendant de la solution, donc inconnu !

1.3. Interprétation du problème.

On pose de façon générale :

$$(1.12)\qquad Av = -\sum_{i,j} \frac{\partial}{\partial x_i}\left(a_{ij}(x)\frac{\partial v}{\partial x_j}\right) + \sum_j a_j(x)\frac{\partial v}{\partial x_j} + a_0 v.$$

Alors l'I.Q.V. (1.5)(1.6) équivaut (formellement) à trouver u solution de

$$(1.13)\qquad Au - f \leqslant 0, \quad u - M(u) \leqslant 0 \quad , \quad (Au-f)(u-M(u)) = 0 \quad \text{dans } \mathcal{O},$$

$$(1.14)\qquad \frac{\partial u}{\partial \nu_A} \leqslant 0, \quad u - M(u) \leqslant 0 \quad , \quad \frac{\partial u}{\partial \nu_A}(u-M(u)) = 0 \quad \text{sur } \Gamma .$$

On voit donc que dans $\mathcal{O}$ il y a deux régions ; une région S où $u = M(u)$ (l'ensemble de "saturation des contraintes") et où $Au \leqslant f$ et une région où $Au = f$. Une représentation schématique est donnée Figure 1.

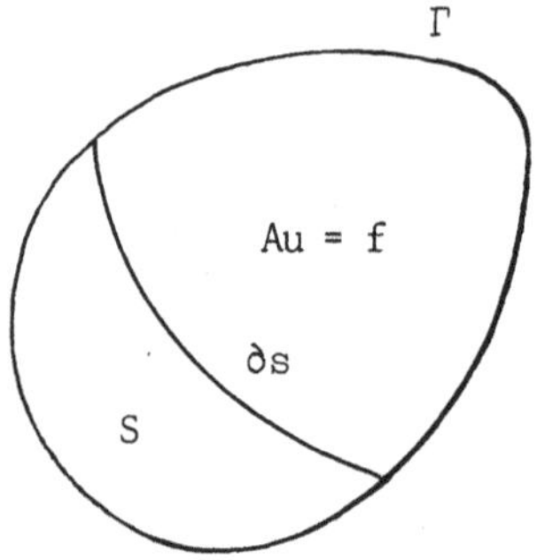

Figure 1.

On voit qu'il s'agit là d'un problème de frontière libre , la frontière libre étant la partie ∂s du bord de S non incluse dans Γ.

La nouveauté essentielle de ce problème à frontière libre est que les conditions sur ∂s ne sont pas locales, puisque l'opérateur M défini par (1.4) n'est pas local.

Avant de passer à la résolution de (1.5)(1.6), cf. N° 3), donnons quelques brèves indications sur la motivation de l'I.Q.V. (1.5)(1.6).

2. MOTIVATION.

2.1. Contrôle impulsionnel.

Soit, pour fixer les idées ([1]), un stock de n biens à gérer, en présence d'une demande gaussienne ([2]). Si $D(s,t)$ (élément de $\mathbb{R}^n$) désigne la demande cumulée sur l'intervalle (s,t), on suppose donc que :

$$D(t,t+\Delta t) = \mu(t)\Delta t + \sigma(t)\,\Delta b(t) \tag{2.1}$$

où $t \rightarrow \mu(t)$ est une fonction continue de $\mathbb{R} \rightarrow \mathbb{R}^n$, où $\Delta b(t)$ est une v.a (variable aléatoire) gaussienne, à valeurs dans $\mathbb{R}^m$, de moyenne nulle et de matrice de covariance Δt (Identité), et où $\sigma(t)$ est une matrice (n,m) ; pour $(s,s+\Delta s)$ et $(t,t+\Delta t)$ sans points communs, les v.a $\Delta b(t)$ et $\Delta b(s)$ sont supposées indépendantes.

Soit T l'horizon du problème, supposé fini pour fixer les idées.

Supposons que le stock soit x à l'instant t et soit v_{xt} une "politique de commande" définie comme suit :

$$v_{xt} = \left\{ \theta^1_{xt} \,,\; \xi^1_{xt} \;;\; \theta^2_{xt} \,,\; \xi^2_{xt} \;;\; \dots\dots\dots \right\} \tag{2.2}$$

où $t \leqslant \theta^1_{xt} \leqslant \theta^2_{xt} \leqslant \dots \leqslant T$, $\theta^i_{xt} = i^{\text{ème}}$ instant de commande

et où ξ^i_{xt} $(\in \mathbb{R}^n)$ = quantité commandée à l'instant θ^i_{xt}.

Cela définit l'état du stock $y_{xt}(s)$ par

$$\left| \begin{aligned} & y_{xt}(s) = x - D(t,s) \,, \quad s \in [\, t, \theta^1_{xt} [\,, \\ & y_{xt}(\theta^1_{xt}) = x - D(t,\theta^1_{xt}) + \xi^1_{xt} \,, \end{aligned} \right. \tag{2.3}$$

et ainsi de suite (on suppose que la livraison est instantanée, cas peu réaliste ; pour les cas où il y a des délais de livraison, cf. BENSOUSSAN-LIONS, loc. cit.) .

Structure des coûts.

On suppose qu'il y a un coût fixe à la commande, soit k.[on peut traiter par les mêmes méthodes des cas beaucoup plus généraux] , ainsi qu'un coût de stockage et un coût de rupture de stock.

([1]) Pour le cas de demandes déterministes, ou poissonniennes, nous référons à BENSOUSSAN-LIONS, loc. cit. Pour les problèmes numériques correspondants, cf. LEGUAY [1] .

([2]) Des problèmes de même type se rencontrent dans de nombreuses autres situations, étudiées dans BENSOUSSAN-LIONS, [1] Chapitre 4.

Le fait que l'on ait un coût fixe k de commande implique évidemment qu'on se borne à des politiques (2.2) à <u>un nombre fini</u> N_{xt} de commandes.

Le coût s'exprime alors par :

$$(2.4) \qquad J_{xt}(v_{xt}) = E\left\{k\, N_{xt} + \int_t^T e^{-\alpha(s-t)} f(y_{xt}(s),s)ds\right\},$$

où $\alpha > 0$ désigne un coefficient d'actualisation et où la fonction positive $\lambda \to f(\lambda,$ représente les coûts de stockage ou de rupture de stock.

<u>Le problème de contrôle impulsionnel est de calculer</u> :

$$(2.5) \qquad u(x,t) = \inf_{v_{xt}} J_{xt}(v_{xt})$$

<u>et de définir une politique optimale de commande</u>.

2.2 <u>Inégalités satisfaites par</u> u.

On démontre (BENSOUSSAN- LIONS, loc. cit., Chap. 4 et Chap. 6) que $u(x,t)$ satisfait à

$$(2.6) \qquad \left| \begin{array}{l} -\frac{\partial u}{\partial t} - \frac{1}{2}\,\mathrm{Tr.}\,\frac{\partial^2 u}{\partial x^2}\sigma\sigma^* + \mu(t)\frac{\partial u}{\partial x} + \alpha u - f \leqslant 0 \quad , \\ u - M(u) \leqslant 0 \;, \quad \text{où } M(u) \text{ est donné par } (1.4), \\ (-\frac{\partial u}{\partial t} - \frac{1}{2}\,\mathrm{Tr}\,\frac{\partial^2 u}{\partial x^2}\sigma\sigma^* + \mu(t)\frac{\partial u}{\partial x} + \alpha u - f)(u-M(u)) = 0, \\ \text{pour } x \in \mathbb{R}^n \;, \quad t \in [0,T] \quad , \end{array} \right.$$

avec la condition de Cauchy

$$(2.7) \qquad u(x,T) = 0 \;,$$

à quoi on ajoute, pour des raisons techniques, des conditions de croissance à l'infi que nous n'explicitons pas, renvoyant à l'ouvrage cité des Auteurs.

2.3. <u>Le cas stationnaire</u>.

Si l'on pose :

$$(2.8) \qquad Au = -\frac{1}{2}\,\mathrm{Tr}\,\frac{\partial^2 u}{\partial x^2}\sigma\sigma^* + \mu\frac{\partial u}{\partial x} + \alpha u \quad ,$$

opérateur du type (1.12), le <u>problème stationnaire</u> correspondant à (2.6) est

(2.9) $$Au-f \leq 0 \ , \quad u-M(u) \leq 0, \qquad (Au-f)(u-M(u)) = 0 \text{ dans } \mathbb{R}^n$$

(et des conditions de croissance à l'infini).

Si l'on impose des contraintes sur le stock impliquant l'appartenance à un ouvert $\mathcal{O}$ borné de $\mathbb{R}^n$, alors, on peut montrer (les détails techniques étant assez compliqués) que l'on doit ajouter à (2.9) (sur $\mathcal{O}$) des conditions aux limites qui peuvent être par exemple (1.14). On aboutit donc aux I.Q.V.

Remarque 2.1

La méthode précédente est celle de la programmation dynamique (cf. R. BELLMANN [1]), le fait nouveau étant que l'on arrive à des inéquations au lieu d'équations comme il est habituel.

Remarque 2.2

Des problèmes de jeux conduisent à des I.Q.V. de structure plus compliquée, du type :

$$M_1(u) \leq u \leq M_2(u) \quad \text{et où dans (1.6)} \quad M_1(u) \leq v \leq M_2(u),$$

où M_1 et M_2 sont deux fonctions du type de (1.4).

3. RESOLUTION ET APPROXIMATION DE LA SOLUTION DES I.Q.V. STATIONNAIRES.

3.1. Méthode itérative.

On part de u^o solution du problème de Neumann [1]

(3.1) $$a(u^o,v) = (f,v) \quad \forall\, v \in H^1(\mathcal{O}).$$

Comme f satisfait à (1.3), on a :

(3.2) $$u^o \in L^\infty(\mathcal{O}) \quad , \quad u^o \geq 0.$$

On définit ensuite u^1 comme solution de l'I.V :

(3.3) $$a(u^1,v-u^1) \geq (f,v-u^1) \qquad \forall\, v \in H^1(\mathcal{O}) \ , \quad v \leq M(u^o), \quad u^1 \leq M(u^o) \ ,$$

ce qui définit u^1 de manière unique.
On peut vérifier que :

(3.4) $$0 \leq u^1 \leq u^o \ .$$

(1) Il y a d'autres possibilités et des schémas itératifs plus généraux que (3.5) ci-dessous. Nous nous bornons ici au cas le plus simple possible.

On définit ensuite $u^2, u^3, \ldots, u^n, \ldots$; u^n est la solution de l'I.V.

(3.5) $$a(u^n, v-u^n) \geq (f, v-u^n) \quad \forall\, v \in H^1(\mathcal{O}) \;,\quad v \leq M(u^{n-1}),\ u^n \leq M(u^{n-1})$$

On montre que :

(3.6) $$u^o \geq \ldots \geq u^{n-1} \geq u^n \geq \ldots \geq 0 \ldots$$

On en déduit qu'il est loisible de prendre $v = 0$ dans (3.5), d'où résulte que

(3.7) $$\|u^n\| \leq \text{constante.}$$

A partir de là, on montre le résultat suivant :

(3.8) $u^n \downarrow u$, $u^n \to u$ dans $L^p(\mathcal{O})$ $\forall$ p fini, $u^n \to u$ dans $H^1(\mathcal{O})$ faible et dans $L^\infty(\mathcal{O})$ faible étoile, où u est solution de l'I.Q.V. (15)(16) ;

en outre, u est solution maximale au sens suivant : si w est solution quelconque ≥ 0 de (1.5)(1.6), alors $w \leq u$.

Remarque 3.1

On conjecture que la solution de l'I.Q.V. est unique (ce qui rendrait alors sans objet la remarque sur les solutions maximales). Il faut toutefois noter que la considération de la solution maximale est indispensable si $k = 0$ dans (1.4) ; il n'y a plus alors unicité.

3.2. Approximation numérique.

Du point de vue numérique, on a utilisé (cf. GOURSAT, LEGUAY, travaux cités dans la bibliographie) (3.5) ; on discrétise (3.5) par la méthode des différences finies 1'I.V. (3.5) ; l'I.V. discrétisée est elle même résolue par une méthode itérative avec projection sur le convexe des contraintes $v \leq M(u^{n-1})$.

Les difficultés principales sont :

(i) le caractère non local de M ;

(ii) la dimension qui peut être très grande.

Un programme systématique de calculs est en cours. Nous ne donnons ici que les premiers résultats numériques obtenus.

[1] Etant donné 1°) le fait que l'ouvert $\mathcal{O}$ est ici, très généralement, un cube ; 2°) que la solution n'est pas régulière au delà de $H^2(\mathcal{O})$, ou $W^{2,p}(\mathcal{O})$ comme dans les I.V), nous n'avons pas utilisé, jusqu'ici, la méthode des éléments finis.

3.3. EXEMPLE 1.

On donne d'abord un exemple unidimensionnel :

$$\mathcal{O} =]-2\ ,\ 2[\ ,$$
$$A = -a\frac{d^2}{dx^2} + \frac{d}{dx} + I\ ,$$
$$f(x) = 2|x|,\quad Mv(x) = 1 + \inf . v(x+\xi)\ ,\quad \xi \geqslant 0\ ,\ x+\xi \in \mathcal{O}\ .$$

On fait le calcul avec

$$a : 1\ ,\ \frac{1}{10}\ ,\ \frac{1}{10^3}$$

les courbes du graphique 1 étant respectivement notées ①,②,③.
La partie de la courbe correspondant à la zone de saturation est indiquée sur chaque courbe en trait fort.
Chaque solution admet un minimum unique, noté σ_i .

Pour $a = 0$, la théorie est encore valable, la courbe correspondante étant très voisine de celle pour $a = 10^{-3}$; on a noté $\hat{s}$ le point frontière de la zone de saturation relative à la solution pour $a = 0$ et par $\hat{\sigma}$ le point minimum.

3.4. EXEMPLE 2.

On prend $\mathcal{O} =]-3,5\ ,\ 2,5[\times]-3,5\ ,\ 2,5[$, $A = -\Delta + I$,

$$f(x) = 8\ |x_1|\,|x_2|$$
$$M(v) = \inf(M_o(v),\ M_1(v),\ M_2(v))\ ,$$
$$M_o(v) = C + \inf v(x_1+\xi_1,\ x_2+\xi_2),\quad \xi_i \geqslant 0\ ,$$
$$M_1(v) = C_1 + \inf v(x_1+\xi_1,\ x_2)\ ,\quad \xi_1 \geqslant 0\ ,$$
$$M_2(v) = C_2 + \inf v(x_1,\ x_2+\xi_2)\ ,\quad \xi_2 \geqslant 0\ .\qquad (^1)$$

On a pris :

$$C = 0,6\ ,\ C_1 = 0,35\ ,\ C_2 = 0,40\ .$$

On indique sur le graphique 2 la zone de saturation

$$C = C_o \cup C_1 \cup C_2$$

où $C_i = \{\ x \mid u(x) = M_i\ u(x)\ \}$, $i = 1,2$;
la solution (maximale) est minimum au point σ .

---

(1) La méthode indiquée au N° 3.1 est valable dans ce cas.

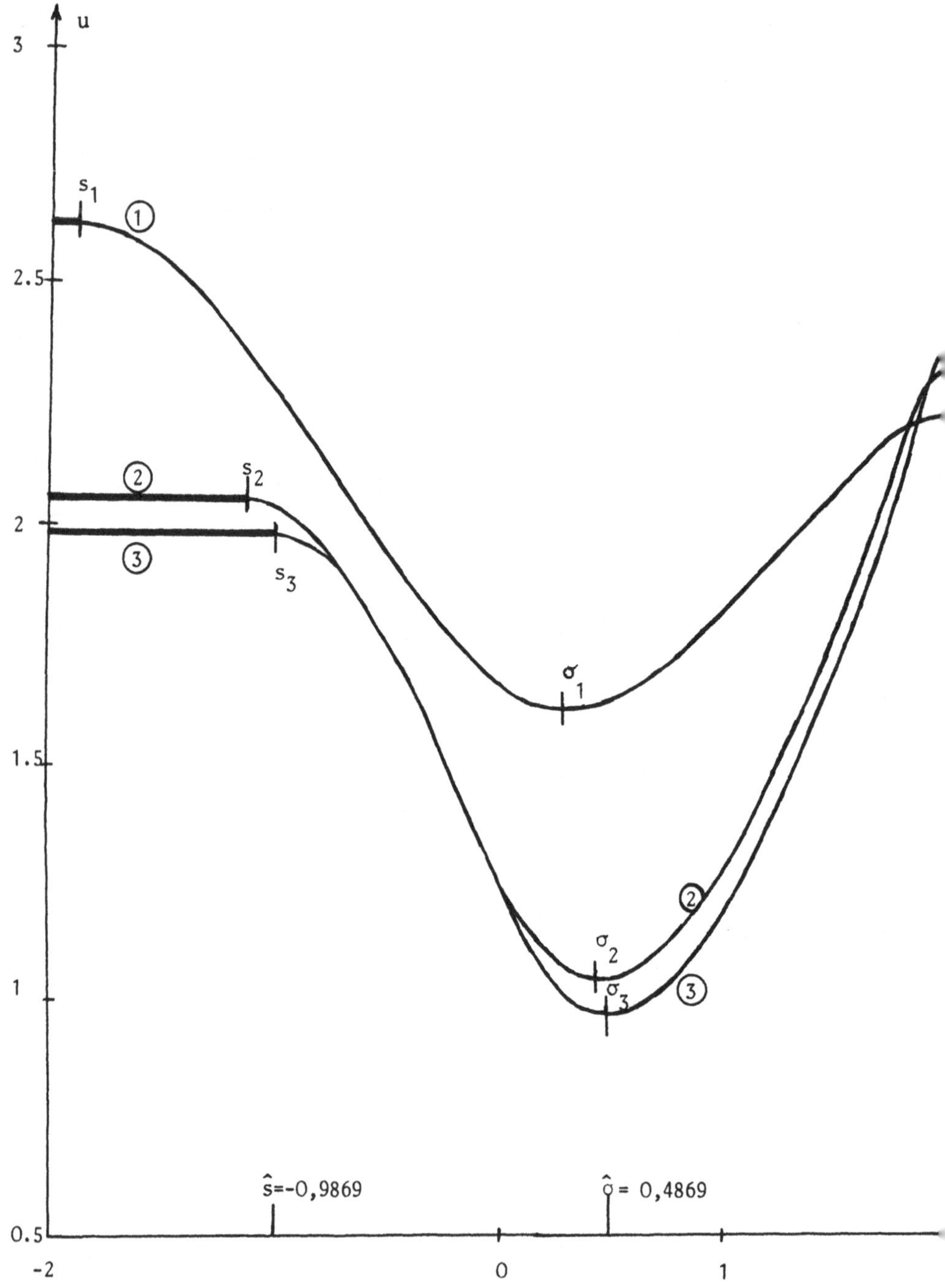
u
3
2.5
2
1.5
1
0.5
-2
0
1
s_1
s_2
s_3
σ_1
σ_2
σ_3
1
2
3
2
3
ŝ=-0,9869
σ̂ = 0,4869

Graphique 1.

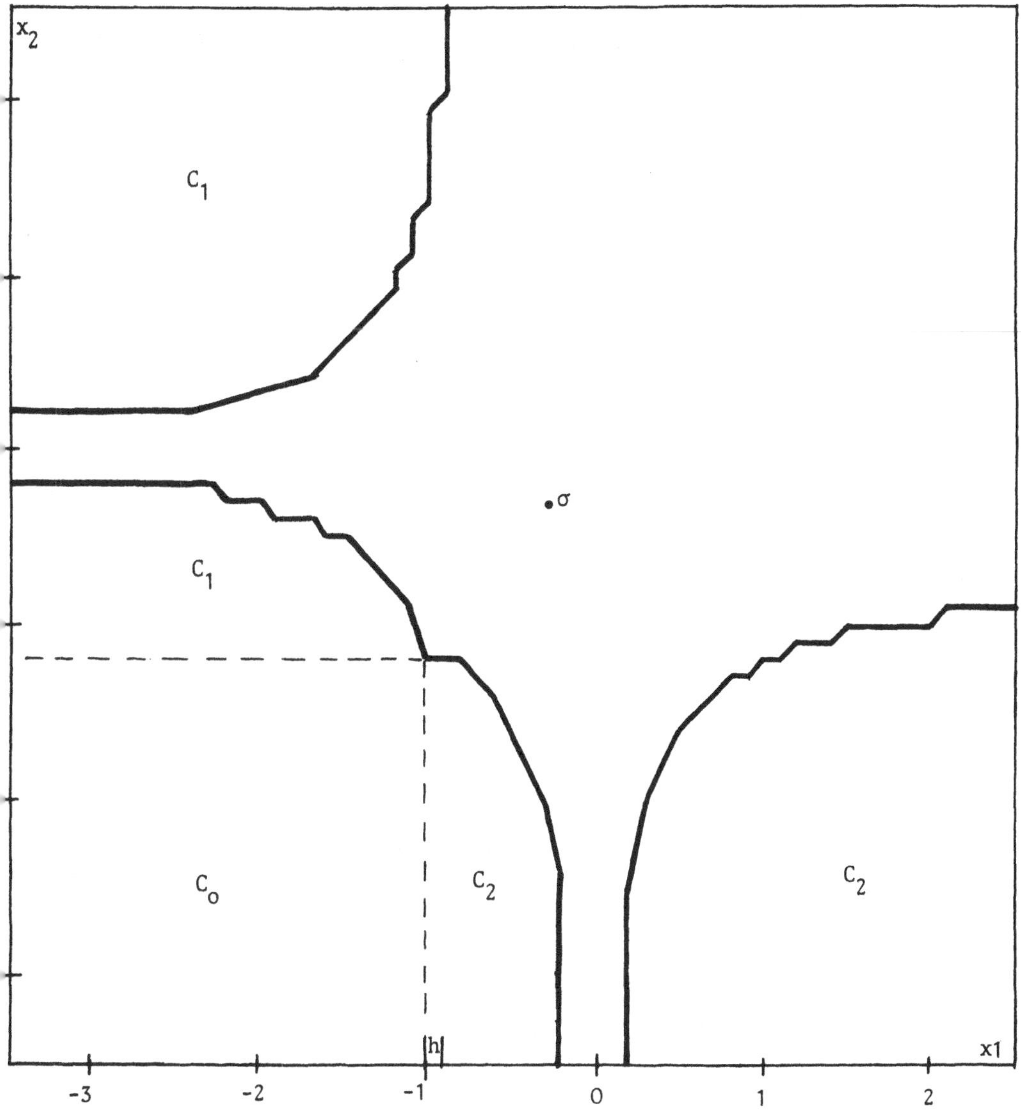

Graphique 2.

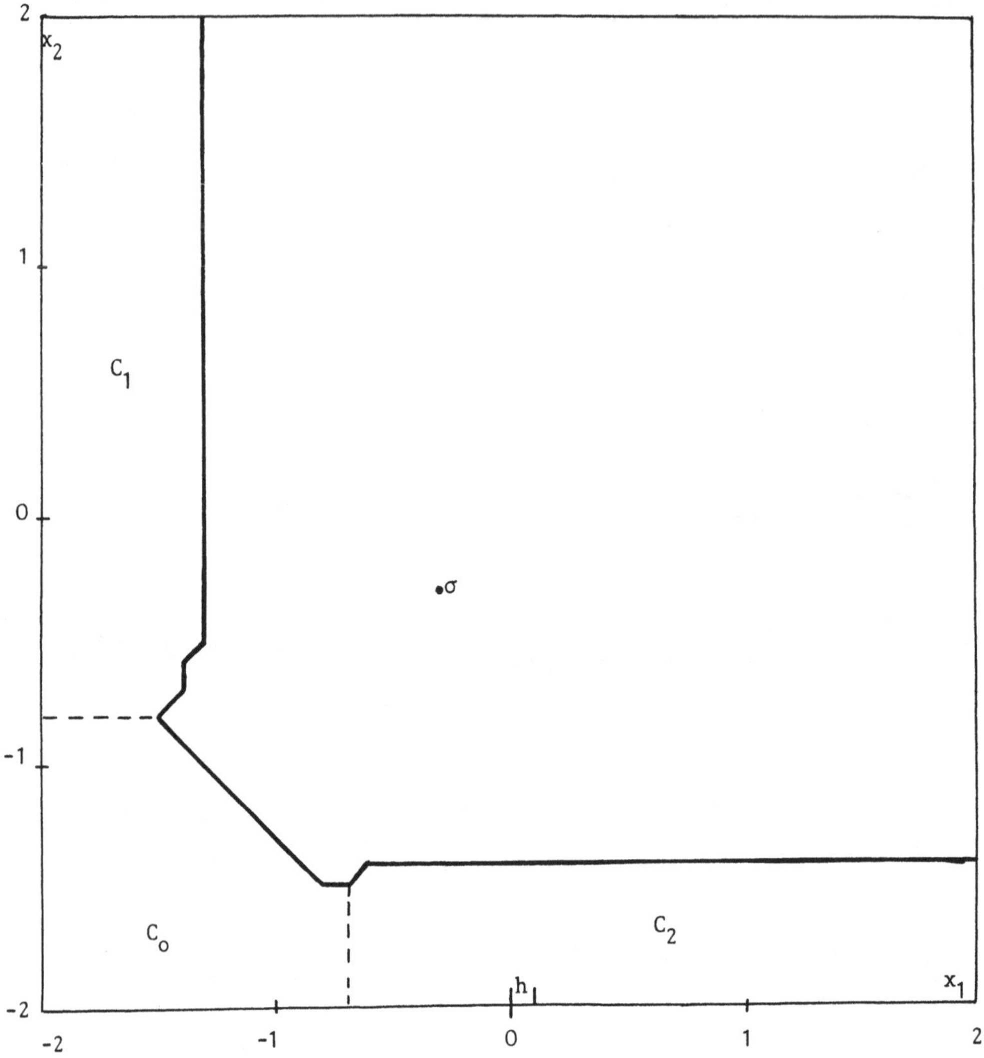

Graphique 3.

Naturellement, le caractère discontinu de la frontière libre tient à la discrétisation (pas de discrétisation $h = \frac{1}{10}$).

3.5. EXEMPLE 3.

On prend $\mathcal{O} =]-2,2[\times]-2,2[$, $A = -\Delta + I$,

$$f(x) = 10\,[\sin^4(\tfrac{1}{4}\pi x_1) + \sin^4(\tfrac{1}{4}\pi x_2)]\,,$$

$$M(v) = \inf\,(M_o(v), M_1(v), M_2(v))\,,$$

$$M_o(v) = 0{,}5 + 0{,}15\,\xi_1 + 0{,}25\,\xi_2 + \inf v(x+\xi)\,, \qquad \xi_i \geq 0\,,$$

$$M_1(v) = 0{,}3 + 0{,}25\,\xi_1 + \inf v(x_1+\xi_1, x_2)\,, \qquad \xi_1 \geq 0\,,$$

$$M_2(v) = 0{,}35 + 0{,}3\,\xi_2 + \inf v(x_1, x_2+\xi_2)\,, \qquad \xi_2 \geq 0\,.$$

Le graphique 3 indique la zone de saturation $S = C_o \cup C_1 \cup C_2$ avec des notations analogues à celles du N° 3.4. précédent. La solution(maximale) admet un minimum unique au point σ .

Remarque 3.2.

On retrouve par les méthodes précédentes - extrêmement différentes des méthodes habituelles- des résultats connus dans la littérature sur la gestion des stocks, (par exemple) sous le nom de "politique s - S ". Cf. A.F. VEINOTT Jr. [1] et la bibliographie de ce travail, ainsi que le rapport BENSOUSSAN-GOURSAT-LEGUAY [1] .

REFERENCES

C. Baiocchi [1] Note C.R.Ac. Sc. t. 273, pp. 1215-1217 et :"Su un problema di frontiera libera connesso a questioni di idraulica. Annali Mat. Pura ed Applic. XCII, (1972).

[2] Ce Colloque.

C. Baiocchi, V. Commincioli, Guerri, E. Magenes [1] Free boundary problems in the theory of fluid flow through porous media. Existence and Uniqueness. Annali di Matematica (1973).

R. Bellman [1] Dynamic programming. Princeton Univ. Press, 1957.

A. Bensoussan et J.L. Lions [1] Contrôle impulsionnel et Applications. Livre en préparation.

[2] Quelques questions liées au contrôle optimal. Article à la mémoire du Pr. Petrowski. Août 1973.

[3] Notes C.R. Ac. Sc.Paris, t. 276, pp. 1189-1192, t. 276, pp. 1333-1338, t. 276 1411- 1415, Série A .

[4] Problèmes de temps d'arrêt optimal et inéquations variationnelles paraboliques. Applicable Analysis, (1973).

[5] Contrôle impulsionnel et Inéquations quasi-variation Int. J. of Applied Math. and Optimization, à paraîtr

A. Bensoussan, M. Goursat et J.L. Lions [1] Note C.R.Ac. Sc. Paris, t. 276, pp.127 1284, (mai 1973) Série A.

A. Bensoussan, M. Goursat et C. Leguay [1] Rapport LABORIA, à paraître.

H. Brézis [1] Problèmes unilatéraux. J. Math. Pures et Appl. 51 (1972), 1-168.

M.O. Bristeau [1] Rapport LABORIA, à paraître.

J. Céa et R. Glowinski [1] Sur des méthodes d'optimisation par relaxation. Revue AFCET (rouge) - 1973.

G. Duvaut et J.L. Lions [1] Les Inéquations en Mécanique et en Physique. Dunod, (1972).

R. Glowinski [1] La Méthode de Relaxation. Rendi Conti di Matematica, Università di Roma (1971).

R. Glowinski, J.L. Lions et R. Trémolières [1] Résolution numérique des Inéquatio Variationnelles. Paris, Dunod (1974).

M. Goursat [1] Rapport LABORIA, à paraître.

C. Leguay [1] Rapport LABORIA, à paraître.

J.L. Lions [1] Quelques méthodes de résolution des problèmes aux limites non linéaires. Dunod-Gauthier Villars, Pari (1969).

J.L. Lions et G. Stampacchia [1] Variational Inequalities. Comm. Pure Applied Mat XX (1967), pp. 493-519.

U. Mosco et G. Strang [1] One-sided approximation and variational inequalitie Bull. A.M.S.

G. Stampacchia [1] C.R. Acad. Sc. Paris t. 258 (1964) pp. 4413-4416.

G. Strang [1] One sided approximation and plate bending. Ce Colloque.

A.F.Veinott Jr. [1] The status of Mathematical inventory theory. Management Science 12(11), (1966), pp. 745-777.

GESTION OPTIMALE DES RESERVOIRS
D'UNE VALLEE HYDRAULIQUE

A. BRETON - F. FALGARONE
ELECTRICITE de FRANCE

I - POSITION DU PROBLEME

Pour satisfaire la demande d'énergie électrique, Electricité de France dispose de moyens de production hydraulique et de centrales thermiques et nucléaires. Le système français de production-consommation présente les caractéristiques suivantes :

- Une demande d'énergie électrique nettement plus importante l'hiver que l'été. Cette demande est aléatoire et est caractérisée par une dispersion relativement faible.

- Un parc de centrales thermiques très diversifié qui se traduit économiquement par un coût marginal du kWh produit fortement croissant avec la puissance appelée.

- Un parc d'usines hydrauliques composé en partie d'un certain nombre de grands réservoirs recevant leurs apports au moment de la fonte des neiges c'est-à-dire en dehors de la période de forte consommation. Ces apports hydrauliques sont aléatoires et présentent en général des dispersions assez importantes.

La gestion annuelle des moyens de production consiste donc à utiliser, dans la mesure où les aléas le permettent, les réservoirs saisonniers de façon à stocker l'eau en période de forte hydraulicité pour l'utiliser au moment où la consommation est plus élevée.

De façon plus précise le gestionnaire doit, à chaque instant, arbitrer entre l'utilité immédiate attachée à un destockage des réserves (valorisé par rapport à l'économie de combustible qu'il procure) et une espérance future de gain qu'il pourra retirer de l'eau en réserve.

Bien entendu, pour évaluer à chaque instant l'intérêt économique d'un kWh en réserve, il est nécessaire d'optimiser globalement sur l'année l'ensemble des grands réservoirs (une trentaine) et l'ensemble des autres moyens de production.

On voit donc apparaître ici les principales difficultés du problème de la gestion optimale du parc des équipements de production électrique, difficultés liées :

- à la grande dimension du problème,

- au caractère dynamique de la régularisation saisonnière,

- au caractère aléatoire de la demande électrique et des apports hydrauliques.

Bien que l'objet de cette étude soit seulement celui de la gestion des réservoirs d'une même vallée hydraulique, on s'intéressera cependant tout d'abord aux grandes lignes du problème de l'optimisation sur l'année de l'ensemble des moyens de production. En effet c'est à partir de ce dernier, considéré comme problème global, que l'on obtiendra, par décomposition pour chaque vallée hydraulique, le problème local de la gestion optimale des différents réservoirs équipant celle-ci.

I.1 - Formulation du problème global

On désignera par $[0,T]$ la période totale de gestion, la période élémentaire $[t, t+1]$ représentant la semaine t.

La demande électrique sur la semaine est structurée en m postes (heures de pointe, heures pleines, heures creuses, etc...). La demande globale D est par conséquent un vecteur de $\mathbb{R}^{mT}$.

L'énergie produite par le parc thermique et nucléaire sera représentée par un seul vecteur $P \in \mathbb{R}^{mT}$.

Enfin on supposera que le parc hydraulique est composé de N vallées hydrauliques indépendantes (j = 1 à N) c'est-à-dire sans aval commun.

Pour chaque vallée j on cherche à déterminer l'évolution $(Z_j^1, \ldots, Z_j^T) = Z_j$ du ou des réservoirs de cette vallée. La dimension du vecteur Z_j étant égale au nombre de réservoirs en série et/ou en parallèle.

On se donne enfin pour tout j la fonction

$$Z_j \longrightarrow H_j(Z_j) \in \mathbb{R}^{mT}$$

qui à une évolution de la réserve j donne la production en énergie de la vallée sur les m postes des T semaines. On reviendra, lors de la formulation détaillée du problème local, sur les questions soulevées par la construction d'une telle fonctio

Le problème de la minimisation du coût de l'énergie thermique et nucléair produite peut maintenant s'écrire :

$$(\mathrm{PG}) \quad \left| \begin{array}{l} \underset{(Z,P)}{\mathrm{MIN}} \quad C(P) \\ \text{sous la contrainte globale} \\ \sum_{j=1}^{N} H_j(Z_j) + P \geqslant D \\ \text{et sous les contraintes locales} \\ P \geqslant 0 \\ Z_j \in \mathcal{Z}_j \end{array} \right.$$

où $\mathcal{Z}_j$ représente l'ensemble des évolutions admissibles de la réserve j

I.2 - Décomposition du problème global

En remarquant que :

- la croissance du coût marginal thermique entraîne la convexité de la fonction C(P),
- l'optimisation, décrite plus loin, des quantités d'eau turbinées à l'intérieur de la semaine se traduit par un effet de rendement décroissant de ces dernières et permet d'assurer la concavité des fonctions $H_j(Z_j)$ pour (j = 1 à N),
- si deux évolutions d'une réserve sont admissibles, alors toute combinaison convexe de ces deux trajectoires est encore une trajectoire admissible : autrement dit $\mathbb{Z}_j$ est convexe pour tout j,
- si on introduit un coût de défaillance, c'est-à-dire si on ne borne pas P supérieurement, alors le domaine admissible du problème global à un intérieur non vide.

on peut alors assurer (1) qu'il existe un vecteur $\bar{p} \geqslant 0$ tel que la solution optimale $(\bar{Z}_1,\ldots,\bar{Z}_m, \bar{P})$ du problème (PG) soit solution du problème

$$\left| \begin{array}{l} \text{MIN} \quad \mathcal{L}(\bar{p}, Z, P) \\ Z_j \in \mathbb{Z}_j \\ P \geqslant 0 \end{array} \right.$$

où $p \in \mathbb{R}^{mT}$ et $Z = (Z_1, \ldots, Z_N)$

avec $\mathcal{L}(p, Z, P) = C(P) - \langle p, \sum_{j=1}^{N} H_j(Z_j) + P - D \rangle$

On constate immédiatement que la minimisation du lagrangien s'obtient en résolvant les N+1 problèmes locaux suivants :

$$PL_o \quad \left| \begin{array}{l} \text{MIN} \quad C(P) - \langle \bar{p}, P \rangle \\ P \geqslant 0 \end{array} \right.$$

$$\begin{array}{c} PL_j \\ (j=1 \text{ à } N) \end{array} \quad \left| \begin{array}{l} \text{MAX} \quad \langle \bar{p}, H_j(Z_j) \rangle \\ Z_j \in \mathbb{Z}_j \end{array} \right.$$

Ainsi la connaissance de la variable duale $\bar{p}$ permet de décentraliser la recherche de l'optimum global. Pour être efficace, cette procédure, mettant en oeuvre un algorithme de coordination pour la recherche de la variable duale $\bar{p}$, suppose une convergence rapide de la méthode de résolution numérique des problèmes locaux.

II - LE PROBLEME DE LA GESTION DES RESERVOIRS D'UNE VALLEE

II.1 - Position du problème

La forme du problème local précédent nous indique donc que l'on doit optimiser la valeur de la production énergétique en tenant compte de l'ensemble des contraintes relatives à la vallée hydraulique considérée.

Le problème est posé en boucle ouverte adaptée [2]. On désire en effet construire une procédure d'optimisation qui utilise au mieux toutes les informations disponibles au moment de la prise de décision. Autrement dit, on exploitera chaque semaine le modèle et on ne retiendra que la première décision. Ceci permet de profiter au mieux des dernières réalisations connues de la consommation, des niveaux d'eau dans les différents réservoirs, de la disponibilité des tranches thermiques et nucléaires.

On sera conduit à utiliser une trajectoire définie par les équations d'évolution

$$\begin{cases} x^{t+1} = x^t - u^t \\ x^o = S_{init} \end{cases}$$

que l'on appellera par la suite "trajectoire à viser" (où le vecteur x^t contient autant de composantes qu'il y a de réservoirs saisonniers dans la vallée hydraulique considérée)

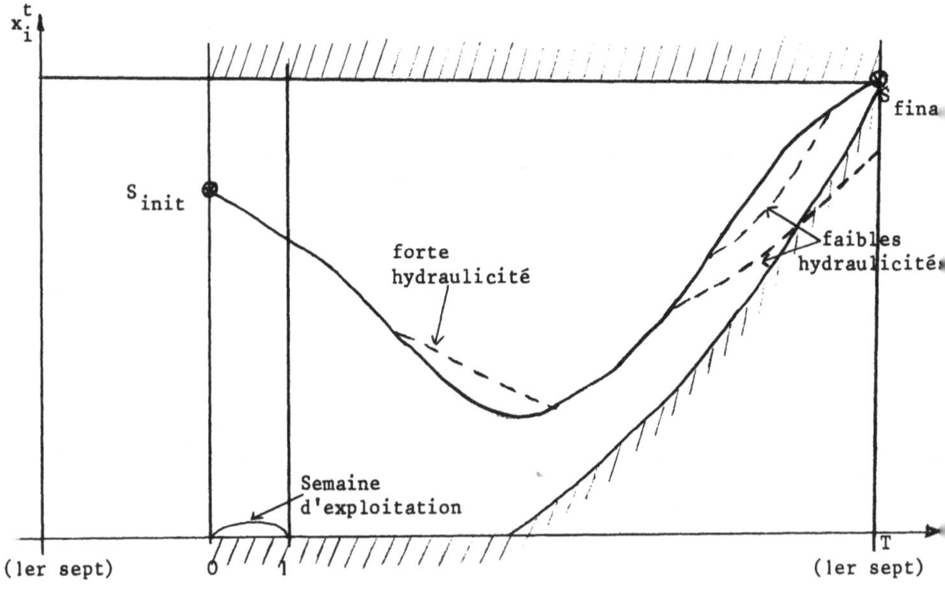

Il est nécessaire d'imposer certaines contraintes sur le niveau de cette trajectoire à viser. En plus des contraintes de niveau minimum et maximum, on fixera un certain état final (réservoirs pleins au 1er septembre, avant la période de forte consommation). On imposera une contrainte en probabilité sur le niveau minimum de façon à atteindre au moins l'état final avec une certaine probabilité fixée a priori. De même on fixera une contrainte en probabilité sur le niveau maximum de façon à ne pas subir trop de déversements.

Pour arbitrer entre les différentes trajectoires à viser, on calculera l'espérance de la valeur de la production énergétique pour toutes les années d'observation de l'échantillon hydraulique dont on dispose. Cette procédure évite l'estimation des lois de probabilité des apports hydrauliques.

La difficulté essentielle du problème provient du caractère aléatoire des apports qui ne permettent pas de suivre dans tous les cas cette trajectoire à viser. En effet si le destockage est u^t, la quantité turbinée sera $u^t + a^t_\ell$ (où a^t_ℓ représente les apports de la semaine t de l'année ℓ de l'échantillon des observations hydrauliques). Or la quantité turbinée $u^t + a^t_\ell$ peut ne pas être comprise entre les bornes V^t_{min} et V^t_{max} entre lesquelles la turbine doit travailler. Dans ces conditions on sera conduit, pour respecter ces dernières contraintes, à quitter la trajectoire à viser vers le haut dans le cas des fortes hydraulicités et vers le bas dans le cas des faibles hydraulicités.

Pour déterminer la valeur du critère économique il sera nécessaire de disposer de la production énergétique $E^t_{k\ell}(h,q)$ associée à une hauteur d'eau h et à une quantité turbinée q pour l'année hydraulique ℓ, le poste horaire k et la semaine t.

Cette fonction E(h,q) est le résultat d'une optimisation complexe au sein de la vallée. Il s'agit en effet, pour les décisions de destockage envisagées sur les lacs de la vallée, de gérer au mieux l'ensemble des usines hydrauliques équipant cette vallée, de façon à produire pendant les heures les plus chargées de la journée. Cette optimisation est effectuée heure par heure en tenant compte notamment des temps d'écoulement de l'eau entre les différentes usines.

II.2 - Formulation du problème de la gestion des réservoirs d'une vallée

On est conduit à traiter un problème de commande optimale stochastique. On utilisera, dans ce but, une démarche analogue à celle étudiée par M. QUADRAT [3].

On cherche à optimiser le critère économique :

$$\text{MAX} \sum_{\ell=1}^{L} \frac{1}{L} \left[\sum_{t=0}^{T-1} \sum_{k=1}^{m} E^t_{k\ell}\left(h^t_\ell, q^t_\ell\right) \cdot p^t_{k\ell} - \left(S_{final} - y^T_\ell\right) \cdot \lambda \right]$$

$$\text{avec} \quad h^t_\ell = \frac{y^t_\ell + y^{t+1}_\ell}{2}$$

(où L est le nombre d'années d'observation hydraulique, $p^t_{k\ell}$ sont les prix permettant la décomposition du problème global et λ la valeur finale de l'eau, ce qui permet de valoriser les écarts à l'état final imposé).

l'état aléatoire y^t_ℓ évoluant selon les équations

$$\left| \begin{array}{l} y^{t+1}_\ell = y^t_\ell + a^t_\ell - q^t_\ell \\ \\ y^o_\ell = S_{init} \end{array} \right.$$

Pour simplifier la recherche de la stratégie optimale en boucle fermée, on impose une loi de feedback de la forme :

$$q_\ell^t\,(y_\ell^t,\ a_\ell^t) = \mathrm{MIN}\left[V_{max}^t,\ \mathrm{MAX}\left[(y_\ell^t - x^t + u^t + a_\ell^t),\ V_{min}^t\right]\right]$$

où l'optimisation s'effectue par rapport aux paramètres x^t, u^t de la loi de feedback, ces paramètres étant liés par l'équation d'évolution $x^{t+1} = x^t - u^t$. On impose de plus les contraintes

$$\left|\begin{array}{l} S_{min}^t \leqslant x^t \leqslant S_{max}^t \\ x^o = S_{init} \\ x^T = S_{final} \end{array}\right.$$

(où x^t et u^t sont des vecteurs à n composantes s'il y a n réservoirs saisonniers interdépendants dans la vallée considérée).

Il est possible de reformuler le problème précédent à partir des seuls paramètres x^t, u^t de la loi de feedback :

$$\mathrm{MAX} \sum_{\ell=1}^{L} \frac{1}{L}\left(\sum_{t=0}^{T-1}\sum_{k=1}^{m} E_{k\ell}^t\left[h_\ell^t(x^o,\ldots,x^t,u^o,\ldots,u^t),\ q_\ell^t\,(x^o,\ldots,x^t,u^o,\ldots,u^t)\right]\cdot p_{k\ell}^t - \left[S_{final} - y_\ell^T(x^o,\ldots,x^{T-1},u^o,\ldots,u^{T-1})\right]\cdot\lambda\right)$$

$$\left|\begin{array}{l} x^{t+1} = x^t - u^t \\ x^o = S_{init} \\ x^t = S_{final} \\ S_{min}^t \leqslant x^t \leqslant S_{max}^t \end{array}\right.$$

Pour simplifier les notations on posera

$$V(x^o,\ldots,x^{T-1},u^o,\ldots,u^{T-1}) = \sum_{\ell=1}^{L}\frac{1}{L}\left(\sum_{t=0}^{T-1}\sum_{k=1}^{m} E_{k\ell}^t\left[h_\ell^t,q_\ell^t\right]\cdot p_{k\ell}^t - \left[S_{final} - y_\ell^T\right]\cdot\lambda\right)$$

La fonction V apparaît donc comme la valeur de l'énergie produite par la vallée considérée.

On doit donc résoudre le problème de commande optimale :

$$\boxed{\begin{array}{l} \mathrm{MAX}\quad V(x^o,\ldots,x^{T-1},u^o,\ldots,u^{T-1}) \\ \quad\left|\begin{array}{l} x^{t+1} = x^t - u^t \\ x^o = S_{init} \\ x^T = S_{final} \\ S_{min}^t \leqslant x^t \leqslant S_{max}^t \end{array}\right. \end{array}}$$

L'intérêt de la méthode de décomposition du problème global repose sur la grande simplicité de la structure des problèmes locaux, simplicité qui permettra de disposer d'une méthode de résolution particulièrement rapide.

III - RESOLUTION NUMERIQUE

III.1 - Recherche d'un point-selle

La seule difficulté du problème précédent provient des contraintes sur les états

$$S^t_{min} \leqslant x^t \leqslant S^t_{max}$$

On utilise une méthode de recherche du point-selle du lagrangien

$$\mathcal{L}(\gamma,\delta,X,U) = V(x^o,\ldots,x^{T-1},u^o,\ldots,u^{T-1}) + \sum_{t=1}^{T-1} \left[\gamma^t(x^t - S^t_{min}) - \delta^t(x^t - S^t_{max})\right]$$

ce qui permet de transformer la résolution d'un problème de commande optimale avec contraintes sur les états en une suite de problèmes de commande optimale sans contraintes sur les états.

On recherche donc $\bar{\gamma}$, $\bar{\delta}$, $\bar{X}$, $\bar{U}$ tels que

$$\left|\begin{array}{l} \mathcal{L}(\bar{\gamma}, \bar{\delta}, \bar{X}, \bar{U}) \leqslant \mathcal{L}(\gamma, \delta, \bar{X}, \bar{U}) \\ \text{pour } \gamma, \delta \quad 0 \end{array}\right.$$

$$\left|\begin{array}{ll} \mathcal{L}(\bar{\gamma}, \bar{\delta}, X, U) \leqslant \mathcal{L}(\bar{\gamma}, \bar{\delta}, \bar{X}, \bar{U}) & \\ \text{pour} & \left|\begin{array}{l} x^{t+1} = x^t - u^t \\ x^o = S_{init} \\ x^T = S_{final} \end{array}\right. \end{array}\right.$$

Pour la recherche d'un point-selle $(\bar{\gamma}, \bar{\delta}, \bar{X}, \bar{U})$ du lagrangien $\mathcal{L}(\gamma, \delta, X, U)$ on a utilisé la méthode classique d'UZAWA. La concavité du critère et la définition du domaine admissible permettent d'affirmer d'une part l'existence d'un point-selle et d'autre part la convergence de la méthode d'UZAWA vers un tel point. On est donc conduit à résoudre successivement un problème primal et un problème dual.

- Problème primal -

A l'itération k, on maximise le lagrangien $\mathcal{L}(\gamma_k, \delta_k, X, U)$, à γ_k et δ_k fixés, par rapport à X et U dans le domaine défini par

$$\left|\begin{array}{l} x^{t+1} = x^t - u^t \\ x^o = S_{init} \\ x^T = S_{final} \end{array}\right.$$

Soit $X_k(\gamma_k, \delta_k)$ et $U_k(\gamma_k, \delta_k)$ la solution optimale.

- Problème dual -

On minimise le lagrangien $\mathcal{L}(\gamma, \delta, X_k, U_k)$, à X_k et U_k fixés, par rapport à γ et δ dans le domaine

$$\begin{cases} \gamma \geqslant 0 \\ \delta \geqslant 0 \end{cases}$$

A l'itération k+1 on effectue les déplacements des variables duales

$$\begin{cases} \gamma^t_{k+1} = \text{MAX}\left\{0,\ \gamma^t_k - \rho(x^t_k - S^t_{min})\right\} \\ \delta^t_{k+1} = \text{MAX}\left\{0,\ \delta^t_k + \rho(x^t_k - S^t_{max})\right\} \end{cases}$$

et on choisit $\rho > 0$ suffisamment petit de manière à assurer la convergence de la méthode.

III.2 - Résolution numérique du problème primal

On est donc conduit à résoudre, pour γ et δ fixés, un problème particulièrement simple de commande optimale

$$\text{MAX} \quad V\left(x^o,\ldots,x^{T-1},u^o,\ldots,u^{T-1}\right) + \sum_{t=1}^{T-1}\left\{\gamma^t(x^t - S^t_{min}) - \delta^t(x^t - S^t_{max})\right\}$$

$$\begin{cases} x^{t+1} = x^t - u^t \\ x^o = S_{init} \\ x^T = S_{final} \end{cases}$$

En utilisant l'équation d'évolution pour exprimer la contrainte sur l'état final, le problème prend la forme suivante :

$$\text{MAX} \quad V\left(x^o,\ldots,x^{T-1},u^o,\ldots,u^{T-1}\right) + \sum_{t=1}^{T-1}\left\{\gamma^t(x^t - S^t_{min}) - \delta^t(x^t - S^t_{max})\right\}$$

$$\begin{cases} x^{t+1} = x^t - u^t \\ \sum_{t=0}^{T-1} u^t = S_{init} - S_{final} \\ x^o = S_{init} \end{cases}$$

Pour résoudre ce problème, on utilise une méthode de plus forte pente dans la mesure où celle-ci permet une interprétation économique intéressante.

Soit $\tilde{u}^t$ et $\tilde{x}^t$ pour t = 0 à T respectivement la commande et la trajectoire. On envisage un déplacement δu^t de la commande à partir de $\tilde{u}^t$ pour t = 0 à T-1 en imposant de plus la contrainte

$$\sum_{t=0}^{T-1} \sum_{i=1}^{n} \alpha_i \left(\frac{\delta u_i^t}{\delta s}\right)^2 = 1$$

où les α_i pour i = 1 à n sont des constantes positives que l'on déterminera par la suite.

On recherche les directions de déplacement $\frac{\delta u^t}{\delta s}$ pour t = 0 à T-1 qui optimisent la variation du critère. D'où le problème :

$$\text{MAX} \sum_{t=0}^{T-1} \left(\frac{\partial \tilde{V}}{\partial x^t} \frac{\delta x^t}{\delta s} + \frac{\partial \tilde{V}}{\partial u^t} \frac{\delta u^t}{\delta s} + (\gamma^t - \delta^t) \frac{\delta x^t}{\delta s}\right)$$

$$\left|\begin{array}{l} \frac{\delta x^{t+1}}{\delta s} = \frac{\delta x^t}{\delta s} - \frac{\delta u^t}{\delta s} \\ \\ \sum_{t=0}^{T-1} \frac{\delta u^t}{\delta s} = 0 \\ \\ \sum_{t=0}^{T-1} \sum_{i=1}^{n} \alpha_i \left(\frac{\delta u_i^t}{\delta s}\right)^2 = 1 \\ \\ \frac{\delta x^o}{\delta s} = 0 \end{array}\right.$$

(en posant $\tilde{V} = V\left(\tilde{x}^o, \ldots, \tilde{x}^{T-1}, \tilde{u}^o, \ldots, \tilde{u}^{T-1}\right)$)

C'est un problème de programmation mathématique dont les variables de décision sont

$$\frac{\delta x^t}{\delta s} \quad \text{et} \quad \frac{\delta u^t}{\delta s}$$

pour t = 0 à T-1.

Les conditions d'optimalité par rapport à $\frac{\delta x^t}{\delta s}$ pour t = 0 à T donnent le système adjoint

$$\left|\begin{array}{l} \Phi^{t+1} = \Phi^t - \frac{\partial \tilde{V}}{\partial x^t} - \gamma^t + \delta^t \\ \\ \Phi^T = 0 \end{array}\right.$$

où Φ^{t+1} apparaît comme le multiplicateur de Kuhn et Tucker attaché à l'équation d'évolution

$$\frac{\delta x^{t+1}}{\delta s} = \frac{\delta x^t}{\delta s} - \frac{\delta u^t}{\delta s}$$

Les conditions d'optimalité par rapport à $\frac{\delta u^t}{\delta s}$ pour t = 0 à T-1 permettent d'obtenir les directions de déplacement relatives au réservoir i (i = 1 à n)

$$\frac{\delta u_i^t}{\delta s} = -\frac{1}{2\varepsilon\alpha_i}\left(\frac{\partial\tilde{V}}{\partial u_i^t} - \Phi_i^{t+1} - \sigma_i\right)$$

où ε est le multiplicateur attaché à la liaison

$$\sum_{t=0}^{T-1}\sum_{i=1}^{n}\alpha_i\left(\frac{\delta u_i^t}{\delta s}\right)^2 = 1$$

et σ_i le multiplicateur attaché à la liaison

$$\sum_{t=0}^{T-1}\frac{\delta u_i^t}{\delta s} = 0$$

Cette dernière permet d'exprimer directement le multiplicateur σ_i

$$\sigma_i = \frac{1}{T}\sum_{t=0}^{T-1}\left(\frac{\partial\tilde{V}}{\partial u^t} - \Phi^{t+1}\right)$$

on posera

$$\Psi_i^t = \Phi_i^t + \sigma_i$$

pour t = 0 à T et i = 1 à n

d'où l'expression de la direction de déplacement

$$\frac{\delta u_i^t}{\delta s} = -\frac{1}{2\varepsilon\alpha_i}\left(\frac{\partial\tilde{V}}{\partial u_i^t} - \Psi_i^{t+1}\right)$$

pour t = 0 à T-1 et i = 1 à n

on pose $\alpha_i = -\frac{\delta s}{2\varepsilon\theta}$

d'où la nouvelle commande $u^t(\theta)$ en fonction d'un scalaire $\theta > 0$

$$u_i^t(\theta) = \tilde{u}_i^t + \theta\left(\frac{\partial\tilde{V}}{\partial u_i^t} - \Psi_i^{t+1}\right)$$

$$\theta > 0 \quad \text{pour} \quad \begin{cases} t = 0 \text{ à } T-1 \\ i = 1 \text{ à } n \end{cases}$$

On retient une valeur de θ suffisamment petite de façon à augmenter strictement la valeur du critère économique.

IV - INTERPRETATION ECONOMIQUE

On s'intéressera ici à la signification économique du vecteur Ψ^t pour $t = 0$ à T

$$\Psi_i^t = \Phi_i^t + \sigma_i \qquad (i = 1 \text{ à } n)$$

Par intégration du système adjoint

$$\begin{cases} \Phi^{t+1} = \Phi^t - \dfrac{\partial \tilde{V}}{\partial u^t} - \gamma^t + \delta^t \\ \Phi^t = 0 \end{cases}$$

à partir de l'instant T jusqu'à l'instant t+1, on obtient

$$\Psi_i^{t+1} = \sum_{s=t+1}^{T-1} \left(\frac{\partial \tilde{V}}{\partial x_i^s} + \gamma_i^s - \delta_i^s \right) + \sigma_i \qquad (i = 1 \text{ à } n)$$

D'après l'interprétation économique générale d'un multiplicateur de Kuhn et Tucker, σ_i représente l'avantage économique d'une unité marginale d'eau à l'horizon T. C'est la valeur de l'eau à l'instant final pour le réservoir i.

D'autre part la quantité $\sum_{s=t+1}^{T-1} \frac{\partial \tilde{V}}{\partial x_i^s}$ mesure l'effet de "hauteur d'eau" du réservoir i. En effet cette quantité représente l'intérêt économique qu'il y aurait à turbiner l'eau sous une hauteur marginalement supérieure (meilleur rendement énergétique des turbines).

Enfin le multiplicateur γ_i^s s'interprète comme le coût marginal associé à la contrainte de niveau minimum $x^s \geqslant S^s_{min}$ et le multiplicateur δ_i^s s'interprète comme le coût marginal associé à la contrainte de niveau maximum $x^s \leqslant S^s_{max}$.

Par conséquent Ψ_i^{t+1}, somme de l'ensemble des termes précédents, représente l'avantage économique qu'il y a à disposer à la date t d'une unité marginale d'eau supplémentaire tout en continuant à gérer dans le futur comme on avait prévu de le faire ($\tilde{u}^s$ pour $s = t+1$ à T-1). On reconnaît là la définition même de la valeur de l'eau à la période t pour le réservoir i.

Il est important de remarquer que cette valeur de l'eau est relative à la commande quelconque $\tilde{u}^t$ pour $t = 0$ à T-1 et pas nécessairement à la commande optimale u^t pour $t = 0$ à T-1

Ψ_i^{t+1} = valeur de l'eau la semaine t pour le réservoir i associée à la commande $\tilde{u}^t$ pour $t = 0$ à T-1

Connaissant la signification économique de Ψ_i^{t+1}, on en déduit aisément celle de la quantité

$$\frac{\partial \tilde{V}}{\partial u_i^t} - \Psi_i^{t+1}$$

En effet $\frac{\partial \tilde{V}}{\partial u_i^t}$ représente l'utilité marginale immédiate associée au destockage d'une unité d'eau alors que Ψ_i^{t+1} représente la valeur future de cette eau. On compare donc l'utilité marginale immédiate de l'eau et sa valeur future. On reconnaît là la définition d'une rente marginale

$\frac{\partial \tilde{V}}{\partial u_i^t} - \Psi_i^{t+1}$ = Rente marginale la semaine t pour le réservoir i associée à la commande $\tilde{u}^t$ pour t = 0 à T-1

Or le déplacement de la commande effectué dans la méthode de résolution numérique utilisée est de la forme :

$$\left| \begin{array}{l} u_i^t(\theta) = \tilde{u}_i^t + \theta \left(\frac{\partial \tilde{V}}{\partial u_i^t} - \Psi_i^{t+1} \right) \\ \theta > 0 \end{array} \right.$$

Par conséquent on destocke plus d'eau quand la rente est positive et moins d'eau quand la rente est négative. Autrement dit on déforme la commande de façon à accaparer les rentes positives et à se défaire des rentes négatives. Cette procédure s'arrête lorsque pour t = 0 à T-1 et i = 1 à n on obtient des rentes nulles :

$$\frac{\partial \tilde{V}}{\partial u_i^t} - \Psi_i^{t+1} = 0$$

La commande obtenue est alors la solution optimale u_k^t pour t = 1 à T-1 du problème primal relatif aux variables duales γ_k^t et δ_k^t pour t = 0 à T-1.

Pour les multiplicateurs $\bar{\gamma}^t$ et $\bar{\delta}^t$ on obtiendra la commande optimale du problème initial :

$$\text{MAX } V\left(x^o, \ldots, x^{T-1}, u^o, \ldots, u^{T-1}\right)$$

$$\left| \begin{array}{l} x^{t+1} = x^t - u^t \\ S_{min}^t \leqslant x^t \leqslant S_{max}^t \\ x^o = S_{init} \\ x^T = S_{final} \end{array} \right.$$

Le vecteur Ψ sera solution du système adjoint

$$\left| \begin{array}{l} \Psi^{t+1} = \Psi^t - \frac{\partial V}{\partial x^t} - \bar{\gamma}^t + \bar{\delta}^t \\ \Psi^T = \sigma \end{array} \right.$$

avec les conditions d'exclusion

$$\left| \begin{array}{l} \bar{\gamma}^t \, (x^t - S_{min}^t) = 0 \\ \bar{\delta}^t \, (x^t - S_{max}^t) = 0 \end{array} \right.$$

Le vecteur Ψ^{t+1} s'interprétera comme la valeur de l'eau à chaque instant associée à la commande optimale u^t pour t = 0 à T-1 ; et l'on vérifiera de plus les conditions

$$\boxed{\frac{\partial V}{\partial u_i^t} - \Psi_i^{t+1} = 0 \qquad \left| \begin{array}{l} i = 1 \text{ à } n \\ t = 0 \text{ à } T-1 \end{array} \right.}$$

Autrement dit, <u>à l'optimum, l'utilité marginale immédiate de l'eau est égale à la valeur future de l'eau</u>. On reconnaît là les conditions déjà énoncées par P. MASSE (4).

L'intérêt de la méthode numérique utilisée est simplement de permettre l'utilisation des deux concepts économiques d'utilité marginale immédiate et de valeur future de l'eau en dehors de l'optimum. Ceci permet, dès lors, une compréhension économique de la procédure de résolution utilisée.

BIBLIOGRAPHIE

LIONS - BENSOUSSAN - TEMAN (1) : Méthode de décomposition - cahier de l'IRIA n° 11

BOUILLAGUET - DUMONT - GAL - MONTFORT (2) : Gestion des réservoirs saisonniers (note interne du Service des Mouvements d'Energie EDF)

J.P. QUADRAT (3) : Méthodes de simulation en programmation dynamique stochastique (thèse de docteur-ingénieur)

P. MASSE (4) : Les réserves et la régulation de l'avenir - Hermann

ALGORITHMES DE CALCUL DE MODELES MARKOVIENS POUR FONCTIONS ALEATOIRES

P. FAURRE
SAGEM et LABORIA (France)

1 - INTRODUCTION

1.1 - Au cours des trentes dernières années, la nécessité de réaliser des systèmes de plus en plus performants a conduit à considérer et à modéliser les signaux aléatoires ou les perturbations aléatoires intervenant dans ces systèmes.

De nouvelles disciplines comme le filtrage statistique, la théorie de la prédiction, la théorie de la détection, la commande optimale stochastique se sont développées. Les contributions initiales de WIENER et KOLMOGOROV furent considérables.

Dans l'approche la plus ancienne, les fonctions aléatoires sont décrites par leurs covariances ou leurs spectres, paramètres qui sont le résultat brut d'une analyse statistique d'échantillons.

Le développement des calculateurs numériques et des méthodes de variables d'état en automatique déterministe conduisit Kalman et Bucy à développer vers 1960 une approche différente fondée essentiellement sur une représentation par équations différentielles ou récurrentes, linéaires et stochastiques, ou encore, ce qui est équivalent, par processus gaussiens-markoviens (KALMAN (1) et (2)).

Kalman et Bucy appliquèrent cette technique au problème du filtrage statistique et de la prédiction. Les représentations gaussiennes-markoviennes s'avèrent aussi très puissantes pour le problème de lissage(BRYSON)et de la détection (SAGE).

1.2 - Ce papier résume quelques travaux (ANDERSON, FAURRE, KALMAN) faisant le lien entre les deux types de modèles. Plus précisément comment obtenir à partir de la covariance d'un processus gaussien vectoriel, une représentation markovienne ?

Un résultat mathématique connu sous le nom de lemme positif réel caractérise l'ensemble $\mathcal{P}$ de toutes les réalisations markoviennes d'un processus gaussien décrit par sa covariance. Cet ensemble s'avère être convexe, fermé, borné avec deux points extrémaux max et min, P^* et P_* . Des algorithmes permettent de calculer effectivement ces réalisations extrémales.

De plus, l'une des réalisations extrémales, P_* , s'avère être le filtre optimal.

De nouveaux résultats pour le cas non stationnaire ont été obtenus récemment (voir ATTASI, CLERGET), mais on se limitera ici au cas stationnaire.

2 - ENSEMBLE DES REALISATIONS MARKOVIENNES D'UN PROCESSUS STATIONNAIRE

2.1 - Réalisations markoviennes

Nous considérerons dans la suite une échelle de temps continue et renvoyons à FAURRE (4) pour l'analyse dans le cas d'une échelle de temps discrète. Tous les processus seront supposés centrés.

La donnée du problème considéré sera un processus gaussien vectoriel stationnaire $y(t)$ de dimension m de covariance connue

$$E\{y(t+\tau)y'(t)\} = \Lambda(\tau) \qquad (*) \qquad (1)$$

et de spectre (transformée de Laplace de la covariance)

$$S(s) = \mathcal{L}\{\Lambda(\tau)\} = \int e^{-s\tau}\Lambda(\tau)d\tau \qquad (2)$$

Ce processus sera dit admettre une représentation markovienne, s'il existe un processus markovien $x(t)$ de dimension finie n tel que

$$y(t) = Hx(t) + w(t) \qquad (3)$$

où le terme éventuellement présent $w(t)$ est un bruit blanc.

On peut montrer qu'un processus gaussien stationnaire markovien vérifie nécessairement une équation différentielle linéaire excitée par un bruit blanc(FAURRE(4)) (on voit ainsi l'analogie entre des représentations d'état et les processus markoviens), ce qui conduit à la définition suivante :

DEFINITION :

On appelle réalisation markovienne (si elle existe) d'un processus gaussien stationnaire un modèle de la forme :

$$\dot{x} = Fx + v \qquad (4)$$

$$y = Hx + w \qquad (5)$$

où $\begin{bmatrix} v \\ w \end{bmatrix}$ est un bruit blanc de covariance

(*) La notation y' désigne le transposé de la matrice y.

$$E\left\{\begin{bmatrix} v(t) \\ w(t) \end{bmatrix} \left[v'(s)w'(s)\right]\right\} = \begin{bmatrix} Q & S \\ S' & R \end{bmatrix} \delta(t-s) \qquad (6)$$

et pour lequel les conditions suivantes sont vérifiées

F : matrice asymptotiquement stable (7)

(F,L) : complètement commandable avec Q = LL' (8)

(H,F) : complètement observable (9)

On peut voir que la covariance du processus y(t) ainsi représenté :

$$\Lambda(\tau) = E\{y(t+\tau)y'(t)\} \qquad (10)$$

$$= E\{\left[H\int_0^\infty e^{F\alpha} v(\tau-\alpha)d\alpha + w(\tau)\right]\left[H\int_0^\infty e^{F\beta} v(-\beta)d\beta + w(o)\right]'\}$$

est de la forme

$$\Lambda(\tau) = He^{F\tau}G\varepsilon(\tau) + G'e^{-F'\tau}H'\varepsilon(-\tau) + R\delta(\tau) \qquad (11)$$

où l'on a posé

$$G = PH' + S \qquad (12)$$

avec

$$P = E\{x(t)x'(t)\} \qquad (13)$$

solution de l'équation

$$FP + PF' = -Q \qquad (14)$$

et

$$\varepsilon(\tau) = \begin{cases} 0 & \text{si } \tau < 0 \\ 1/2 & \text{si } \tau = 0 \\ 1 & \text{si } \tau > 0 \end{cases} \qquad (15)$$

et où $\delta(\tau)$ est l'impulsion de Dirac.

Le spectre de y(t), transformée de Laplace de (11) est donc

$$S(s) = R + H(sI-F)^{-1}G + G'(-sI-F')^{-1}H' \qquad (16)$$

On remarque immédiatement que S(s) est rationnel en s et parahermitien (S(s) = S'(-s))

Ainsi, nous voyons déjà apparaître deux conditions nécessaires (qu'on verra ultérieurement suffisantes) pour l'existence de réalisations markoviennes :

i) la covariance $\Lambda(\tau)$ doit être de type positif (comme toute covariance) ou de façon équivalente le spectre doit vérifier (théorème de Bochner)

$$S(j\omega) \geq 0 \text{ pour tout } \omega \text{ réel } (*) \qquad (17)$$

ii) le spectre doit être une fonction rationnelle de la fréquence s, ou encore la covariance $\Lambda(\tau)$ doit être de la forme (11).

Pour les applications, la covariance $\Lambda(\tau)$ vient en général d'une estimation statistique. Il est donc important de pouvoir exprimer $\Lambda(\tau)$ par une formule du type (11). Il s'agit en fait de méthodes d'approximation du type approximation de Padé, et un algorithme utilisable pour cela est l'algorithme de HO (voir HO, IRVING, RISSANEN, FAURRE (4)).

Nous supposerons donc pour la suite que les données du problème, à savoir la covariance $\Lambda(\tau)$, sont en fait les 4 matrices $\{H,F,G,R\}$. Les inconnues sont alors $\{P,Q,S\}$.

2.2 - Ensemble $\mathcal{P}$ de toutes les réalisations markoviennes

Une réalisation markovienne particulière sera parfaitement définie par la matrice P correspondante : en effet les matrices Q et S s'en déduisent par les relations (14) et (12).

On appellera $\mathcal{P}$ l'ensemble des matrices P correspondant à une réalisation markovienne de $\Lambda(\tau)$définie par (11).

On peut montrer que cet ensemble $\mathcal{P}$ est caractérisé par les relations

$$\begin{cases} FP + PF' = -Q & (18) \\ G - PH' = S & (19) \\ \begin{bmatrix} Q & S \\ S' & R \end{bmatrix} \geq 0, \; P \geq 0 & (20) \end{cases}$$

Les relations (18) et (19) ont déjà été vues et (20) est évident car les matrices correspondantes sont des covariances ; la réciproque peut être démontrée (voir FAURRE (4)).

Ces relations (18), (19) et (20) interviennent dans un résultat mathématique important connu sous le nom de lemme positif réel (POPOV) qui est le suivant

THEOREME (Lemme positif réel)

La fonction $\Lambda(\tau)$ donnée par l'expression (11) est de type positif si, et seulement s'il existe trois matrices P,Q,S (P et Q symétriques) vérifiant (18), (19) et (20).

(*) La notation $A \geq 0$ signifie que la matrice A est non négative définie.

La structure de l'ensemble $\mathcal{P}$ est intéressante. Il est assez facile de voir que $\mathcal{P}$ est convexe fermé dans l'espace des matrices symétriques nxn. De plus on peut montrer (voir FAURRE (4)) que relativement à la relation d'ordre

$$A \leq B \Longleftrightarrow B - A \text{ non négative définie,} \tag{21}$$

$\mathcal{P}$ admet un maximum P^* et un minimum P_* , c'est-à-dire que

$$P \in \mathcal{P} \Longrightarrow P_* \leq P \leq P^* \tag{22}$$

3 - ALGORITHMES DE CALCUL DES REALISATIONS EXTREMALES

Un résultat théorique utile introduit dans FAURRE (2) est la liaison existant entre la réalisation extrémale P et la covariance $\Lambda(\tau)$, qu'on peut exprimer ainsi

$$x'P^* x = \inf_{u(.)\in \mathcal{E}(x)} \int_{-\infty}^{0} \int_{-\infty}^{0} u'(\alpha)\, \Lambda(\beta-\alpha) u(\beta) d\alpha d\beta \tag{23}$$

où l'ensemble $\mathcal{E}(x)$ est défini par

$$\mathcal{E}(x) = \{u(.) \mid x = \int_{-\infty}^{0} e^{-F'\alpha} H' u(\alpha) d\alpha\} \tag{24}$$

La matrice P^* apparaissant comme infimum d'un critère quadratique sous contrainte linéaire, on peut montrer que P^* est la valeur limite d'une équation de Riccati.

Dans le cas régulier (R définie positive) les algorithmes sont les suivants : ALGORITHME

<u>Le maximum</u> P^* <u>s'obtient en intégrant</u>

$$\begin{cases} \Sigma(o) = 0 \\ \dot{\Sigma} = F'\Sigma + \Sigma F + (H'-\Sigma G) R^{-1} (H-G'\Sigma) \end{cases} \tag{25}$$

<u>jusqu'à convergence vers la valeur d'équilibre</u> Σ_∞, <u>alors</u>

$$P^* = \Sigma_\infty^{-1} \; . \tag{26}$$

<u>Le minimum</u> P_* <u>s'obtient en intégrant</u>

$$\begin{cases} \Omega(o) = 0 \\ \dot{\Omega} = F\Omega + \Omega F' + (G-\Omega H') R^{-1} (G'-H\Omega) \end{cases} \tag{27}$$

jusqu'à convergence vers la valeur d'équilibre Ω_∞, alors

$$P_* = \Omega_\infty \tag{26}$$

Ces algorithmes sont stables et efficaces pour calculer des réalisations markoviennes (voir GERMAIN). Les méthodes initiales et plus anciennes pour trouver une réalisation markovienne sont dérivées des idées de factorisation spectrale. Alors que pour un processus scalaire les deux approches sont comparables, dans le cas multivariable les algorithmes que nous proposons semblent l'emporter nettement sur la complexité des factorisations de matrices rationnelles.

4 - APPLICATIONS

4.1 - Filtre statistique optimal

Rappelons que le problème du filtrage statistique consiste à calculer la meilleure estimée $\hat{x}(t)$ de $x(t)$ à partir des observations passées $y(\alpha)$, $\alpha \leq t$:

$$\hat{x}(t) = E\{x(t) \mid y(\alpha), \alpha \leq t\} \tag{29}$$

Pour un modèle markovien de la forme (4) à (6), l'algorithme de filtrage porte le nom de filtre de Kalman (voir KALMAN (1) et (2)) et s'écrit

$$\dot{\hat{x}} = F\hat{x} + K\left[y - H\hat{x}\right] \tag{30}$$

avec $K = (\Sigma H' + S)R^{-1}$ (31)

et Σ étant l'unique solution définie positive de l'équation de Riccati stationnaire du filtre.

$$F\Sigma + \Sigma F' - (\Sigma H' + S)R^{-1}(H\Sigma + S') + Q = 0. \tag{32}$$

Si l'on écrit les équations (30) et (5) sous la forme

$$\dot{\hat{x}} = F\hat{x} + TW \tag{33}$$

$$y = H\hat{x} + W \tag{34}$$

on voit que le filtre est une réalisation markovienne particulière caractérisée par

$$\begin{bmatrix} v \\ w \end{bmatrix} = \begin{bmatrix} TW \\ W \end{bmatrix} \tag{35}$$

Il est possible de montrer (voir FAURRE (4)) que cette réalisation markovienne particulière est P_* .

Ainsi donc la réalisation markovienne minimale P_* présente-t-elle la particularité d'être le filtre de Kalman.

4.2 - Implications pratiques

Lorsqu'on se trouve devant un problème concret de filtrage statistique pour lequel les modèles sont mal connus, le premier problème est celui de les obtenir par des méthodes statistiques.

Lorsqu'on cherche à obtenir un modèle markovien, deux approches sont utilisables :

i) une approche paramétrique : des hypothèses de structure et de dimension étant faites sur le processus, on estime au mieux les paramètres

ii) l'approche utilisant les algorithmes présentés dans ce papier, qui ne fait aucune autre hypothèse a priori que la stationnarité et qui consiste :

- à estimer la covariance du processus par des moyens d'analyse statistique
- à utiliser des algorithmes du type HO, RISSANEN qui génèrent les matrices $\{H,F,G,R\}$ représentant la covariance
- à utiliser les algorithmes présentés ci-dessus pour calculer une ou deux réalisations extrémales P^* ou P_* , ou toute combinaison convexe de ces deux là.

Ayant ainsi obtenu une réalisation markovienne, il est possible de calculer explicitement le filtre de Kalman.

On pouvait faire reproche à cette procédure d'avoir à résoudre successivement deux équations de Riccati, une pour obtenir la réalisation markovienne et une autre pour le filtre.

Or il ressort du résultat nouveau cité plus haut que la réalisation P_* n'est rien d'autre que le filtre, et donc que la résolution d'une seule équation de Riccati suffit pour résoudre le problème global réalisation markovienne et filtre.

BIBLIOGRAPHIE

B.D.O. ANDERSON - The Inverse Problem of Stationary Covariance Generation, J. of Statistical Physics, Vol. 1, No 1, P. 133-147, 1969.

S. ATTASI - Systèmes linéaires homogènes à deux indices, Rapport LABORIA (à paraitre)

A.E. BRYSON, M. FRAZIER - Smoothing for Linear and Nonlinear Dynamic Systems, Proc. Optimum System Synthesis conf., U.S. AIR Force Tech. Dept ASD-TDR, p. 63-119, Feb. 1963.

M. CLERGET - Systèmes linéaires positifs non stationnaires, Rapport LABORIA (à paraitre).

P. FAURRE, J.P. MARMORAT (1) - Un algorithme de réalisation stochastique, C.R. Acad. Sc. Paris, T. 268, Sér. A, p. 978-981, Avril 1969.

P. FAURRE (2) - Identification par minimisation d'une représentation markovienne de processus aléatoire, Symp. on Optimization, Nice, June 1969 édité par Springer-Verlag, Lecture Notes in Mathematics 132.

P. FAURRE, P. CHATAIGNER (3) - Identification en temps réel et en temps différé par factorisation de matrices de Hankel, Colloque Franco-Suédois sur la Conduite des Procédés, IRIA, Octobre 1971.

P. FAURRE (4) - Réalisations Markoviennes de Processus Stationnaires, Rapport LABORIA No 13, Mars 1973 (IRIA, Voluceau, 78-ROCQUENCOURT, FRANCE).

F. GERMAIN - Algorithmes continus de calcul de réalisations markoviennes. Cas singulier et stabilité, Rapport LABORIA (à paraitre).

B.L. HO, R.E. KALMAN - Effective Construction of Linear State Variable Models from Input/Output Data, Proc. 3 rd Allerton Conference, p. 449-459, 1965.

E. IRVING - Identification des Systèmes, II, Note EDF, HR 8202, 1968.

R.E. KALMAN (1) - A New Approach to Linear Filtering and Prediction Problems, Journal of Basic Engineering, p. 35-45, March 1960.

R.E. KALMAN, R.S. BUCY (2) - New Results in Linear Filtering and Prediction Theory, Journal of Basic Engineering, p. 95-108, March 1961.

R.E. KALMAN(3) - Linear Stochastic Filtering - Reappraisal and Outlook, Symposium on System Theory, Polytechnic Institute of Brooklyn, p. 197-205, April 1965.

T. KAILATH - An innovation approach to least square, estimation Part I-IV, IEEE Trans. AC. 13, 13, 16 et 16.

A.N. KOLMOGOROV - Sur l'interpolation et l'extrapolation des suites stationnaires C.R. Acad. Sc. Paris, 208, p. 2043-45, 1939.

V. POPOV - L'hyperstabilité des systèmes automatiques, Dunod, 1973.

J. RISSANEN - Recursive Identification of Linear Systems, J. SIAM Control, Vol. 9, No 3, p. 420-430, August 1971.

A.P. SAGE, J.L. MELSA - Estimation Theory with Applications to Communications and Control, Mc Graw Hill, 1971.

N. WIENER - Extrapolation, Interpolation and Smoothing of Stationary Time Series, The M.I.T. Press, 1949.

ESTIMATION DE PARAMETRES DISTRIBUES DANS DES EQUATIONS AUX DERIVEES PARTIELLES

G. CHAVENT

(Institut de Recherche d'Informatique et d'Automatique
et Université Paris IX - Dauphine)

La méthode présentée ici est conçue spécialement pour l'estimation de paramètres distribués dans des systèmes distribués. Elle utilise la théorie moderne du contrôle dans des espaces de fonctions, et consiste à minimiser un critère d'erreur (non quadratique en les paramètres) par une méthode de gradient ordinaire. Les avantages de cette façon de procéder sont les suivants :

- il n'est pas besoin de supposer que l'on connaît une forme algébrique des fonctions paramètres pour calculer le gradient par rapport à cette fonction.
- lorsqu'on désire tester diverses formes algébriques (chacune ne contenant que quelques paramètres inconnus), il suffit de modifier quelques cartes dans le programme, dont l'architecture reste inchangée.
- le calcul de ce gradient ne nécessite que la résolution de deux équations aux dérivées partielles, même lorsque l'inconnue est une fonction.
- la méthode est utilisable même si l'on ne possède que peu de points de mesures en temps ou en espace

Nous donnons des applications à l'estimation de fonctions des variables d'espace (dans des nappes d'eau et de pétrole) et à l'identification d'une fonction dépendant de la solution du système.

Communication présentée au Colloque International sur les Méthodes de Calcul Scientifique et Technique I.R.I.A., le Chesnay, 17-21 décembre 1973.

I - INTRODUCTION

Le problème de l'estimation des paramètres peut être posé comme un problème de contrôle optimal dans lequel le contrôle serait le paramètre à estimer, et où la fonction coût serait un critère quadratique d'erreur entre les mesures et les sorties calculées par le modèle. Il était donc naturel de transposer à l'estimation de paramètres distribués dans des systèmes distribués les méthodes d'analyse fonctionnelle développées par J.L. LIONS ([1], [2]) pour le contrôle des systèmes distribués. La différence principale est que, dans notre cas, la fonctionnelle minimiser n'est pas quadratique, de sorte que nombre de résultats de la théorie ne peuvent être transposés. Mais cette approche nous donne un algorithme de calcul du gradient, qui est systèmatique et efficace.

Au §II, nous rappelons quelques notations d'analyse fonctionnelle ; Au §III, nous esquissons la théorie ; Enfin le §IV donne trois applications numériques.

II - NOTATIONS

X et Y étant deux espaces de Banach, on notera :

X' et Y' les espaces duaux topologiques de X et Y

$\mathcal{L}(X,Y)$ l'espace des applications linéaires continues de X dans Y

$\|\|_X$ et $\|\|_Y$ les normes dans les espaces X et Y

si $A \in \mathcal{L}(X,Y)$ on notera par $A^* \in \mathcal{L}(Y',X')$ le transposé de A

$(\,,\,)_{X'X}$ sera utilisée pour la dualité entre X' et X

$(\,,\,)_X$ sera utilisée pour le produit scalaire dans X (lorsque X est un Hilbert naturellement).

Si Ω est un ouvert de $\mathbb{R}^n$, on introduit les espaces de fonctions sur Ω suivants :

$\mathcal{C}(\Omega)$ = espace des fonctions continues sur Ω

$L^\infty(\Omega)$ = espace des fonctions p.p. bornées sur Ω

$L^2(\Omega)$ = espace des fonctions de carré Lebesgue intégrable

$H^1(\Omega) = \{u \in L^2(\Omega) \mid \frac{\partial u}{\partial x_i} \in L^2(\Omega)\ i=1,2\dots n\}$

$H^1_o(\Omega) = \{u \in H^1(\Omega) \mid$ "u=o sur le bord Γ de Ω"$\}$.

Dans tout le reste de l'article, on écrira dérivable pour Fréchet-Dérivable.

III - THEORIE

Supposons que les équations gouvernant notre système soient de forme connue. Seuls sont inconnus, (ou mal connus) un ensemble de paramètres, qui peuvent être des nombres ou des fonctions.

L'équation d'état sera :

$$\psi(y,a) = f \qquad (1)$$

où (Y, $\mathcal{A}$ et F étant des Banach) :

$y \in Y$ est l'<u>état</u> du système

$a \in \mathcal{A}$ est l'ensemble des <u>paramètres inconnus</u>

$f \in F$ est le 2ème membre de l'équation d'état

ψ est une application <u>connue</u> de $Y \times \mathcal{A} \longrightarrow F$.

Nous supposerons qu'il existe une partie ouverte $\mathcal{A}_c \subset \mathcal{A}$ telle que :

Pour tout $a \in \mathcal{A}_c$, l'équation (1) a une solution et une seule $y \in Y$. Nous noterons cette solution $y(a)$. (2)

<u>Remarque 1</u> : Le temps n'apparaît pas explicitement dans l'équation (1). Cependant, $\mathcal{A}$ peut être un ensemble de fonctions du temps (cf par exemple les applications II et III) ; l'équation (1) contient donc aussi les systèmes dynamiques. ■

Pour estimer le paramètre a, il nous faut quelques informations supplémentaires sur le système (1). Introduisons pour cela un espace de Hilbert $\mathcal{H}$, qui sera notre espace des observations, et une application $\mathcal{C}$ de Y dans H. Bien que la théorie puisse être faite sans difficulté pour $\mathcal{C}$ non linéaire, mais continument dérivable, nous supposerons dans la suite pour des raisons de simplicité :

$$\mathcal{C} \in \mathcal{L}(Y;\mathcal{H}) \qquad (3)$$

Appelons $a_o \in \mathcal{A}_c$ la valeur exacte, mais inconnue des paramètres. L'observation consiste alors en un certain élément

$z \in \mathcal{H}$, supposé être une "mesure" de $\mathcal{C}y(a_o)$ (4)

On peut alors associer à tout paramètre $a \in \mathcal{A}_c$ une fonction coût J(a) par :

$$J(a) = \|\mathcal{C}y(a) - z\|^2_{\mathcal{H}} \quad \forall a \in \mathcal{A}_c \qquad (5)$$

Remarque 2 : Si l'on considère l'observation comme la sortie du système, cette fonction coût n'est rien d'autre que l'écart quadratique entre les sorties calculées et mesurées.

Nous pouvons alors formuler ainsi notre problème d'identification :

$$\left.\begin{array}{l}\text{trouver } \hat{a} \in \mathcal{A}_{ad} \text{ tel que :} \\ \quad J(\hat{a}) \leqslant J(a) \quad \forall a \in \mathcal{A}_{ad}\end{array}\right\} \qquad (6)$$

où

$\mathcal{A}_{ad}$ est l'ensemble de tous les paramètres admissibles, que l'on suppose être une partie fermée, et généralement bornée de $\mathcal{A}_c$. (7)

On peut alors se poser au moins trois questions :

i) Sous quelles conditions le problème (6) a-t-il au moins une solution ?
ii) Sous quelles conditions le problème (6) a-t-il au plus une solution ?
iii) Comment effectivement minimiser J ?

Il n'y a pas de réponse générale à la question i), tout au moins lorsque l'espace $\mathcal{A}$ des paramètres est de dimension infinie. Lorsque $\mathcal{A}$ est de dimension finie, on a le résultat suivant (trivial).

Proposition 1 : si :

- ψ est de classe C^1 de $Y \times \mathcal{A}_c \longrightarrow F$ (8)
- $\forall (y,a) \in Y \times \mathcal{A}_c$, $\frac{\partial \psi}{\partial y}(y,a)$ est inversible (9)
- $\mathcal{A}$ est de dimension finie

alors il existe au moins un $\hat{a} \in \mathcal{A}_{ad}$ qui minimise J. (10)

Démonstration : (2) (3) (8) et (9) et le théorème des fonctions implicites montrent que J est continue sur $\mathcal{A}_c$, et (7) et (10) entraînent que $\mathcal{A}_{ad}$ est compact.

La question ii) est importante du point de vue des applications. En effet, s'il n'y a qu'une solution $\hat{a}$ au problème (6), on peut espérer que, sous des hypothèses raisonnables, $\hat{a}$ sera "voisin" de a_o si z est "voisin de $\mathcal{C}y(a_o)$. Malheureusement, il n'y a là encore aucun résultat général d'unicité. Le cas général serait plutôt le cas de non-unicité. Pour avoir alors une idée de la confiance que l'on peut avoir en $\hat{a}$, on minimise J à partir de diverses valeurs initiales.

En ce qui concerne la question iii), nous avons heureusement des résultats qui nous permettront de calculer numériquement $\hat{a}$, même en l'absence de résultats théoriques d'existence et ou d'unicité.

La minimisation de J se fera par une méthode de gradient. Nous avons utilisé la méthode de steepest-descent ; En effet, la fonctionnelle J n'étant absolument pas quadratique, il n'est pas sûr que des méthodes plus élaborées (celles du gradient conjugué, ou de Fletcher Powell), utilisant le caractère supposé quadratique de la fonctionnelle, donnent un gain important (un test fait dans [5] entre steepest-descent et gradient conjugué les a mis à égalité. Mais si on le désire, n'importe quelle autre méthode utilisant le gradient peut être utilisée.

D'autre part, il faut choisir avec soin le mode de calcul du gradient de J. En effet, si a est une fonction, elle peut être représentée numériquement par sa valeur en de nombreux points, de telle sorte que le gradient de J peut avoir de nombreuses composantes (quelques centaines dans certaines applications) : le calcul de ce gradient par différences finies par exemple prendrait un temps prohibitif.

La réponse théorique est donnée par la

<u>Proposition 2</u> : sous les hypothèses (8) et (9), la fonctionnelle J est de classe C^1 de $\mathcal{A}_c \longrightarrow \mathbb{R}$. La dérivée $J'(a) \in \mathcal{A}'$ est donnée par :

$$J'(a).\delta a = \frac{\partial \psi}{\partial a}(y(a),a).\rho \quad \forall a \in \mathcal{A}_c, \quad \forall \delta a \in \mathcal{A} \tag{11}$$

où :

- $y(a) \in Y$ est <u>l'état</u> du système, solution de (1) avec la valeur a des paramètres inconnus
- $\rho \in F'$ est <u>l'état adjoint</u>, solution de :

$$\frac{\partial \psi}{\partial y}^{*}(y(a),a).\,\rho = -\,2\,\mathcal{C}^{*}\,\Lambda\,(\mathcal{C}y(a)-z) \tag{12}$$

où Λ représente l'isomorphisme canonique de $\mathcal{H}$ sur son dual $\mathcal{H}'$.

<u>Démonstration</u>.

D'après le théorème des fonctions implicites, l'application $a \longrightarrow y$ définie par (1) est dérivable de $\mathcal{A}_c \longrightarrow Y$, la dérivée en $a \in \mathcal{A}_c$ étant l'application qui, à $\delta a \in \mathcal{A}$ fait correspondre $\delta y \in Y$ solution de :

$$\frac{\partial \psi}{\partial y}(y,a)\,\delta y = -\,\frac{\partial \psi}{\partial a}(y,a).\delta a \tag{12 bis}$$

La différentielle δJ du critère J défini en (5) correspondant à une variation δa du paramètre s'écrit donc :

$$\delta J = 2(\mathcal{C}y(a)-z, \mathcal{C}\delta y)_{\mathcal{H}}$$

c.a.d.

$$\begin{aligned}\delta J &= 2(\Lambda(\mathcal{C}y(a)-z), \mathcal{C}\delta y)_{\mathcal{H}', \mathcal{H}} \\ &= 2(\mathcal{C}^* \Lambda(\mathcal{C}y(a)-z), \delta y)_{Y'Y}\end{aligned}$$

c.a.d.

$$\begin{aligned}\delta J &= -(\frac{\partial\psi}{\partial y}^*(y,a).\rho, \delta y)_{Y'Y} \\ &= (\rho, -\frac{\partial\psi}{\partial y}(y,a).\delta y)_{F'F}\end{aligned}$$

ce qui donne bien (11) en utilisant (12 bis). ∎

Voyons maintenant comment ce résultat nous permet pratiquement de calculer le gradient de la fonction J par rapport aux paramètres inconnus a. La formule (11) se réécrit :

$$\left.\begin{aligned}&J'(a).\delta a = (\rho, \frac{\partial\psi}{\delta a}(y(a),a).\delta a)_{F'F} \\ &\forall a \in \mathcal{A}_c \text{ et } \forall \delta a \in \mathcal{A}\end{aligned}\right\} \quad (13)$$

Nous distinguerons deux cas :

1er Cas <u>Il y a un nombre fini m de paramètres inconnus $a_1\ a_2 \ldots a_m$, c.a.d. $\mathcal{A} = \mathbb{R}^m$.</u>

Alors le dual $\mathcal{A}'$ de $\mathcal{A}$ peut être identifié à $\mathcal{A}=\mathbb{R}^m$ à l'aide du produit scalaire usuel. Et la formule (13) devient :

$$\left.\begin{aligned}&J'(a).\delta a = \sum_{j=1}^{m} \gamma_j\ \delta a_j \\ &\forall \delta a = (\delta a_1 \ldots \delta a_m) \in \mathbb{R}^m\end{aligned}\right\} \quad (14)$$

Au vu de la formule (14), on obtient les composantes du gradient de J par rapport au vecteur a :

$$\frac{\partial J}{\delta a_1}(a) = \gamma_1 \ ,\ldots,\ \frac{\partial J}{\delta a_m}(a) = \gamma_m \quad (15)$$

2ème cas — Le paramètre inconnu est une fonction a de la variable u, prenant ces valeurs dans un domaine borné $D \subset \mathbb{R}^p$.

La variable u peut être une des variables indépendantes du problème (l'espace ou le temps par exemple, cf. les applications 1 et 2), mais peut aussi être une des variables dépendantes du problème (l'état du système par exemple, cf. l'application 3).

$\mathcal{a}$ est alors un espace de dimension infinie et il n'y a alors plus, en général d'application de dualité de $\mathcal{a}$ sur son dual $\mathcal{a}'$. Prenons par exemple le cas suivant :

$$\mathcal{a} = \mathcal{C}(D).$$

Alors le gradient de J par rapport à a est dans $\mathcal{a}'$, qui est ici l'espace des mesures de Radon sur D, qui est bien plus "grand" que l'espace des fonctions continues sur D !

Heureusement, il se trouve que dans les applications pratiques, la mesure J'(a) est de la forme $\gamma(u)du$, où γ est une fonction Lebesgue intégrable sur D. Dans ce cas, la formule (13) devient :

$$J'(a).\delta a = \int_D \gamma(u)\delta a(u)du \quad \forall \delta a \in \mathcal{a} \tag{17}$$

(cette formule est à comparer avec la formule (14) : la somme discrète a été remplacée par une intégrale).

Cette fonction $\gamma(u)$, lorsqu'elle existe, s'appelle la dérivée partielle fonctionnelle de J par rapport à la fonction a :

$$\frac{\partial J}{\delta a}(u) = \gamma(u) \qquad \forall u \in D \tag{18}$$

(à comparer avec (15)).

Dans les deux cas, la proposition 2 nous permet de calculer d'un seul coup le gradient J par rapport à a (que ce gradient soit un vecteur $(\gamma_1 \ldots \gamma_m)$ ou une fonction $\gamma(u)$) à l'aide de y, ρ et de la formule (13). Le calcul numérique de ce gradient ne nécessite donc que deux résolutions de systèmes : l'équation directe (1), l'équation adjointe (12), cette dernière étant toujours linéaire.

Remarque 3 : $\frac{\partial J}{\delta a}(u)$ est en général une fonction bien moins régulière que a(u) : on ne peut donc appliquer rigoureusement une méthode de gradient au cas continu ! ■

Remarque 4 : $\frac{\partial J}{\partial a}$ (u) est le gradient de J par rapport à la fonction a, sans aucune hypothèse sur la forme algébrique de cette fonction a.

Mais si pour des raisons physiques ou pratiques, on désire chercher a(u) sous la forme :

$$a(u) = \alpha\,(u, \beta_1 \ldots \beta_k) \tag{19}$$

où $\alpha(u, \beta_1 \ldots \beta_k)$ est une fonction connue de u et de k paramètres inconnus $\beta_1 \ldots \beta_k$, il est immédiat de calculer $\frac{\partial J}{\partial \beta_j}$, j=1,2,k à partir de $\gamma(u)$:

$$\frac{\partial J}{\partial \beta_j}(\beta) = \int_D \gamma(u) \frac{\partial \alpha}{\partial \beta_j}(u, \beta_1 \ldots \beta_k)\, du \qquad j=1,2..k \tag{21}$$

Remarque 5 : Supposons qu'un programme ait été écrit en vue de l'identification de a en tant que fonction de u, sans aucune spécification de forme algébrique. A chaque itération de gradient, le programme modifie le paramètre a suivant (l'équivalent discret de) la formule :

$$a^{n+1}(u) = a^n(u) - \rho \frac{\partial J}{\partial a}(a^n)(u) \tag{22}$$

Supposons que l'on désire modifier le programme pour chercher a sous la forme (19), où α est supposée être linéaire par rapport aux paramètres β . Il faut que β soit modifié suivant le schéma :

$$\beta^{n+1} = \beta^n - \rho \frac{\partial J}{\partial \beta}(\beta^n) \tag{23}$$

Mais grâce à la linéarité de α par rapport à β , la forme (13) est strictement équivalente à :

$$a^{n+1}(u) = a^n(u) - \rho\alpha\left(u, \frac{\partial J}{\partial \beta}(\beta^n)\right) \tag{24}$$

où a^n et a^{n+1} sont de la forme (19).

En comparant (22) à (24), on voit que les seules modifications à faire dans le programme consistent à insérer, juste après que la fonction $\frac{\partial J}{\partial a}(a^n)(u)$ ait été calculée :

- le calcul de $\frac{\partial J}{\partial \beta}(\beta^n)$ par la formule (21) (quadratures)
- le stockage, dans la mémoire assignée à $\frac{\partial J}{\partial a}(a^n)(u)$, de la fonction $\alpha(u, \frac{\partial J}{\partial \beta}(\beta^n))$.

Tout le reste du programme reste inchangé. Ceci facilite l'essai de différentes formes algébriques pour la fonction a.

Donnons maintenant les applications numériques, qui j'espère éclaireront les considérations précédentes.

IV - APPLICATIONS

Dans tout ce paragraphe :

$\Omega \subset \mathbb{R}$ ou $\mathbb{R}^2$	sera un domaine spatial borné, de frontière Γ, $x \in \Omega$ sera la variable d'espace,
$]0T[\subset \mathbb{R}$	sera l'intervalle de temps sur lequel on observera les phénomènes dynamiques, $t \in]0T[$ étant la variable de temps,
$y \in \mathbb{R}$	sera la variable dépendante (c.a.d. la solution des équations).

1ère Application : Identification de la perméabilité d'un aquifère dans la région de Bordeaux.

Nous voulons ajuster le modèle d'un aquifère statique dans un domaine carré à deux dimensions d'espace.

Les équations du système sont :

$$\left.\begin{array}{l} -\dfrac{\partial}{\partial x_1}\left(a(x)\dfrac{\partial y}{\partial x_1}\right) - \dfrac{\partial}{\partial x_2}\left(a(x)\dfrac{\partial y}{\partial x_2}\right) = f(x) \text{ dans } \Omega \\ y = g \quad \text{sur} \quad \Gamma \end{array}\right\} \tag{25}$$

où

. y est la pression de l'eau au point $x \in \Omega$

. a(x) est la perméabilité inconnue de l'aquifère (supposé isotrope) au point $x = (x_1 x_2) \in \Omega$

. f(x) est une fonction connue de $x=(x_1,x_2) \in \Omega$, liée au débit q_j et à la position du $j^{\text{ième}}$ puits par :

$$f(x) = \sum_{j=1}^{43} q_j \chi_j(x) \tag{26}$$

où $\chi_j(x)$ est une fonction caractérisant la géométrie et la position du $j^{\text{ième}}$ puits par :

$$\chi_j(x) = \begin{cases} 0 \text{ si } x \text{ n'appartient pas au } j^{\text{ième}} \text{ puits} \\ \text{une constante si } x \text{ appartient au } j^{\text{ième}} \text{ puits} \end{cases}$$

la constante étant choisie telle que :

$$\int_\Omega \chi_j(x)dx = 1.$$

. g est la pression connue sur la frontière Γ de Ω .

Nous supposons ici que nous avons une observation distribuée, c.a.d. que nous connaissons une fonction z(x), qui est une mesure de la fonction y(x). En pratique, dans le cas considéré ici, z(x) a été déduite par interpolation des isopiezes représentées sur la fig. 1 (mais on aurait pu éviter cette interpolation). La fonction g est obtenue de la même façon. La fonction coût associée à a est alors :

$$J(a) = \int_\Omega (y(x,a) - z(x))^2 \, dx_1 \, dx_2 \tag{27}$$

Nous allons maintenant faire rentrer ce problème dans le cadre théorique utilisé au §III. En remplaçant dans (25) y par $y-\tilde{y}$, où $\tilde{y}$ est un relèvement de g dans Ω , nous sommes ramenés à un système de la même forme que (25), mais avec g=o.

Nous supposons :

$$a \in L^\infty(\Omega) \qquad f \in L^2(\Omega) \tag{28}$$

et nous identifions $L^2(\Omega)$ avec son dual, et $H^1_o(\Omega)$ à un sous espace de $L^2(\Omega)$. Alors $L^2(\Omega)$ peut être identifié à un sous espace du dual $[H^1_o(\Omega)]'$ de $H^1_o(\Omega)$:

$$H^1_o(\Omega) \subset L^2(\Omega) \subset [H^1_o(\Omega)]' \tag{29}$$

On peut alors associer à toute fonction $a \in L^\infty(\Omega)$ un opérateur linéaire A(a) allant de $H^1_o(\Omega)$ dans $[H^1_o(\Omega)]'$ par :

$$(A(a)u,v) = \int_\Omega a(x) \sum_{i=1}^{2} \frac{\partial u}{\partial x_i}\frac{\partial v}{\partial x_i} \, dx \quad \forall u, v \in H^1_o(\Omega) \tag{30}$$

On sait alors qu'une formulation faible de l'équation (25) (avec g=o) est donnée par :

$$\left.\begin{array}{l}\text{trouver } y \in H_o^1(\Omega) \text{ tel que} \\ A(a)y = f\end{array}\right| \quad (31)$$

L'équation (31) est l'équation d'état. Elle est de la forme (1) où $Y = H_o^1(\Omega)$, $\mathcal{A} = L^\infty(\Omega)$ et $F = [H_o^1(\Omega)]'$, et où

$$\psi \text{ est l'application : } (y,a) \in Y \times \mathcal{A} \rightarrow A(a).y \in F \quad (32)$$

La partie $\mathcal{A}_c$ de $\mathcal{A}$ pour laquelle l'équation (31) admet une solution unique est ici :

$$\mathcal{A}_c = \{ a \in L^\infty(\Omega) \mid \exists \alpha > o,\ a(x) \geq \alpha > o \text{ p.p. sur } \Omega \} \quad (33)$$

L'ensemble $\mathcal{A}_{ad}$ des paramètres admissibles introduits en (7) peut être défini ici par :

$$\mathcal{A}_{ad} = \{ a \in L^\infty(\Omega) \mid a_{Max} \geqslant a(x) \geqslant a_{min} \text{ p.p. sur } \Omega \} \quad (34)$$

où a_{Max} et a_{min} sont des bornes supérieures et inférieures connues des perméabilités.

En ce qui concerne l'observation, nous prendrons ici :

$$\mathcal{H} = L^2(\Omega) \quad \mathcal{C} = \text{injection canonique de } H_o^1(\Omega) \text{ dans } L^2(\Omega) \quad (35)$$

de telle sorte que la fonctionnelle J définie en (27) coïncide avec celle en (5).

On vérifie facilement que les hypothèses de la proposition 2 sont satisfaites, et on obtient la

Proposition 3 : Sous les hypothèses (28), la fonctionnelle J définie en (27) est dérivable par rapport à $a \in L^\infty(\Omega)$, et J'(a) est donnée par :

$$J'(a)\delta a = (A(\delta a)y,p) \qquad \forall a \in \mathcal{A}_c,\ \forall \delta a \in \mathcal{A} \quad (37)$$

où $p \in H_o^1(\Omega)$ est l'état adjoint, solution de

$$A(a)\, p = -\,2\,(y-z) \quad (38)$$

Compte tenu de (30), (37) se réécrit :

$$J'(a)\,\delta a = \int_\Omega \delta a(x) \sum_{i=1}^{2} \frac{\partial y}{\partial x_i}\frac{\partial p}{\partial x_i}\, dx \qquad \forall \delta a \in L^\infty(\Omega) \quad (39)$$

ce qui prouve que la dérivée partielle fonctionnelle $\frac{\partial J}{\partial a}(x)$ existe et a pour expression :

$$\frac{\partial J}{\partial a}(x) = \sum_{i=1}^{2} \frac{\partial y}{\partial x_i}(x) \frac{\partial p}{\partial x_i}(x) \quad \in L^1(Q) \tag{40}$$

Cette formule nous permet de calculer numériquement aisèment $\frac{\partial J}{\partial a}$, lorsque nous connaissons y, solution de (31), c.a.d. solution faible de (25), et p, solution de (38), c.a.d. solution faible de :

$$\left\{ \begin{array}{l} -\frac{\partial}{\partial x_1}\left(a(x_1 x_2)\frac{\partial p}{\partial x_1}\right) - \frac{\partial}{\partial x_2}\left(a(x_1 x_2)\frac{\partial p}{\partial x_2}\right) = -2(y(x_1 x_2) - z(x_1 x_2)) \text{ dans } \Omega \\ p = o \text{ sur } \Gamma \end{array} \right. \tag{41}$$

Resultats numériques : Les données[1] sont regroupées sur la figure 1.

Le domaine Ω était discrétisé en 20X20 points. La fontion inconnue $a(x_1 x_2)$ était discrétisée sur cette grille (il y avait donc 400 paramètres scalaires inconnus). A chaque itération de gradient, les équations (25) et (41) étaient résolues de façon classique par différences finies. Puis la fonction $\frac{\partial J}{\partial a}(x)$ était évaluée en chaque noeud de la grille par différences finies à partir de l'équation (40).

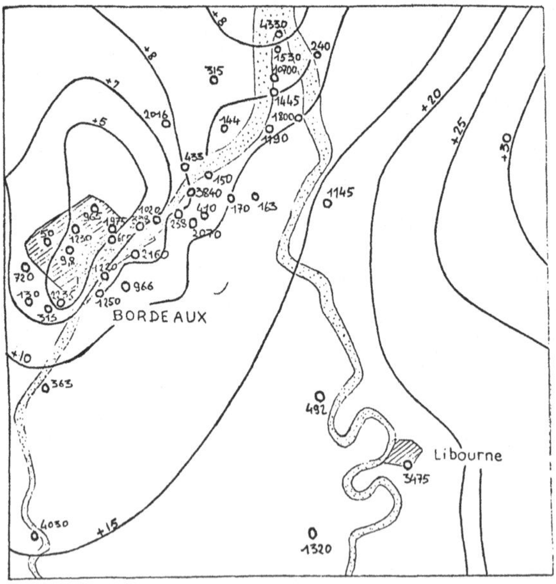

Fig. 1 : Les données du problème d'identification.

(1) Nous remercions le "Centre d'Informatique Géologique et Minière" de l'Ecole des Mines de Fontainebleau, qui nous a fourni ces données et nous a autorisé à les publier.

Ensuite, un algorithme de plus grande descente était utilisé pour mettre à jour a avec une détermination approchée du ρ optimal à chaque pas.

Comme nous n'avions aucune idée de l'ordre de grandeur de la perméabilité a, nous avons commencé par chercher a(x) sous forme d'une constante (cf. Remarque 5). En partant de $a^o=150$, nous sommes ainsi arrivés à a=1622 en 9 itérations de gradient et 25 s d'IBM 360-91.

Puis, partant de la fonction a(x) constante et égale à 1622, nous avons obtenu la fonction a(x) représentée sur la figure 2 en 5 itérations de gradient et 22S d'IBM 360-91.

La pression y correspondant aux perméabilités $a(x_1x_2)$ de la figure 2 est représentée sur la figure 3 (à comparer avec la figure 1).

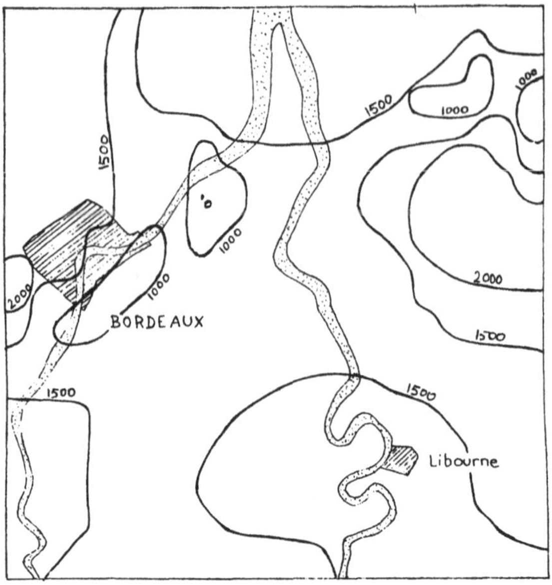

<u>Fig. 2</u> : Carte des Transmissivités
a(x) fournies par l'algorithme.

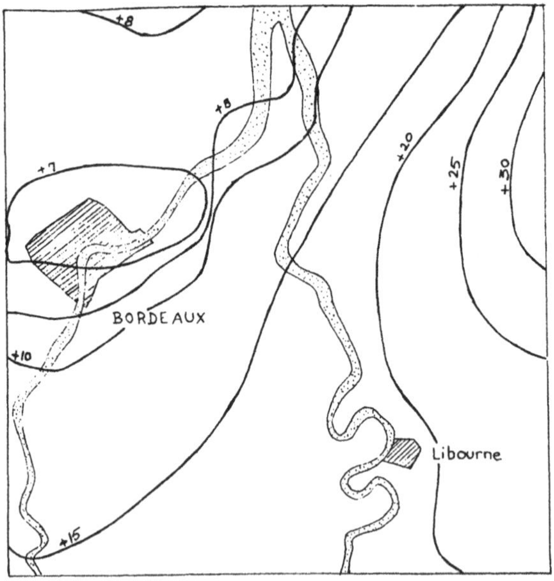

<u>Fig. 3</u> : Carte des isopiezes calculées.

2ème Application : Identification de la perméabilité d'un gisement de pétrole en production monophasique.

Le gisement est le domaine Ω représenté sur la fig. 4. L'équation d'état pour la pression $y(x,t)$ est :

$$\left.\begin{array}{l} \frac{\partial y}{\partial t} - \sum_{i=1}^{2} \frac{\partial}{\partial x_i}\left(a(x)\frac{\partial y}{\partial x_i}\right) = f(x,t) \quad \text{dans } \Omega \times \left]0T\right[\\ \frac{\partial y}{\partial n} = 0 \text{ sur } \Gamma \text{ (condition de Neumann)} \\ y(x,o) = y_o(x) \text{ sur } \Omega \text{ (condition initiale)} \end{array}\right\} \quad (42)$$

où

$a(x)$ représente la perméabilité inconnue du champs de pétrole, supposé isotrope,

$f(x,t)$ est une fonction connue de la forme (26), où les débits q_j dépendent maintenant du temps,

$y_o(x,t)$ est la pression initiale dans le gisement, connue.

Nous disposons ici de moins de mesures de pression que dans l'exemple précédent : seule la pression moyenne dans chacun des 11 puits est supposée mesurée à chaque instant t [(1)], d'où onze fonctions du temps $z_j(t)$ $j=1,2...11$.

La fonction coût naturelle est ici :

$$J(a) = \sum_{j=1}^{11} \int_0^T \left[\int_\Omega \chi_j(x) y(x,t;a)dx - z_j(t)\right]^2 dt \quad (43)$$

De même que pour l'exemple précédent, ce problème peut rentrer dans le cadre théorique du §III, en utilisant la théorie variationnelle des équations aux dérivées partielles, et on peut appliquer la proposition 2. Pour plus de détail concernant ces questions théoriques, cf. [3][4].

Les formules (13) et (12) deviennent :

$$J'(a).\delta a = \int_\Omega \left[\int_0^T \sum_{i=1}^{2} \frac{\partial y}{\partial x_i}\frac{\partial p}{\partial x_i} \, dt\right] \delta a(x)dx \quad \forall \delta a \in L^\infty(\Omega) \quad (44)$$

(1) En fait, c'est là une hypothèse irréaliste (il faut fermer le puits pour mesurer la pression...). La méthode s'adapte très facilement à des mesures de pressions discrètes en temps, cf. [6].

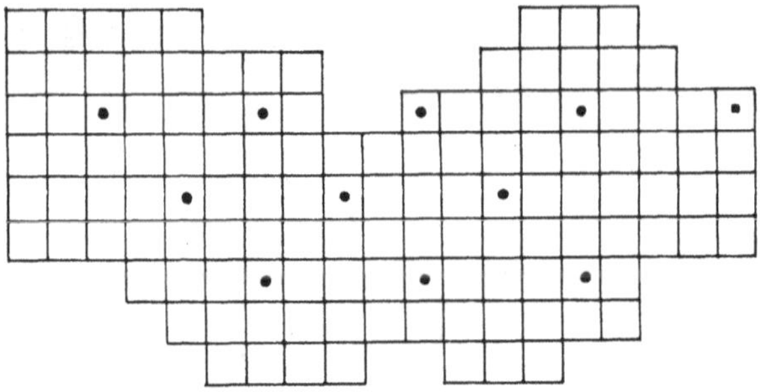

Fig. 4 : Discrétisation adoptée pour le gisement. Les points noirs représentent les puits de pétrole.

Ensuite, un algorithme de plus grande descente était utilisé pour mettre à jou a avec une détermination approchée du ρ optimal à chaque pas.

Comme nous n'avions aucune idée de l'ordre de grandeur de la perméabilité a, n avons commencé par chercher a(x) sous forme d'une constante (cf. Remarque 5). En pa tant de a^o=150, nous sommes ainsi arrivés à a=1622 en 9 itérations de gradient et 25 s d'IBM 360-91.

Puis, partant de la fonction a(x) constante et égale à 1622, nous avons obtenu la fonction a(x) représentée sur la figure 2 en 5 itérations de gradient et 22S d'IBM 360-91.

La pression y correspondant aux perméabilités $a(x_1x_2)$ de la figure 2 est représentée sur la figure 3 (à comparer avec la figure 1).

50	167	250	250	250	0	0	0	0	0	0	0	0	300	300	300	0	0	0
50	180	180	250	250	100	30	30	0	0	0	0	575	500	600	600	575	0	0
50	180	180	180	250	100	160	30	0	0	12	3	600	920	920	900	600	500	100
50	180	180	280	280	100	20	20	3	3	3	800	300	300	300	300	500	100	100
167	250	280	280	9	254	254	254	3	3	400	600	800	600	900	300	350	50	50
280	280	280	280	254	254	254	254	254	200	320	100	400	300	300	100	50	100	100
0	0	0	200	254	254	254	254	254	200	320	320	300	300	300	10	0	0	0
0	0	0	0	250	254	254	254	254	100	200	320	320	300	300	10	0	0	0
0	0	0	0	0	200	200	200	200	0	0	100	200	10	0	0	0	0	0

Fig. 5 : Valeurs exactes de la perméabilité.

199	196	196	202	199	0	0	0	0	0	0	0	0	203	219	201	0	0	0
198	185	158	219	232	216	58	188	0	0	0	0	208	259	360	276	220	0	0
196	134	180	293	290	81	160	32	0	0	12	3	500	502	920	609	460	424	100
197	185	137	201	210	197	6	173	141	187	3	228	311	404	584	460	274	266	196
199	196	189	193	198	209	238	71	3	17	182	204	800	290	331	258	350	65	186
199	199	198	196	201	219	298	225	36	186	221	203	199	207	148	242	152	168	196
0	0	0	200	207	249	254	277	214	197	320	212	188	133	300	188	0	0	0
0	0	0	0	200	206	245	216	200	192	206	177	185	158	169	196	0	0	0
0	0	0	0	0	200	203	202	199	0	0	195	196	'94	0	0	0	0	0

Fig. 6 : Valeurs calculées de la perméabilité.

(à comparer avec (17) et (39)) où y est la solution de (42), et où p (l'état adjoint) est solution de

$$\left\{\begin{array}{l} -\frac{\partial p}{\partial t} - \sum_{i=1}^{2} \frac{\partial}{\partial x_i}\left(a(x)\frac{\partial p}{\partial x_i}\right) = -2 \sum_{j=1}^{11} \chi_j(x)\left[\int_{\Omega} \chi_j(x)\; y(x,t)dx - z_j(t)\right] \\ \frac{\partial p}{\partial n} = 0 \text{ sur } \Gamma \text{ (condition de Neumann) dans } \Omega \times \left]0T\right[\qquad (45) \\ p(x,T) = 0 \text{ sur } \Omega \text{ (condition finale).} \end{array}\right.$$

Ainsi la formule (44) montre que la dérivée partielle fonctionnelle $\frac{\partial J}{\partial a}(x)$ existe dans cet exemple, et permet de la calculer aisément à partir de y et p.

Résultats numériques : Dans le cadre d'un contrat de recherche entre l'IRIA-LABORIA et l'IFP, cette théorie a été appliquée à des données fournies par l'IFP (Institut Français du Pétrole). Nous remercions l'IFP de l'autorisation de publier ces résultats.

Le gisement est inclus dans un rectangle de 8x16,8 km, et discrétisé en 127 mailles (le pas d'espace étant de 884 m). L'historique de production (c.a.d. les fonctions $q_j(t)$) couvre 2070 jours (soit 5 ans) par pas de 23 j. Il est connu (bien que non représenté ici).

La pression initiale est connue, constante et égale à 482 kg/cm^2. Les mesures de pression $z_j(t)$ sont simulées en intégrant l'équation (42) avec les perméabilités "exactes" de la figure 5. En outre, les perméabilités exactes sont connues dans toutes les mailles contenant des puits. Nous pouvons prendre en compte cette information très facilement.

La valeur initiale des perméabilités a été choisie égale à 200 mdm partout, sauf dans les mailles contenant un puits, où la valeur exacte et connue fut imposée.

A chaque itération, les systèmes (42) et (45) étaient résolus par un schéma aux différences finies classique (une simulation durait 0,5 s de CDC 7600), puis $\frac{\partial J}{\partial a}$ était évalué en chaque noeud par (44), puis mis à zéro pour tous les noeuds où se trouvait un puits.

Les perméabilités obtenues après 12 itérations de gradient et 50 s de CDC 7600 sont indiquées figure 6. L'erreur quadratique moyenne sur la pression sur tous les puits était de 1,19 kg/cm^2.

Les pressions calculées et observées sont représentées, pour les deux puits ayant le meilleur et le plus mauvais écart quadratique moyen, sur les figures 7 et 8

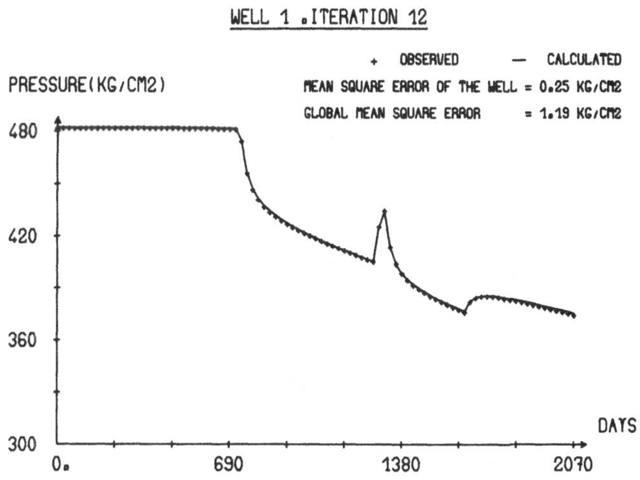

Fig. 7 : Pressions mesurées et calculées au puits numéro 1.

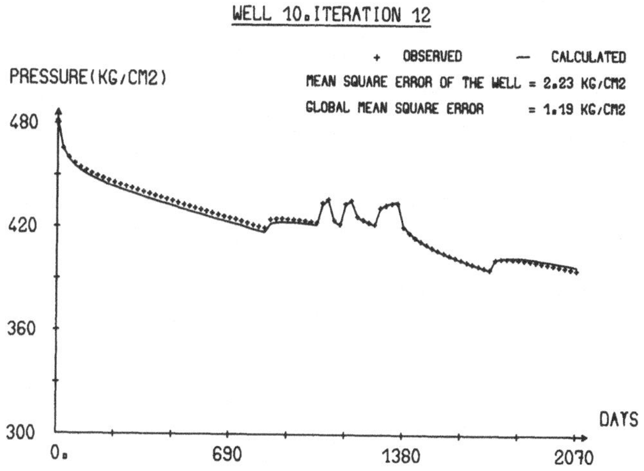

Fig. 8 : Pressions mesurées et calculées au puits numéro 10.

En comparant les figures 5 et 6, on constate que les perméabilités obtenues sont assez différentes des perméabilités "exactes".

Ceci provient de ce qu'il n'y a aucun résultat d'unicité de la solution du problème inverse dans notre exemple. Dans certaines régions, a(x) est resté près de sa valeur initiale de 200 mdm (en particulier sur la frontière et dans les zones où il y a peu de puits actifs) : ceci signifie simplement que les perméabilités, dans ces régions ont peu d'influence sur les mesures de pressions, et donc ne peuvent pas être déterminées à partir de ces mesures.

Dans d'autres régions (en particulier dans les zones où figurent des puits actifs) on constate que les perméabilités se sont déplacées dans la bonne direction, et que leur ordre de grandeur correspond bien à celui des perméabilités exactes.

3ème Application: Identification de la non-linéarité dans une équation parabolique quasi linéaire.

Considérons, sur le domaine spatial $\Omega =]0 1[$, l'équation parabolique suivante

$$\begin{cases} \frac{\partial y}{\partial t} - \frac{\partial}{\partial x}\left(a(y)\frac{\partial y}{\partial x}\right) = f(x,t) \quad \text{dans } \Omega \times]0T[\\ y = g \text{ sur } \Gamma \times]01[\quad \text{(conditions de Dirichlet)} \\ y(x,o) = y_o(x) \text{ sur } \Omega \text{ (conditions initiales).} \end{cases} \tag{46}$$

Les fonctions f, g et y_o sont supposées connues, et nous voulons estimer la fonction $y \longrightarrow a(y)$. Le système (46) peut représenter un processus de diffusion de chaleur mono dimensionnel avec une conductibilité thermique dépendant de la température.

La solution y(x,t) de (46) est mesurée, à chaque instant $t \in]0T[$, en 5 points $x_1 \ldots x_5$ de l'intervalle $]01[$. On obtient ainsi cinq fonctions du temps $z_1(t) \ldots z_5(t)$.

La fonction coût est naturellement :

$$J(a) = \sum_{j=1}^{5} \int_0^T (y(x_j,t;a) - z_j(t))^2 \, dt \tag{47}$$

D'un point de vue théorique, ce problème est plus difficile que les deux précédents, car l'équation (46) n'est pas linéaire. En particulier, nous ne savons pas faire rentrer ce problème dans le cadre général du §III. On peut cependant démontrer directement (cf. [7]) que la fonctionnelle J est Fréchet-dérivable. Nous n donnons ici que les résultats formels, sans préciser la nature de l'espace des paramètres $\mathcal{A}$ et de l'espace des solutions Y.

On peut donc montrer que :

$$\begin{cases} \forall \delta a \in \mathcal{A} \\ J'(a)\delta a = \int_{\Omega}\int_{0}^{T} \delta a(y(x,t)) \frac{\partial y}{\partial x}(x,t) \frac{\partial p}{\partial x}(x,t)dx\, dt \end{cases} \tag{48}$$

où y(x,t) est la solution de (46), et <u>p(x,t) est l'état adjoint</u>, solution de

$$\begin{cases} -\frac{\partial p}{\partial t} - a(y(x,t)) \frac{\partial^2 p}{\partial x^2} = -2 \sum_{j=1}^{5} \delta(x-x_j)\ (y(x_j,t) - z_j(t)) \\ p = 0 \text{ sur } \Gamma \times]0T[\\ p(x,T) = 0 \quad \text{(condition finale).} \end{cases} \tag{49}$$

En posant :

$$\varphi(x,t) = \frac{\partial y}{\partial x}(x,t) \frac{\partial p}{\partial x}(x,t) \qquad \forall x,t \in \Omega \times]0T[\tag{50}$$

l'équation (49) devient :

$$\begin{cases} \forall \delta a \in \mathcal{A} \\ J'(a).\delta a = \int_{\Omega}\int_{0}^{T} \delta a(y(x,t))\, \varphi(x,t)\, dx\, dt \end{cases} \tag{51}$$

En comparant (51) avec (17) qui donne la forme canonique de $J'(a).\delta a$, nous constatons que (51) ne nous donne pas la dérivée partielle fonctionnelle $\gamma(z)$ de J par rapport à a(z), définie par

$$\begin{cases} \forall \delta a \in \mathcal{A} \\ J'(a).\delta a = \int_{y_m}^{y_M} \delta a(z)\ \gamma(z)dz \end{cases} \tag{52}$$

où y_m et y_M sont des bornes inférieures et supérieures connues de la solution y de (46).

Nous distinguerons ici deux cas :

1er cas : Si nous supposons que a(y) est une fonction de forme connue, avec seulement un nombre fini de paramètres inconnus $\beta_1 \ldots \beta_k$ (cf. remarque 4, où x=y). Il est alors facile de calculer le gradient de J par rapport à β à partir de (51) :

$$\frac{\partial J}{\partial \beta_j}(\beta) = \int_{\Omega}\int_{0}^{T} \frac{\partial \alpha}{\partial \beta_j}(y(x,t), \beta_1 \ldots \beta_k)\, \varphi(x,t)dx\, dt \qquad j=1,2\ldots k \tag{53}$$

Ainsi lorsque la fonction $\varphi(x,t)$ a été calculée numériquement (ce qui suppose que les deux systèmes (46) et (49) ont été résolus), le calcul du gradient de J par rapport à β ne nécessite que k quadratures. En outre la remarque 5 s'applique ici avec de légères modifications.

2ème cas : Nous ne supposons aucune forme algébrique pour la fonction $y \longrightarrow a(y)$: il nous faut donc trouver une façon de mettre (51) sous la forme (52).

Définissons, pour tout nombre réel ζ :

$$Q_\zeta = \{(x,t) \in \Omega \times]0T[\mid y(x,t) \geqslant \zeta\} \tag{54}$$

et

$$\eta(\zeta) = \int_{Q_\zeta} \varphi(x,t)dx\,dt \tag{55}$$

La formule (51) devient alors :

$$\begin{cases} \forall \delta a \in \mathcal{a} \\ J'(a)\delta a = \int_{y_m}^{y_M} \delta a(\zeta)d\eta(\zeta) \end{cases} \tag{56}$$

Ce qui, en comparant à (52) donne :

$$\frac{\partial J}{\partial a}(a)\ (y) = \gamma(y) = \eta'(y) \tag{57}$$

Ces formules nous permettent donc de calculer la dérivée partielle fonctionnelle de J par rapport à la fonction $y \longrightarrow a(y)$.

Résultats numériques :

Le domaine $\Omega =]01[$ était discrétisé en 20 intervalles de longueur 0,05, et l'intervalle $]0T[$ en 40 pas de longueur 0,025. La fonction f était une combinaison linéaire de masses de dirac discrètes aux points $x_1=0,1$ $x_2=0,3$ $x_3=0,5$ $x_4=0,7$ $x_5=0,9$.

La valeur initiale de y était constante, et la fonction exacte $a_o(y)$ utilisée pour simuler les données était :

$$a_o(y) = 0,21 - 0,28\ y + 0,7\ y^2 \tag{58}$$

Les bornes inférieures et supérieures de y choisies étaient :

$$y_m = 0,3 \qquad\qquad y_M = 2$$

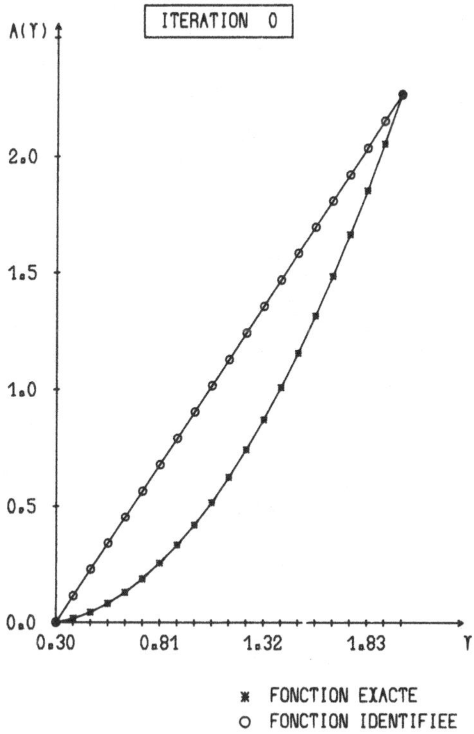

Fig. 9 : Valeur initiale et valeur exacte de la fonction a(y).

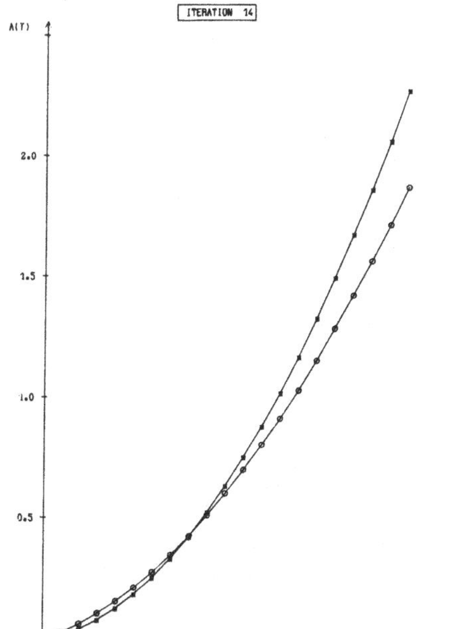

Fig. 10 : Recherche sous forme d'un polynôme du 2è degré. Fonction obtenue après 4 itérations.

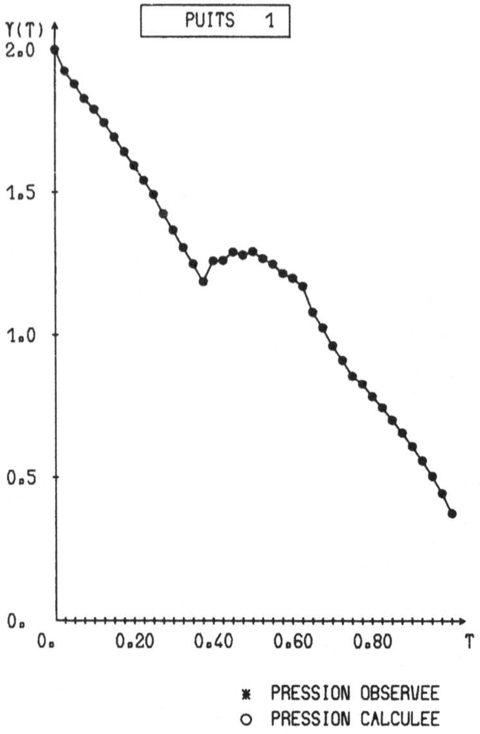

Fig. 11 : Pressions mesurées et calculées au puits 1.

et l'intervalle $]y_m, y_M[$ était divisé en 20 sous-intervalles de longueur Δ :

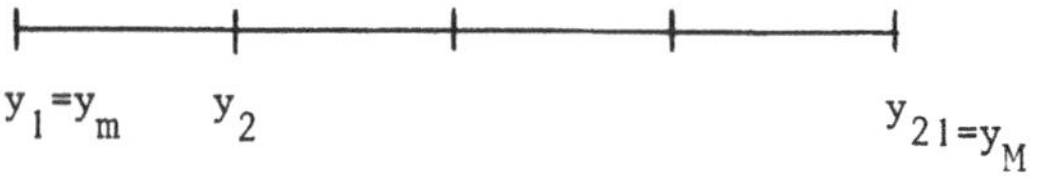

et la fonction a(y) était représentée sur cet intervalle par une fonction continue linéaire par morceaux :

$$a(y) = \sum_{j=1}^{20} (a_j + \frac{1}{\Delta}(y-y_j)(a_{j+1}-a_j))\chi_j(y) \qquad (60)$$

où :

$$\begin{cases} \chi_j(y) = \begin{cases} 1 \text{ si } y \in [y_j, y_{j+1}[\\ 0 \text{ sinon} \end{cases} \\ a_j = \text{représentation discrète de } a(y_j). \end{cases} \qquad (61)$$

Le système était ensuite intégré avec la valeur "exacte" a_o de la fonction a, par un schéma aux différences finies du type prédicteur-correcteur, ce qui fournissait les observations $z_j(t)$ j=1,2...5.

Pour retrouver la fonction a(y), nous utilisons ensuite une méthode classique de gradient (steepest-descent) avec détermination approchée du ρ optimal et projection sur un polyedre convexe $\mathcal{A}_{ad}$.

Tout d'abord, nous avons cherché a(y) sous forme d'un polynôme de degré 2 (3 inconnues scalaires), le gradient par rapport à 3 coefficients était calculé par (53).

Comme la fonction a doit être positive (si l'on veut que l'équation (46) ait une solution !) l'ensemble convexe $\mathcal{A}_{ad}$ de R^3 fut déterminé en écrivant que, en chaque point de discrétisation $y_j \in [y_m, y_M]$, le polynôme $a(y_j)$ devait être positif (21 contraintes linéaires).

La valeur initiale et les fonctions a(y) obtenues après 14 itérations de gradient sont montrées sur les figures 9 et 10. Après 32 itérations, la fonction obtenue est identique à la fonction exacte (58). Les sorties calculées et mesurées correspondantes sont montrées pour le point x_1 sur la figure 11.

Nous avons ensuite cherché a(y) sous la forme (60) d'une fonction continue linéaire par morceaux (21 paramètres inconnus).

La dérivée $\frac{\partial J}{\partial a_j}$ est calculée à partir de (57) pour chaque j, ce qui nécessite une intégration numérique d'une fonction (liée à la fonction φ définie en (50)) sur le domaine $Q_{y_{j+1}} - Q_{y_j}$ pour chaque j.

i) Nous avons d'abord supposé que nous ne connaissions rien sur a, si ce n'est que c'est une fonction positive (a est une fonction positive "libre") :

$$\mathcal{a}_{ad} = \{ a \mid a_j \geqslant 0 \quad j=1,2\ldots 21 \} \tag{62}$$

Il est facile de projeter sur ce convexe !

La valeur initiale était celle de la figure 9, et la fonction a(y) obtenue après 20 itérations de gradient est montrée sur la figure 12.

ii) Nous avons ensuite supposé que nous avions quelques informations sur la dérivée seconde de la fonction $y \longrightarrow a(y)$:

$$\mathcal{a}_{ad} = \{ a \mid a_j \geqslant 0, j=1,2\ldots 21, \quad -m_j \leqslant \frac{a_{j+1}-2a_j+a_{j-1}}{\Delta^2} \leqslant M_j \quad j=2,3\ldots 20 \} \tag{63}$$

où les m_j et M_j sont des nombres positifs donnés. Des informations de ce genre sont souvent connues des physiciens (ils peuvent connaître le sens de la concavité d'une non linéarité par exemple), et nous pouvons ici les prendre en compte facilement.

Les résultats correspondant à la valeur initiale de la figure 9 et à différents m_j et M_j sont représentés sur les figures 13 et 14.

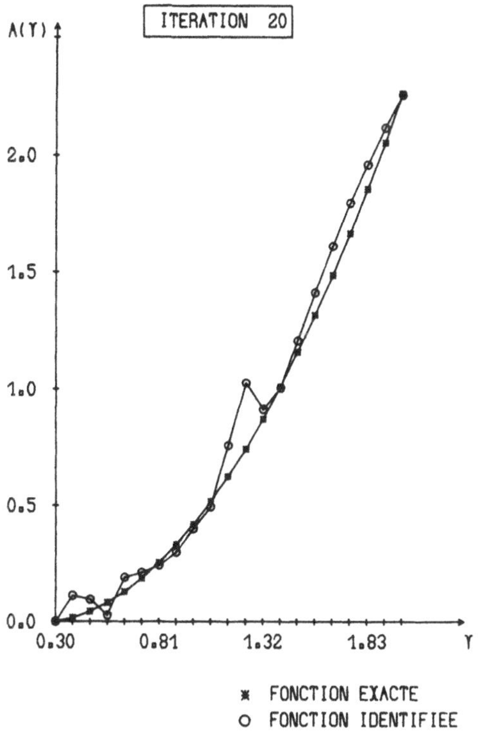

Fig. 12 : Recherche de a(y) sous forme libre.

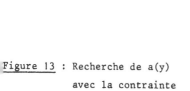

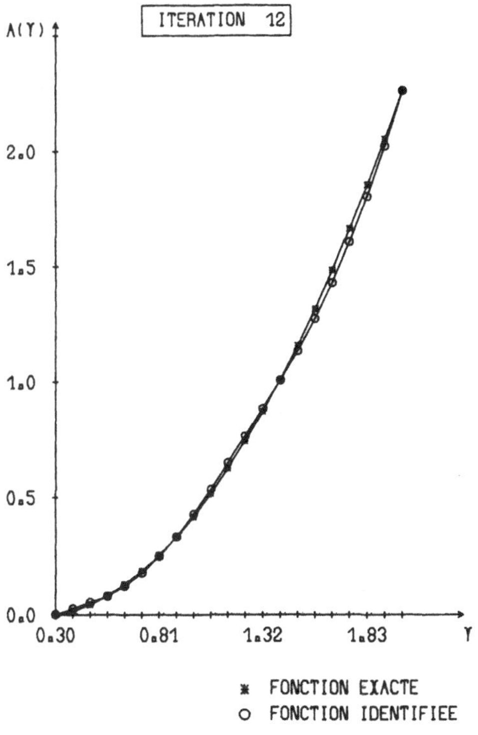

Figure 13 : Recherche de a(y) avec la contrainte $|a''(y)| \leqslant 5$.

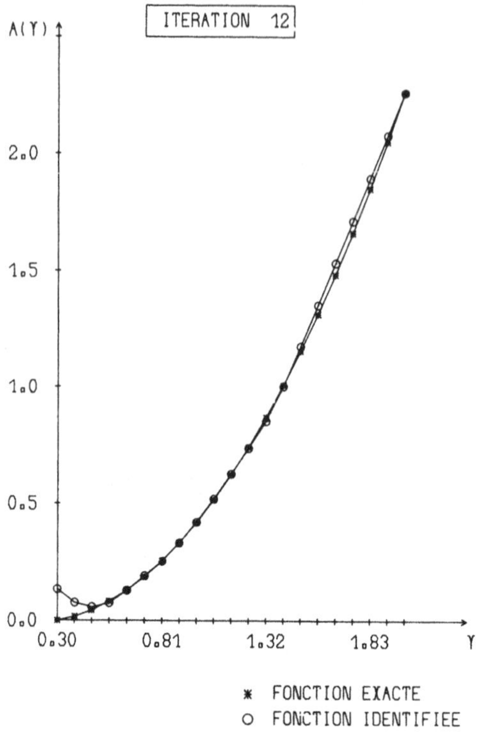

Fig. 14 : Recherche de a(y) avec la contrainte $0 \leq a''(y) \leq 5$.

V - CONCLUSION

Nous avons essayé de convaincre le lecteur qu'il est possible, lorsqu'on rencontre des fonctions inconnues dans la modélisation d'un système, d'éviter toute hypothèse sur la forme algébrique de cette fonction, et ceci jusqu'au traitement numérique, en utilisant la dérivée partielle fonctionnelle.

En outre, dans le cas où l'on recherche une fonction d'une forme algébrique donnée, la dérivée partielle fonctionnelle est un intermédiaire très souple et permettant de changer de forme algébrique à moindre frais.

L'utilisation de l'opérateur d'observation $\mathcal{C}$, dont on demande seulement la dérivabilité, nous permet de prendre en compte les mesures effectuées sur le système sans avoir à leur faire subir de traitement préalable important.

Cette approche est systèmatique, et peut être appliquée à de nombreux autres domaines. De nombreux exemples sont étudiés dans [5].

VI - REFERENCES

[1] LIONS J.L. Contrôle optimal de systèmes gouvernés par des équations aux dérivées partielles. Dunod 1968.

[2] LIONS J.L. Quelques méthodes de résolution de problèmes aux limites non linéaires. Dunod Gauthier Villars Paris 1969.

[3] CHAVENT G. Sur une Méthode de résolution du Problème inverse dans les Equations aux dérivées partielles paraboliques. Note CRAS Paris, T.260 Déc. 1969.

[4] CHAVENT G. Deux résultats sur le problème inverse dans les équations aux dérivées partielles du 2ème ordre en t et sur l'unicité de la solution du problème inverse de la diffusion. Note CRAS. Paris t. 270, Janvier 1970.

[5] CHAVENT G. Analyse fonctionnelle et Identification de coefficients répartis dans les équations aux dérivées partielles. Thèse d'Etat. Paris 1971.

[6] CHAVENT G., DUPUY M., LEMONNIER P. History Matching by use of optimal control theory. Full Meeting of SPE, Las Vegas 1973.

[7] CHAVENT G., LEMONNIER P. Identification de la non linéarité dans une équation parabolique quasi linéaire. A paraître dans "Applied Mathematics and Optimization, an international Journal".

ADAPTATION DE LA METHODE DU GRADIENT A UN PROBLEME D'IDENTIFICATION DE DOMAINE

J. CEA, A. GIOAN, J. MICHEL

Université de NICE

1. POSITION DU PROBLEME

On donne un ensemble D compact dans $\mathbb{R}^n$, une famille d'ouverts réguliers dont les fonctions caractéristiques décrivent un ensemble E, une application $J : E \to \mathbb{R}$, $u \mapsto J(u)$ qui $\forall u,v \in E$ admet le développement limité suivant :

(1.1) $$J(v) = J(u) + T_1(u,v-u) + T_2(u,v)$$

(1.2) $$T_1(u,\varphi) = \int_D G(u).\ \varphi\ dx$$

(1.3) $$G(u) \in L^\infty(D) \quad , \quad ||G(u)||_{L^\infty(D)} \leq g < +\infty$$

(1.4) $$|T_2(u,v)| \leq \frac{1}{2} M\ ||v-u||^2_{L^1(D)}$$

Tous les ouverts utilisés appartiendront à la famille considérée ; on se pose alors le problème suivant : déterminer u tel que

(1.5) $$\begin{cases} u \in E \\ J(u) \leq J(v) \qquad \forall v \in E \end{cases}$$

Dans de nombreux exemples, <u>ce problème admet au moins une solution</u> ; une famille d'ouverts, compacte pour la topologie $L^2(D)$, a été proposée par D. CHENAIS [3] : Il s'agit d'ouverts qui vérifient une propriété uniforme de cone. Dans cette conférence, nous allons nous intéresser essentiellement au problème de l'approximation d'une solution.

Notons que ce type de problème s'apparente à la programmation non linéaire en nombres entiers en dimension infinie ou finie selon qu'on s'occupe du problème initial ou au problème discrétisé ;

l'idée d'utiliser les méthodes actuelles de programmation en nombres entiers a été rejetée par leurs auteurs devant le coût excessif de ces méthodes, dans les problèmes qui nous intéressent, pour obtenir $J(v)$ il faut commencer par résoudre deux problèmes d'équations aux dérivées partielles !

Il semble donc nécessaire d'essayer d'adapter les méthodes classiques de descente à ce genre de problème : c'est l'objet de cette conférence ; nous allons voir comment nous pouvons modifier les différents " choix " dans la méthode du type gradient afin de pouvoir l'utiliser dans le contexte actuel .

Pour bien montrer l'analogie avec le cas Hilbertien, nous allons comparer les définitions et les choix avec ceux faits dans le cas du problème " parallèle " suivant : $\hat{E}$ est un espace de Hilbert dont le produit scalaire est noté $((\ ,\ ))$ $\hat{J} : \hat{E} \to \mathbb{R}$, $\hat{J}$ vérifie

$$(1.6) \quad \begin{cases} \hat{J}(v) = \hat{J}(u) + \hat{T}_1(u,v-u) + \hat{T}_2(u,v) \\ \hat{T}_1(u,\varphi) = ((\hat{G}(u),\varphi)) , \quad \hat{G}(u) \in \hat{E} \\ |\hat{T}_2(u,v)| \leq \frac{1}{2} M \, ||v-u||^2 \end{cases}$$

Au préalable, rappelons quelques définitions et résultats (cf J. CEA, A. GIOAN, J. MICHEL [2]) .

DEFINITION 1.1 . -

i) J atteint en u un minimum local, si il existe $r > 0$ tel que

$$J(u) \leq J(v) \quad \forall v , \quad ||v-u||_{L^1(D)} \leq r$$

ii) u est un point critique de J si il existe $r > 0$ tel que

$$(1.7) \qquad T_1(u,v-u) \geq 0 \quad \forall v , \quad ||v-u||_{L^1(D)} \leq r$$

iii) soit $\theta > 0$; u est un point θ - critique si il existe $r(\theta) > 0$ tel que $\lim\limits_{\theta \to 0} \dfrac{\theta}{r(\theta)} = 0$ et que

$$(1.8) \qquad T_1(u,v-u) \geq -\theta , \quad \forall v , \quad ||v-u||_{L^1(D)} \leq r(\theta)$$

Analogie :

ii) si u vérifie

$$\hat{T}_1(u,v-u) \geq 0 \quad \forall v \quad , \quad ||v-u||_{\hat{E}} \leq r$$

alors, en choisissant $v - u = - r \frac{\hat{G}(u)}{||\hat{G}(u)||}$, il vient $\hat{G}(u) = 0$

iii) si u vérifie

$$\hat{T}_1(u,v-u) \geq - \theta \quad \forall v \quad , \quad ||v-u||_{\hat{E}} \leq r(\theta) \quad ,$$

en choisissant $v-u = - r(\theta) \frac{\hat{G}(u)}{||\hat{G}(u)||}$ il vient : $||\hat{G}(u)|| \leq \frac{\theta}{r(\theta)}$

et si θ est " assez petit ", $||\hat{G}(u)||$ l'est aussi ∎

Notons ceci : (1.8) et les hypothèses (1,2),...,(1.4) entraînent :

$$J(v) \geq J(u) - \theta - \frac{1}{2} Mr^2(\theta) \quad \forall v \quad , \quad ||v-u||_{L^1(D)} \leq r(\theta)$$

On peut bien entendu supposer que $r(\theta) \to 0$ avec θ ; on peut donc écrire l'inégalité précédente sous la forme :

$$(1.9) \quad \begin{cases} J(v) \geq J(u) - r(\theta)\, \psi(\theta) \quad \forall v \quad , \quad ||v-u|| \leq r(\theta) \\ \lim\limits_{\theta \to 0} \psi(\theta) = 0 \quad , \quad \psi(\theta) > 0 \end{cases}$$

Donc (1.8) entraîne (1.9) ; réciproquement, une relation du type (1.9) entraîne une relation du type (1.8) ; on aurait donc pu définir un point θ-critique à l'aide de (1.9) .

PROPOSITION 1.1 -

i) une condition nécessaire et suffisante pour que u soit un point critique de J est que

$$(1.10) \quad \begin{cases} G(u)(x) \geq 0 \quad \text{pour presque tout } x \text{ tel que } u(x) = 0 \\ G(u)(x) \leq 0 \quad \text{pour presque tout } x \text{ tel que } u(x) = 1 \end{cases}$$

ii) si J admet un minimum local en u , alors u est un point critique de J .

Nous pouvons maintenant étudier <u>la méthode du gradient qui va nous permettre de construire des points θ - critique, pour θ aussi petit qu'on le veut</u>

2 . METHODE DU GRADIENT

<u>DEFINITION 2.1</u> . - soient $r > 0$, $0 < \theta < \frac{\pi}{2}$

i) $w_r - u$ est une " direction opposée au gradient " en u si :

$$(2.1)\quad \begin{cases} w_r \in E , \quad \|w_r - u\|_{L^1(D)} \leq r \\ \\ T_1(u,w_r - u) \leq T_1(u,v-u) \quad \forall v \in E , \quad \|v-u\| \leq r \end{cases}$$

ii) $w_r - u$ est une " direction non presque orthogonale au gradient " en u (cf. J. CEA [1]) si :

$$(2.2)\quad \begin{cases} w_r \in E , \quad \|w_r - u\|_{L^1(D)} \leq r \\ \\ \frac{1}{\cos\theta} T_1(u,w_r - u) \leq T_1(u,v-u) \quad \forall v \in E , \quad \|v-u\| \leq r \end{cases}$$

<u>Analogie</u> :

i) si w_r vérifie

$$w_r \in \hat{E} , \quad \|w_r - u\|_{\hat{E}} \leq r$$

$$\hat{T}_1(u,w_r - u) \leq \hat{T}_1(u,v-u) \quad \forall v \in \hat{E} , \quad \|v-u\| \leq r$$

alors $$w_r - u = - r . \frac{\hat{G}(u)}{\|\hat{G}(u)\|}$$

ii) dans ce cas w_r vérifie

$$- r \|\hat{G}(u)\| \leq (\hat{G}(u),w_r - u) \leq - r \cos\theta \|\hat{G}(u)\| .$$

Afin d'étudier le cas où il n'existe pas w_r vérifiant (2.2) , introduisons, pour u fixé, les nombres j_r :

$$j_r = \inf_{||v-u|| \leq r} T_1(u,v-u)$$

clairement $j_o = 0$ et j_r est décroissante ; de plus, en utilisant l'hypothèse (1.3) : $||G(u)||_{L^\infty(D)} \leq g < +\infty$, on démontre facilement le

LEMME 2.1 . -

(2.3) $$|j_r - j_s| \leq g\,|r-s| \qquad \forall r,s \geq 0$$ ▮

Soient $r > 0$, $0 < \theta < \frac{\pi}{2}$; si $j_r < 0$ alors

$$j_r < j_r \operatorname{Cos} \theta < 0$$

et par définition de j_r , il existe w_r tel que

(2.2)' $$j_r \leq T_1(u,w_r - u) \leq j_r \operatorname{Cos} \theta$$

c'est-à-dire qu'il existe w_r vérifiant (2.2)

si $j_r = 0$ alors

$$0 \leq T_1(u,v-u) \qquad \forall v \in E \quad , \qquad ||v-u|| \leq r$$

et par suite u est un point critique : on a donc démontré le

LEMME 2.2 . - soient $r > 0$, $0 < \theta < \frac{\pi}{2}$. Alors on a les 2 éventualités exclusives suivantes :

- u est un point critique
- $j_r < 0$ et il existe w_r vérifiant (2.2)

l'analogie avec le cas hilbertien est évidente. ▮

DEFINITION 2.2 . - Soient $\varepsilon_1, \varepsilon_2, \theta$ vérifiant $0 < \varepsilon_1 < \frac{1}{M}$, $0 < \varepsilon_2 < \frac{1}{2}$, $0 < \theta < \frac{\pi}{2}$; nous dirons qu'on a fait un choix convergent de r (cf. J. CEA [1]) lorsqu'il existe $r > 0$ et w_r vérifiant (2.2) et (2.4) :

(2.4) $$-\frac{r^2}{\varepsilon_1} \leq T_1(u,w_r - u) \leq -\frac{M}{2(1-\varepsilon_2)}\, r^2$$

où M désigne la constante qui s'introduit dans l'hypothèse (1.4) .

Analogie . Supposons, pour simplifier, que w_r vérifie (2.1) (au lieu de (2.2)) et (2.4) : dans le cas Hilbertien, on aurait :

$$(2.1)' \qquad w_r - u = - r \frac{\hat{G}(u)}{||\hat{G}(u)||} = - \rho \, \hat{G}(u)$$

et

$$- \frac{r^2}{\varepsilon_1} \leq \hat{T}(u, w_r - u) \leq - \frac{M}{2(1-\varepsilon_2)} r^2$$

ou encore

$$- \frac{\rho^2}{\varepsilon_1} ||\hat{G}(u)||^2 \leq - \rho \, ||\hat{G}(u)||^2 \leq - \frac{M}{2(1-\varepsilon_2)} \rho^2 \, ||\hat{G}(u)||^2$$

c'est-à-dire

$$(2.4)' \qquad \varepsilon_1 \leq \rho \leq \frac{2}{M} (1-\varepsilon_2)$$

ce qui correspond bien à un choix convergent de ρ (cf J. CEA [1]) . ∎

Nous allons démontrer le

LEMME 2.3 . - Pour $\varepsilon_1, \varepsilon_2, \theta$ fixés de manière que l'inégalité suivante ait lieu

$$(2.5) \qquad M\varepsilon_1 \leq 2(1-\varepsilon_2) \operatorname{Cos} \theta$$

on a les 2 possibilités suivantes :

i) u est un point $\dfrac{Mr^2}{2(1-\varepsilon_2) \operatorname{Cos} \theta}$ - critique pour tout $r > 0$

ii) il existe un choix convergent de r

Démonstration . - Avec (2.2)' et (2.4) on vérifie immédiatement que l'existence d'un choix convergent de r est induite par l'existence de r vérifiant :

$$(2.6) \qquad \begin{cases} r > 0 \\ - \dfrac{r^2}{\varepsilon_1} \leq j_r < j_r \,.\, \operatorname{Cos} \theta \leq - \dfrac{M}{2(1-\varepsilon_2)} r^2 \end{cases}$$

Puisque $j_r \geq - gr$, $\forall r \geq 0$, si $r \geq \tilde{r} = g\,\varepsilon_1$

on a $j_r \geq - \frac{r^2}{\varepsilon_1}$ et donc une des inégalités de (2.6) est satisfaite

$\forall r \geq \tilde{r} > 0$.

<u>Si</u> il existe $r > 0$ tel que $j_r = - \frac{r^2}{\varepsilon_1}$ alors en utilisant (2.5) , on montre que

$$- \frac{r^2}{\varepsilon_1} = j_r < j_r \operatorname{Cos} \theta \leq - \frac{M}{2(1-\varepsilon_2)} r^2$$

et <u>ce choix est convergent</u>.

Sinon, en utilisant la continuité de j_r en fonction de r (cf Lemme 2.1) et le fait que $j_{\tilde{r}} > - \frac{\tilde{r}^2}{\varepsilon_1}$, il vient : $\forall r$ $j_r > - \frac{r^2}{\varepsilon_1}$ et donc <u>pour chaque r</u>

<u>on a exclusivement une des 3 possibilités suivantes</u>

j) $- \frac{r^2}{\varepsilon_1} \leq - \frac{M}{2(1-\varepsilon_2)} r^2 < j_r < j_r \operatorname{Cos} \theta$

jj) $- \frac{r^2}{\varepsilon_1} < j_r \leq - \frac{M}{2(1-\varepsilon_2)} r^2 < j_r \operatorname{Cos} \theta$

jjj) $- \frac{r^2}{\varepsilon_1} < j_r < j_r \operatorname{Cos} \theta \leq - \frac{M}{2(1-\varepsilon_2)} r^2$

la $3^{\text{ième}}$ donne un choix de r convergent ; si elle n'a pas lieu, alors $\forall r$ on a l'une des 2 premières possibilités ; dans les 2 cas, on a $\forall r$

$$\frac{Mr^2}{2(1-\varepsilon_2) \operatorname{Cos} \theta} \leq j_r$$

ce qui conduit au cas i) du lemme 2.3 . ∎

Soit w_r , s'il existe vérifiant (2.2) et (2.4) : on a alors

$$J(w_r) \leq J(u) + T_1 (u, w_r - u) + \frac{M}{2} ||w_r - u||^2$$

$$J(w_r) \leq J(u) - \frac{M}{2(1-\varepsilon_2)} r^2 + \frac{M}{2} r^2$$

ou encore

$$J(w_r) + \frac{M\,\varepsilon_2}{2(1-\varepsilon_2)} r^2 \leq J(u) \qquad (2.7)$$

∎

Nous sommes maintenant en mesure de décrire l'algorithme du gradient :

ALGORITHME 2.1 . -

a) On donne $u_o \in E$

b) Supposons u_n calculé, alors

α) il existe un choix $r = r_n$ convergent : on pose

$$u_{n+1} = w_{r_n}$$

β) il n'existe pas de choix convergent : l'algorithme prend fin. ∎

On va démontrer le :

THEOREME 2.1 . - Sous les hypothèses (1.1),...,(1.4), (2.5), $-\infty < \inf_{v \in E} J(v)$, on a les 2 cas suivants :

i) l'algorithme 2.1 s'arrête pour $n = N$; alors u_N est un point $\dfrac{Mr^2}{2(1-\varepsilon_2)\operatorname{Cos}\theta}$ - critique pour tout $r \geq 0$

ii) l'algorithme 2.1 continue indéfiniment et alors $\forall n$, u_n est un point $\dfrac{-r_n^2}{\varepsilon_1 \operatorname{Cos}\theta}$ - critique où r_n vérifie

$$\lim_{n \to +\infty} r_n = 0 \quad . \tag{2.8}$$

Démonstration . - Si à partir de u_n on ne peut pas trouver un choix convergent de r, le point i) du lemme 2.3 nous donne le point i) du théorème 2.1 Supposons maintenant qu'il existe un choix convergent de r $\forall n$: on a alors avec (2.7)

$$J(u_{n+1}) + \frac{M\,\varepsilon_2}{2(1-\varepsilon_2)}\, r_n^2 \leq J(u_n) \tag{2.9}$$

et puisque les $J(u_n)$ sont bornés inférieurement, il vient (2.8) ; mais r_n étant un choix convergent de r, on a en particulier

$$-\frac{r_n^2}{\varepsilon_1 \operatorname{Cos}\theta} \leq T_1(u_n, v-u_n) \quad \forall v \in E \quad , \quad ||v-u_n|| \leq r_n \quad . \tag{2.10}$$

Cela finit d'établir le point ii) du Théorème. ∎

Remarque 2.1 . - L'introduction de ε_1 sert uniquement à conclure dans le cas ii) du théorème 2.1 .

3 . UN CAS PARTICULIER .

On donne une partition de D à l'aide de sous domaines ouverts Δ_i , $i \in J$, tels que

$$\Delta_i \cap \Delta_j = \emptyset \qquad \forall i,j \in J \quad , \quad i \neq j$$

$$D = \bigcup_{i \in J} \overline{\Delta}_i$$

Nous supposerons que J a un nombre fini N d'éléments .

On désigne par χ_i la fonction caractéristique de Δ_i , $i \in J$ et notre famille E est maintenant définie par

$$v \in E \iff v = \sum_{i \in I} \chi_i$$

où I est un sous ensemble quelconque de J .

Dans ce contexte, le nombre d'éléments de E étant fini,et de plus l'inégalité suivante ayant lieu

$$r_n \geq \operatorname{Inf}_{i \in J} ||\chi_i||_{L^1(D)}$$

l'application de l'algorithme 2.1 ne peut pas conduire à la relation (2.9) pour tout n , donc dans le théorème 2.1 seul le point i) aura lieu ; dans ces conditions, compte tenu de la remarque 2.1 , on pourra choisir $\varepsilon_1 = 0$. ∎

Nous allons limiter notre étude à la mise en oeuvre pour la recherche d'un choix convergent de r , l'algorithme étant inchangé ; nous allons retrouver ainsi un algorithme proposé par J. CEA, A. GIOAN, J. MICHEL [2] .

Pour faciliter l'exposé, nous supposerons que

$$\tau = ||\chi_i||_{L^1(D)} \quad , \quad \forall i \in J$$

Soient $u, v \in E$

$$u = \sum_{i \in I} \chi_i$$

$$v = \sum_{i \in K} \chi_i \quad .$$

En introduisant $I^- = I \cap \complement K$, $I^+ = \complement I \cap K$ on a

$$K = (I / I^-) \cup I^+$$

Ainsi, à partir de u , donc de I , on peut définir un élément $v \in E$ en se donnant 2 ensembles I^+ et I^- tels que $I^+ \subset \complement I$, $I^- \subset I$; de plus

$$v - u = \sum_{i \in I^+} \chi_i - \sum_{i \in I^-} \chi_i$$

et donc

$$(3.1) \qquad ||v-u||_{L^1(D)} = \text{Card } (I^+ \cup I^-) \cdot \tau$$

Soit $u \in E$, on a :

$$T_1 (u,v-u) = \sum_{i \in I_+} \int_{\Delta_i} G(u)(x)\, dx - \sum_{i \in I_-} \int_{\Delta_i} G(u)(x)\, dx$$

et en posant

$$(3.2) \qquad t_i = \varepsilon_i \int_{\Delta_i} G(u)(x)\, dx \quad , \quad \varepsilon_i = \begin{cases} +1 & \text{si } i \in I \ , \\ -1 & \text{si } i \in \complement I \end{cases}$$

il vient

$$(3.3) \qquad T_1 (u,v-u) = - \sum_{i \in I^+ \cup I^-} t_i \quad . \blacksquare$$

On est en mesure de présenter la recherche d'un choix convergent de r : <u>commençons par définir une " direction opposée au gradient "</u> (cf. définition 2.1). Soit $r = \ell\, \tau$ et repérons w_r à l'aide de I_ℓ^+ et I_ℓ^- avec $\ell = \text{card } I_\ell^+ \cup I_\ell^-$ la relation (2.1) devient, compte tenu de (3.3) :

$$(3.4)\qquad \begin{cases} I_\ell^+ \subset \complement I\ , \quad I_\ell^- \subset I\ , \quad \ell = \operatorname{card} I_\ell^+ \cup I_\ell^- \\ \displaystyle\sum_{i \in I_\ell^+ \cup I_\ell^-} t_i \geq \sum_{j \in I^+ \cup I_\ell^-} t_j \\ \forall\, I^+, I^- \text{ tels que } I^+ \subset \complement I\ , \quad I^- \subset I\ , \quad \ell = \operatorname{card} I^+ \cup I^- \end{cases}$$

la relation (3.4) nous montre ce qu'il faut faire : commençons par classer les t_i :

$$t_{i_1} \geq t_{i_2} \geq \cdots \geq t_{i_N} \qquad .$$

Dans ces conditions (3.4) est équivalente à

$$(3.5)\qquad \begin{cases} I_\ell^+ \cup I_\ell^- = \{i_1, i_2, \ldots, i_\ell\} \\ I_\ell^+ \subset \complement I\ , \quad I_\ell^- \subset I \end{cases} \qquad .$$

<u>Définissons maintenant un choix convergent de r</u> , où ce qui revient au même de ℓ : la relation (2.4) devient ici, compte tenu de ce qui a été dit sur ε_1 :

$$(3.6)\qquad \sum_{j=1}^{\ell} t_{i_j} \geq \frac{M\, \ell^2\, \tau^2}{2(1-\varepsilon_2)} \qquad .$$

Naturellement, plusieurs valeurs de ℓ pourront être des choix convergents de ℓ : d'après l'inégalité (2.9) qui s'écrit ici

$$J(u_{n+1}) + \frac{M\, \varepsilon_2\, \ell^2\, \tau^2}{2(1-\varepsilon_2)} \leq J(u_n)$$

il semble qu'on ait intérêt à choisir la plus grande valeur de ℓ pour laquelle (3.6) a lieu .

BIBLIOGRAPHIE

[1] CEA J. - OPTIMISATION : Théorie et Algorithmes - DUNOD, PARIS 1971

[2] CEA J., GIOAN A., MICHEL J., - Quelques résultats sur l'identification de domaines - CALCOLO, 1973

[3] CHENAIS D., - On the existence of a solution in a domain identification problem, article proposé à " Journal of Mathematical Analysis and Applications "

[4] KOENIG M., ZOLESIO J.P., - Localisation d'un domaine de $\mathbb{R}^n$; article propos à " Applied Mathematics & Optimization "

[5] RABOIN P., - Problème d'optimisation dans lequel la variable est une partie de la frontière - Colloque d'Analyse Numérique - LA COLLE-SUR-LOUP, France, 1973.

APPLICATION DE LA METHODE DES ELEMENTS FINIS A LA RESOLUTION D'UN PROBLEME DE DOMAINE OPTIMAL

D. Bégis
I.R.I.A. 78, Rocquencourt, France

R. Glowinski
Université de PARIS VI, 75230 Cedex 05, France.

INTRODUCTION

Dans cet exposé, qui prolonge Bégis-Glowinski [1] , on considère l'Analyse umérique d'un problème de domaine optimal, assez élémentaire, relatif à un phénomè-e de diffusion bidimensionnel (i.e. gouverné par une équation aux dérivées partiel-es elliptique). La fonction d'état est approchée à l'aide d'éléments finis quadri-atéraux et le problème approché correspondant est résolu, soit par une méthode de radient avec projection, soit par la méthode de Franck et Wolfe ; ces deux méthodes écessitent la résolution, à chaque itération, de l'équation d'état et de l'équation 'état adjointe, toutes deux approchées par la même méthode d'éléments finis. Des ésultats numériques sont présentés et analysés. Pour des démonstrations complètes es résultats mentionnés dans cet exposé, on renvoie à Bégis-Glowinski [2] .

Le plan est le suivant :

1. Formulation du problème d'optimisation.
2. Formulation variationnelle de l'équation d'état.
3. Un théorème d'existence.
4. Remarques sur l'unicité.
5. Equivalence avec un problème d'identification sur un domaine fixe.
6. Une approximation par éléments finis quadrilatéraux.
7. Convergence des solutions approchées.
8. Conditions nécessaires d'optimalité pour le problème continu.
9. Conditions nécessaires d'optimalité pour le problème approché.
0. Une méthode de gradient avec projection.
1. Une méthode de type Franck et Wolfe.
2. Applications.

Conclusion.

1. FORMULATION DU PROBLEME D'OPTIMISATION.

Soit $\Omega \subset \mathbb{R}^2$ un domaine avec $\partial\Omega = \Gamma = \bigcup_{i=1}^{4} \Gamma_i$, comme indiqué sur la figure 1.

Fig. 1

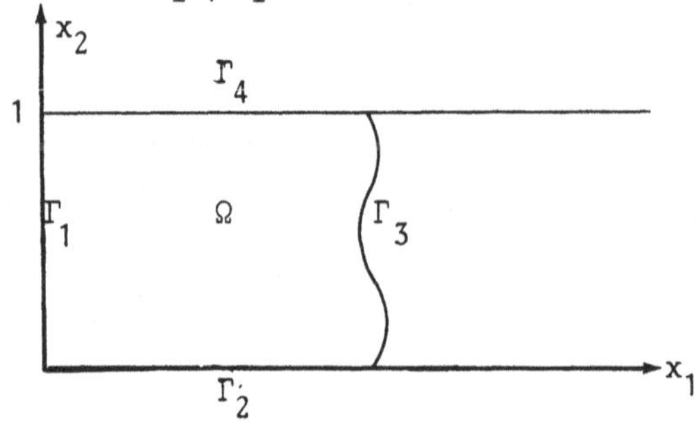

On supposera dans ce qui suit que Γ_3 est représenté par :

(1.1) $$x_1 = v(x_2) \quad , \qquad 0 \leqslant x_2 \leqslant 1 \ .$$

Etant donné deux constantes C et y_d, on considère le problème de minimisatio suivant :

(1.2) $$\underset{v \in \mathcal{U}_{ad}}{\text{Min}} \int_\Omega |y(v) - y_d|^2 \, dx \ , \quad x = (x_1, x_2)$$

avec

(1.3) $$\mathcal{U}_{ad} = \{ v | v \text{ lipschitzienne sur } [0,1] \ , \quad 0 < \alpha \leqslant v \leqslant \beta \ , \quad |\frac{dv}{dx_2}| \leqslant C_1 \ , \quad \int_0^1 v(x_2) dx_2 = C_2 \}$$

et $y(v)$ solution (avec $\Delta = \frac{\partial^2}{\partial x_1^2} + \frac{\partial^2}{\partial x_2^2}$) de :

(1.4) $$-\Delta y = C \text{ sur } \Omega \ , \ \frac{\partial y}{\partial n} = 0 \text{ sur } \Gamma_1, \Gamma_2, \Gamma_4 \ , y = 0 \text{ sur } \Gamma_3 \ .$$

Remarque 1.1 : La condition $\int_0^1 v(x_2) dx_2 = C_2$ implique que l'aire de Ω est consta te lorsque v décrit $\mathcal{U}_{ad}$.

Remarque 1.2 : Pour d'autres problèmes de domaine optimal, on pourra consulter, par exemple, Lions [3] ,[4] , Céa [5] , Pironneau [6] , Morice [7] .

. FORMULATION VARIATIONNELLE DE L'EQUATION D'ETAT.

Dans le but de simplifier l'étude théorique et pratique du problème ci-dessus, on a donner une formulation variationnelle de l'équation d'état (1.4). Un espace fonctionel ([1]) bien adapté à la présente étude est l'espace V défini de la manière suivante :

n introduit d'abord :

2.1) $$\mathcal{V} = \{ \varphi | \varphi \in C^{\infty}(\overline{\Omega}),\ \varphi = 0 \text{ au voisinage de } \Gamma_3 \}$$

uis

2.2) $$V = \text{adhérence de } \mathcal{V} \text{ dans } H^1(\Omega).$$

l en résulte que V est un sous-espace hilbertien de $H^1(\Omega)$.

n considère ensuite l'équation variationnelle :

2.3) $$\begin{cases} \int_{\Omega} \text{grad } y.\text{grad } z \, dx = C \int_{\Omega} z dx \quad \forall z \in V \\ y \in V \quad . \end{cases}$$

a forme bilinéaire $(y,z) \to \int_{\Omega} \text{grad } y.\text{grad } z \, dx$ est continue sur $V \times V$ et V-elliptiqe (on dit aussi coercive) i.e. $\exists\ \nu(\Omega) > 0$ tel que :

.4) $$\int_{\Omega} |\text{grad } z|^2 dx \geqslant \nu(\Omega) \|z\|^2_{H^1(\Omega)} \quad \forall z \in V \ ;$$

 première propriété est évidente, quant à la seconde, elle résulte du fait que Ω st borné et que $z|_{\Gamma_3} = 0\ \forall z \in V$ (au sens de la définition de V donnée par .1),(2.2)).

 forme linéaire $z \to \int_{\Omega} z dx$ étant continue sur V , il résulte du théorème de x-Milgram ([2]) que (2.3) a une solution et une seule et il est classique ([3]) que y it l'unique solution dans V de l'équation d'état (1.4).

) De type Sobolev.

) Voir, par exemple, Yosida [8] .

) Voir, par exemple, Lions [9] , Necas [10] .

Remarque 2.1 : Soit $\gamma \in \mathbb{R}$, $\gamma > \beta$ et :

(2.5) $$\Omega\gamma =]o,\gamma[\times]o,1[$$

(2.6) $$V\gamma = \{ z \mid z \in H^1(\Omega\gamma) \ , \ z(\gamma,x_2) = 0 \ \text{ p.p.} \}$$

il existe [4] alors $\nu(\gamma)$ tel que :

(2.7) $$\int_{\Omega\gamma} |\text{grad } z|^2 dx \geqslant \nu(\gamma) \, \|z\|^2_{H^1(\Omega\gamma)} \qquad \forall z \in V_\gamma$$

et, $\forall v \in \mathcal{U}_{ad}$, V peut être considéré comme un sous-espace fermé de V_γ obtenu en pr
longeant tout $z \in V$ par zéro dans $\Omega\gamma - \Omega$. ■

On déduit facilement de la Remarque 2.1 la :

Proposition 2.1 :

On a :

(2.8) $$\int_\Omega |\text{grad } z|^2 dx \geqslant \nu(\gamma) \, \|z\|^2_{H^1(\Omega)}, \quad \forall z \in V \ , \ \forall v \in \mathcal{U}_{ad} \, .$$

3. UN THEOREME D'EXISTENCE.

Introduisant une suite minimisante , on démontre (voir [2] pour la démonstration
le :

Théorème 3.1. Le problème d'optimisation (1.2)-(1.4) admet au moins une solution.

Ce théorème d'existence implique le :

Corollaire 3.1. Si $(u_n)_n$ est une suite minimisante pour le problème (1.2)-(1.4) et $(u_m)_m$ est une sous-suite convergeant vers un élément u^* , on a , $y(u^*)$ étant la fonction d'état correspondante :

i) u^* est une solution du problème (1.2)-(1.4).

ii) $y(u_m) \to y(u^*)$ dans $H^1(\Omega_\gamma)$ fort.

---

(4) Le "meilleur" $\nu(\gamma)$ est $\dfrac{\pi^2}{\pi^2+4\gamma^2}$

4. REMARQUES SUR L'UNICITE.

Le problème (1.2)-(1.4) étant non convexe, il semble improbable que l'on ait unicité de la solution. Les considérations élémentaires qui suivent montreront, qu'en fait, on a en général, deux solutions :

a) Si le domaine optimal est nonsymétrique par rapport à la droite $x_2 = 0.5$ (voir figure 2)et si Γ_3 est représenté par $u(\in \mathcal{U}_{ad})$, alors le domaine relatif à $\tilde{u}$ définie par :

(4.1) $$\tilde{u}(x_2) = u(1-x_2) \quad , \quad 0 \leq x_2 \leq 1$$

est également optimal pour le problème (1.2)-(1.4).

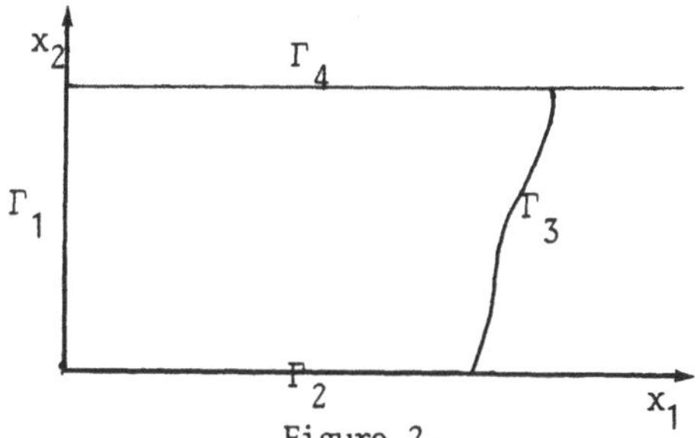

Figure 2.

b) Si le domaine optimal est symétrique par rapport à la droite $x_2 = 0.5$ (voir figure 3), il résulte des propriétés de symétrie et régularité de $y(u)$ (qui impliquent que la dérivée normale de $y(u)$ est nulle sur la droite $x_2 = 0.5$) , que $\tilde{u}$ définie par :

(4.2) $$\begin{cases} \tilde{u}(x_2) = u(\frac{1}{2} - x_2) & \text{si} \quad 0 \leq x_2 \leq \frac{1}{2} \\ \tilde{u}(x_2) = \tilde{u}(1 - x_2) & \text{si} \quad \frac{1}{2} \leq x_2 \leq 1 \end{cases}$$

est également optimale pour le problème (1.2)-(1.4) ; on a représenté sur la figure 4 le domaine correspondant à $\tilde{u}$.

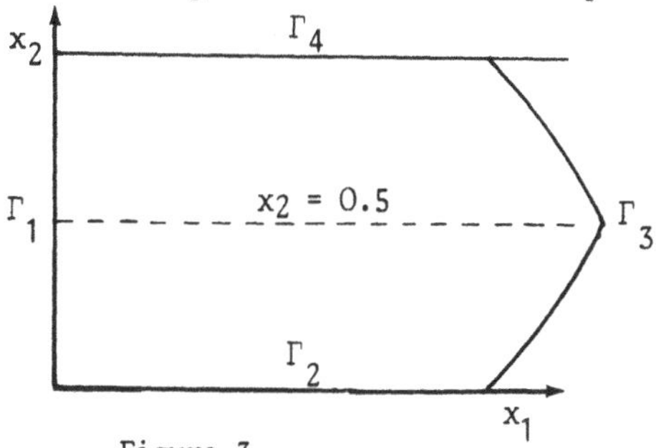

Figure 3

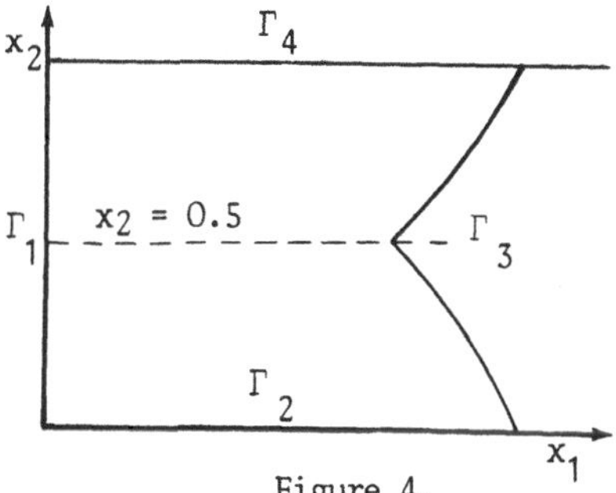

Figure 4.

5. EQUIVALENCE AVEC UN PROBLEME D'IDENTIFICATION SUR UN DOMAINE FIXE.

Soit $\hat{\Omega} =]0,1[\times]0,1[$ et $\hat{V}$ l'espace fonctionnel défini par :

(5.1) $$\hat{V} = \{\hat{y} \mid \hat{y} \in H^1(\hat{\Omega}),\ \hat{y}(1, \hat{x}_2) = 0 \quad \text{p.p.}\} .$$

On peut associer à la bijection de $\Omega \longrightarrow \hat{\Omega}$ définie par :

(5.2) $$\begin{cases} \hat{x}_1 = \dfrac{x_1}{v(x_2)} \\ \hat{x}_2 = x_2 \end{cases}$$

l'isomorphisme défini par :

(5.3) $$\begin{cases} y \to \hat{y} : V \to \hat{V} \\ \hat{y}(\hat{x}) = y(\hat{x}_1\ v(\hat{x}_2), \hat{x}_2). \end{cases}$$

Proposition 5.1. :

On a $\forall\, y \in V$

(5.4) $$\begin{cases} \dfrac{\alpha^2}{\beta(1+\beta^2+C_1^2)} \displaystyle\int_\Omega |\text{grad } y|^2\, dx \leq \int_{\hat{\Omega}} |\text{grad } \hat{y}|^2 d\hat{x} \leq \dfrac{1+\beta^2+C_1^2}{\alpha} \int_\Omega |\text{grad } y|^2\, dx , \\ \forall \quad v \in \mathcal{U}_{ad} . \end{cases}$$

Démonstration : voir [2]. ∎

Dans ce qui suit, on utilisera sur $\hat{V}$ la norme définie par :

$$\hat{y} \to \left(\int_{\hat{\Omega}} |\text{grad } \hat{y}|^2\, d\hat{x}\right)^{\frac{1}{2}} = \|\hat{y}\|$$

qui est équivalente sur $\hat{V}$ à la norme induite par $H^1(\hat{\Omega})$. ∎

Utilisant les résultats ci-dessus, on peut transformer le problème (1.2)-(1.4) en un problème d'optimisation relatif au domaine $\hat{\Omega}$, soit :

(5.5) $$\underset{v \in \mathcal{U}_{ad}}{\text{Min}} \int_{\hat{\Omega}} v |\hat{y}(v) - y_d|^2\, d\hat{x}$$

vec $\mathcal{U}_{ad}$ défini par (1.3) et $\hat{y}(v)$ solution de l'équation d'état, définie sous orme variationnelle par :

$$(5.6)\quad \begin{cases} \int_{\hat{\Omega}} \hat{J}^t \operatorname{grad} \hat{y} \cdot \hat{J}^t \operatorname{grad} \hat{z}\, v d\hat{x} = C \int_{\hat{\Omega}} v\hat{z}\, d\hat{x} & \forall\, \hat{z} \in \hat{V} \\ \hat{y} \in \hat{V}\ ; \end{cases}$$

ans (5.6), la matrice jacobienne $\hat{J}$ est donnée par :

$$\hat{J} = \begin{pmatrix} \frac{1}{v} & -\hat{x}_1 \frac{v'}{v} \\ 0 & 1 \end{pmatrix}$$

l en résulte que l'on peut expliciter (5.6) par :

$$(5.7)\quad \begin{cases} \int_{\hat{\Omega}} \left[\frac{1}{v^2} \frac{\partial \hat{y}}{\partial \hat{x}_1} \frac{\partial \hat{z}}{\partial \hat{x}_1} + \left(\hat{x}_1 \frac{v'}{v} \frac{\partial \hat{y}}{\partial \hat{x}_1} - \frac{\partial \hat{y}}{\partial \hat{x}_2}\right)\left(\hat{x}_1 \frac{v'}{v} \frac{\partial \hat{z}}{\partial \hat{x}_1} - \frac{\partial \hat{z}}{\partial \hat{x}_2}\right)\right] v d\hat{x} = C \int_{\hat{\Omega}} v\hat{z}\, d\hat{x} \\ \forall\ \hat{z} \in \hat{V} \\ \hat{y} \in \hat{V}\ . \end{cases}$$

ans la suite, on notera $(\hat{y},\hat{z}) \to a(v;\hat{y},\hat{z})$ la forme bilinéaire, symétrique définie ar le premier membre de (5.7); de la Proposition 5.1., on déduit la

<u>roposition</u> 5.2 : <u>On a</u> :

$$(5.8)\quad a(v;\hat{z},\hat{z}) \geq \frac{\alpha}{1+\beta^2+C_1^2} \|\hat{z}\|^2 \quad \forall\, \hat{z} \in \hat{V} \ , \quad \forall\ v \in \mathcal{U}_{ad}$$

$$(5.9)\quad |a(v;\hat{y},\hat{z})| \leq \frac{\beta(1+\beta^2+C_1^2)}{\alpha^2} \|\hat{y}\| \|\hat{z}\| \quad \forall\ \hat{y},\hat{z} \in \hat{V}\ ,\ \forall\ v \in \mathcal{U}_{ad}\ .$$

<u>emarque 5.1</u> :

e problème (5.5)(5.6) est un problème d'<u>identification</u> dans lequel la fonction inconue (ici u) intervient dans les coefficients d'un opérateur elliptique ; de tels roblèmes sont étudiés dans CHAVENT [11], mais à la différence de [11] une dérivée de la onction inconnue apparaît dans les coefficients de l'opérateur elliptique associé à 5.6), (5.7).

Remarque 5.2. :

Le problème (5.5),(5.6) étant équivalent au problème (1.2)-(1.4) admet au moins une solution mais la démonstration directe d'un tel résultat semble difficile.

Remarque 5.3. :

La fonction v étant donnée, on peut expliciter (5.7) sous la forme d'une équation aux dérivées partielles elliptique avec des conditions aux limites aseez compliquées à ce point de vue la formulation variationnelle (5.7) est très commode, ces conditio aux limites n'y intervenant pas explicitement.

Remarque 5.4.:

Soit y_d et $f \in L^2(\hat{\Omega})$; une généralisation très naturelle du problème (5.5),(5.6)

(5.10) $$\operatorname*{Min}_{v \in \mathcal{U}_{ad}} \int_{\hat{\Omega}} v |\hat{y}(v) - y_d|^2 dx$$

avec $\hat{y}(v)$ solution de :

(5.11) $$\begin{cases} a(v;\hat{y},\hat{z}) = \int_{\hat{\Omega}} fv\hat{z}d\hat{x} & \forall \hat{z} \in \hat{V} \\ \hat{y} \in \hat{V} . \end{cases}$$

6. UNE APPROXIMATION PAR ELEMENTS FINIS QUADRILATERAUX.

D'un point de vue pratique, il est nécessaire d'approcher le problème (1.2)-(1. par un problème en dimension finie ; on utilisera dans ce but une approximation de l'équation d'état par éléments finis quadrilatéraux.

6.1. APPROXIMATION DE $\mathcal{U}_{ad}$.

Soit N un entier positif et $h = \frac{1}{N}$; on note par e_j, $j = 1,\ldots,N$, l'interval $[(j-1)h, jh]$ et on approche $\mathcal{U}_{ad}$ par :

(6.1) $$\mathcal{U}_{ad}^{h} = \{v_h \mid v_h \in \mathcal{U}_{ad},\ v_h|_{e_j} \in P_1,\quad \forall\ j=1,\ldots,N\}$$

avec P_1 = l'espace des polynômes d'une variable de degré ≤ 1.
Le domaine Ω (resp. l'espace V) relatif à v_h sera noté Ω_h (resp. V_h).

6.2. APPROXIMATION DE L'EQUATION D'ETAT.

On définit :

(6.2) $$\hat{K}_{ij} = [(i-1)h,\ ih] \times [(j-1)h,\ jh]$$

(6.3) $$\hat{\mathcal{K}}_h = \{\hat{K}_{ij}\}_{1 \leq i,j \leq N}$$

(6.4) $$\begin{cases} F_h \ : \ \hat{\Omega} \to \Omega_h,\ F_h = (F_{1h},\ F_{2h}) \\ F_{1h}\ (\hat{x}_1,\ \hat{x}_2) = \hat{x}_1\ v_h(\hat{x}_2) \\ F_{2h}\ (\hat{x}_1,\ \hat{x}_2) = \hat{x}_2 \end{cases}$$

(6.5) $$K_{ij} = F_h\ (\hat{K}_{ij}) \quad , \quad 1 \leq i,j \leq N$$

(6.6) $$\mathcal{K}_h = \{K_{ij}\}_{1 \leq i,j \leq N} = F_h(\hat{\mathcal{K}}_h) \ .$$

La fonction v_h étant affine par morceaux, on remarque que chaque K_{ij} est un quadrilatère, plus précisément un trapèze, (voir figure 5) et que :

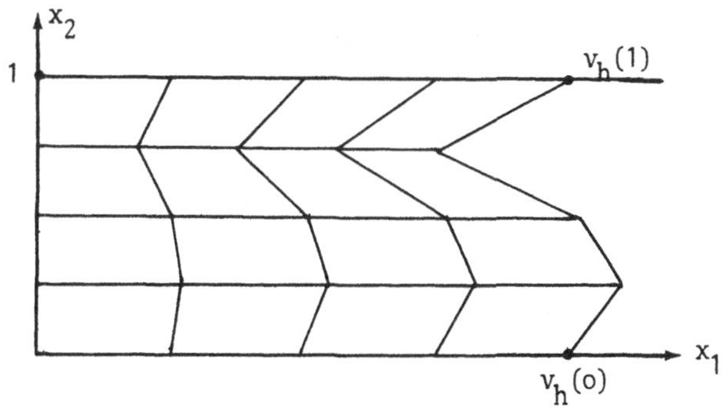

Figure 5

(6.7) $$F_h|_{\hat{K}_{ij}} \in Q_1 \times Q_1$$

avec Q_1 = l'espace des polynômes de degré ≤ 1 par rapport à chaque variable [5].

L'espace W_h de dimension finie approchant V_h est défini par :

(6.8) $$W_h = \{ z_h | z_h \in V_h \cap C^\circ(\overline{\Omega}_h) \ , \ z_h \circ F_h|_{\hat{K}_{ij}} \in Q_1 \ , \quad 1 \leqslant i,j \leqslant N \} .$$

Il résulte de (6.7)(6.8) que les éléments finis que l'on utilise pour approcher V_h sont de type <u>isoparamétrique</u> (voir, par exemple, CIARLET-RAVIART [12] , CIARLET [13] pour une étude générale de ce type d'éléments finis).

<u>Remarque 6.1</u>.

Chaque $z_h \in W_h$ est complètement déterminée par les valeurs qu'elle prend aux sommets des K_{ij} ; ces valeurs sont des degrés de liberté naturels pour l'approximation considérée. ■

Cette approximation de V_h étant donnée, une approximation tout à fait naturelle de l'équation d'état semble être :

(6.9) $$\begin{cases} \int_{\Omega_h} \text{grad } y_h . \text{grad } z_h \, dx = C \int_{\Omega_h} z_h \, dx \qquad \forall \ z_h \in W_h \\ y_h \in W_h . \end{cases}$$

L'équation variationnelle (6.9) est équivalente à un système linéaire, les variables inconnues étant les valeurs prises par y_h aux sommets des quadrilatères de $\mathcal{K}_h$: en fait (6.9) n'est pas très bien adaptée à des calculs numériques effectifs pour surmonter cette difficulté, on va utiliser l'application F_h pour obtenir une formulation équivalente où les intégrales sont sur $\hat{\Omega}$ ($\hat{\Omega}$ doit être considéré comme un <u>domaine de référence</u>).

On définit :

(6.10) $$\hat{W}_h = \{ \hat{z}_h \mid \hat{z}_h \in \hat{V} \cap C^\circ(\overline{\hat{\Omega}}), \hat{z}_h|_{\hat{K}_{ij}} \in Q_1 \}$$

et, y_h étant la solution de (6.9),

(6.11) $$\hat{y}_h = y_h \circ F_h$$

alors $\hat{y}_h$ est solution de :

---

(5) $p \in Q_1 \Longleftrightarrow p(\xi_1, \xi_2) = a_{00} + a_{10}\,\xi_1 + a_{01}\,\xi_2 + a_{11}\,\xi_1\,\xi_2$

$$(6.12)\quad \begin{cases} a(v_h\ ;\ \hat{y}_h,\ \hat{z}_h) = C\int_{\hat{\Omega}} v_h\ \hat{z}_h\ d\hat{x} \quad \forall\ \hat{z}_h \in \hat{W}_h \\ \hat{y}_h \in \hat{W}_h\ . \end{cases}$$

La première équation (6.12) peut être explicitée par :

$$(6.13)\quad \begin{cases} \sum_{1\leq i,j\leq N} \int_{\hat{K}_{ij}} \left[\frac{1}{v_h^2}\frac{\partial \hat{y}_h}{\partial \hat{x}_1}\frac{\partial \hat{z}_h}{\partial \hat{x}_1} + (\hat{x}_1\frac{v_h'}{v_h}\frac{\partial \hat{y}_h}{\partial \hat{x}_1} - \frac{\partial \hat{y}_h}{\partial \hat{x}_2})(\hat{x}_1\frac{v_h'}{v_h}\frac{\partial \hat{z}_h}{\partial \hat{x}_1} - \frac{\partial \hat{z}_h}{\partial \hat{x}_2})\right] v_h\ d\hat{x} \\ = C \sum_{1\leq i,j\leq N} \int_{\hat{K}_{ij}} v_h\ \hat{z}_h\ d\hat{x} \quad \forall\ z_h \in \hat{W}_h\ . \end{cases}$$

Afin de simplifier les intégrations à effectuer sur chaque $\hat{K}_{ij}$ pour expliciter le système linéaire équivalent à (6.12), on approche, sur $\hat{W}_h \times \hat{W}_h$, la forme bilinéaire $a(v_h\ ;.,.)$ par :

$$(6.14)\quad \begin{cases} a_h(v_h;\hat{y}_h,\hat{z}_h) = \sum_{1\leq i,j\leq N} \int_{\hat{K}_{ij}} \left[\frac{1}{v_h^2(\xi_j)}\frac{\partial \hat{y}_h}{\partial \hat{x}_1}\frac{\partial \hat{z}_h}{\partial \hat{x}_1} + (\xi_i\frac{v_h'}{v_h(\xi_j)}\frac{\partial \hat{y}_h}{\partial \hat{x}_1} - \frac{\partial \hat{y}_h}{\partial \hat{x}_2})(\xi_i\frac{v_h'}{v_h(\xi_j)}\frac{\partial \hat{z}_h}{\partial \hat{x}_1} - \\ - \frac{\partial \hat{z}_h}{\partial \hat{x}_2})\right] v_h(\xi_j)\ d\hat{x} \end{cases}$$

avec :

$$(6.15)\qquad \xi_i = (i - \tfrac{1}{2})h\ , \quad \xi_j = (j - \tfrac{1}{2})h.$$

En ce qui concerne les propriétés de $a_h(v_h;.,.)$, un calcul élémentaire de valeurs propres permet de démontrer la :

Proposition 6.1.

On a :

$$(6.16)\quad \begin{cases} a_h(v_h;\hat{z}_h,\hat{z}_h) \geq \frac{\alpha}{1+\beta^2+C_1^2}\ \|\hat{z}_h\|^2 \\ \forall\ \hat{z}_h \in \hat{W}_h\ ,\ \forall\ v_h \in u_{ad}^h\ ,\ \forall h \end{cases}$$

i.e. l'ellipticité uniforme, et

$$(6.17)\qquad \begin{cases} |a_h(v_h;\hat{y}_h,\hat{z}_h)| \leqslant \dfrac{1+\beta^2+C_1^2}{\alpha} \|\hat{y}_h\| \|\hat{z}_h\| \\ \forall \hat{y}_h,\ \hat{z}_h \in \hat{W}_h\ ,\ \forall v_h \in \mathcal{U}^h_{ad},\ \forall h \end{cases}$$

i.e. la continuité uniforme. ∎

On peut intégrer exactement, et sans difficulté, le terme $\int_{\hat{\Omega}} v_h \hat{z}_h d\hat{x}$, mais, en fait on a, là également, utilisé une approximation, soit :

$$(6.18)\qquad L_h(v_h;\hat{z}_h) = \sum_{1\leqslant i,j\leqslant N} v_h(\xi_j) \int_{\hat{K}_{ij}} \hat{z}_h\, d\hat{x}\ .$$

Compte tenu de ce qui précède, on prendra pour équation d'état approchée :

$$(6.19)\qquad \begin{cases} a_h(v_h;\hat{y}_h,\hat{z}_h) = C\, L_h(v_h;\hat{z}_h) \quad \forall \hat{z}_h \in \hat{W}_h \\ \hat{y}_h \in \hat{W}_h\ . \end{cases}$$

Il résulte de la Proposition 6.1 que (6.19) admet une solution et une seule.

6.3. APPROXIMATION DE LA FONCTION COÛT.

L'approximation la plus naturelle de la fonction coût est donnée par :

$$(6.20)\qquad \int_{\Omega_h} |y_h - y_d|^2\, dx$$

avec

$$(6.21)\qquad \int_{\Omega_h} |y_h - y_d|^2\, dx = \sum_{1\leqslant i,j\leqslant N} \int_{\hat{K}_{ij}} v_h |\hat{y}_h - y_d|^2\, d\hat{x}$$

mais pour les raisons mentionnées au N° 6.2, au lieu de (6.20) on utilisera l'approximation définie par :

$$(6.22)\qquad \frac{h^2}{4} \sum_{1\leqslant i,j\leqslant N} v_h(\xi_j) \sum_{k=1}^{4} |\hat{y}_h(\hat{P}^k_{ij}) - y_d|^2$$

les $\hat{P}^k_{ij}$ étant les sommets de $\hat{K}_{ij}$ comme indiqué sur la Figure 6 :

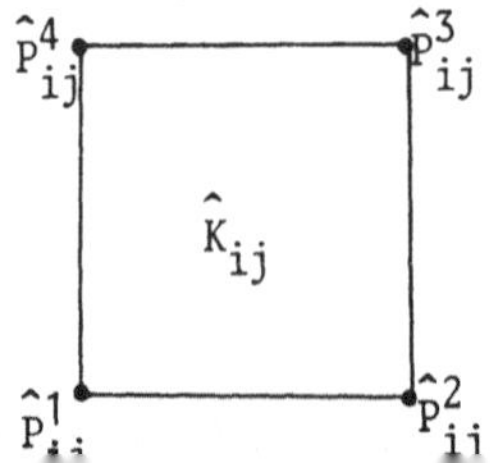

Figure 6

6.4. DEFINITION DU PROBLEME APPROCHE.

Compte tenu de ce qui précède, le problème approché sera défini par :

$$(6.23) \qquad \underset{v_h \in \mathcal{U}_{ad}^h}{\mathrm{Min}} \left\{ \frac{h^2}{4} \sum_{1 \leq i,j \leq N} v_h(\xi_j) \sum_{k=1}^{4} |\hat{y}_h(\hat{P}_{ij}^k) - y_d|^2 \right\}$$

avec, dans (6.23), $\hat{y}_h$ solution de l'équation d'état :

$$(6.24) \qquad \begin{cases} a_h(v_h;\hat{y}_h,\hat{z}_h) = C\, L_h(v_h;\hat{z}_h) & \forall\, \hat{z}_h \in \hat{W}_h \\ \hat{y}_h \in \hat{W}_h & . \end{cases}$$

Remarque 6.1.

Le problème approché peut s'obtenir en discrétisant directement le problème d'identification équivalent (5.5), (5.6), mais,pour démontrer la convergence des solutions approchées vers une solution du problème continu, il semble qu'il soit essentiel de considérer (6.23),(6.24) comme une approximation du problème (1.2)-(1.4),par l'intermédiaire de l'approximation par éléments finis quadrilatéraux définie au N° 6.2.

6.5. RESULTATS D'EXISTENCE POUR LE PROBLEME APPROCHE.

Des arguments élémentaires de compacité, en dimension finie, permettent de démontrer le :

Théorème 6.1.

Le problème approché (6.23),(6.24) admet au moins une solution.

7. CONVERGENCE DES SOLUTIONS APPROCHEES.

Soit u_h une solution du problème approché (6.23),(6.24) ; on démontre dans [2 que les limites des sous-suites convergentes de $(u_h)_h$ sont solutions du problème (1.2)-(1.4). Ici, on se contentera d'indiquer - toujours sans démonstration - un théorème de convergence et deux lemmes utiles à sa démonstration.

Lemme 7.1.

$\forall\, v \in \mathcal{U}_{ad}$, il existe $(r_h v)_h$ tel que :

i) $\quad r_h v \in \mathcal{U}^h_{ad} \quad \forall\, h$,

ii) $\quad \lim\limits_{h \to o} r_h v = v$ dans $L^\infty(0,1)$ fort (uniformément) .

Indications :

On peut, par exemple, définir $r_h v$ par :

(7.1) $$r_h v \in C^\circ[0,1] \;,\; r_h v|_{e_j} \in P_1 \quad \forall\, j = 1,\dots, N$$

(7.2) $$\begin{cases} r_h v(jh) = \dfrac{1}{h}\displaystyle\int_{(j-\frac{1}{2})h}^{(j+\frac{1}{2})h} v(\tau)\, d\tau \;, \quad j = 1,\dots, N-1 \\ r_h v(o) = \dfrac{2}{h}\displaystyle\int_o^{\frac{h}{2}} v(\tau)\, d\tau \;, \quad r_h v(1) = \dfrac{2}{h}\displaystyle\int_{1-\frac{h}{2}}^{1} v(\tau)\, d\tau \,. \end{cases}$$ ∎

Dans le lemme qui suit, on utilise le formalisme de CIARLET-RAVIART [12,No.6 étant donné $v_h \in \mathcal{U}^h_{ad}$ on a défini au N°6.2 une partition $\mathcal{K}_h$, de Ω_h , relative à v_h ; on a alors le :

Lemme 7.2.

La famille $(\mathcal{K}_h)_h$ est une famille régulière, uniformément en v_h.

Commentaires :

Cela implique qu'à la limite aucun des quadrilatères ne peut dégénérer en triangle et qu'aucun angle ne peut tendre vers 0 ou π ; de façon plus précise, avec les notations de la Figure 7, on a (6) :

(6) Dans (7.3) les indices sont à prendre modulo 4.

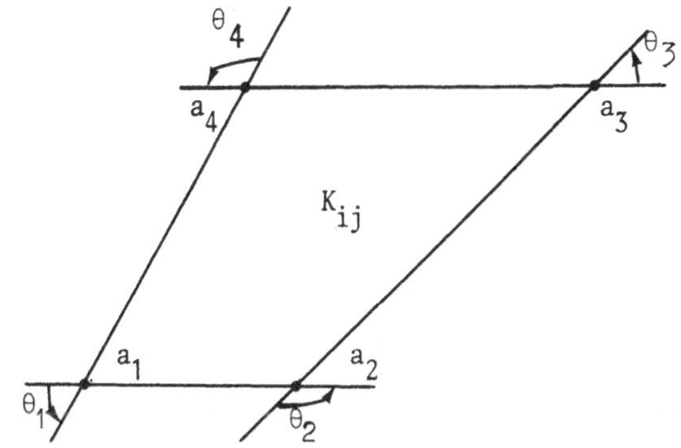

Figure 7.

(7.3)
$$\begin{cases} h \min(1,\alpha) \leqslant |a_k a_{k+1}| \leqslant h \max(\sqrt{1+C_1^2}, \beta) \\ \forall\ k = 1,\ 2,\ 3,\ 4. \end{cases}$$

et

(7.4)
$$\frac{1}{\sqrt{1+C_1^2}} \leqslant |\sin \theta_k| \leqslant 1 \quad \forall\ k=1,2,3,4, \quad \forall v_h \in \mathcal{U}_{ad}^h\ , \ \forall h\ . \qquad \blacksquare$$

LEMME 7.3.

Soit $v_h \in \mathcal{U}_{ad}^h$ tel que $\lim\limits_{h\to o} v_h = v$ fortement dans $L^\infty(0,1)$, soit $\hat{y}_h$ la solution correspondante de l'équation d'état (6.19) et $y_h = \hat{y}_h \circ F_h^{-1}$, soit Ω le domaine relatif à v et $y(v)$ la solution correspondante de l'équation d'état (1.4) ; alors

i) $\lim\limits_{h\to o} y_h = y(v)$ fortement dans $H^1(\Omega\gamma)$

ii)
$$\begin{cases} \lim\limits_{h\to o}\left\{ \dfrac{h^2}{4} \sum\limits_{1\leqslant i,j\leqslant N} v_h(\xi_j) \sum\limits_{k=1}^{4} |\hat{y}_h(\hat{P}_{ij}^k) - y_d|^2 \right\} = \\ = \displaystyle\int_\Omega |y(v)-y_d|2\ dx\ . \end{cases}$$

Commentaires :

Sans entrer dans les détails de la démonstration de ce Lemme pour laquelle on renvoie à [2] , disons qu'une étape essentielle est la suivante :

$\mathcal{V}$ étant l'espace associé à Ω(et v) par (2.1), on considère $\varphi \in \mathcal{V}$; on a alors, pour h suffisamment petit :

(7.5) $$\text{support de } \varphi \subset \Omega_h .$$

Soit φ_h le W_h-interpolé de φ sur $\mathcal{K}_h$ i.e. l'unique fonction telle que :

(7.6) $$\begin{cases} \varphi_h \in W_h \\ \varphi_h(P) = \varphi(P) \quad \forall P, \ P \text{ sommet de } K_{ij} \in \mathcal{K}_h , \quad 1 \leqslant i,j \leqslant N ; \end{cases}$$

Compte tenu du Lemme 7.2 sur la régularité de $(\mathcal{K}_h)_h$, on peut alors appliquer [12,N°
d'où l'existence de Λ, indépendant de h , φ, v_h, tel que :

(7.7) $$\begin{cases} \|\varphi_h - \varphi\|_{H^1(\Omega_h)} = \|\varphi_h - \varphi\|_{H^1(\Omega\gamma)} \leqslant h\Lambda \|\varphi\|_{H^2(\Omega)} \\ \forall h , \forall v_h , \ \forall \varphi \in \mathcal{V} . \end{cases}$$

■

Des Lemmes 7.1 et 7.3, on déduit le :

THEOREME 7.1 :

Soit u_h une solution du problème approché (6.23),(6.24), $\hat{y}_h$ la solution correspo dante de l'équation d'état (6.19) et $y_h = \hat{y}_h \circ F_h^{-1}$; lorsque $h \to 0$ on peut extra de la suite $(u_h)_h$ une sous-suite - encore notée $(u_h)_h$ - telle que :

(7.8) $$\lim_{h \to o} \{u_h, y_h\} = \{u, y(u)\} \ \underline{\text{dans}} \ L^\infty(0,1) \times H^1(\Omega\gamma) \ \underline{\text{fort}}$$

(7.9) u solution de (1.2)-(1.4)

et toutes les sous-suites convergentes extraites de $(u_h)_h$ possèdent ces propriét

Ce théorème justifie donc la méthode utilisée pour approcher le problème (1.2)-(1.

■

8. CONDITIONS NECESSAIRES D'OPTIMALITE POUR LE PROBLEME CONTINU.

Les méthodes d'optimisation du problème approché, décrites aux Numéròs 10 et 11, sont des méthodes itératives qui nécessitent, à chaque itération, le calcul du gradient de la fonction coût considérée comme fonction de v_h. Le formalisme du problème continu étant plus simple que celui du problème approché, on va d'abord étudier le gradient de la fonction coût attachée au problème d'identification équivalent du N°5, dans le cadre un peu plus général défini par la Remarque 5.4.

La connaissance du gradient permettra, entre autres, d'expliciter des conditions nécessaires d'optimalité pour le problème considéré.

8.1. UN LEMME DE DIFFERENTIABILITE.

Soit $\mathcal{U}$ l'espace des fonctions lipschitziennes (7) sur $[0,1]$ et $\mathcal{O}$ l'ouvert de $\mathcal{U}$ défini par :

(8.1) $$\mathcal{O} = \{ v \mid v \in \mathcal{U} \ , \ v(x_2) > 0 \ \text{ sur } [0,1]\} \ ,$$

soit $\hat{y}(v)$ la solution de l'équation

(8.2) $$\begin{cases} a(v;\, \hat{y},\, \hat{z}) = \displaystyle\int_{\hat{\Omega}} f v\, \hat{z}\, d\hat{x} & \forall\, z \in \hat{V} \\ \hat{y} \in \hat{V} \end{cases}$$

on a alors le :

LEMME 8.1. :

L'application $v \to \hat{y}(v)$ *est Fréchet-différentiable de* $\mathcal{O} \to \hat{V}$.

Commentaires :

Pour démontrer ce résultat, on peut, comme dans [11, Ch. I] appliquer le théorème des fonctions implicites en utilisant la différentiabilité-Fréchet des applications $\mathcal{O} \longrightarrow L^{\infty}(0,1)$ définies par $v \to v'$, $v \to \frac{1}{v}$, etc... . ∎

---

(7) $\mathcal{U} = W^{1,\infty}(0,1)$.

8.2. GRADIENT DE LA FONCTION COUT ET CONDITIONS NECESSAIRES D'OPTIMALITE.

Soit $J : \mathcal{O} \to \mathbb{R}$ la fonction coût du problème (5.10),(5.11); d'où :

$$J(v) = \int_{\hat{\Omega}} v\,|\hat{y}(v)-y_d|^2\, d\hat{x} \;; \tag{8.3}$$

Du Lemme 8.1 on déduit alors le :

THEOREME 8.1.

La fonction coût J est Fréchet-différentiable de $\mathcal{O} \to \mathbb{R}$ et son gradient J' en u est défini par (8) :

$$(8.4)\begin{cases} \frac{1}{2}J'(u).w = \int_0^1 w(\hat{x}_2)\,d\hat{x}_2 \int_0^1 \{\frac{1}{2}|\hat{y}(u)-y_d|^2 + f\hat{p} + \frac{1}{u^2}(1+\hat{x}_1^2 u'^2)\frac{\partial\hat{y}(u)}{\partial\hat{x}_1}\frac{\partial\hat{p}}{\partial\hat{x}_1} - \frac{\partial\hat{y}(u)}{\partial\hat{x}_2}\frac{\partial\hat{p}}{\partial\hat{x}_2}\}\,d\hat{x}_1 + \\ \quad + \int_0^1 w'(\hat{x}_2)\,d\hat{x}_2 \int_0^1 \{(\frac{\partial\hat{y}(u)}{\partial\hat{x}_1}\frac{\partial\hat{p}}{\partial\hat{x}_2} + \frac{\partial\hat{y}(u)}{\partial\hat{x}_2}\frac{\partial\hat{p}}{\partial\hat{x}_1}) - 2\hat{x}_1\frac{u'}{u}\frac{\partial\hat{y}(u)}{\partial\hat{x}_1}\frac{\partial\hat{p}}{\partial\hat{x}_1}\}\,\hat{x}_1\,d\hat{x}_1 \end{cases}$$

où $\hat{p}$ est la solution (unique) de l'équation adjointe :

$$(8.5)\quad\begin{cases} a(u;\hat{p},\hat{z}) = \int_{\hat{\Omega}} u(\hat{y}(u)-y_d)\hat{z}\,d\hat{x} \quad \forall\, \hat{z} \in \hat{V} \\ \hat{p} \in \hat{V}\;. \end{cases}$$ ■

Ce théorème implique le :

THEOREME 8.2.

Si $u \in \mathcal{U}_{ad}$ *est solution du problème* (5.10),(5.11), u *doit vérifier* :

$$(8.6)\quad\begin{cases} J'(u).(v-u) \geqslant 0 \qquad \forall\, v \in \mathcal{U}_{ad} \\ u \in \mathcal{U}_{ad}\;. \end{cases}$$ ■

Les relations (8.6) ne sont rien d'autre que les *conditions nécessaires* d'optimalité pour le problème (5.10),(5.11). ■

---

(8) $J'(u) \in \mathcal{L}(\mathcal{U}, \mathbb{R})$.

9. CONDITIONS NECESSAURES D'OPTIMALITE POUR LE PROBLEME APPROCHE.

On va reprendre, succintement, dans le cas du problème approché, les considéra tions développées au N° 8 pour le problème (5.10),(5.11) ; dans le cas, le plus fréquent, où y_d, f seraient continues sur $\bar{\hat{\Omega}}$ une approximation "raisonnable" de ce dernier problème serait :

$$(9.1) \qquad \underset{v_h \in \mathcal{U}_{ad}^h}{\mathrm{Min}_h} \left\{ \frac{h^2}{4} \sum_{1 \leq i,j \leq N} v_h(\xi_j) \sum_{k=1}^{4} \left| \hat{y}_h(\hat{P}_{ij}^k) - y_d(\hat{P}_{ij}^k) \right|^2 \right\}$$

avec, dans (9.1), $\hat{y}_h$ solution de l'équation d'état :

$$(9.2) \qquad \begin{cases} a_h(v_h;\hat{y}_h,\hat{z}_h) = \frac{h^2}{4} \sum_{1 \leq i,j \leq N} v_h(\xi_j) \sum_{k=1}^{4} f(\hat{P}_{ij}^k)\ \hat{z}_h(\hat{P}_{ij}^k) \quad \forall z_h \in \hat{W}_h \\ \hat{y}_h \in \hat{W}_h \ . \end{cases}$$

Remarque 9.1.

Au cas où y_d (resp. f) ne serait pas continue, on remplacerait $y_d(\hat{P}_{ij}^k)$ (resp. $f(\hat{P}_{ij}^k)$) par la moyenne de y_d (resp. f) sur l'intersection de $\hat{\Omega}$ et du carré centré en $\hat{P}_{ij}^k$, de côtés de longueur h et parallèles aux axes de coordonnées. ■

Soit $\mathcal{U}_h = \{ v_h | v_h \in \mathcal{U},\ v_h|_{e_j} \in P_1 \ ,\ j=1,\dots,N \}$, on munit $\mathcal{U}_h$ de la structure euclidienne définie par le produit scalaire

$$(9.3) \qquad (u_h,v_h) = \int_0^1 u_h\ v_h\ d\hat{x}_2$$

et la norme associée ; soit $\mathcal{O}_h = \mathcal{U}_h \cap \mathcal{O}$, $\mathcal{O}_h$ est alors un <u>ouvert</u> de $\mathcal{U}_h$.
On définit ensuite un <u>Hamiltonien</u> du problème (9.1),(9.2), soit $H_h : \mathcal{U}_h \times \hat{W}_h \times \hat{W}_h \to \mathbb{R}$, par ([9]) :

$$(9.4) \qquad \begin{cases} H_h(v_h,\hat{z}_h,\hat{q}_h) = \frac{h^2}{4} \sum_{1 \leq i,j \leq N} v_h(\xi_j) \sum_{k=1}^{4} \left| \hat{z}_h(\hat{P}_{ij}^k) - y_d(\hat{P}_{ij}^k) \right|^2 \ - \\ -2[a_h(v_h;\hat{z}_h,\hat{q}_h) - \frac{h^2}{4} \sum_{1 \leq i,j \leq N} v_h(\xi_j) \sum_{k=1}^{4} f(\hat{P}_{ij}^k)\ \hat{q}_h(\hat{P}_{ij}^k)] \ . \end{cases}$$

Soit $J_h : \mathcal{O}_h \to \mathbb{R}$ la fonction coût du problème (9.1),(9.2), on démontre alors le :

([9]) Toujours en supposant $y_d, f \in C^\circ(\bar{\hat{\Omega}})$.

THEOREME 9.1. :

La fonction coût J_h est Fréchet-différentiable de $\mathcal{O}_h \to \mathbb{R}$ et son gradient J'_h au point u_h est défini par :

(9.5) $$J'_h(u_h).w_h = \int_0^1 \frac{\partial H_h}{\partial v_h}(u_h,\hat{y}_h,\hat{p}_h)\, w_h\, d\hat{x}_2, \quad \forall\, w_h \in \mathcal{U}_h$$

où dans (9.5) $\frac{\partial H_h}{\partial v_h}(u_h,\hat{y}_h,\hat{p}_h) \in \mathcal{U}_h$ et désigne le gradient partiel de H_h, par rappor à v_h, au point $(u_h,\hat{y}_h,\hat{p}_h)$ et où $\hat{y}_h,\hat{p}_h$ sont, respectivement, solutions de l'équa tion d'état :

(9.6) $$\begin{cases} a_h(u_h;\hat{y}_h,\hat{z}_h) = \frac{h^2}{4} \sum\limits_{1\leq i,j\leq N} u_h(\xi_j) \sum\limits_{k=1}^{4} f(\hat{P}^k_{ij})\hat{z}_h(\hat{P}^k_{ij}) \ , \quad \forall\, \hat{z}_h \in \hat{W}_h \\ \hat{y}_h \in \hat{W}_h \end{cases}$$

et de l'équation adjointe :

(9.7) $$\begin{cases} a_h(u_h,\hat{p}_h,\hat{z}_h) = \frac{h^2}{4} \sum\limits_{1\leq i,j\leq N} u_h(\xi_j) \sum\limits_{k=1}^{4} (\hat{y}_h(\hat{P}^k_{ij}) - y_d(\hat{P}^k_{ij}))\, \hat{z}_h(\hat{P}^k_{ij}) \\ \forall\, \hat{z}_h \in \hat{W}_h \ , \ \hat{p}_h \in \hat{W}_h. \end{cases}$$

■

De ce théorème, on déduit le :

THEOREME 9.2 :

Si $u_h \in \mathcal{U}^h_{ad}$ est solution du problème (9.1),(9.2), u_h doit vérifier

(9.8) $$\begin{cases} J'_h(u_h).(v_h-u_h) \geq 0 \qquad \forall\, v_h \in \mathcal{U}^h_{ad} \\ u_h \in \mathcal{U}^h_{ad} \quad . \end{cases}$$

Les relations (9.8) sont les conditions nécessaires d'optimalité pour le problème (9.1),(9.2). ■

Remarque 9.2 :

Il convient de remarquer que dans le calcul du gradient $J'_h(u_h)$, $\hat{y}_h$ et $\hat{p}_h$ sont solutions de systèmes linéaires ne différant que par les seconds membres, les matr ces associées aux premiers membres étant identiques ; on verra comment tirer parti de cette Remarque aux Numéros 10 et 11. ■

10. UNE METHODE DE GRADIENT AVEC PROJECTION.

On peut, pour résoudre (ou du moins essayer de résoudre) (9.1),(9.2), utiliser une méthode de gradient avec projection.

10.1 DESCRIPTION DE L'ALGORITHME DU GRADIENT AVEC PROJECTION.

Le gradient en v_h de la fonction coût, soit $J_h(v_h)$, étant identifié à un élément de $\mathcal{U}_h$, l'algorithme du gradient avec projection peut être explicité par :

(10.1) $$u_h^o \text{ donné dans } \mathcal{U}_{ad}^h$$

u_h^n étant connu, on calcule $\hat{y}_h^{n+1}$, $\hat{P}_h^{n+1}$, u_h^{n+1} par :

(10.2) $$\begin{cases} a_h(u_h^n\ ;\ \hat{y}_h^{n+1}, \hat{z}_h) = \frac{h^2}{4} \sum_{1\leq i,j\leq N} u_h^n(\xi_j) \sum_{k=1}^{4} f(\hat{P}_{ij}^k)\ \hat{z}_h(\hat{P}_{ij}^k)\ ,\forall\ \hat{z}_h \in \hat{W}_h \\ \hat{y}_h^{n+1} \in \hat{W}_h \end{cases}$$

(10.3) $$\begin{cases} a_h(u_h^n\ ;\ \hat{P}_h^{n+1}, \hat{z}_h) = \frac{h^2}{4} \sum_{1\leq i,j\leq N} u_h^n(\xi_j) \sum_{k=1}^{4} (\hat{y}_h^{n+1}(\hat{P}_{ij}^k) - y_d(\hat{P}_{ij}^k))\ \hat{z}_h(\hat{P}_{ij}^k)\ , \\ \forall \hat{z}_h \in \hat{W}_h\ , \qquad \hat{P}_h^{n+1} \in \hat{W}_h \end{cases}$$

(10.4) $$u_h^{n+1} = P_{\mathcal{U}_{ad}^h}(u_h^n - \rho J_h'(u_h^n)) \quad , \quad \rho > 0 \quad .$$ ∎

Dans (10.4), $P_{\mathcal{U}_{ad}^h}$ est l'opérateur de projection sur $\mathcal{U}_{ad}^h$ pour la norme définie par (9.3) ; par ailleurs $J_h'(u_h^n) = \frac{\partial H_h}{\partial v_h}(u_h^n\ ,\ \hat{y}_h^{n+1},\ \hat{P}_h^{n+1})$.

Remarque 10.1.

La matrice associée aux systèmes linéaires (10.2),(10.3) est symétrique et définie positive, aussi a-t-on utilisé la méthode de Cholesky pour résoudre ces systèmes, en prenant avantage du fait que la factorisation de Cholesky n'est à effectuer qu'une seule fois par itération puisque les deux systèmes linéaires (10.2),(10.3) ont des matrices identiques. ∎

Remarque 10.2 :

Etant donné la non-convexité du problème (9.1),(9.2), il semble que la démonstration de résultats de convergence pour l'algorithme (10.1)-(10.4) soit hors d'atteinte. ∎

10.2. UNE METHODE DE PROJECTION SUR $\mathcal{U}_{ad}^h$.

La mise en oeuvre de l'algorithme (10.1)-(10.4) implique à chaque itération la projection du vecteur $u_h^n - \rho J_h'(u_h^n)$ sur $\mathcal{U}_{ad}^h$; plus généralement, si $b \in \mathcal{U}_h$, projeter b sur $\mathcal{U}_{ad}^h$ revient à résoudre le problème :

(10.5) $$\operatorname*{Min}_{v_h \in \mathcal{U}_{ad}^h} \left[(v_h, v_h) - 2(b, v_h) \right]$$

qui admet évidemment une solution et une seule.

Compte tenu de la nature des contraintes définissant $\mathcal{U}_{ad}^h$ un Lagrangien bien adapté au problème (10.5) sera $\mathcal{L}_h : \mathcal{U}_h \times \mathbf{R}^{2N+1} \longrightarrow \mathbf{R}$ défini par :

(10.6) $$\left\{ \begin{aligned} &\mathcal{L}_h(v_h, \mu_h) = (v_h, v_h) - 2(b, v_h) + 2\mu_o\left(\int_0^1 v_h(\xi)\, d\xi - C_2\right) + h \sum_{j=1}^{N} \mu_j\left(\frac{v_j - v_{j-1}}{h} - \text{[illegible]}\right. \\ &+ h \sum_{j=1}^{N} \mu_{N+j}\left(\frac{v_{j-1} - v_j}{h} - C_1\right) \end{aligned} \right.$$

avec, dans (10.6), $v_j = v_h(jh)$.

Notant $\mathcal{U}_{\alpha\beta}^h = \{ v_h \mid v_h \in \mathcal{U}_h, \alpha \leqslant v_h \leqslant \beta \}$, on peut alors calculer la solution de (10.5) en utilisant l'algorithme suivant :

(10.7) $$\lambda_h^o \text{ donné}$$

λ_h^m connu, on calcule $u_h^m \in \mathcal{U}_{\alpha\beta}^h$ et $\lambda_h^{m+1} \in \mathbf{R} \times \mathbf{R}_+^{2N}$ par :

(10.8) $$\left\{ \begin{aligned} &\mathcal{L}_h(u_h^m, \lambda_h^m) \leqslant \mathcal{L}_h(v_h, \lambda_h^m) \qquad \forall\, v_h \in \mathcal{U}_{\alpha\beta}^h \\ &u_h^m \in \mathcal{U}_{\alpha\beta}^h \end{aligned} \right.$$

(10.9) $$\lambda_o^{m+1} = \lambda_o^m + \rho' \left(\int_0^1 u_h^m(\xi)\, d\xi - C_2 \right)$$

(10.10) $$\lambda_j^{m+1} = \max(0, \lambda_j^m + \rho'(\frac{u_j^m - u_{j-1}^m}{h} - C_1))$$

(10.11) $$\lambda_{N+j}^{m+1} = \max(0, \lambda_{N+j}^m + \rho'(\frac{u_{j-1}^m - u_j^m}{h} - C_1)).$$

Dans Glowinski-Lions-Trémolières [14, ch. II] on démontre que pour $\rho' > 0$ suffisamment petit, la suite $(u_h^m)_m$ définie par l'algorithme (10.7)-(10.11) converge vers la solution du problème (10.5). ∎

11. UNE METHODE DE TYPE FRANCK ET WOLFE.

Dans ce Numéro, on va décrire une autre méthode de résolution du problème approché (9.1),(9.2), inspirée de la méthode de Franck et Wolfe ,cf. Céa [15, ch.4] et utilisée par Morice dans [7] .

De façon précise, on utilise l'algorithme ci-dessous :

(11.1) $$u_h^o \text{ donné dans } \mathcal{U}_{ad}^h$$

u_h^n étant connu, on calcule $\hat{y}_h^{n+1}$, $\hat{p}^{n+1}$ par (10.2), (10.3), d'où :

(11.2) $$J_h'(u_h^n) = \frac{\partial H_h}{\partial v_h}(u_h^n , \hat{y}_h^{n+1} , \hat{p}_h^{n+1}) ,$$

on détermine ensuite $\bar{u}_h^{n+1}$ comme solution du problème :

(11.3) $$\begin{cases} (J_h'(u_h^n), \bar{u}_h^{n+1} - u_h^n) \leq (J_h'(u_h^n), v_h - u_h^n) & \forall v_h \in \mathcal{U}_{ad}^h \cap K_{hd}^n \\ \bar{u}_h^{n+1} \in \mathcal{U}_{ad}^h \cap K_{hd}^n \end{cases}$$

avec, dans (11.3), $K_{hd}^n = \{v_h | v_h \in \mathcal{U}_h , |v_h - u_h^n| \leq d\}$; on définit enfin u_h^{n+1} comme solution de

(11.4) $$J_h(u_h^{n+1}) \leq J_h(v_h) \quad \forall v_h \in \text{ au segment } [u_h^n, \bar{u}_h^{n+1}].$$ ∎

Remarque 11.1 :

On a :

$$(11.5)\quad \begin{cases} \mathcal{U}_{ad}^{h} \cap K_{hd}^{n} = \{ v_h \mid v_h \in \mathcal{U}_h , \quad \alpha \leqslant v_h \leqslant \beta \ , -d \leqslant v_h - u_h^n \leqslant d \ , \\ \int_0^1 v_h(\xi) d\xi = C_2 \ , \quad -C_1 \leqslant v_h' \leqslant C_1 \} \quad . \end{cases}$$

Le problème (11.3) est donc un problème de programmation linéaire que l'on résoud par la méthode du simplexe initialisée,dans le calcul de $\bar{u}_h^{n+1}$, par u_h^n . ■

Remarque 11.2 :

Dans les applications exposées dans ce travail (cf. N° 12), le problème à une variable (11.4) a été résolu par dichotomie. ■

Remarque 11.3 :

La Remarque 10.2, relative à l'algorithme (10.1)-(10.4) vaut également pour l'algorithme (11.1)-(11.4).

12. APPLICATIONS.

Remarque préliminaire : On a supposé aux Numéros 9, 10, 11, que $\mathcal{U}_h$ était muni de la structure euclidienne associée au produit scalaire (9.3) ; en fait, il est plus commode d'utiliser la structure euclidienne définie par le produit scalaire :

$$(12.1)\qquad (u_h, v_h)_h = h \sum_{j=0}^{N} u_h(jh) v_h(jh)$$

et c'est ce qui a été fait pour les applications numériques décrites au N° 12.
On reprendrait sans difficulté les considérations développées aux Numéros 9, 10, 11, en supposant que $\mathcal{U}_h$ est muni du produit scalaire (12.1). ■

On va se limiter aux deux exemples ci-après, renvoyant à [2] pour d'autres applications numériques.

EXEMPLE 1.

Valeurs numériques des paramètres :

$$C = 10, \quad y_d = 0 \;, \quad C_1 = 1 \;, \quad C_2 = 0.75 \;, \quad \alpha = 0.5 \;, \quad \beta = 1.$$

Pas de discrétisation : $\quad h = \dfrac{1}{20}$

Initialisation des algorithmes des Numéros 10 et 11 : on part de u_h^o défini par :

$$\text{(12.1)} \qquad \begin{cases} u_h^o(\xi) = 4\varepsilon\xi + C_2 - \varepsilon & \text{si} \quad 0 \leq \xi \leq \frac{1}{2} \\ u_h^o(\xi) = u_h^o(1-\xi) & \text{si} \quad \frac{1}{2} \leq \xi \leq 1 \end{cases}$$

avec $\varepsilon > 0$; on peut donc considérer u_h^o, pour ε petit, comme une perturbation de $u_h = C_2$ (voir Figure 8).

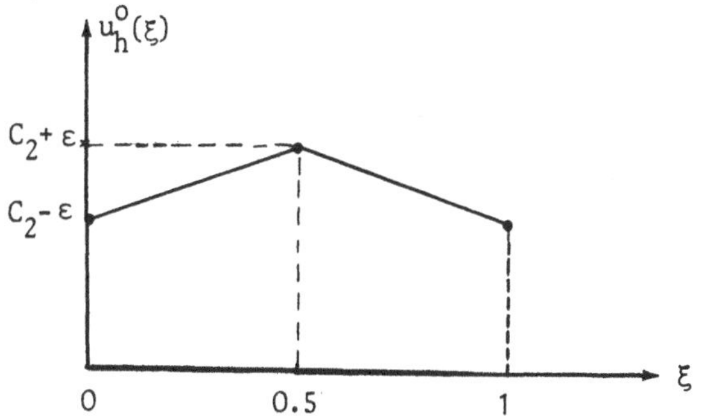

Figure 8.

Test d'arrêt pour les algorithmes des Numéros 10 et 11 : on cesse d'itérer dès que :

$$\text{(12.2)} \qquad \| u_h^{n+1} - u_h^n \|_{L^\infty(0,1)} \leq \eta \quad .$$

Calcul de $\hat{y}_h^{n+1}$, $\hat{p}_h^{n+1}$: Par la méthode de Cholesky (voir Remarque 10.1).

Application de l'algorithme du gradient avec projection du N° 10 : on a, en fait, utilisé l'algorithme (10.1)-(10.4) avec un ρ variable à chaque itération, selon les principes (heuristiques) de la méthode du gradient à pas ajustés (cf. par exemple, [14, Ch.II]).Quant au paramètre ρ' de la méthode de projection (10.7)-(10.11), on l'a choisi constant sans rechercher sa valeur optimale.

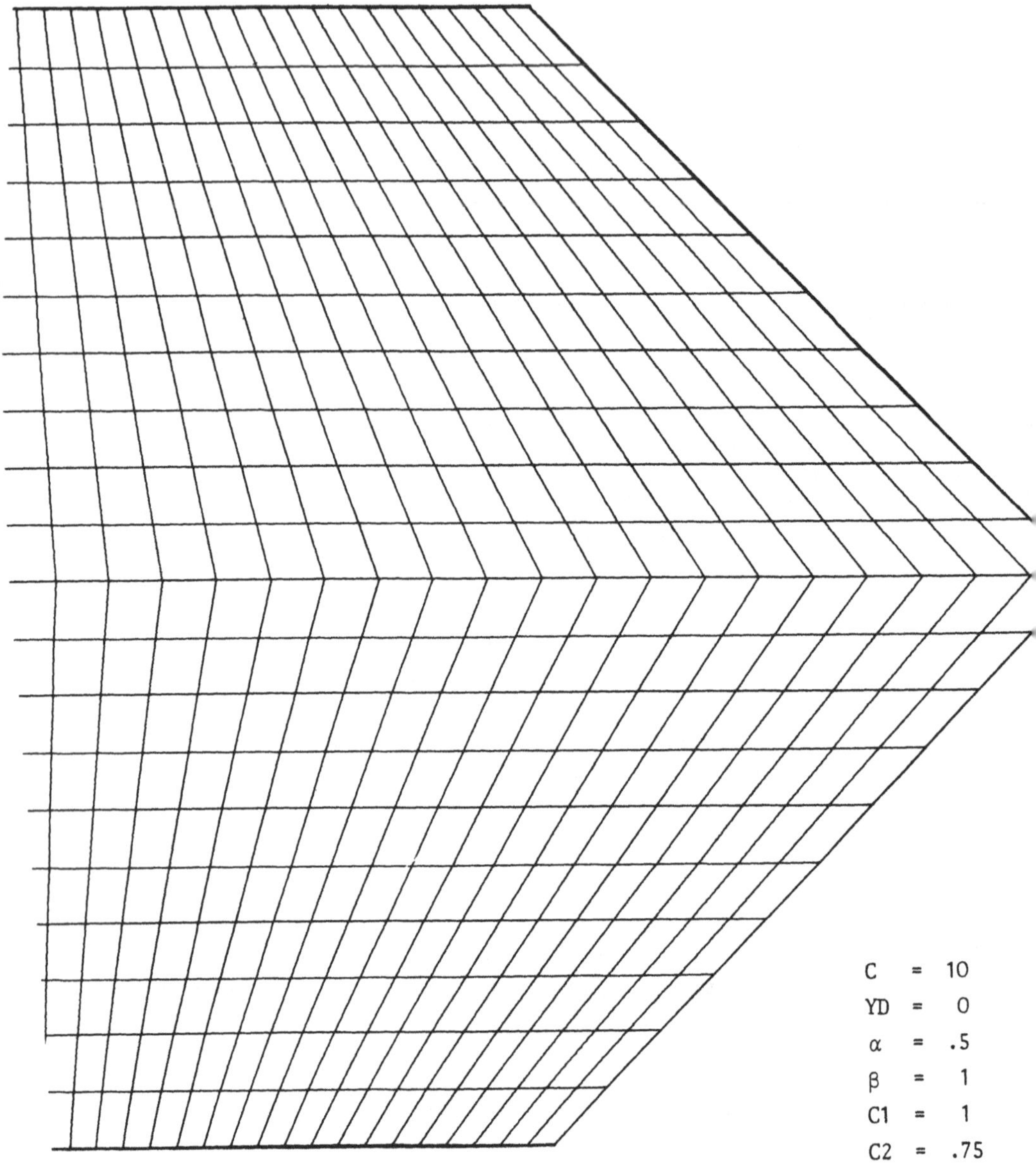

Figure 9

Discrétisation du domaine.

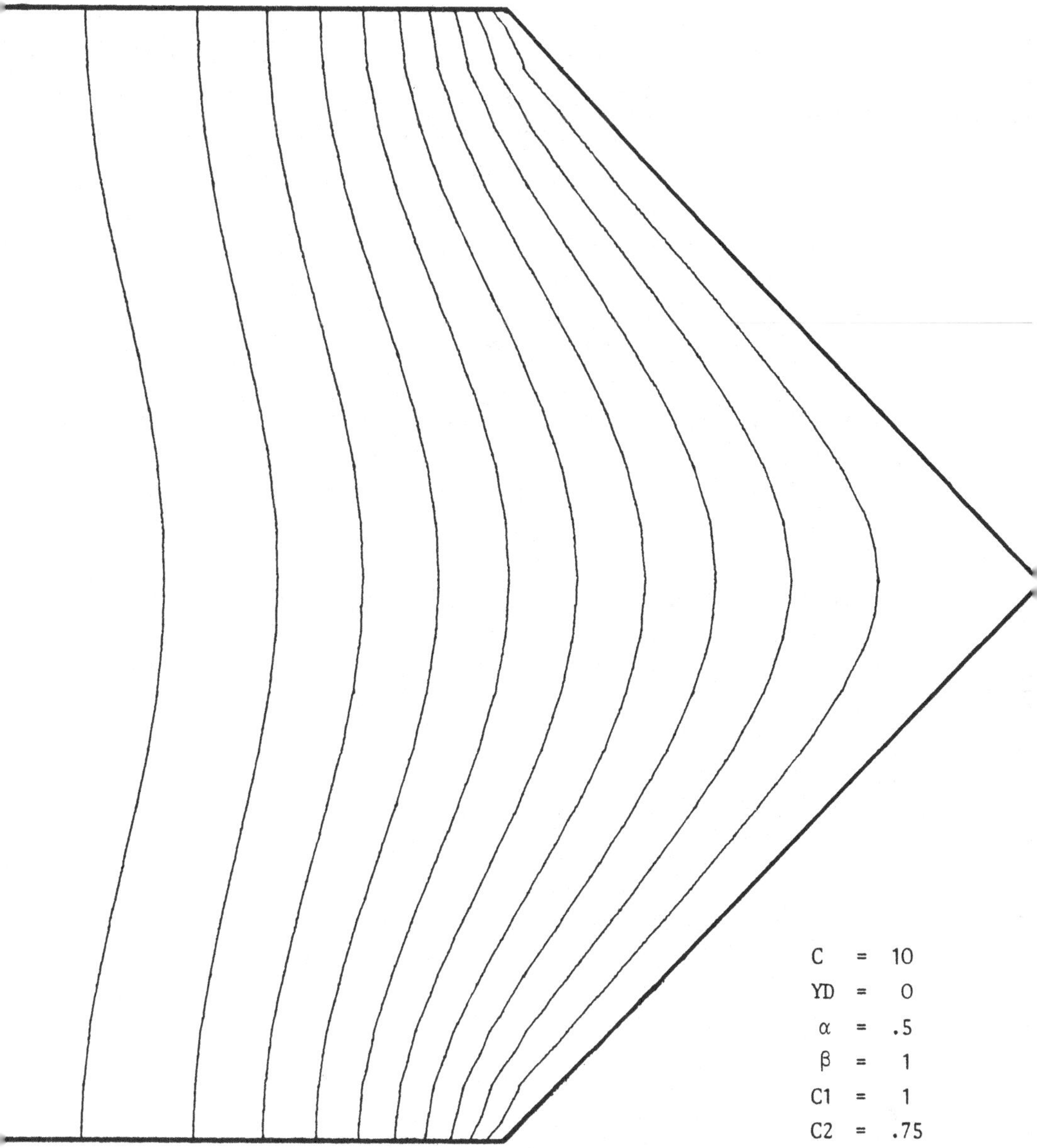

$$\|Y-YD\|_{L2}^{2} = 1.590209$$

Figure 10.

Equivaleurs de Y.

Si $\varepsilon \leqslant 10^{-5}$ dans (12.1), l'algorithme reste bloqué sur u_h^o ; si $\varepsilon \geqslant 10^{-4}$, il y convergence(au sens du test d'arrêt (12.2)). Par exemple, pour $\varepsilon = 10^{-4}$ et $\eta = 5 \times 10$ il y a convergence en 10 itérations, soit 3 minutes de CII 10070, vers la solution représentée sur la Figure 9, avec la partition $\mathcal{K}_h$ correspondante ; sur la Figure on a représenté les équipotentielles de la fonction d'état correspondante.
Si $\eta < 5 \times 10^{-4}$, le nombre d'itérations nécessaires à la convergenceaugmente. A titre indicatif, signalons que la fonction coût (approchée) qui vaut 3.164 pour u_h^o, est égale à 1.590 pour la solution optimale calculée.

Application de la méthode de Franck et Wolfe du Numéro 11.

On a le même problème de démarrage que dans la méthode précédente et ce, pour les mêmes valeurs de ε ; dès que ε est suffisamment grand ($\varepsilon \geqslant 10^{-4}$ pour fixer les idées), la convergence est extrêmement rapide puisque dans l'exemple traité, on a $\|u_h^2 - u_h^1\|_{L^\infty(0,1)} < 10^{-10}$, la limite correspondante étant la même que celle obtenue par l'algorithme de gradient avec projection ; le temps de calcul est de l'ordre de 1 minute 30 secondes sur CII 10070.

Signalons que la quantité d de l'algorithme (11.1)-(11.4) a été prise égale à $\frac{\beta-\alpha}{2}$.

Remarque 12.1 :

Si l'on part de u_h^o comme représenté sur la Figure 11, pour ε suffisamment grand on obtient, par les deux méthodes ci-dessus, le domaine de la Figure 12 pour ce dernier domaine, la fonction coût vaut 1.953 .

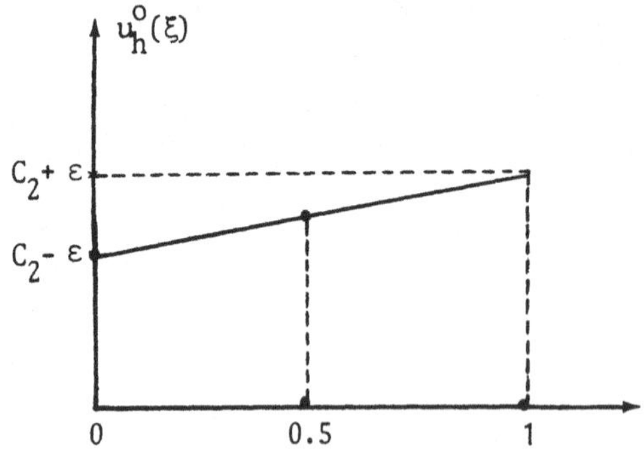

Figure 11

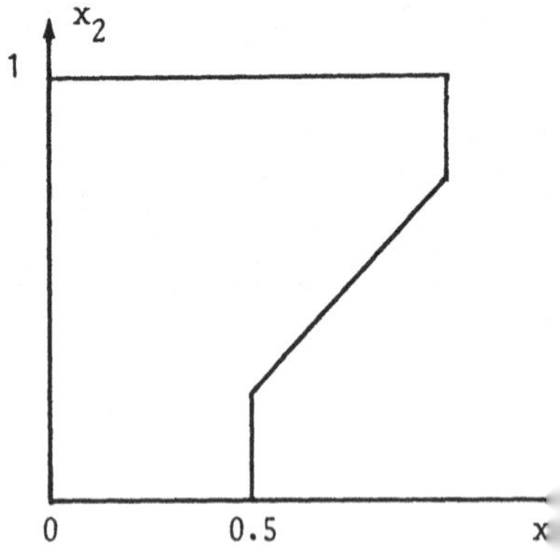

Figure 12

EXEMPLE 2.

Valeurs numériques des paramètres : comme dans l'Exemple 1, sauf $C_1 = 5$.

Pas de discrétisation : $h = \frac{1}{20}$

Initialisation : on part de u_h^o comme indiqué sur la Figure

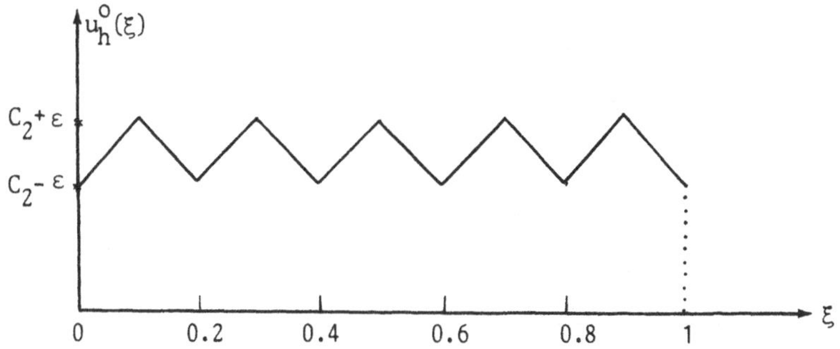

Figure 13.

Test d'arrêt : comme dans l'Exemple 1.

Application de la méthode de Franck et Wolfe du Numéro 11 :
La méthode de gradient avec projection, d'un emploi délicat, n'a pas été utilisée sur cet exemple où l'on s'est limité à celle de Franck et Wolfe.
Là encore, si l'on a $\varepsilon \leqslant 10^{-5}$, l'algorithme se bloque sur u_h^o ; pour $\varepsilon \geqslant 10^{-4}$ et dans des temps comparables à ceux de l'Exemple 1, on a convergence de l'algorithme (11.1)-(11.5) en deux itérations ; on a indiqué sur la Figure 14 le domaine optimal calculé et la partition $\varkappa_h$ correspondante, la valeur de la fonction coût est alors 0.32.

Remarque 12.2 :

Si le domaine initial est le même que celui de l'Exemple 1, avec ε suffisamment grand on obtient le domaine de la Figure 15 ; la fonction coût correspondante vaut 0.71.

Remarque 12.3 :

La convergence très rapide de l'algorithme de Franck et Wolfe donne à penser que les limites obtenues correspondent à des minimums relatifs ou plus généralement à des points stationnaires de la fonctionnelle et qu'il y a peu de chances qu'un minimum absolu ait été atteint.

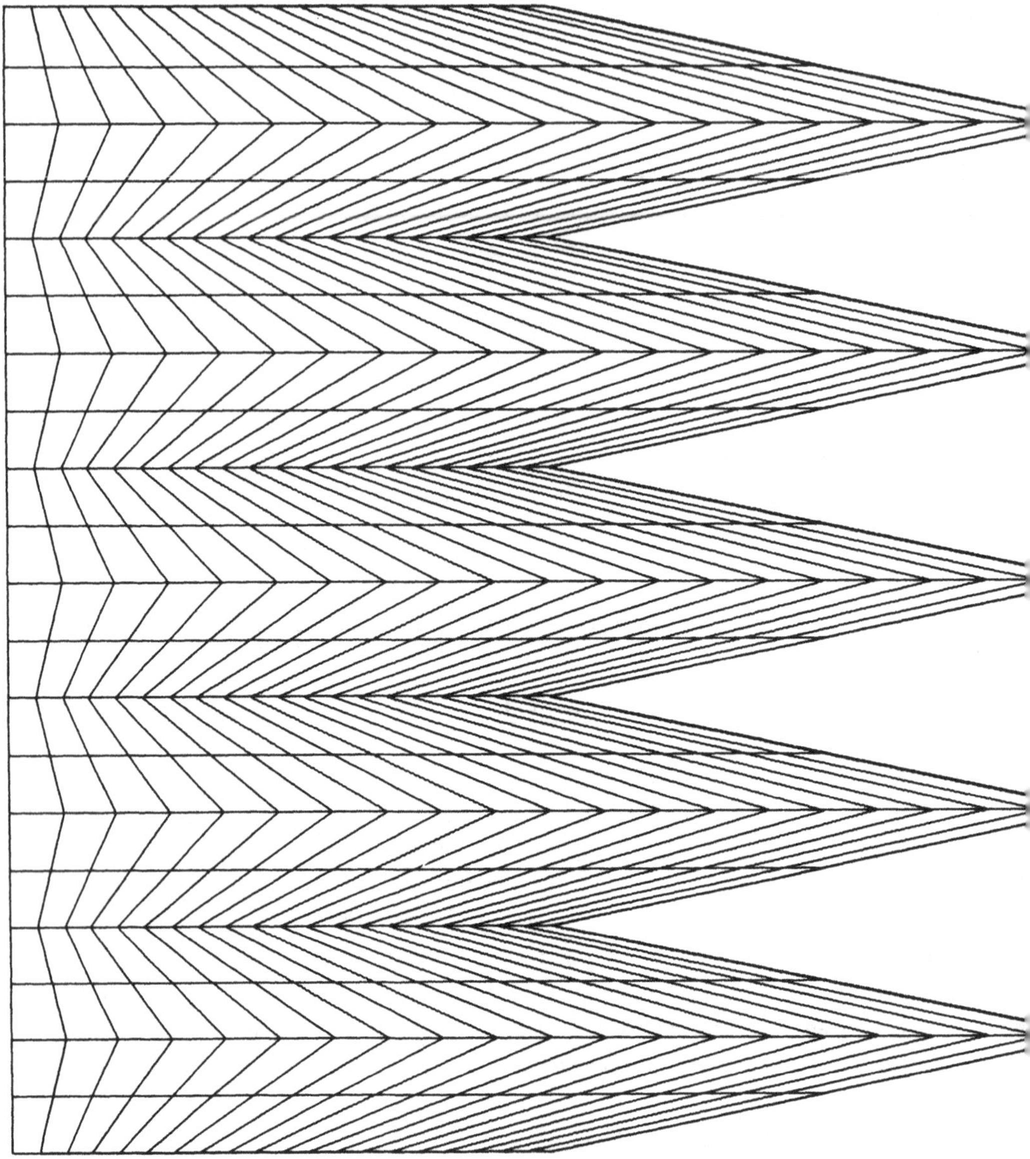

C = 10 β =

YD = 0 C1 =

α = .5 C2 =

Figure 14.

Discrétisation du domaine.

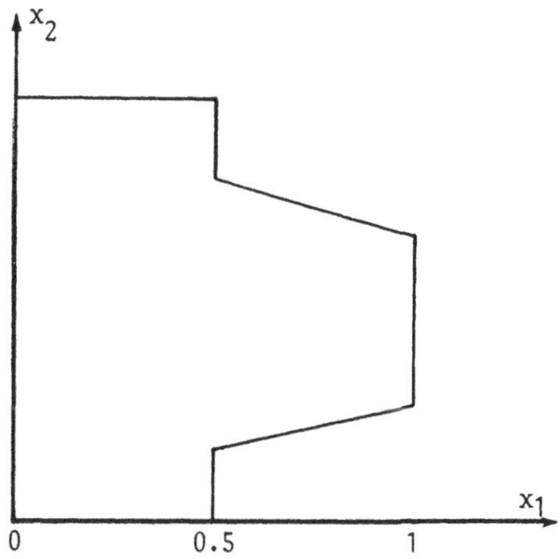

Figure 15.

CONCLUSION :

La méthode d'optimisation de domaine exposée dans ce travail est sans doute moins générale que celles exposées, par exemple dans [5], mais ce qui nous semble essentiel est le fait que, par l'intermédiaire d'approximations par éléments finis adéquates, cette méthode puisse s'étendre à d'autres problèmes de domaine optimal ainsi qu'à certains problèmes de frontière libre (ramenés à des problèmes de domaine optimal) comme, par exemple, ceux considérés par Baiocchi dans [16] et qui feront l'objet d'un travail ultérieur.

REFERENCES

[1] Bégis D., Glowinski R. : Some numerical problems in optimal control of distributed parameter systems connected with variational inequalities and optimization of a domain. Proceedings of the 1972 IEEE Conference on Decision and Control and 11th Symposium on Adaptive Processes Dec. 13-15, New-Orleans, Louisiana, pp. 366-369.

[2] Bégis D., Glowinski R. : Application de la méthode des éléments finis à l'approximation d'un problème de domaine optimal. Méthodes de résolution des problèmes approchés (à paraître).

[3] Lions J.L. : Some aspects of the optimal control of distributed systems. Regional Conference Series in Applied Math. SIAM Publication N° 6, 1972.

[4] Lions J.L. : On the optimal control of distributed parameter system pp. 137-158 de Techniques of Optimization, A.Balakris ed. Academic Press, (1972).

[5] Céa J. : Communication à ce Congrès et bibliographie de ce tra

[6] Pironneau O. : On optimum profiles in Stokes flow, J. Fluid Mechanic (1973), Vol 59.1.pp. 117-118.

[7] Morice P. A paraître.

[8] Yosida K. Functional Analysis, Springer-Verlag, (1965).

[9] Lions J.L. : Problèmes aux limites dans les équations aux dérivées partielles , Presses de l'Université de Montréal (196

[10] Necas J. : Les Méthodes directes en théorie des équations aux dé vées partielles, Masson,(1967).

[11] Chavent G. : Analyse Fonctionnelle et Identification de coefficien répartis dans des équations aux dérivées partielles, Thèse d'Etat, Paris, (1971).

[12] Ciarlet P.G., Raviart P.A. : Interpolation Theory over curved elements with applications to finite element methods. Comp. Methods in Applied Mechanics and Engineering , pp. 217-249, (1972).

[13] Ciarlet P.G.: Orders of convergence in finite element methods, pp. 113-129 de The Mathematics of finite elements and App cations, J.R. Whiteman ed. Academic Press,(1973).

[14] Glowinski R., Lions J.L., Trémolières R. : Analyse Numérique des Inéquations Variationnelles, Paris, Dunod, (1974).

[15] Céa J. : Optimisation. Théorie et Algorithmes.Paris, Dunod (19

[16] Baiocchi C. : Communication à ce Congrès et bibliographie de ce travail.

Lecture Notes in Economics and Mathematical Systems

Vol. 48: M. Constam, FORTRAN für Anfänger. VI, 148 Seiten. 1973. DM 16,

Vol. 65: W. Everling, Exercises in Computer Systems Analysis. VIII, 184 pages. 197
DM 18,–

Vol. 68: J. Loeckx, Computability and Decidability. An Introduction for Students
Computer Science. VI, 76 pages. 1972. DM 16,–

Vol. 75: GI-Gesellschaft für Informatik e. V. Bericht Nr. 3. 1. Fachtagung über Pr
grammiersprachen. München, 9.–11. März 1971. Herausgegeben im Auftra
der Gesellschaft für Informatik von H. Langmaack und M. Paul. VII, 28
Seiten. 1972. DM 24,–

Vol. 78: GI-Gesellschaft für Informatik e. V. 2. Jahrestagung, Karlsruhe, 2.–4. O
tober 1972. Herausgegeben im Auftrag der Gesellschaft für Informatik v
P. Deussen. XI, 576 Seiten. 1973. DM 36,–

Vol. 81: Advanced Course on Software Engineering. Edited by F. L. Bauer. X
545 pages. 1973. DM 32,–

Vol. 83: NTG/GI-Gesellschaft für Informatik, Nachrichtentechnische Gesellscha
Fachtagung „Cognitive Verfahren und Systeme", Hamburg, 11.–13. Ap
1973. Herausgegeben im Auftrag der NTG/GI von Th. Einsele, W. Gil
und H.-H. Nagel. VIII, 373 Seiten. 1973. DM 28,–